THINKING
SOCRATICALLY
—
Critical Thinking
about
Everyday Issues

3ʳᵈ edition

思考的方法

第 3 版

〔美〕莎朗·施瓦兹 Sharon Schwarze 著
〔美〕哈维·莱佩 Harvey Lape 著
刘洋 译

Pearson

浙江文艺出版社
Zhejiang Literature & Art Publishing House

果麦文化 出品

献给

我们过去、现在和未来的学生。
愿你的批判性思维能力
为你带来成绩斐然、幸福愉快的生活。

目录

前言 1

第一部分 关联 3

第一章 为什么要有批判性思维? 5
批判性思维以及公开对话的重要性 5
何为批判性思维? 6
理性与文化 27
理性的局限 35
小结 37

第二章 语言 40
语言的优势 40
语言和世界 41
词语、陈述和信念 51
有根据的陈述 54
事实陈述 60
信念网络 61
小结 67

第三章 知识与确定性 71
信念与知识 71
知识与确定性 72
共识与信念网络 82
小结 90

第四章 论证和解释 92
论证：前提和结论 92
隐含的前提和结论 94
论证：标准形式 95
逻辑依据 97
演绎推理 98
归纳推理 99
事实依据 100
解释 107
小结 119

第二部分　演绎推理 125

第五章 演绎连接 127
必然性推理 127
对演绎论证的分析 132
有效性和逻辑蕴涵 133
小结 138

第六章 演绎推理形式 140
逻辑 140

一些常见的有效论证形式	141
条件论证的模式	142
选言论证形式	147
直言论证形式	150
安瑟伦的本体论论证	155
小结	158

第三部分　归纳推理　165

第七章　支持我们的主张

	167
证据：痕迹和模式	167
证实与证明：信念网络	196
小结	232

第八章　归纳推理的标准

	235
三种基本形式	235
普遍化	238
类比	253
归因	261
小结	274

第九章　谬误

	277
谬误的本质	277
不相关的谬误	279
错误普遍化的谬误	287
情感操纵的谬误	291
小结	294

第十章 科学推理 300
科学与良好的推理 300
哥白尼与开普勒 301
假说演绎推理 312
小结 317

第十一章 伪科学 319
区分科学与伪科学 319
后记 329
小结 331

第四部分 关于价值观的推理 333

第十二章 道德的本质 335
对道德主张的支持 337
客观主义和主观主义 342
道德和推理 347
小结 353

第十三章 关于善恶的推理 355
做出道德决定 355
合理的客观主义和合理的主观主义 358
康德 367
萨特 371
小结 375

第十四章 道德对话 379
教条主义和相对主义 379

　　　　　中庸适度是关键　　　　　　　　　　　　389
　　　　　小结　　　　　　　　　　　　　　　　　392

第十五章　理性与担当　　　　　　　　　　　　394
　　　　　开放的理性对话　　　　　　　　　　　　394

致谢　　　　　　　　　　　　　　　　　　　　397
尾注　　　　　　　　　　　　　　　　　　　　398

前言

本书新版面世之际，对苏格拉底式思考方法的需求比以往任何时候都更清晰可见。

或许全世界都需要本书提出的与朋友进行公开理性对话的批判性思维模式。开放的理性对话强调通过共同努力克服分歧并达成一致意见，无论这些分歧是政治观点的差异、对历史记载的争论、科学研究的未来方向，还是在公共或私人问题上的道德立场。美国人都很清楚，近年来公共舆论中的交锋相当尖锐，许多人固守自身信念，对持不同意见者既不想倾听也不愿沟通。

苏格拉底式思考方法帮助读者了解每个人的信念网络如何运作，以及它如何影响他或她接受或拒绝新观念。它解释了很难进行开放的理性对话的原因，以及我们怎样才能如苏格拉底那样坦诚开放，而不是像欧悌甫戎那样固守教条主义。我们关于批判性思维的观点强调"事无绝对"，这是我们这个世界中知识的特性，凸显出共识在学术进步中所起的作用。"事无绝对"让我们摆脱教条主义，走向开放和倾听，为更好的分歧解决方法腾出空间。

在这个几乎所有人都可以访问互联网、在博客上发表观点（无论是否明智）的时代，具备优秀的批判性思维能力十分重要。浩如烟海的信息供有想法、有需求的人取用，与此同时也存在很多噪声。互联网时代比以前任何时期都更需要批判性思维。我们希望这本《思考的方法》（第3版）能帮助学生区分他们遇到的是不可靠的主张还是可靠的主张，从而帮助他们过上更幸福、更有成效的生活。

为此，我们做了以下改进：

1. 新增八节内容；

2. 更新涉及近年话题和事件的阅读材料，例如种族定性以及2010年的耶鲁校园谋杀案；

3. 删减较长的阅读材料；

4. 更换过时的阅读材料；

5. 增加新的课后练习，尤其是在演绎推理方面；

6. 更加突出"信念网络"这一核心概念，并将其与共识和个人信念联系起来；

7. 对归纳推理中的痕迹与模式阐释得更加清楚；

8. 更加强调了语言对日常思维和批判性思维的影响力。

我们认为这些改变有助于学生掌握我们阐述的批判性思维的重要概念。对语言及其如何塑造我们的世界和我们的信念体系的强调，关于我们如何向他人证明我们的信念的探讨，以及我们如何建立共识、坚持我们认为是事实的主张，凡此种种皆清楚表明培养批判性思维是一个持续的过程，我们以语言为媒介，不断进入举证、再举证的循环中。大喊大叫、大打出手和贴保险杠贴纸[1]既非举证方法，也不是批判性思维的体现。

我们还增加了九份新的阅读材料，删除了部分对于本科生来说可能显得过时的材料。新材料涉及种族定性、托马斯·杰斐逊的私生子以及耶鲁校园谋杀案等当代话题。这应该能激发读者兴趣，同时对他们的批判性思维能力也提出了挑战。许多读者想要更多的练习，因此我们对这方面内容也做了增补。在我们看来，本书的"用户友好度"在原有基础上进一步得到了提升。

最后，我们的写作和教学都本着同样的初心：愿我们的读者能过上更有成效、更幸福、更愉快的生活，愿我们生活的世界能成为一个对所有人而言更美好的世界。

第一部分
关联

你可能会对一本关于批判性思维的教科书中这个部分的标题感到惊讶。"关联"与批判性思维有什么关系？但这就是批判性思维的目的——帮助我们建立关联，帮助我们整合自己对世界的想法、发掘它的意义，以及帮助我们与其他人建立联系！

首先，批判性思维帮助我们把对世界的想法组织起来，并以各种模式将它们关联在一起，例如演绎推理和归纳推理的模式（将在第二部分和第三部分讨论）。这些模式帮助我们理解这个世界，让我们的生活更丰富、更充实、更舒适。若非如此，这个世界将成为一团杂乱无章的感知，令人困惑糊涂。通过将批判性思维应用于我们的感知，我们在不同经验之间建立联系、创造秩序。这有助于我们解释过去、预测未来，并在一定程度上理解世界是如何运作的。我们毕生都在坚持批判性思维，本书重点在于帮助我们做得更好，这样我们才能活得更好。

批判性思维建立的第二个关联是人与人之间的联系。运用批判性思维的一个好方法是朋友之间进行公开的理性对话。朋友对我们很重要，他们倾听我们，他们回应我们，他们纠正我们的错误，和我们一起得出我们认为正确的结论。这里的朋友也可以指我们的同学、家人、棒球队队友或者同胞。我们与朋友的对话会影响我们的信念和看待世界的方式。我们也会影响他们的信念，通常会达成一些共识。如果没有，我们将继续对话。当理性对话停止时，这种联系可能会变得不友好甚至更糟——我们可能会打起来。这就是理性对话/批判性思维如此重要的原因，它是与其他人联系的最佳方式。第一部分就是关于这种关联的。

第一章　为什么要有批判性思维？

批判性思维以及公开对话的重要性

本书旨在提升批判性思维能力。优秀的批判性思考者具备良好的推理习惯和发达的推理能力。我们每个人都在随时运用批判性思维，诸如决定购买哪款汽车，或者面对一支总是击败我方的球队时，思考如何在下一场足球比赛中取胜。然而，总有一些人比其他人更擅长批判性思维。他们既拥有高明的批判性思维技巧，也有使用它们的习惯。我们希望我们的领导者是这样的人：优秀的批判性思考者，能运用他们的思维能力进行良好的治理。当雇主被问及希望在员工身上看到何种素质时，他们多半会说一名员工最重要的技能是良好的批判性思维能力。这是因为每项工作、每种职业都需要批判性思维。无论你从事什么行业，从公司的 CEO 到子孙满堂的当家人，所需技能都是一样的。

虽然思考这事人人都会，但大多数人还是可以通过提高批判性思维能力成为更好的思考者。成为更优秀的批判性思考者有点儿像做一名篮球队员。队里每个人都会打篮球，通常都打得很好。但要是有一位教练来安排基础练习、设定训练项目并提出特定比赛形势下的取胜战术，每名队员都会从中受益。

这就是本书对批判性思维的贡献。它从每个人都有的能力起步，通过打好基础、设定练习项目并展示如何分析我们日常经历的、能够用良好的批判性思维技巧加以改善的种种情况，最终让我们原有的能力得到加强。

何为批判性思维？

批判性思维是朋友之间开放的理性对话。就这么简单。我们都是这样做的，但我们都可以做得更好一点儿。人们时常以为批判性思考者是如电脑一般行动和响应的人，或者像《星际迷航》里的斯波克[2]一样理性到普通人无法与之交流。我们可不这么想。我们脑中有一个不同的模板。我们认为批判性思考者是像苏格拉底那样的人。苏格拉底以提问的数量之多闻名于世，以至于你可能觉得他的反复发问有些乏味。不过，他这一榜样的可贵之处在于，他想要不断将讨论推向深入。讨论总是开放的。我们认为，这种保持讨论开放的意愿是成为批判性思考者的标志。批判性思考者既非永远正确，也不是到处转圈指责别人的人（你知道那种类型）。相反，批判性思考者总是愿意检视自己的信念，考虑别的可能性，并与其他人讨论这些信念和可能性。正如我们所看到的，批判性思维是一种推理方法，而推理正是一种对话，因此良好的批判性思维意味着与自己和他人就某个问题进行理性对话，并保持对话的开放性。

最好的批判性思维是朋友之间的公开对话。"朋友"是那些愿意倾听和回应的人。某人是朋友，因为他想要留下来讨论，而非相反。也就是说，朋友的标志就在于进行理性的公开对话的意愿，只要有理性解决问题的机会，他就会保持这种对话的开放性。

当然，有时候朋友不在身边，我们就必须凭借思考与自己公开对话。有时候这很难。我们常常无法像别人质疑我们那样质疑自己的信念，但这是成为理性人和批判性思考者的重要途径。思考就像说话，是一种自言自语。当这种"谈话"停止时，思考也就停止了。显然，思维方式有好坏之分，我们当然应该选择好的思维方式。优秀的批判性思考者往往会更成功地实现他们的目标，由此过上更有益、更快乐的生活。

在本书后文中，大部分内容是关于良好的批判性思维与那些不太好的思维之间的区别的。但要成为一名优秀的批判性思考者，最重要的是进行思考——动脑筋！就像篮球运动员必须去打篮球才能变得更强一样，批判性思考者也必须参与竞技。这意味着尽可能地开展对话，不要因为故步自封、怠惰疲倦而放弃。苏格拉底总说自己是一个追寻智慧的人而非一个聪明人，作为一个追寻者，他总是愿意继续讨论下去。

因此，我们追求的目标是运用批判性思维技巧与朋友展开理性对话。这听上去很简单。大多数人觉得自己对他人的想法持开放态度，是很好的倾听者，愿意考虑不同观点。然而屡见不鲜的是，对话中倾听的人想的是自己接下来要说什么，而不是对方正在说什么。对话的困难之处在于，我们并非以相同的方式体验这个世界。关于世界上什么是真实的、重要的事，你我的观点并不一致。我们很难与不认同自己世界观的人进行对话。我们通常认为我们的观点是正确的，别人一定是错误的。如何解决这个问题？我们可以开战——这正是各个国家经常做的！但还有更好的方法：开放的理性对话。开放的理性对话并不能告诉我们某个人的观点是对的还是错的。它可以告诉我们的是，某些看待世界的方式比其他方式更有用，能使我们过上更幸福、更健康的生活。既然大多数人都希望过上幸福健康的生活，我们自然想要进一步了解这些看待世界的方式。本书的目的是为你提供批判性思维的工具，这些工具将指导你如何运用理性对话以及如何从中获得最大收益。

虽然许多人都同意批判性思维和理性对话通常比非理性思维和对话"更有用"，但为何会出现这种情况，解释各不相同。对于这个问题，不同学派的哲学家给出了形形色色的答案，在此不再赘述。[3] 我们认为支持这一主张的最佳方式是以大多数人会接受的陈述作为依据，不需要诉诸可能引起广泛质疑的有争议的假设。

关于理性方法比非理性方法在生活中更有用处，我们想到了三个原因。首先，理性的方法效果更好，因为人类是有目的、有计划的动物。或许他们活在当下，但他们对未来怀有意图和计划。为了使这些计划取得成功，他们必须准确预判将要发生什么事。因此，他们利用理性和过去的经验来形成对未来的预期。这种批判性思维使他们能够预测可能发生的事情，从而成功实现他们的意图。

物理学家和诺贝尔奖获得者理查德·费曼对"挑战者号"航天飞机失事的调查报告提供了一个例子，清楚说明了使用理性和批判性思维来预测未来并制订相应计划的必要性[4]。作为事故调查小组的一员，费曼拒绝接受NASA（美国国家航空航天局）

没有提供必要证据和推理分析的安全评估。NASA估计发动机故障的概率为十万分之一，由此估计航天飞机可以不间断飞行300年不出故障。费曼重新检查了数据，发现实际概率为二百分之一，这让"挑战者号"的失事不再令人意外。

我们主张理性方法比非理性方法更有用的第二个原因是，当我们的计划和目的涉及其他人时，召集或发动他们的最佳方式就是给他们理由。当然，别人并非总是被我们给出的理由说服。这不意味着就不存在一些可能具有说服力的理由，只是我们没有讲到——要么因为我们选择不讲，要么因为我们当时没有想到。即使是苏格拉底本人，当他因不敬神明而受审、面临死刑时，尽管拥有强大的理性力量，他依然无法说服雅典陪审团相信他的清白无辜。[5] 不幸的是，有些时候我们明白对方就是不讲道理，比如跟政治或宗教狂热分子或者街上的暴徒打交道时。那样的话，大家都不讲道理或许才是明智的，至少在当时是如此。愤怒和其他情绪反应，在谨慎合理使用时是有效的。然而总的来说，不理性会导致进一步的不理性，暴力会引发暴力。人类的集体经验已经证明陷入不理性的情况越少越好。

保持开放的对话不仅能让我们避免使用武力，还能让我们拥有沟通的额外收益。这意味着我们必须付出努力。要继续对话，我们必须努力寻找有说服力的理由，了解对方的观点并重新思考自己的观点。仅仅"承认存在分歧"的做法会让我们未来的路越走越窄，它扼杀了我们说服他人参与我们计划的机会，让我们孤立无援。

最后，我们都希望有愉快的经历，不想要不愉快的经历。愉快的经历与有能力预判未来、制订计划、和朋友携手共进相关。它还意味着与朋友对话，从而唤起和重现美好回忆。享受生活、品味生活需要对新的可能性持开放态度，并避免潜在的不愉快经历。

成为批判性思考者是一个渐进的过程，你需要付出时间和努力，就像无论你篮球打得多好，要成为一名更好的篮球运动员都需要时间和努力一样。在这个过程中你将质疑你固守的成见，提高推理能力，学习有助于批判性思考的新概念。你将不得不实践你正在学习的技能，并接受一些思考世界的不同方式。开放的理性对话需要付出努力。对新的思维方式保持开放心态实际上很困难，但批判性思维技能将帮助你预见未来并收获你想寻求的愉快体验。

在本书中，我们将提供来自日常生活、流行出版物、报纸和哲学史的阅读材料，用以说明我们希望你掌握的批判性思维的概念和技巧。你将看到批判性思维和良好推理的概念如何在我们的日常生活中发挥作用，并学习如何将它们应用到熟悉的环境中。第一篇阅读材料是哲学家柏拉图在公元前4世纪写的一篇非常著名的对话录，题为《欧悌甫戎篇》。苏格拉底和欧悌甫戎正在讨论虔敬是什么，谁才是虔敬的人。这是一个非常重要的问题，因为苏格拉底正在去往法庭的路上，他被指控不虔敬，这一指控最终将导致他的死亡。

如果你觉得"虔敬"这个词听起来太过时了，可以用"良善"代替。当你阅读这篇对话时，想想对话中的人物，不要只想着文字。想想他们的表现符合还是不符合你心目中的开放的理性对话。再想想苏格拉底是怎样的人，欧悌甫戎又是怎样的人。你认识像欧悌甫戎这样的人吗？你会如何描述他们？

欧悌甫戎篇[6]
柏拉图

【人物：苏格拉底、欧悌甫戎】

【场景：王宫前廊】

欧悌甫戎	究竟出了什么事，让你来到这王宫前廊[7]，苏格拉底？你怎么不去你经常溜达的吕各苑[8]？总不至于像我一样，到大人跟前来打官司吧。
苏格拉底	我们雅典人嘛，欧悌甫戎，把我这事不叫打官司，叫吃官司[9]。
欧悌甫戎	什么？你是说有人控告你？我不会相信是你去控告别人。
苏格拉底	我当然不会。
欧悌甫戎	那是别人告你咯？
苏格拉底	正是。

欧悌甫戎	谁啊？
苏格拉底	我还真不太知道，欧悌甫戎。我想他一定是个不知名的年轻人。不过他的名字是弥利图斯，是仳图斯地区的人。你要是认识那地方哪个弥利图斯的话——他有鹰钩鼻，头发长，胡须少。
欧悌甫戎	我不认识他，苏格拉底。不过跟我讲讲，他指控你什么事啊？
苏格拉底	什么事？要我说，罪名可不小啊。那么年轻的人，能在如此重大的事情上有自己的主见，真是不简单。他说他知道年轻人是如何腐化堕落的，还知道谁是毒害他们的人。他一定是个聪明人，看出了我的愚昧无知，就向母亲般的城邦控诉我带坏了他的朋友。我寻思他是唯一懂得该从哪儿着手开始他政治改良的人，他认为当务之急是让年轻人尽可能地优秀，就像一个好农夫先照管秧苗，再顾及其他庄稼。所以，我想，弥利图斯首先要除掉的是我们这些他所谓的腐蚀青年的人；完事之后，他当然会把注意力转向更年长的人，最后大大地造福公众。说真的，从他的做法看，这样的后续发展简直毋庸置疑。
欧悌甫戎	但愿如此，苏格拉底，不过我怕是恰好相反吧。在我看来，他企图伤害你，这就是在动摇国本了。不过请告诉我，他说你是怎么毒害青年的呢？
苏格拉底	他的话乍一听实在荒唐，我的朋友。他说我是众神的制造者；他说他控告我是因为我发明了一批新神，不再信仰原先的那些。
欧悌甫戎	我明白了，苏格拉底。这都怪你说你时常有神灵感应，他就告你要变乱宗教，他上法庭是要煽动对你的偏见，因为他晓得群众很容易对这些事情产生偏见。拿我来说，每回我在集会上谈神论道，告诉他们将会发生什么事，他们也对我大肆嘲笑，好像我发了疯；但我的预言没有一个不应验的。他们就是嫉恨咱们这种人。别怕，跟他们对着干。
苏格拉底	我亲爱的欧悌甫戎，他们的嘲笑不是什么大事。在我看来，雅典人并不在乎某人是否聪明，只要那人不以才智育人。一旦他们认为他把别人也教聪明了，他们就会怒不可遏，这可能是出于嫉恨，如你所说，也可能是其他原因。

欧悌甫戎　在这种事上，我可不想试探他们对我持什么态度。

苏格拉底　不，他们或许觉得你矜持内向，不急于向人传授智慧。恐怕他们以为我才是那种人，会因为心怀博爱，自由自在、毫无保留地和遇到的每个人交谈，不收取任何报酬。确实，如果可以的话，我愿意倒贴请人来听我讲话。倘若到那时候，就像我刚才说的，他们只是想对我冷嘲热讽，一如你说的他们嘲笑你，那样过一天倒一点儿也不令人不快——消磨在法庭上，插科打诨，开怀大笑。但他们要是认真的，那就只有你这样的先知才知道结局如何了。

欧悌甫戎　好啦，苏格拉底，我敢说不会有什么大不了的。你的官司应该会打赢的，我的想必也会如意。

苏格拉底　那么你是打什么官司，欧悌甫戎？是你告别人，还是别人告你？

欧悌甫戎　我告别人。

苏格拉底　谁呀？

欧悌甫戎　某个世人认为我发了疯才会去起诉的男人。

苏格拉底　啥？他长了翅膀能飞走吗？[10]

欧悌甫戎　他飞不动了，他已经是个老头啦。

苏格拉底　他是谁？

欧悌甫戎　我父亲。

苏格拉底　你父亲？好家伙！

欧悌甫戎　是他，没错。

苏格拉底　你告他什么事？什么罪名？

欧悌甫戎　杀人罪，苏格拉底。

苏格拉底　我的天哪，欧悌甫戎！大多数人显然是不懂是非黑白的。依我看，并不是每个人都能像你这样行得正站得直，唯有智慧很高的人才能做到。

欧悌甫戎　确实如此，苏格拉底。

苏格拉底　你父亲杀的是你家的亲人吗？哦，一定是这样。你总不见得为一个外人去控告你父亲吧？

欧悌甫戎	你在逗我吗，苏格拉底？被杀的是亲戚还是陌生人有什么区别？你唯一要问的问题是，杀人的行为是否正当。如果是，那就不必管他；如果否，那就必须控告他谋杀，哪怕他是你同食同宿的家人。如果你与之共处，明知他的所作所为，却没有将他绳之以法，以此涤除自己和他的罪孽，那你们就是同罪。本案被害人是我家一名贫穷的帮工，在纳克索斯[11]的农场为我们干活。他喝醉了酒，跟我家一名奴隶发火，把人给杀了。于是我父亲将他手脚捆缚扔进了沟渠，派人去雅典请教祭司该怎么处置。信使一走，他就把那人丢在脑后，以为既然是个杀人犯，死了也没什么大不了。果不其然，使者还没回来，那人已毙命于冻饿和绑缚。现在我父亲和别的家人都对我大为光火，因为我为了这名凶手控告父亲谋杀。他们说他根本没杀人；他们还说，就算他杀了那人无数次，那家伙本身就是凶手，我何苦为这种人费心，儿子控告父亲杀人，此事大不虔敬。苏格拉底啊，他们哪里懂神律中何为虔敬、何为不虔敬呢。
苏格拉底	你的意思是，欧悌甫戎，你自觉对神明的事一清二楚，对虔敬与不虔敬的理解准确无误，所以在你所说的这种情况下，你可以将父亲绳之以法而不用担心自己悖逆神意吗？
欧悌甫戎	我要是不懂这些事，那我还有多大价值呢——欧悌甫戎就泯然众人了。
苏格拉底	那好，我亲爱的欧悌甫戎，我最好在审判开始前成为你的学生，就这一点向弥利图斯提出疑问。我就说，我一向认为关于神祇的知识非常重要，既然现在他指控我言语不敬、妄图变乱宗教而得罪了众神，我就来做你的学生。我要这么说，"弥利图斯，如果你承认欧悌甫戎在这些事情上态度明智、信念正确，那么请对我一视同仁，不要让我受审；如果你不承认这点，非要起诉，那也不能告我，应该告我的老师，告他毒害了长辈——用教导害了我，用训诫和惩罚害了他爹"。要是我没能劝服他撤诉或者转而告你，我在法庭上也要重复这番申辩。
欧悌甫戎	宙斯在上，是这样！苏格拉底，他要是企图告我，我敢说我准能逮到他的弱点。在我自辩之前，我会让他有很大的麻烦。

苏格拉底	没错，欧悌甫戎，我迫切想拜你为师就是因为这个。我注意到弥利图斯和其他人似乎根本没注意到你，可把我轻而易举地看透了，一来就要告我不虔敬。因此我拜托你，跟我讲讲你刚才蛮有把握的那些事。不管是关于杀人还是别的什么事，告诉我怎样才是圣洁的，怎样又是亵渎的。我想任何行为中，虔敬的总是虔敬的，不虔敬总是虔敬的反面，保持其本性不变，凡是不虔敬者总有相同的特征，可以在所有不虔敬的事里看到。
欧悌甫戎	那当然，苏格拉底，我想是这样。
苏格拉底	那么告诉我，什么是虔敬，什么是不虔敬？
欧悌甫戎	唔，这样的话，我要说虔敬意味着告发犯有谋杀罪、渎神罪以及其他此类罪行的不义之人，就像我正在做的，无论那人是你的父亲、母亲还是别的什么人。我还要说，不去告发就是不虔敬。注意听了，苏格拉底，我要给你一个确凿的证据，我也给过其他人，说明正道就是不让渎神之人逃脱法网不受惩罚，无论其身份为何，这就是天经地义。人们都认为宙斯是众神中最神圣、最公正的，他们也承认宙斯为其父克洛诺斯[12]戴上镣铐，因为他不义地吞噬了自己的孩子；出于类似的理由，克洛诺斯也阉割了他的父亲。然而同样一群人却对我火冒三丈，因为我反对父亲做的坏事。所以你看，他们对神是一个态度，对我是另一副嘴脸。
苏格拉底	这不就是我被起诉的原因吗，欧悌甫戎？我是说，因为我发现这些口口相传的神话很难让人接受。我想人们会认定我有错，因为我怀疑这些故事。现在，既然你精通这类事情，认可所有这些故事的真实性，那么我想我必须信服你的权威。我承认自己对他们一无所知，此外还能说什么呢？但是看在交情的分儿上，请告诉我，你真相信这些事情发生过吗？
欧悌甫戎	真的，神奇的事还多着呢，苏格拉底，那是大多数人都不知道的。
苏格拉底	那么你真的相信众神之间有战争、有仇恨、有争斗，就像诗人所讲述的，伟大的画家在我们的神庙中所描绘的，特别是泛雅典赛会上那件送到卫城的法衣上绣满的图画所表现的一样[13]？我们能说那些事情是真的吗，欧悌甫戎？

13

欧悌甫戎	是的，苏格拉底，还不止那些呢。我说了，只要你愿意听，神的故事我还能跟你讲好多，准保你听了大吃一惊。
苏格拉底	我想也是。你下次有空再跟我讲吧。目前请你试着对我刚才的问题给一个更明确的答案。我的朋友，我问你的是，什么是虔敬？你的解释尚不能令我满意。你只告诉我你现在做的，即以谋杀罪控告你父亲，是一种虔敬的行为。
欧悌甫戎	是，正是如此，苏格拉底。
苏格拉底	大概是吧。可是其他很多行为也是虔敬的呀，对吧，欧悌甫戎？
欧悌甫戎	那当然。
苏格拉底	那么请记住，我并没有要求你在许多虔敬的行为中举出一两个；我想知道虔敬的特性为何，才让虔敬的行为是虔敬的。我想你说过，存在一个特性让所有虔敬的行为都是虔敬的，而另一个特性让所有不虔敬的行为都是不虔敬的，你不记得了吗？
欧悌甫戎	我记得。
苏格拉底	那么好，请向我解释一下这个特性是什么，我好把它当作标准来判断你和其他人的行为，这才能够说任何类似的行为都是虔敬的，凡是不符合的都是不虔敬的。
欧悌甫戎	行，你想要知道我就告诉你，苏格拉底。
苏格拉底	我当然想。
欧悌甫戎	好，凡是众神喜爱的就是虔敬的，众神不喜爱的就是不虔敬的。
苏格拉底	妙啊，欧悌甫戎。你给了我一个我想要的答案。你说得对不对，我也不知道。但想必你会论证下去的。
欧悌甫戎	当然。
苏格拉底	来，让我们验证一下我们的陈述。取悦众神的事物和人是虔敬的，令众神不悦的事物和人是不虔敬的，而虔敬和不虔敬不一样。它们截然相反——我们是这么说的，对吧？
欧悌甫戎	没错。

苏格拉底　这显然是一种恰当的说法？

欧悌甫戎　是的，苏格拉底，没问题。

苏格拉底　我们是不是还说过，欧悌甫戎，众神之间存在争吵、分歧和仇恨？

欧悌甫戎　说过。

苏格拉底　但是，我的朋友，什么样的分歧才会引起仇恨和愤怒呢？我们从这个角度分析一下。如果你和我在一个数字是否大于另一个数字上意见不一，这会让我们怒火冲天、反目成仇吗？我们不应该借助计算立即解决争端吗？

欧悌甫戎　那是当然的。

苏格拉底　又比如，我们对两个物体哪个大哪个小存在分歧，把它们都量一下纠纷就解决了，不是吗？

欧悌甫戎　是的。

苏格拉底　两件物体比轻重的问题可以用称重的方式解决，对吧？

欧悌甫戎　没错。

苏格拉底　那么是什么样的问题才会让我们一旦出现意见分歧、不能达成共识就会变得愤怒敌对呢？也许你还没有想好答案，但听听我的。那不就是正义与非正义、荣誉与耻辱、好与坏之类的问题吗？让你我他吵得不可开交、一旦各执己见就不能达成满意的共识的，不就是这一类问题吗？

欧悌甫戎　正是，苏格拉底，就是关于这种问题的争议。

苏格拉底　那好，欧悌甫戎，如果众神会吵架，他们也会为这些事情发生争执的，对吧？

欧悌甫戎　那肯定。

苏格拉底　那么，我亲爱的欧悌甫戎啊，照你这么说，有些神认为某事是正义的，其他的神认为不是；有些神认定的光荣或良善，在另一些神看来却是耻辱或邪恶。要不是他们在这些问题上产生分歧，本来不会发生争执的，对吧？

欧悌甫戎　你说得对。

苏格拉底　每一位神都喜好他眼中的光荣、良善、正义，并厌恨其反面，不是吗？

欧悌甫戎　当然。

苏格拉底　可是你说过，同样的行为在一些神看来是正义的，另一些神则认为是非正义的，他们为此争论不休，大打出手。不是这样的吗？

欧悌甫戎　是。

苏格拉底　所以同一件事可以既为众神所爱又为众神所憎，既为众神所厌又为众神所悦。

欧悌甫戎　显然如此。

苏格拉底　那么照你的说法，同一件事可以既是虔敬的又是不虔敬的咯。

欧悌甫戎　看来是这样。

苏格拉底　然而，我的好朋友，你还没有回答我的问题。我并没要求你告诉我什么行为既虔敬又不虔敬，但似乎让众神喜悦的事情也会触怒他们。所以啊，欧悌甫戎，如果现在你惩罚父亲的行为为宙斯所喜，却为克洛诺斯和乌拉诺斯所憎，赫菲斯托斯觉得可以接受，却遭到了赫拉的厌恨，我完全不会奇怪。倘若其他天神意见不一，喜怒也自然各有不同。

欧悌甫戎　但在这件事上，苏格拉底，我认为众神之间没有分歧：他们都会认为，如果一个人不义地杀死了另一个人，他必须受到惩罚。

苏格拉底　就拿人类来说，你难道没听过关于一个人是否应该因不义地杀人或其他劣行受惩罚的争论吗？

欧悌甫戎　当然有，他们为此争辩不休，尤其是在法庭上。他们坏事做尽，为了逃脱惩罚，千方百计为自己辩护，无所不用其极。

苏格拉底　他们是不是承认做了坏事，同时又咬定自己不该受罚呢，欧悌甫戎？

欧悌甫戎　不，说实话，他们倒不会这样。

苏格拉底　那么这种情况也说不上无所不用其极了。我的意思是，他们总还不敢强辩说，哪怕自己真做了坏事也不该受到惩罚。他们说的是他们什么坏事也没干，对不对？

欧悌甫戎　是这样的。

苏格拉底　因此，他们争论的并非不义之人是否应受惩罚这件事。他们争辩的是，谁是不义之人，他干了什么，在什么时候干的，是这样吧？

欧悌甫戎　　是这样的。

苏格拉底　　那好，如果众神如你说的那样为正义与非正义发生争执，不也会出现同样的情况吗？难道他们中间不会有一些神说另一些神所行不义，而对方予以否认？我亲爱的朋友，我想无论是神还是人，没有谁敢说做了坏事不应该受到惩罚的。

欧悌甫戎　　是，苏格拉底，你的话大致没错。

苏格拉底　　我认为，欧悌甫戎，争论者不管是人还是神——如果众神确实会争论的话——都是针对具体的行为。当他们就某个行为发生分歧时，他们中的一派说这是正义的，而另一派则说这是非正义的。是这样吧？

欧悌甫戎　　是。

苏格拉底　　好吧，我亲爱的欧悌甫戎，请就下面的问题不吝赐教。你有什么证据表明众神一致认定，一名工人因杀人而被死者的主人监禁并在主人向宗教权威请教如何处置期间死于监禁，是死得冤枉？你又如何知道儿子起诉父亲、指控父亲杀了这样的一个人是正义之举？来，看你能不能对我讲个明白，为何众神定然认可你的行为代表正义。你的指教若能让我信服，我将会滔滔不绝地颂扬你的智慧。

欧悌甫戎　　我可以向你解释清楚，苏格拉底。不过那恐怕说来话长了。

苏格拉底　　我懂，你觉得我比法官们还笨。你当然会向他们证明你父亲做下了不义之事，而众神一致憎恶那样的行为。

欧悌甫戎　　我确实会，苏格拉底，只要他们肯听我说话。

苏格拉底　　他们会听的，只要他们觉得你能说会道。不过你说话的时候，我忽然想到一个问题：就算欧悌甫戎尽可能清楚地向我证明了众神一致认定那人死得冤枉，这对我理解虔敬与不虔敬又有什么帮助呢？这一具体的行为或许触怒了众神，但我们刚才已经发现虔敬和不虔敬不能这样定义，因为我们已经看到，众神所恶同时亦是众神所好。在这点上我且放过你，欧悌甫戎，只要你高兴，就当众神全都断定你父亲的行为是错的并憎恶他好了。但我们是不是应该修正我们的定义，可否这样说：让众神一致憎恶的是不虔敬

17

的，让众神一致喜好的是虔敬的，而一部分神喜好另一部分神憎恶的，是两种性质兼而有之，或者两种皆不是？你觉得现在我们以这种方式定义虔敬和不虔敬怎么样？

欧悌甫戎 有何不可呢，苏格拉底？

苏格拉底 我这方面是没有什么问题，欧悌甫戎。你倒要想想这个定义是否有助于你履行承诺，把我给教懂了。

欧悌甫戎 好吧，我要这么说：虔敬就是众神所爱者，不虔敬就是众神所恶者。

苏格拉底 那我们是不是要检验一下这个定义，欧悌甫戎，看它究竟对不对？还是说我们毫不质疑，全盘接受别人或者自己随便哪个说法？或者我们应该检验一下这个说法？

欧悌甫戎 我们应该检验一下。不过就我而言，我认为这次的定义是正确的。

苏格拉底 对不对很快就见分晓啦，我的好朋友。现在来考虑这个问题：众神喜爱虔敬的事物是因为它是虔敬的，还是说该事物之所以虔敬，是因为它为众神所喜爱？

欧悌甫戎 我没听懂，苏格拉底。

苏格拉底 我会尽量解释清楚。我们常说什么东西运送或者被运送，引领或者被引领，看见或者被看见。你知道这些表达对应不同的情形，你也知道不同在哪里。

欧悌甫戎 是，我想我明白。

苏格拉底 我们说一个事物为人所爱，和一个事物充满爱意，这两者也是有区别的吧？

欧悌甫戎 当然了。

苏格拉底 现在告诉我，一个正在被运送的东西是因为别的东西在运送它而处于被运送的状态，还是出于其他原因？

欧悌甫戎 没别的原因，就因为有东西在运送它。

苏格拉底 一个东西处于被引领的状态是因为有别的东西在引领它，一个东西处于被看见的状态是因为有别的东西在看它？

欧悌甫戎 那当然。

苏格拉底　那么，一个东西并不因为是被观看之物而有观看者，而是因为有观看者才成为被观看之物；一个东西并不因为是被引领之物而有引领者，而是因为有引领者才成为被引领之物；一个东西也并不因为是被运送之物而有运送者，而是因为有运送者才成为被运送之物。我说明白了吗，欧悌甫戎？我的意思是，任何东西要成为什么样或者受到何种影响，它的变化并不取决于它变化的状态，而是它变化的状态来自它的变化；它受到外界影响也不因为它处于受影响的状态，而是它受影响的状态源于外界在影响它。你不同意吗？

欧悌甫戎　我同意。

苏格拉底　被喜爱这档事，不也属于要么主动成为，要么以某种方式受其他事物影响的状态吗？

欧悌甫戎　确实。

苏格拉底　那么此处也可以适用前面的道理。一个东西不是因为先处于被爱的状态才为爱它的人们所爱；它处于被爱的状态是因为他们爱它。

欧悌甫戎　必然如此。

苏格拉底　那好，欧悌甫戎，关于虔敬我们怎么说的来着？根据你的定义，它不就意味着为众神所爱吗？

欧悌甫戎　是。

苏格拉底　因为它是虔敬的，还是因为别的缘故？

欧悌甫戎　没别的，就因为它是虔敬的。

苏格拉底　也就是说，是因为虔敬而得众神所爱，不是因为得他们所爱而成为虔敬咯？

欧悌甫戎　看来是这样。

苏格拉底　可是，取悦于众神的事物即令他们喜悦的事物，也就是处于一种为神所爱的状态，是因为他们爱它，对吧？

欧悌甫戎　当然啦。

苏格拉底　照你这么说，虔敬就不能等同于取悦众神的事物，取悦众神的事物也不能等同于虔敬了，欧悌甫戎。它们是两码事。

欧悌甫戎　为什么呢，苏格拉底？

苏格拉底　因为我们一致认为众神喜欢虔敬的事物是因为它有虔敬这个特性，而非因为他们爱它，它才成为虔敬的。不是这样吗？

欧悌甫戎　对啊。

苏格拉底　一个事物取悦于众神是因为众神先爱了它，正是出于这样的爱，它才令他们愉悦，而非因为它先处于取悦众神的状态，他们才爱它。

欧悌甫戎　没错。

苏格拉底　这样的话，我亲爱的欧悌甫戎，虔敬和取悦于神就是两码事了。如果众神喜爱虔敬是因为它具有"虔敬"这个性质，那么也可以说，他们喜爱取悦他们的事物是因为该事物具有"取悦于神"这个性质；但如果取悦众神的事物之所以取悦众神，是因为他们爱它，那么同理，虔敬之所以成为虔敬，也是因为他们爱它。但你现在可以看出，这两种情况是对立的，彼此完全不同。一种情况是因为被爱才成为可爱的，另一种情况是本身可爱因而才被爱。欧悌甫戎，我的问题是，什么是虔敬？结果你没有对我解释虔敬的本质特征，你只是满足于提出它产生的一种结果——众神都喜爱它。你还没告诉我它的本质特征是什么。千万不要对我隐瞒虔敬的定义，请重头再来讲个清楚。不管众神是不是爱它，或者它是否还带来别的结果，我们在这点上不会有什么分歧。请你尽量明白地告诉我，什么是虔敬，什么是不虔敬。

欧悌甫戎　可是……苏格拉底，我真不晓得怎么跟你说明我的想法。我们提出的所有论述好像都在绕圈，不能固定在原点上。

苏格拉底　欧悌甫戎，我觉得你说的话有点儿像我祖先代达洛斯[14]的作品了。如果那些话是我说的，是我提的观点，我敢说你准会取笑我，说那都因为我有代达洛斯的血统，所以我构建的论述会像他的雕塑一样乱跑，没法稳住不动。可事实上这些都是你的论述，这个玩笑就不合适了。你自己也看到了，它们总是游移不定。

欧悌甫戎	不对,苏格拉底,我认为这个玩笑非常恰当。论述老是绕圈子定不下来不是我的错。我认为你才是那个代达洛斯。就我来说嘛,我的论述是稳定不变的。
苏格拉底	要这么说的话,我的朋友,那我一定是比代达洛斯更高明的艺术家了,他当初只能让自己的作品动起来,你瞧我,我还能让别人的作品动起来呢。这事妙就妙在我的心智违背了我的意愿。我宁肯舍弃代达洛斯的全部智慧和坦塔罗斯的所有财富,也要让我们的论述稳定不移。好了,闲话少说。我会尽力助你一臂之力,好让你能向我讲清楚什么是虔敬,因为我觉得你快半途而废了。请你不要放弃。告诉我,你难道不认为凡是虔敬的一定是正义的吗?
欧悌甫戎	当然。
苏格拉底	那么,凡是正义的一定是虔敬的吗?还是说,凡是虔敬的都是正义的,但正义的却不都是虔敬的,它除了虔敬还包括别的东西?
欧悌甫戎	我跟不上你的思路,苏格拉底。
苏格拉底	可你既比我年轻,也比我聪明。但要我说啊,你的聪明让你不思进取了。努把力,我的好朋友。我并没有问你太困难的问题呀。我的意思与那位诗人[15]的大作正相反,他写道:"宙斯乃造化之主,创造万物,切勿妄称其名,因为有畏惧之处必有崇敬。"我不赞同这位诗人。要我告诉你为什么吗?
欧悌甫戎	好。
苏格拉底	我不认为有畏惧之处就有崇敬。我发现很多人怕疾病、贫穷,怕诸如此类的糟糕事,但对他们所怕的东西绝无敬意。你不这么觉得吗?
欧悌甫戎	我也同意。
苏格拉底	但我认为有崇敬之处就有畏惧。有哪个心怀敬意、知廉耻的人会不害怕落下恶名呢?
欧悌甫戎	是的,他肯定怕。
苏格拉底	那么,虽然有崇敬之处就有畏惧,但要说有畏惧的地方就有崇敬就不对了。

崇敬未必一定随着畏惧出现。我想这是因为畏惧的范围比崇敬更广。崇敬是畏惧的一部分，就像奇数是数的一部分，所以凡是有奇数在，必然有数在，而有数在未必有奇数在。到这里你能跟上吧？

欧悌甫戎　跟得上。

苏格拉底　好，这就是我问你那个问题的意思。有正义之处总是有虔敬吗？或者说，虽然有虔敬的地方总是有正义，但有正义的地方并不总是有虔敬，因为虔敬只是正义的一部分，我们可以这样讲吗？还是说你有不同意见？

欧悌甫戎　没有，我同意。我认为你说得对。

苏格拉底　现在来讨论下一个问题。如果虔敬是正义的一部分，我想我们得找出它是正义的哪一部分。比如说，如果你刚才问我，数的哪一部分是奇数，什么样的数是奇数，我就应该回答任何不是偶数的数都是奇数。不是这样吗？

欧悌甫戎　没错。

苏格拉底　那就轮到你向我解释虔敬是正义的哪一部分，我好去告诉弥利图斯，叫他不要再冤枉我，放弃对我的指控，因为我已得到你充分的教导，懂得了什么是圣洁和虔敬的行为，什么不是。

欧悌甫戎　行，我要说圣洁和虔敬都属于正义之中服侍众神的那一部分，而剩下的那部分正义是服侍人类的。

苏格拉底　我认为你的回答很好，欧悌甫戎。不过我还有一点想要请教。我仍然不知道你说的"服侍"是指什么。我想你不至于将服侍神和服侍别的东西相等同。比如，我们不是常说，不是每个人都懂如何照顾马匹，只有驯马师才懂吗？

欧悌甫戎　确实。

苏格拉底　那么我猜有关马的技能就是服侍马。

欧悌甫戎　是的。

苏格拉底　也不是每个人都知道如何照料狗，只有猎人才懂。

欧悌甫戎　是这样。

苏格拉底　那么猎人的技能就是服侍狗。

欧悌甫戎　　是的。

苏格拉底　　牧民的技能就是服侍牛群咯。

欧悌甫戎　　没错。

苏格拉底　　你说过虔敬和圣洁就等于服侍众神，对吗，欧悌甫戎？

欧悌甫戎　　是我说的。

苏格拉底　　那么，所有的服侍行为不都为着同一个目的吗？不都是为了被服侍者的好处和利益吗？举例来说，你会看到用养马术照料马匹时，它们会从中受益，变得膘肥体壮，没错吧？

欧悌甫戎　　是的，我想是这样。

苏格拉底　　狗因猎人的照顾而获益，牛群因牧民的照顾而获益，不是吗？依此类推，总是如此。或者你认为服侍是为了损害被服侍的对象？

欧悌甫戎　　不，当然不是。

苏格拉底　　那就是造福于它咯？

欧悌甫戎　　当然。

苏格拉底　　虔敬，也就是我们对众神的服侍，是为了造福众神呢，还是为了让他们变得更好？当你做出某种虔敬的举动时，你能够让哪位神明变得更好吗？

欧悌甫戎　　当然不可能，绝对不可能。

苏格拉底　　是，我肯定你不是这个意思，欧悌甫戎。这就是为什么我要问你服侍众神是指什么。我觉得你应该不是那么想的。

欧悌甫戎　　你是对的，苏格拉底，我不是那个意思。

苏格拉底　　很好。那么虔敬是怎样一种对众神的服侍呢？

欧悌甫戎　　这种服侍，苏格拉底，就像奴隶对主人一样。

苏格拉底　　我懂了。那它是一种对众神的服务吗？

欧悌甫戎　　没错。

苏格拉底　　你能告诉我为医生服务能产生什么样的成果吗？不就是健康吗？

欧悌甫戎　　是的。

苏格拉底　　为造船工服务又会带来什么成果呢？

欧悌甫戎　自然是船，苏格拉底。

苏格拉底　为建筑师服务的成果是房子，不是吗？

欧悌甫戎　是的。

苏格拉底　那么告诉我，我亲爱的朋友，服务于神又能带来什么样的成果呢？你一定知道，因为你说你比谁都更懂神明的事。

欧悌甫戎　嗯，这是真的，苏格拉底。

苏格拉底　那么求你告诉我，众神利用我们的服务是要达到什么样的伟大成果呢？

欧悌甫戎　能达到很多重要成果。

苏格拉底　我的朋友，一位将军也能带来很多好的成果。然而很容易看出，其中最主要的成果是战争的胜利，不是吗？

欧悌甫戎　当然是。

苏格拉底　我还认为，农民也产生了很多了不起的成果，但最主要的成果是他让大地出产粮食。

欧悌甫戎　没错。

苏格拉底　那么众神带来的诸多重要成果中，最主要的是什么呢？

欧悌甫戎　我刚才跟你讲过，要全面准确地弄清楚所有这些事情，是要下一番功夫的。不过，我可以概括地说：一个人在祈祷和祭祀中的言行为众神所认可，那就是虔敬，就能让国家得到保卫，家庭得到护佑；反之，众神不认可的言行就是亵渎神明，而那就是一切覆亡毁灭的原因。

苏格拉底　欧悌甫戎，如果你愿意，本来可以用三言两语明确回答我的主要问题，但你显然不乐于指教我。刚才，就在你正要告诉我我想知道的问题时，你忽然避而不谈。如果你当时继续说下去，我现在应该已经从你那里清楚了解到什么是虔敬了。但现在是我向你提问，我应当跟着你的引导走。那么告诉我，你说的虔敬和不虔敬是什么意思？你不是说那是一门关于祈祷和祭祀的学问吗？

欧悌甫戎　我是那么说的。

苏格拉底　祭祀是向神奉献，祈祷是向神请求，对不对？

欧悌甫戎　是的，苏格拉底。

苏格拉底　那么你就是说，虔敬是向众神祈求和奉献的学问？

欧悌甫戎　你完全理解了我的意思，苏格拉底。

苏格拉底　是的，因为我渴望分享你的智慧，欧悌甫戎，所以我全神贯注，不会放过你说的每句话。但告诉我，服侍神又是指什么呢？你的意思是向众神祈求、向众神奉献，对吗？

欧悌甫戎　是。

苏格拉底　那么，正确地祈求就是向他们请求我们需要从他们那里得到的东西，不是吗？

欧悌甫戎　那是当然。

苏格拉底　正确的奉献就是把他们需要从我们这儿得到的东西献给他们？把别人不需要的东西送给他们是不太明智的。

欧悌甫戎　说得没错，苏格拉底。

苏格拉底　那么欧悌甫戎，虔敬就等于神和人之间做交易的方法了？

欧悌甫戎　是的，如果你要这么说的话。

苏格拉底　如果这不是事实，我是不会这么说的。但请告诉我，众神如何从我们奉献给他们的礼物中获益？他们赐予我们的东西是一目了然的。我们拥有的每样好东西都是他们的恩赐。但他们如何从我们奉献的东西中获益？在这些交易中，我们岂非占尽了便宜，从他们那儿得到了我们所拥有的一切，却没给他们任何回报。

欧悌甫戎　你是以为众神不会从我们献给他们的礼物中受益吗？

苏格拉底　但是，欧悌甫戎，我们献给众神的礼物是指什么？

欧悌甫戎　还能有什么，是崇敬、礼赞，还有就是我说过的，他们认可之事。

苏格拉底　欧悌甫戎，那么虔敬就是众神认可之事，但既非对他们有利，也非为他们所爱？

欧悌甫戎　我认为没有什么比这个更为他们所爱了。

苏格拉底　这么说来，虔敬意味着为众神所爱。

欧悌甫戎	正确无误。
苏格拉底	事到如今,你还没惊讶地发现你的陈述在不停变动而非稳定不移吗?你自己比代达洛斯更加高明,让它们兜起了圈子,还指责我是让它们移动的代达洛斯吗?难道你没看出我们的论述已经回到了原来的位置?你肯定记得,我们已经发现虔诚和取悦众神是完全不同的事。你不记得了吗?
欧悌甫戎	我记得。
苏格拉底	现在你没发现你在说为神所爱的就是虔敬的吗?然而,众神所爱与取悦众神不就是一回事吗?
欧悌甫戎	没错。
苏格拉底	所以我们以前的结论要么是错误的,要么是正确的,而我们现在错了。
欧悌甫戎	看起来是这样。
苏格拉底	那么我们必须重新开始探究什么是虔敬。在我弄清楚之前,我决不放弃。不要小看我。请集中精力,这次把真理告诉我吧。因为懂得此事的人非你莫属;你是一个普罗透斯,你若不告诉我,我是不会放你走的。你若不是确切理解了什么是虔敬、什么是不虔敬,绝不会起诉你年迈的父亲谋杀了一名帮工。你会害怕万一冒触怒众神的风险,也会畏惧人言。但是现在我敢肯定,你认为你完全懂得什么是虔敬的,什么不是。所以请告诉我,我的好欧悌甫戎,不要向我隐瞒你的想法。
欧悌甫戎	下一次吧,苏格拉底。我现在很忙,我该走了。
苏格拉底	你在做什么啊,我的朋友!你这一走,是要让我所有的希望落空吗?本来我指望向你学习什么是虔敬的,什么不是,从而逃脱弥利图斯的指控。我本打算向他解释欧悌甫戎使我对神明之事有了智慧,我不会再糊里糊涂地信口谈论它们或者变乱宗教了。然后我会向他保证,未来我会洗心革面做个好人。

思考题

1. 欧悌甫戎和苏格拉底谁更虔敬？为什么？
2. "有些人认为某种行为是好的，因为那是上帝的旨意。"阅读《欧悌甫戎篇》之后，你认为这个说法有什么问题？
3. 这篇对话体现出友谊的哪些特点？
4. 在这篇对话中，为什么虔敬的定义很重要？在日常生活中呢？

理性与文化

所有关于理性的讨论似乎都忽略了人之为人的一个非常重要的方面，即人有感觉、有情绪。是情感而非理性为我们带来了大部分的生活激情，造就了让人生更丰富、更有趣的高峰与低谷。如果从不曾坠入爱河，从不曾为一部伤感电影流泪，从不曾为你支持的运动队伍热情欢呼，人生会是什么样子？无法拥有这些感受的人活得若有所失。神秘学比理性判断更令人兴奋。我们屏住呼吸，等待魔术师把装着女郎的箱子锯成两半。大多数文化都有它们的"万圣节"，用以供养幽灵和妖怪。

一些人认为，偏爱理性而非神秘学只是我们"过于理性"的西方传统，在大力推广理性的运用时，我们是以牺牲偏爱神秘学的传统为代价来发展西方文化的。按照这种观点，我们"西方人"不接受情感和神秘学是因为它们不符合我们的信仰，而我们的信仰在某种程度上是我们文化的产物。在其他文化中成长的人或许会更坦然自在地面对神秘事物，并认为对理性的依赖是狭隘且难以接受的。

显然，文化之间存在差异，在某一种文化中长大的人可能会不理解别的文化，或者仅仅因为其"不同"而产生偏见。然而，这并不意味着我们重视理性胜过情绪、感受，神秘学只是一种缺乏正当理由的偏见。可能我们对理性判断的偏爱是一种文化偏见，但这种偏见是有道理的，因为理性探究对我们有用。

理性，而非神秘学，能够更好地帮助我们实现目的、达到目标。必须记住，理性对话意味着保持对话开放。这包括让对话保持对其他文化开放，对其他想法开放，甚至对神秘学开放。这并不意味着将一种文化的价值观强加给另一种文化。在这个世界上，理性和神秘学各得其所。但保持对话开放也不意味着我们必须皈依或者接受所有其他文化的产物。事实上，当别的文化拒绝公开对话时，我们必须进行抵制。高度重视神秘学的文化观点的问题在于，它自己通常对差异不够包容，从而对理性也不够开放。简单将某事作为神秘事件来看待，等于放弃探究未来将发生什么或者为什么会发生，人们因此无法预测未来。于是无论发生什么，我们都只能随波逐流。对于希望避免的事，我们无法避免；对于让我们快乐满意的事，我们也无法促成。

对话的开放性是这里的关键因素。因为对话是连续的，永远不会结束，所以它总是可以修正的。如果没能得到预期的结果，我们会修改我们的推理、调整我们的期望。我们继续保持与彼此的对话，与世界的对话，直到我们的成果符合预期、目标得以达成。作为人类，我们会根据收集到的证据不断调整我们的预期。神秘主义者通常不愿修改自己的信仰。他们认为现实结果是神秘学的产物，要修改也毫无规矩可循。从神秘学立场来看，当某人的信仰不灵验或者提供了错误的预测，只能说是时机不对或者神明不允。人们只能寄希望于下一次能得到想要的结果，因为究竟会发生什么完全是个谜。显而易见，这种观点让我们对未来无能为力。

显然，我们无法预测将要发生的一切。说实话，有时我们宁愿不知道未来会发生什么。如果我们能够精确预知自己将会发生什么事，人生会变成死水一潭。我们乐见世界上存在一些神秘的观念。此外，我们想要尽可能地避免痛苦和磨难。有的人认为理性可以解决所有问题。没有这回事。有时候不存在正确答案，我们必须众害相权取其轻。这种例子很常见，比如在医疗实践中。但理性探究和公开对话的模式在帮助人类实现他们的计划和目标方面留下了非常好的记录。

以下两个故事呈现了理性与神秘学的对比。第一个故事是著名意第绪语小说家艾萨克·巴什维斯·辛格[16]的短篇小说。当你阅读时，请注意辛格如何用一个关于男孩、父母和几只鹅的简单故事诠释关于理性和神秘学的复杂主题。男孩显然对父亲宣扬的神秘学深感敬畏，与此同时，他从母亲"死鹅不会尖叫"的理性断言中找到了安慰。第二个故事是关于博物学家鲁奇先生的，两位巴西巫师为挽救他的生命付出了努力。鲁奇先生的目的是活下去，现代医学似乎帮不了他，即使他不知其理，也可以通过接受巫师的治疗来实现目的,那对他和现代科学来说都是一个谜。

死鹅会叫之谜[17]
艾萨克·巴什维斯·辛格

在我们家,常见的话题是活人被幽灵附身、灵魂转生为动物、精怪盘踞于房屋、恶魔出没于地窖。我父亲之所以谈论这些事,首先是因为他很感兴趣,其次是因为害怕孩子们在大城市误入歧途。他们哪儿都去,什么都看,还阅读一些非宗教的书籍,有必要时不时提醒他们,世界上仍有未知力量在大显神通。

大概在我八岁那年,有一天他给我们讲了一个在圣书中看到的故事。如果我没记错,那本书的作者是埃利亚胡·葛莱迪克拉比,或者别的姓葛莱迪克的贤哲。这个故事的主角是一名被四只恶魔附体的少女。故事里说,恶魔在她的肠子里爬来爬去,鼓起她的肚子,从她身体的一个部位移动到另一个部位,滑进她的腿。葛莱迪克拉比吹响公羊角,念诵咒语,点燃魔法药草熏香,最终驱走了恶魔。

当我的兄弟约书亚质疑这些事时,我父亲变得非常激动。他争辩说:"上帝不容啊,难道伟大的葛莱迪克拉比会是骗子?所有的拉比、圣徒和贤哲都骗人,只有无神论者说实话?我们有祸了!人怎能如此是非不分?"

忽然间门开了,一个女人走了进来。她拎着一个篮子,里面装着两只鹅。女人看上去很害怕。她的已婚妇女假发歪到一边,她紧张地笑了笑。

父亲从不注视陌生女人,因为这是犹太律法所禁止的,但母亲和我们这些孩子立刻看出有什么事让我们这位不速之客大为不安。

"怎么了?"父亲问道,同时背过身去,以免抬眼看她。

"拉比,我遇到一个很不寻常的问题。"

"怎么了?"

"是关于这些鹅的。"

"它们怎么了？"

"亲爱的拉比，鹅被适当地宰杀了。然后我砍掉了它们的头。我取出了它们的肠子、肝脏和所有其他器官，但鹅一直叫得很惨……"

父亲一听这话，脸色就白了。恐惧也降临在我身上。

但我的母亲来自一个理性主义家庭，天生就是一个怀疑论者。

"被宰了的鹅不会叫。"她说。

"你自己听听。"女人回答。

她拿起一只鹅放在桌上。接着她拿出第二只鹅。这些鹅没有头，没有内脏——简而言之，就是普通的死鹅。

笑容浮现在母亲的嘴角："就是这些鹅会叫？"

"你马上会听到的。"

女人抓起一只鹅，朝另一只鹅扔过去。立刻响起了叫声。要描述那个声音并不容易。那声音就像鹅的咯咯叫，但音调是那样的高亢诡异，伴随着那样的呻吟和颤抖，让我四肢发冷。我真切感觉到我耳前的鬓发刺痛皮肤。我想跑出房间。但我该往哪里跑呢？我的喉咙因恐惧而紧缩。然后我也尖叫起来，紧紧抓住妈妈的裙子，像个三岁小孩儿。

父亲忘了该把目光从女人身上移开。他跑到桌边。

他和我一样害怕，他的红胡子颤抖着。在他的蓝眼睛里可以看到恐惧和论战得胜的混合。对我父亲来说这是从天而降的征兆，不仅是给葛莱迪克拉比的，也是给他的。但这会不会是来自邪恶一方，是来自撒旦的迹象？

"你现在怎么说？"女人问。

母亲不再微笑了。她眼中有些东西既像忧伤，又像愤怒。

"我不明白发生了什么。"她的语气带着某种不满。

"你想再听一遍吗？"

女人又把一只鹅扔到另一只鹅身上。死鹅再次发出离奇的叫声——不会说话的造物的叫声，被屠夫的刀杀死却仍然保留着生命力，它们跟生者仍然有账要算，有冤要报。一阵寒意袭上心头，我感觉像被谁用尽全力打了一下。

父亲的声音变得嘶哑，听上去仿佛哭哑了嗓子。"嗯，还有人怀疑造物主的存在吗？"他问。

"拉比，我该怎么办？我该到哪里去？"女人开始低声哀诉，"我摊上了什么事？我有祸了！我该拿它们怎么办？也许我应该跑去找一位有法力的拉比？是不是屠宰它们的方法不对？我不敢带它们回家。我本来是想拿它们做安息日大餐的，现在可好，真是一场灾难！神圣的拉比，我该怎么办？我必须把它们扔掉吗？有人说它们必须用裹尸布包好埋在坟地里。我是个穷女人。两只鹅，它们花了我一大笔钱！"

父亲不知道该怎么回答。他瞥了一眼他的书柜。如果哪里能有答案，一定就在那里面。

蓦地，他恼怒地看向母亲："那你现在怎么说，嗯？"

母亲的脸变得越来越阴沉、紧绷，轮廓越发分明。她的眼中有怒火，也有类似羞愧的东西。

"我想再听一遍。"她的话半是恳求半是命令。

女人第三次将鹅扔向另一只，那叫声第三次响起。我突然想到，这一定是被献祭的小母牛的叫声。

"祸哉，祸哉，他们还在亵渎神明……经上说，即使在地狱门前，恶人也不悔改。"父亲又开始说话了，"他们亲眼看到真相，却继续否认他们的创造者。他们被拖入无底深渊，还认为一切都是自然的或者偶然的……"

他看着母亲，似乎在说："你在步他们后尘。"

一段长久的沉默。然后那个女人问："如何，这只是我的想象吗？"

忽然，母亲爆发出一阵大笑。她的笑声中有些东西让我们所有人发抖。凭借某种第六感，我知道母亲准备让我们眼前上演的宏大戏剧落幕。

"你把气管拔掉了吗？"母亲问。

"气管？不……"

"拔出来，"母亲说，"这样鹅就不会叫了。"

父亲生气了："你在胡说什么？这和气管有什么关系？"

母亲抓住一只鹅，把纤细的手指伸进鹅体内，用尽全力拔出从颈部通向肺部的细管。随后她抓住另一只鹅，也拔掉了气管。我站着发抖，震惊于母亲的勇气。她的双手沾满了血。在她脸上可以看到被人在光天化日之下恐吓的理性主义者的愤怒。

父亲脸色煞白，他很平静，有一点儿失落。他知道发生了什么事：逻辑，冷酷的逻辑，再次摧毁了信仰，嘲笑它，将它作为奚落和鄙视的靶子。

"如果你愿意的话，现在用一只鹅扔另一只鹅！"母亲命令。

一切悬而未决。如果鹅叫了，母亲就输掉了一切：她理性主义者的胆量、她从知识分子父亲那儿继承的怀疑精神。至于我呢？虽然很害怕，我却在心底默默祈祷鹅会叫，叫得很大声，叫到街上的人都能听见并跑过来。

但是，唉，鹅们沉默了，沉默得就像两只没有气管的死鹅。

"给我拿毛巾来！"母亲转向我。

我跑去拿毛巾。我两眼含泪。母亲在毛巾上擦手，恰似做完了一台艰巨手术的外科医生。

"就是这么回事！"她胜利地宣布。

"拉比，你怎么说？"女人问。

父亲开始咳嗽，喃喃自语。他用小圆帽给自己扇风。

"我从没听说过这样的事。"他最后说。

"我也没有。"女人附和道。

"我也没有，"母亲说，"但总得有个解释。死鹅不会叫。"

"我现在可以把它们拿回家做菜吗？"女人问。

"回家去，做安息日的菜。"母亲宣布了决定，"别害怕，它们在你锅里不会有什么动静的。"

"你说呢，拉比？"

"嗯……它们是洁食。"父亲咕哝着，"它们可以吃。"他不是真的确定，但现在他也没法说鹅是不洁的。

母亲返回厨房。我留在父亲身边。他突然开口跟我说话，好像我是个大人一样。"你母亲就像你的外祖父，比乌戈拉伊拉比。他是一位伟大的学者，却也是一名冷血的理性主义者。订婚之前有人警告过我……"

父亲扬起双手，好像在说：事到如今，想要取消婚礼已经太迟了。

巫师与垂死的科学家：一个巴西童话[18]
阿兰·莱丁

这个故事来源于1月12日里约热内卢发行的《巴西日报》头版报道，标题是《大自然惩罚保护它的人》。报道讲述了鲁奇先生1975年在亚马孙的阿马帕地区开展研究时因接触了箭毒蛙而濒临死亡的故事。

诗人的力量

其他报纸立即转载了这个故事，但据报道，三天之后，总统萨尔尼才被著名巴西诗人阿方索·圣安纳撰写的报纸专栏打动。该专栏的标题取自诺贝尔奖获得者加西亚·马尔克斯的小说《死亡预言编年史》。

在专栏中，诗人呼吁总统下令不仅在美国和苏联，也在新谷国家公园的印第安部落中寻找解毒剂。"巴西不能仅因为一些无耻的蟾蜍向鲁奇宣战就失去像他这样重要的人。"圣安纳写道。

萨尔尼总统立即让他的内政部长联系拉奥尼，后者是拥有4000人的曲卡拉梅部落的首领，也被认为是巴西幸存的18万印第安人的代言人。几天后，不同寻常的一幕出现了：拉奥尼得到总统接见。他告诉萨尔尼总统，他梦见鲁奇先生与蟾蜍搏斗，在看了这位博物学家的照片后，他宣称："他已经有了一张蟾蜍的脸。他变成了蟾蜍。我们必须从他体内取出蟾蜍，否则他很快就会死。"

治疗开始

一架巴西空军飞机飞往巴西利亚西北方 500 英里的新谷采集草药，和他们同行的是来自近邻开姆拉部落的萨派恩巫师。上一周周中，在报纸记者和电视台工作人员在场的情况下，拉奥尼和萨派恩会见了鲁奇先生。

博物学家回忆说，一年多来他一直遭受着剧烈的疼痛、反胃、发烧和流鼻血的折磨，连续睡眠时间一般只有两三个小时。此外记者还注意到，他几乎连一小段楼梯都爬不上去，他的眼睛和嘴巴看起来又红又肿。

《巴西日报》的一名记者和鲁奇先生的妻子玛丽兰德见证了那次治疗。首先，拉奥尼和萨派恩吸食 25 厘米长的致幻草药"雪茄"，一边吟唱一边把烟喷在患者身上。随后拉奥尼按摩了鲁奇先生的身体，似乎从中提取出了一种绿色的、气味浓烈的糊状物质，他将其判定为蛙毒。据记者说，印第安酋长喷着烟，将那物质放在两掌之间揉搓，它就消失了。最后，博物学家洗了个药草浴。

他被宣布治愈

整整三天，全国的注意力都聚焦在那所还在进行治疗的房子里，仪式不断重复，鲁奇先生声称他感觉越来越好。到上周六，拉奥尼说所有毒液都已清除，鲁奇先生被宣布治愈。

不过，拉奥尼在完成仪式之前表示，部落传统要求拜访他的人——在本例中是萨尔尼总统——必须送给他一份礼物。礼物可以是一个陶罐，也可以是给印第安人的土地，他尖锐地补充道。拉奥尼和萨派恩随后在里约热内卢疯狂购物，购买了价值 800 美元的珠子和小饰品，都由内政部官员买单。

最后一幕将在巴西利亚举行，届时萨尔尼总统将向拉奥尼赠送礼物，鲁奇先生也会在场。预计三人都将利用这个机会呼吁更好地保护这片广袤土地上的自然和本土遗产。在那之后只剩一条结语还未书写——关于鲁奇先生是否真的被永久治愈了。

果不其然，从医生那里传来了一些怀疑。去年治疗过鲁奇先生的华莱士·马加良斯说，因对抗慢性疟疾而过度自我用药，病人的肝脏早已中毒。来自奥斯瓦尔多·克鲁兹基金会医学研究中心的科学家海蒂·穆斯塔奇说："我们必须确定，所有那些仪式中是否也存在一些治疗措施。"

但是，至少在此时此刻，患者、巫师以及公众和媒体都对目前的圆满结局感到高兴，鲁奇先生似乎为这个童话故事提供了最好的结束语。他说，他死后希望葬在他家附近的雨林里。"我希望，"他补充说，"蜂鸟会带我去往上帝的国度。"

思考题

1. 将自己置于辛格小说中儿童叙述者的位置，你认同哪位家长？为什么？
2. 我们可以从巫师那里学到什么？文章说，经过巫师的治疗，鲁奇先生感觉好多了。关于鲁奇先生经过治疗后感觉好转，有哪些可能的原因？
3. 如果有人问你"为什么要理性"，你会如何回应？

理性的局限

我们认为运用理性和批判性思维的技巧可以让我们生活得更加愉快和幸福。它帮助我们知道未来会发生什么，未雨绸缪并与朋友分享。但理性确实有其局限。我们只能从一件事推理到另一件事。所以我们的推理必须从假设开始。这可能是数学公理、物理或化学的科学定律，或者是美国的宪法。我们通常都赞同一些基本假设。这就是我们能够相互交谈的原因，也是数学家与数学家、科学家与科学家或者美国人之间能够交谈的原因。比如说，美国人都相信"所有……（人）由造物主赋予了某些不可剥夺的权利，即生命权、自由权和追求幸福的权利"。其后，无论他们是进一步达成共识还是出现分歧，这种假设都会伴随始终。

然而，有时候分歧源于"从哪里开始推导"。两位科学家可能都同意"自然法则"，却对上帝是否存在意见不一。一个可能相信若没有上帝创造世界，世界根本不会存在，而另一个可能认为上帝存在的假设对于科学中任何事实的解释都是不必要的。他们俩很可能都会承认，物理学原理（被他们视为良好科学推理的基础）无法解决他们的分歧。

关于"死鹅会叫"的短篇故事说明了理性的力量能够解决问题，让生活更幸福。买下鹅的女人非常苦恼，因为她指望被适当宰杀的鹅不要叫，她好吃掉它们。她是个穷女人，不想把鹅扔掉（或者埋在坟地里）。既然根据过去的经验，她的期望是合理的，有理由假设现在鹅会叫的事实背后存在某种解释。是母亲推崇的理性方法，而非父亲对貌似灵异事件的敬畏，让她得以确认她的期望是合理的，并让她实现了吃鹅的意图。

医学无法治愈鲁奇先生，苏格拉底在关于虔敬本质的对话中未能说服欧悌甫戎，表明了理性和"苏格拉底式思考"的局限性。运用理性并不总能解决我们的问题。即使我们尽了最大努力，作为理性标志的开放对话也并不总是成功的，它并不总能产生共识。就算是朋友也未必意见一致，假以时日也不行！他们或许从不同的假设开始推导，或者缺乏共同的目标。初始假设或目标的差异越大，达成共识的难度就越大。跨文化对话常常遇到这种困难。

开放对话的另一个限制是，我们并不总有足够的时间去解决分歧、达成一致，或者释疑止惑、排忧解难。形势可能十万火急，需要立即采取行动。例如在鲁奇先生的案例中，死亡的紧迫性排除了等待医学为他的病体找到治愈方法的可能性。鲁奇必须行动，而不是空谈。生活中肯定有这样的情况，我们不能拖延，但仍然可以实现我们追求的目标。我们必须根据现有的最佳信息采取行动，希望过后再继续开放对话。

最后，开放的理性对话受到我们秉持的价值观的限制。虽然我们相信总的来说人类都有共同的目标，即能够预测和计划未来以及渴望拥有朋友和愉快经历，但在实现这些总体目标的路径上，人类并非总是对相同的特定经验赋予相同的价值。我们的价值观约束我们的理性运用，将其引向我们设定的目的。理性可以帮助我们确定应该重视哪些目标，又可以帮助我们实现自己重视的目标，同时避免那些无价值的目标。

因此，我们关于理性和开放对话的主张是有理有据的，也是存在限制的。理性无法回答我们的所有问题，也无法实现我们的所有目的。有时答案挑战人的理性，有时理性说服不了他人。有时我们的目的甚至超出了理性的领域，比如选择看一部容易让人多愁善感的浪漫电影，或者读恐怖小说读到起鸡皮疙瘩。然而总的来说，理性思考和理性行为使我们能够实现我们的目标和期望。它让我们拥有能分享世界观的朋友。努力保持理性，做出理性的决定有助于我们趋吉避凶。

理性对话是开放的，这意味着我们可以从自己和他人的经验中学习。我们如果擅长推理，就能更好地实现我们的目标和宗旨。在接下来的章节中，我们将提供一些概念和技巧来提高你的推理能力。但重中之重是，我们已经向你提供了力所能及的最关键的忠告：要始终对进一步讨论持开放态度，并做出开放对话所需的努力。

巫师、巫医和其他从事神秘学行业的人的问题在于，他们的解释止步得太快了。我们被"神异"阻止，无法准确提出可能对未来有帮助的问题。还未了解怎样能够影响未来，我们的对话已被迫结束。

尽管理性有其局限性，但我们发现它有一个很有说服力的优势。没有它，辩论是开展不起来的。事实上，你可能已注意到其中有些相当吊诡的事。很难在不自相矛盾的情况下为非理性辩护。为某个立场辩护意味着给出支持它的论据或理由。反对运用理性的人处于一个尴尬的境地：他在为"不给理由"提供理由，为"不辩论"进行辩论。就算不矛盾，也明显是一种自拆台脚的行为。换言之，你越努力地用理由说服某人不应该在乎理由，你做得越成功，就越失败。这就像一个孩子试图说服父母他已足够成熟，可以熬夜看电视深夜档节目，却因为父母拒绝而哭得像个婴儿。通常一个人提出问题时，他想要的是一个合理答案，而不是泪流满面或下巴上挨一拳。我们尽管可能会在权力下屈服，但更愿意被论证和证据说服。这似乎更符合我们对人之为人、人类之为人类的理解。

小结

要着手进行开放的理性对话，我们必须有个起点。另一种选择是永远"倒过来"推理，永远不会到达终点/起点。我们必须做出选择：要么不断推理，永不得出结论，要么必须从一些没有给出理由的主张开始推理。两种选择都不十分令人满意。一个无穷无尽,另一个主观武断。你将在第二章中读到刘易斯·托马斯对宇宙起源大爆炸理论的探讨,那就是这个古老问题的经典范例。如果你想知道大爆炸之前宇宙中有什么,物理学家是没法告诉你的。我们所知的物理定律都是从大爆炸开始的。有人不禁要问:如果理性如此有限,那为什么还要如此努力地保持理性呢?

这个哲学难题让19世纪丹麦哲学家克尔凯郭尔提出,所有选择最终都取决于"信仰之跃"。克尔凯郭尔的意思是,如果所有推理都以某个初始主张为起点,那么似乎没有任何选择是完全理性的,因为每个选择都基于一个本身未得到证明的初始假设。因此,每一个选择都是基于"信念"做出的。克尔凯郭尔由此得出结论,人们应该选择过信仰的生活,而不是理性的生活。我们不敢苟同。虽然克尔凯郭尔关于理性局限性的观点被广泛接受,但从这些局限性并不能推出信仰和神秘主义的生活胜于理性的生活。一般来说,人们还是尽量理性一点儿为好。与世界神异玄奇不可知的假设相比,开放的理性对话和批判性思维会带来对未来事件更成功的预测和更幸福的结果。

理性的开放对话还有一个好处,它是说服他人参与我们计划的好方法。它不太可能伴随着武力的使用或此类威胁而产生令人不快的后果。而在历史上,武力和武力威胁经常被用来说服他人接受或相信神秘学。这些武力的使用包括逐出部落、烧死在火刑柱上、雷击致死的威胁,如此等等。理性对话会欢迎而非强迫达成一致。它完全依赖于证据的力量。它允许——甚至鼓励——另一方批判性地思考并对证据做出批判性的回应。

换句话说,苏格拉底会这样说:理性对话是友谊的本质。我们说话的对象和对我们说话的人都是我们的朋友。因为是朋友,我们愿意倾听,我们愿意在被说服时改变主意,我们愿意为寻找共识基础付出更多努力。大多数人会同意,成为朋友意味着分享。还有什么比分享我们的思想和信念更重要的呢?为此,我们必须交谈。每次欧悌甫戎想要结束对话走开时,苏格拉底都称欧悌甫戎为他的朋友,这个称呼并不只是讽刺。

练习题

1-I

1. 什么是理性人的标志？

2. 人类理性的 5 个局限性是什么？

3. 为什么理性方法通常比非理性方法更有效？举出 3 个理由。

4. 对于以下情况，你的解释会有哪些不同：

　　a）向你最好的朋友解释为什么你的电脑运行得不如预期。

　　b）向你最好的朋友解释为什么你刚买了一辆新的科尔维特跑车。

1-II

1. 在近期报纸上找一个被认为是神秘事件的例子，也就是某种不可知的事，解释为什么它被认为是一桩神秘事件。

2. 从截然不同的文化角度出发，对同一事件进行两种不同的叙述。你可以使用互联网完成这个练习。

3. 你为什么喜欢你的女朋友／男朋友？这个例子属于理性行为还是心灵事件？给出理由。

4. 鲁奇先生与巫师会面之后不久去世了。这条信息是否会改变你之前对该事件的阐释？如果是的话，变成什么样了？

5. 你是否认为有些事件没有合理的解释？为什么？

第二章　语言

语言的优势

我们都知道如何运用语言，否则我们不可能写出这句话，你也不可能阅读它。我们只是"使用"语言，却对它之于我们的重要性无知无觉。我们必须认识到，没有语言就无法进行批判性思维。当我们实践推理、做出决定、提供解释或描述我们的情绪和感受时，我们使用语言。它是我们与他人交流的主要方式。它可以用来传递信息、表达感情、发号施令、提出问题或谈笑取乐。它也是我们进行思考，与自己交流的方式。正如我们将看到的，语言有其局限性，但在批判性思维方面，它是我们的基本工具。因此，我们对批判性思维技巧和概念的研究必须从对语言的讨论开始。

一般来说，我们使用语言是为了达到某些目的。例如，我们可以用它来点一盘沙拉，或者讨论政治，或者唱一首歌。我们对语言的运用可能成功也可能失败。是否成功的评判标准通常是我们与他人交流想法有多清晰，或者我们在何种程度上接近了自己的目标。说得再简单一点儿，我们使用语言的目的通常属于以下三类之一[19]：

1. 了解、预测和掌控我们周围的世界，以使我们能够生存壮大；

2. 维持和改善我们与周围人的关系，让我们有更多的朋友、更少的敌人，能够爱和被爱；

3. 拥有愉快的而非不愉快的经历，尽情享受我们的生活。

成功执行预测和控制功能的语言通常被认为体现了语言最强大的能力，因此成了语言在其他方面应用的范例。然而，如果我们停下来好好想想，预测和控制我们生活中的物质以及其他不涉及人类的方面要比控制我们的人际关系容易得多。你就想想，签订和平条约、制订控制全球变暖的计划、说服一个朋友你喜欢的音乐比他喜欢的强，要做到这些多难啊。显然，能够成功地维持和改善我们与他人关系的语言比预测和控制物质存在的语言更深奥、更复杂。当我们思考如何运用语言时，前述三类目的都需要被纳入考量，但三者当中，人际关系的语言是我们在世上与人和睦相处的最重要知识。

语言和世界

你有没有想过语言是如何与世界相联系的？换句话说，你关于这个世界的信念是怎么来的？举个例子，为什么你相信芝加哥位于伊利诺伊州或者是电流使灯泡亮起？对这种问题，最常见的回答多半是"因为世界就是这样"，隐含意味是不这样想就很蠢。当然，我们不是对自己的所有信念都这么有把握，有时我们会选择别的回答，比如"我十岁的时候妈妈告诉我的""我就是没办法不怕狗，我六岁时被狗咬了""我从来不喜欢青豆的味道"。也就是说，我们通常认为我们的信念分为两种类型：我们持有该种信念，因为我们认为它准确描述了世界；我们持有该种信念，因为它对作为个体的我们的成长、品位和偏好而言是特别的。我们经常将第一种称为客观信念，将第二种称为主观信念。

请看以下两段对 19 世纪纽约城市建筑的描述：

我对纽约非常满意。那些新造的房子俨然宫殿。它们规模非常庞大，建筑风格富丽堂皇。材质为棕砂岩，效果极佳。

——约翰·马斯在《美国的维多利亚式建筑》一书中引用的信件

……纽约的丑陋令人无法忍受……狭小的房屋如此缺乏尊严……那些低矮的小墙柱……纽约被有史以来开采出的最丑陋的石头诅咒，披上了无处不在的巧克力色外衣……

——伊迪斯·华顿《回头一瞥》[20]

两段文字的内容为什么天差地别？毕竟"客观现实"只可能有一个。然而，这里存在两个不同的作者或曰主体。每个作者或许都创造了他或她自己的"主观现实"。那么语言与世界的联系到底是什么？

在这一点上有两种策略可供选择，不管是不是哲学家，选哪种都有悠久的历史。我们可以说这两种描述中一种比另一种更好，因为它更接近纽约市的客观现实。也就是说，和描述得较差的语言相比，描述得较好的语言更好地"反映"或"符合"这个世界。我们甚至可以将更好的那种描述称为"正确""真实"或者"客观"。另一种策略是，与其说两种描述中哪种更好，不如说这两段话描述了两种不同的现实，两种现实是由两个不同的叙述者创造的。按照这种观点，现实或世界仅仅是我们个人主观经验的产物。难怪我们经常会各执己见。

对于语言与世界之间的关系，我们（本书作者）认为还有第三种选择比客观主义或主观主义的立场更可取，这就是"苏格拉底式立场"。采取我们所谓的苏格拉底式立场有很多好的理由，但我们不会在这里一一检视。你应该知道的是，苏格拉底式的视角让我们能够澄清一些模糊的问题，避免陷入语言与世界关系的无解之谜。

什么是苏格拉底式立场？苏格拉底式立场要求，评估任何关于世界的信念时都不应该自说自话。相反，这些信念应该被当作更大的信念集合或"信念体系"的一部分来评估。例如对纽约城的两种描述都是更广大的信念体系的一部分——关于建筑规模和比例的信念，对棕砂岩外墙观感的信念，等等。在帮助我们实现前述人类总体目标方面，有些信念体系运作良好，有些没有效果或者表现很差。换句话说，一些体系可以达到我们对它们的期望，另一些则不能。当一组信念或一个信念体系无法达到预期时，我们就会用一套更有效的信念取而代之。举个例子，如果你一直害怕狗（过去曾被狗咬过），近来却与那只最可爱的小比格犬交上了朋友，你大概就会用被可爱又友善的小比格犬改变的一套信念取代原来那个"所有的狗都很坏"的信念。我们的信念体系可以涵盖世上万事万物——纽约城的建筑、原子的组成部分、狗的本性或者青豆的味道。

某位年轻人发现有必要修改他的一套信念。(经大西洋专题集团许可使用)

评估我们的信念集合的标准是它们对我们个人、对我们作为更大共同体的一员起到了什么样的作用。这意味着我们的信念体系是持续开放的，因为它们不断受到我们对世界的体验以及我们与朋友和他人的对话的检验。比方说，假设你认为你在墙上看到了一只蜘蛛，你走近墙壁，发现那不过是一点污渍，然后你会修改你的信念，放弃蜘蛛的想法，引入墙上有污渍或者墙被弄脏了的想法。或者假设你认为你看到了一只蜘蛛，而你周围所有人都坚持那是一只苍蝇，不是蜘蛛。你对蜘蛛的信念"效果不佳"，而且由于其他人都看到了苍蝇，你可能会改变你这套信念。有时候我们不得不抛弃整套信念。比如当铁幕随着东欧崩溃、冷战结束而消失时，美国不得不调整对自身全球角色的信念。或者在16世纪，当天文学家开始对地球是宇宙的中心感到怀疑时，他们着手创造了一套宇宙以太阳为中心的全新信念。

现在，如果你发现这种关于语言的苏格拉底式立场与我们之前（在第一章中）关于开放式理性对话的批判性思维立场之间存在某种联系，你是对的。我们相信，一个优秀的批判性思考者、一个理性的人就是对这种信念与世界之间持续不断的"对话"持开放态度的人，他懂得为什么这种开放性很重要，并不断用经验测试它的信念体系。当你想要提高推理能力时，必须牢记塑造我们信念的两种对话：我们与世界之间的对话以及我们与朋友之间的对话。

为了说明我们对世界的描述如何植根于我们对世界的信念体系，这里提供了两份来自两位20世纪作家的阅读材料，他们都被世人誉为"文艺复兴时期的人"，亦即横跨各不同领域的通才。他们都乐于对话——与他人，与世界。第一篇文章是刘易斯·托马斯写的。托马斯是一名医生、生物学家、作家兼行政人员。多年来他一直担任纪念斯隆·凯特琳癌症中心的首席执行官，该医院是美国最好的专科医院之一。正如你将在本书中读到的，他有能力运用他详尽的科学知识来思考人类的状况和我们在宇宙中的位置。第二位作者是斯蒂芬·杰伊·古尔德，他是古生物学家、哈佛大学教授和高产的作家。古尔德以其在蜗牛化石方面的专业知识而闻名。在这里，他讲述了他寻找史前人类骸骨的经历。

两份阅读材料也体现了经验具有的非常重要的特性：我们的经验不是中立的，它受我们持有的信念体系的影响。我们感知到什么，取决于我们准备感知什么或我们预期将感知什么，其程度超出我们通常的理解。如果一直在墙上看到蜘蛛，我们很可能会把下一个在墙上移动的黑点当作蜘蛛。但如果房间里有很多苍蝇飞来飞去，我们将墙上的黑点当作苍蝇的可能性就很大。我们真的能看见"蜘蛛"或者"苍蝇"。我们的意识根据某种模式来整合经验，那是一种熟悉的模式，或是一种可能符合我们预期的模式（这就是为什么犯罪现场的目击证人并不总能准确报告所发生的事情）。

我们都有过这种经历。你可能一直在街角等一个朋友，突然间你看到他从拐角处向你走来。当你看到的人走近时，你才意识到那人不是你的朋友，只是有点儿像你的朋友——甚至可能根本不像你的朋友。我们倾向于找到我们正在找的东西！因此托马斯在下面的文章中写道，我们没有意识到一件非常重要的事：宇宙中最令人惊讶的东西是地球。我们已经习惯了它的存在，习惯了我们是它的一部分。古尔德十分坦率地表示，他看不到他想找但没有经过训练去辨识的骸骨。他实际上看见的是蜗牛，因为他受的训练就是找到蜗牛！这是两个很好的例子，说明了*我们的信念体系如何影响我们所见，以及我们所见如何影响我们的信念体系*。

经验甚至不仅因人而异，对于同一个人，每时每刻也会有所不同。要了解这一点，请看下面这则广为人知的例证：

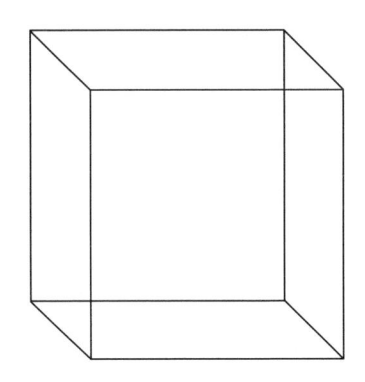

如上图所示，你应该会看到一个立方体，要么向右下方凸出，要么向左上方凸出。当然，这个图形并不是真正的立方体。它只是平面上的12条线，但你把它看成了一个立方体。现在再看一遍。如果你刚才看见它向右下方凸出，请把它想象为向左上方凸出。反之亦然。这个图形没有改变——是你的感知改变了。细想来，看见其实是一个复杂的过程，很大程度上受到我们过去的经验（例如古尔德在蜗牛化石方面所受的训练）和我们的信念体系的影响。刘易斯·托马斯敦促我们超越过去经验的限制性影响，留意我们视野的边缘——看看我们能用"眼角"看到什么。

眼角[22]

刘易斯·托马斯

有些东西,人类只能用眼角的余光才能看到。关于这种天赋,有个所有孩子都熟悉的绝妙例子,就是那些又小又暗的星星。当你直视一颗那样的星星,它消失了;当你将眼睛移向旁边的天空,它又会出现。如果你挑出两颗并排的暗星,注视其中一颗,另一颗就会消失,这时你可以用眼角余光看到另一颗,而且你可以来回移动你的眼睛,熄灭视网膜中央的星星,点亮另一个。对这种现象有一个生理学的解释:视网膜外围有更多感知光线的视杆细胞,视网膜中心有更多感知颜色的视锥细胞。

类似的事也发生在音乐领域。你其实是听不出巴赫赋格[23]曲中某些音符序列的,除非同时有其他音符在演奏并主导整个场域。音乐的真正意义来自只能在意识角落听到的曲调。

以前我担忧过计算机会强大和聪明到取代人类的头脑。人工智能的概念曾把我吓得半死。现在一台足够大的机器已经可以做出各种超出我们能力范围的智能工作:在一瞬间算出人类大脑需要数年才能解决的数学问题,根据记忆画出精确的图片,甚至制造出与真正的音乐相似的抚慰人心的连续声响。计算机可以翻译教科书,自行撰写博士学位论文,甚至能用机器加工的非人类声音读出一张印刷页上的任何单词。它们可以互相交流,在全球网络中召开它们自己的研讨会和委员会会议。

计算机当然会犯错误,犯的错总是又小又烦人,但这些错误是可以修复的,而且几乎总是如此。在这方面,它们从根本上说就是非人化的,从中可以引出一个令人安心的想法:计算机不会接管世界,它们无法取代我们,因为它们不像我们这样具有混沌模糊的天性。

想象一下一台计算机面临的困境,人类对它编程,要求它创造语言:不是长尾黑颚猴之间有趣的声音交流,不是聪明的天才黑猩猩使用的符号,而是真正的人类谈话。语法难不到哪里去,构建词源(词源是指用来为现实事物命名的原初、纯粹、明确的词）的词汇表也不会有问题。然而它绝不可能像我们人类那样，在凭本能、凭直觉使用词语的过程中犯必要的错误：我们能建立自己的语言分类，改变词语意义以指代完全不同的事物，构建和阐述各种歧义，没有这些歧义，语言永远不会成为人类的语言。

如果你想一瞥任何机器都无法企及的人类思维的特殊品质，那就看看语言的演变记录吧。举个例子，我们在日常谈话中经常使用隐喻来告诉自己我们是谁、我们在哪里生活、我们从哪里来。

"地"（earth）这个词是一个很好的起点。这个词用来指代我们行走的地面，我们种植植物或挖蛤蜊的土壤，以及这颗行星本身；我们也用它来代指全人类（"整个地球会回应一个孩子的美好。"我们对彼此说）。

在我们的语言中，最早用来表示大地的词是印欧语系词根"dhghem"，看看我们用它做了什么。我们通过添加后缀，将其变成拉丁语中的"腐殖质"（humus）；今天，我们称将肥沃土壤结合在一起的复杂聚合物为"腐殖（humic）酸"。不知何故，同一个词根又变成了"谦虚"（humility）；加上另一个后缀，这个词就变成了"人类"（human）。是大地变成了人类，还是人类从大地中出现？答案可能蕴藏在"谦卑/低下"（humble）这个漂亮的同源词中。"人道的"（humane）这个词建立在大地和我们自身二者意义的扩展上。在古希伯来语中，"adamha"是大地的意思，"adam"是人的意思。什么样的计算机能够以这种方式运行？

从另一个方向出发，我们得到了同一个定义我们自身的体系。"wiros"这个词是"人"（man）的第一个词根；它把我们的虚荣心带到了"男子气概的"（virile）和"美德"（virtue）上，但也把自己变成了日耳曼语单词"weraldh"，意为人的生命，又由此变成了英语中的"世界"（world）。

在这样的词源演化中隐藏着一种深刻的直觉：人类世界来自这颗行星，与土壤中的生命同源，与万物谦卑共生。我无法想象靠计算机编程能产生这样的想法，反正至少 20 世纪的计算机不行。

关于这个世界的起点，现在有个流行的称呼叫"大爆炸"（Big Bang）。按照人类一贯的做法，我们为地球和我们自己的初始起源安排了错误的词，只为避免另一个可能让本世纪尴尬的叫法。那当然不可能是任何形式的巨响——没有大气来传导声波，也没有耳朵在听。它是别的东西，发生在我们能够想象的最绝对的寂静中。它其实是"大闪光"（Great Light）。

我们说在起点之前是"混沌"（chaos），但那个状态并非我们今天用"混沌"这个词形容的样子：一大堆东西乱糟糟地翻滚并互相碰撞。"Chaos"在希腊语里没有这个意思。它只意味着"空"。

在我们的词语中，"混沌"（chaos）变成了"宇宙"（cosmos），后面这个词的原意仅仅是"秩序"和"装饰"。我们惊讶地看到了秩序，我们的宇宙学家和物理学家继续发现这种秩序新的惊人之处。我们根据前因后果造出了"宇宙万物"（universe）这个词，字面上的意思是把所有事物变成一个整体。我们常说这是一个"奇迹"（miracle），我们仍然允许自己将整个宇宙称为"奇观"（marvel），在我们的潜意识中保留着"奇迹"和"奇观"这两个词的原始词根含义——来自古老的词根"smei"，指一个微笑。看到前所未见的事物会让人类感到极大愉悦，更令人愉快的是学习前所未知的知识，而最让人快乐的是思考从未思考过的问题。土星光环是最新的惊喜。我所有的物理学家朋友都被这种现象迷住了，对行星力学定律的微小失效啧啧称奇，对像涂鸦一样粘在圆环之间的莫名其妙的穗带和辐条感到震惊。物理学家乐于看到一些令人费解的新玩意儿，这意味着自然法则将再次被新的脚注修正。

最大的惊喜就在我们身处的这个偏远的太阳系当中。不是火星，火星以它的方式让人惊讶，但并不令人大开眼界；未能找到生命的证据令人失望，火星探测器传回的地球照片让人略感悲伤，那个孤独的长腿仪器用它的关节臂四处探查，从贫瘠的火星土壤中采集一个又一个样本，想要寻找生命却一无所获。火星上唯一的生命迹象是探测器本身，它是人类思维的延伸，从地球一路延伸到火星，完完全全的孤独。

最大的惊喜也不是土星、木星、金星、水星，更不要提别的星球。

地球才是迄今为止我们所知的整个宇宙中最令人震惊的东西，它拥有最稀奇古怪的结构，它是宇宙科学领域最伟大的不解之谜，它挫败了我们为理解它付出的所有努力。我们到现在才开始欣赏它是何等的奇异和辉煌，欣赏它呼吸的方式——这个最可爱的物体飘浮在太阳周围，封闭在它自己的蓝色气泡中，自己制造和呼吸氧气，从自己的大气中捕捉氮注入自己的土壤，在自己的热带雨林上空制造自己的气候，用有生命的成分建造自己的甲壳：白垩岩、珊瑚礁、早期生命形式的古老化石，其上层层覆盖着新的生命，所有这些东西拼嵌在一起遍布全球，特洛伊之上叠着特洛伊。

从适当的距离之外，在外星访客的眼角余光里，它肯定就像一个独立的生物，附在温热的圆石头上，在阳光里不停歇地转动。

八只小猪[24]

斯蒂芬·杰伊·古尔德

在努力工作和经验之外，成功没有什么大秘诀，"利基的幸运"也没有什么不同寻常的基础。

…………

利基是著名的古生物学家，以发现非常重要的早期人类化石而享有盛名。他拥有一支训练有素的肯尼亚搜寻队伍。他提供哺乳动物骨骼学（骨骼研究）的长期实践课程，直到他们能够从小碎片里辨认出哺乳动物的主要种群。"利基的幸运"的主要部分在于如何把这些人投放到正确的区域。

卡莫亚·吉穆主管这次考察活动。他发现的重要化石的数量多过目前在世的所有其他人发现的数量。在营地的一个晚上，他给我讲了他的故事。童年时代，他为父亲放养山羊、绵羊和牛。他上了六年学，接着去为一位农场主工作。他的雇主敦促他回学校继续学习，好成为一名兽医护工。于是卡莫亚花了几天步行回到内罗毕，在那里他的叔叔告诉他，理查德的父亲路易斯·利基正在招募人手"挖骨头"。他的母亲半信半疑地给予准许，告诉他一旦任务涉及（他当时也是这么怀疑的）盗墓，就赶紧辞职。但是当他看见了那么多骸骨，来自那么多种类的生物，才明白大自然中处处都是坟场。要比较的话，西图尔卡纳[25]地区的沉积物甚至还要更丰富。

当我在1月16日抵达时，卡莫亚的团队刚有了新发现：一个保存非常完好的猿类头骨（这一行通常处理的是小碎片，其中大部分是牙齿；一个大半完整的头骨附带保存完好的牙列是值得庆祝的）。第二天，我们研究了地质环境并绘制了地图，然后将标本带回营地。我在考察笔记中写道："每个人都非常兴奋，因为他们刚刚发现了已知最完好的非洲中新世猿类头骨。它很新——一张长脸，鼻部膨起，门齿磨平，与巨大的犬齿相隔一指宽的齿间隙（牙缝）——几乎像是猿类中的河狸。"

科学研究是一个团体项目，我们各有所长。卡莫亚的工人们是世界上最棒的勘察员；理查德也有一双鹰眼，还拥有身土不二的地质学家的直觉以及华盛顿大人物般的组织能力；他的妻子米芙拥有超凡的空间感，在拼化石碎片这方面能击败任何拼图冠军；至于区区在下我嘛，恐怕只在一件事上有优势——找蜗牛。

所有做田野调查的博物学家都知道并尊重这种被称为"搜索图景"的现象——它最好地证明了观察是心灵与自然的相互作用，而不是从外界到内心完全客观和可复制的映射，所有细心和有能力的人采用同样的做法都能完成。简而言之，你看到的是你所受的训练要你看到的——观察不同种类的物体时常需要有意识地转移注意的焦点，而不是为了看到所有东西而放宽眼界、一视同仁。世界上充满了奇迹，不可能同时感知一切，我们专注于我们硕果累累的研究领域就行了。

我根本看不出那些该死的骨头碎片——我甚至不能将那个头骨与周围的沉积物碎块区分开来，理查德不得不指点我往哪儿看。但能不能看到蜗牛，这才是我自己田野调查的主题——而且从没有其他人在那个考察站点发现过一只蜗牛。因此，我满足于尽我所能对集体工作做出微不足道的贡献。在 1986 年 11 月 13 日的《自然》杂志第 143 页右上角——那是一篇描述那个新头骨的文章——该站点的动物群落列表多了几只蜗牛，其中一些归功于我的搜索图景。（我相信，1984 年我还在重要的南非原始人类遗址马卡潘斯盖发现了第一批蜗牛——在那儿我也看不见骨头。我想我注定在原始人考古圈里被称为"只能看到螺旋状玩意儿的家伙"。）

思考题

1. "我把椅子叫'椅子'，其他人可能把它叫作'床'。谁敢说谁一定对？我们都是对的。"这种说法有什么问题？这种说法有什么道理？

2. 关于词语，刘易斯·托马斯与柏拉图的视角有哪些共通之处？
3. 为什么一定要用"眼角余光"看世界？
4. 古尔德所说的"搜索图景"现象是什么意思？描述你关于搜索图景的一次体验，成功的、失败的都可以。

词语、陈述和信念

单词是最小的语言片段。我们很少一次只用一个词，虽然有时也不免这样做。"坐下。"我们严厉命令不听话的狗。"七月。"我们如此回答"你是几月出生的"这个提问。但在大多数时候，我们的单词被串联在一起形成更长的多词语言片段，比如陈述、疑问、命令和感叹。

如果我们不知道某个特定词语的含义，有很多方法可以找到答案。考虑一个极端的例子，假设我们是海难的唯一幸存者，被冲到一个岛上，当地土著讲一种我们不懂的语言。我们注意到"嘎哇该"这个词经常出现（这是哲学家 W. V. 奎因[26] 举出的著名例子）。在这种情况下，我们可能会尝试确定"嘎哇该"这个词是否以任何有规律的方式与世界的某些明显特征同时出现。假设当两只或更多白兔在早晨的阳光下玩耍时，当地人会发出"嘎哇该"的声音。于是我们可能会合理地认为"嘎哇该"对应我们词语中"兔子"的复数形式（也有可能是指白兔的复数，甚至可能是"在中午前的阳光下玩耍的白兔"的复数）。虽然我们几乎不可能被困在一个陌生的岛屿上，必须从头开始构建一种语言，但当我们听到或读到自己语言中一个不熟悉的单词时，我们的表现都有点儿像荒岛求生者。不过在这种情况下，我们对陌生词语之前或之后的大部分内容是熟悉的。有上下文来帮助我们定义这个词。如果那样不能解决问题，我们可能会求助于荒岛求生术，看看这个词的使用是否与我们周围世界的某些特征同时出现。

显然，给词语赋予意义的过程叫作定义，至少有三种定义词语的方法。第一种也是最简单的方式，我们通过指向世界的某个部分（或者图片等描绘世界的事物的某个

51

部分）来定义一个词。这种方式被称为"实指定义",来自拉丁文中的"指向"[27]一词。我们已经在荒岛求生的例子中对实指定义有所了解。作为荒岛求生者,我们希望当地人对"嘎哇该"的使用能为我们指出这个世界的一些特征,从而为"嘎哇该"赋予意义。

另一种定义词的方法是调查这个词的当代使用者（通常是一群专家）,询问他们该词的含义。这种方法称为"词汇定义",然后我们将这类定义收录进用来查生词的词典。词汇定义的概念容许并预期词义会发生变化。因此,我们祖先对于"马"的定义（比方说,"一种以干草和燕麦为燃料的主要交通工具"）在我们这儿就未必成立。

最后是第三种定义方式——"规定性定义",它试图为特定目的将一个词的某种固定含义分离出来。例如,火箭科学家可能将"力"定义为物体质量与其加速度的乘积,科学家以外的其他人则可能把"力"当作"力量"的同义词。规定性定义通常会越来越流行,成为我们一般用法的一部分,然后在词典中作为词汇定义出现。

一条陈述是用来声称某件事的一组词语。通常我们声明的都是我们相信的事。举个例子,"这是我的书"这条陈述,声称的内容即这是我的书。如果我不信这书是我的,我不太可能如此声称。一条陈述不等于一句话,后者可能包含一条陈述（"这是我的书"）、一个以上的陈述（"这是我的书,它的封面是蓝色的"）或者根本没有陈述（"这是我的书吗"）。除了所谓的反问句,问句根本不声称任何东西。

当我们思考某些事物时,我们通常会对自己提出关于它们的陈述。如果你觉得那只小猫很可爱,你可能会对自己（或任何愿意倾听的人）说:"那只小猫猫好可爱。"你也可能只是简略表达:"可爱小猫猫。"正如我们前面所说的,思考就像自言自语。当你思考时,你会对自己提出陈述,有的很简短,有的可能非常复杂,有的甚至与其他陈述相伴而来。这些陈述是你信念的表达。信念是你拥有的观点、主张或者想法。信念一般不是独立存在的。它们是体系的一部分,其中一些可能非常庞大。比如,你可能对小猫有一个庞大的信念体系,从什么样子才算一只小猫,到你多喜欢和小猫在一起,或者它如何让有过敏症的你备受困扰。这个关于小猫的庞大信念体系与其他信念体系相互关联,后者可能是关于猫的,或者像老虎这样的大型猫科动物的,等等。你对这只特定小猫的信念也与你对小巧可爱的事物的信念相关联。

"你趴在他们的花上,你就叫蜗牛。他们想吃你时,你就变成了'法式蜗牛'。"

用词甚至能影响口味!

©《纽约客》1997 合集,作者:彼得·斯坦纳,来自 cartoonbank.com。保留所有权利。

  我们说的话表达了我们的信念。如上所述,如果有人说"这只小猫猫好可爱,但我不相信",听起来就很愚蠢。当然,人们确实会在他们相信什么的问题上撒谎,但是我们为这种类型的陈述起了个名字。我们称之为谎言!有时我们也会像这样表达我们的信念:"我认为这只小猫猫很可爱。"当信念以这种方式表达时,它被称为"信念陈述"。因此,信念既可以表达为陈述,也可以表达为信念陈述。当我们思考时,我们更可能使用简单的陈述;但当我们与他人交谈时,我们可能会使用信念陈述。信念陈述,即陈述我们认为某事是这样的,不应该与关于信仰或信任的陈述相混淆。对后一种信念最恰当的理解是"对某种事物的坚信",比如宣称"我相信你""我相信美利坚合众国"或者"我相信牙仙"。虽然关于信仰的陈述很重要,但它们并不是批判性思维和推理的主要内容。

有根据的陈述

批判性思维思考的正是我们的信念陈述。它尤其与支持或论证我们的信念陈述有关，并将有根据的信念陈述与没有根据或可能无法提出根据的信念陈述区分开来。论证一条陈述就是提出其他陈述来支持它——就像在公开的理性对话中一样。陈述是不能自我论证的，也就是说，任何陈述都无法为自己提供哪怕最微不足道的支持。如果有人声称"我是对的，因为我是对的""天空是蓝色的，所以天空是蓝色的"，我们不会被其说服。既然没有任何陈述可以自我论证，为我们的陈述提供依据的过程可能永无止境。很明显，实践中必须有一个限度。我们通常会尝试使用其他陈述来支持我们的陈述，别的那些陈述虽然无法自我论证，但不太可能对它们提出进一步论证的要求。

陈述的论证

尝试让陈述自我论证会出现什么情况？看看以下这段采访者和滑冰裁判之间的虚构对话：

采访者 第二个滑冰选手的得分不如第一个。
滑冰裁判 是的，她滑得没那么好。
采访者 你为什么说她滑得没那么好？
滑冰裁判 嗯，很明显，因为她的分数没第一个选手那么高。
采访者 那她犯了什么错吗？
滑冰裁判 嗯，她一定是犯了一些错。你可以从她的分数中看出这一点。如果她没有犯错，她的分数会更高。

让陈述自我论证的效果令人很不满意，要么是语义重复，要么是恶性循环！

设想一个例子，看看怎样做才能为"这是我的书"这一陈述提供依据。假设你注意到公交大巴上那个坐你旁边的戴红帽子的女人拿起你这本《思考的方法》放进了她的手提包，这时公交车减速靠站，她站起身来。你当下的目标是拿回你的书，为了达到这个目的，你会说："对不起，这是我的书。"如果那位女士把书递给你说："很抱歉！我误以为它是我正在读的一本外表相似的书。"那么你的陈述"这是我的书"就不需要论证了。

然而，如果红帽女士把书抓到她身边并说："对不起，你一定是弄错了——这本是我的《思考的方法》，我有书店的收据为证。"那么你的陈述就需要提供依据了，因为它没有实现它的目标：让你拿回书。

如果你仍然确信这本书是你的，而不是她的，你可以使用以下的支持性陈述来回答："但我确定这是我的书。我总是把我的名字写在我每本书的扉页上。让我们看看扉页，解决这个纠纷。"那位女士同意了，翻到扉页，你大吃一惊，上面用陌生的字体写着一个陌生人的名字。现在你尝试提出的依据似乎有了证明它自己的必要，而你最初的陈述"这是我的书"似乎比以往任何时候都不可靠。当然，事态可能不会如此发展，扉页可能显示了你的名字，让你可以说"我的名字在扉页上"，从而为你这一整套支持性陈述提供依据，证明效力还能追溯至你的第一条陈述——"这是我的书。"

你可能会想，将一条陈述称为"有根据的"，与称其为"真实的"极其相似。然而，"真实"的一般概念往往暗示我们个人所做的陈述可以以某种方式与现实世界进行比较，如果它们匹配则称为真，如果不匹配则称为假。比如，如果一个人提出"天空是蓝色的"这条陈述，那么他会通过将其与现实进行比较来验证或确认该说法，也就是望向窗外，看到天空是蓝色的。但我们实际上做的事更像这样：我们看着窗外，看见蓝天，然后想着或说出"天空是蓝色的"。现在，我们要检查前述第二种信念陈述的真实性，唯一的方法是再看一遍，看这么做是否会再次让我们想着或说出"天空是蓝色的"。我们不是在把一条陈述和世界的一部分做比较，而是把我们的两条陈述——我们的两项信念陈述——互相比较。这是关于论证的微妙而重要的一点。我们用一条陈述支持另一条陈述，用一项信念陈述支持另一项信念陈述。"世界"是我们只能透过感知来认识的东西。我们的感知被表达为信念陈述，这些陈述是更大的信念体系的一部分。这些体系影响我们体验世界的方式，而我们的体验又反过来影响这些信念体系。

例如，想想斯蒂芬·杰伊·古尔德关于化石勘察的观点。他发现了蜗牛，他能看到蜗牛是因为他对蜗牛及其外观有一个庞大的信念体系，它让他意识到刚刚发现的化石是蜗牛化石。同样，我们对在室外仰头看到的事物有一个庞大的信念体系，那个东西我们称为"天空"，它的颜色通常与我们称为"蓝色"的东西一样。人们不仅仅是看到蓝天那么简单，正如人们不仅仅是看到了原始人化石或者蜗牛化石。"看见"是一个非常错综复杂的过程，尽管事实上我们看得那么快以至于没有意识到这个过程。我们看到的是我们被"训练"看到的。我们的信念或信念体系影响了我们的经验，而我们的经验促成了我们信念体系的创建！

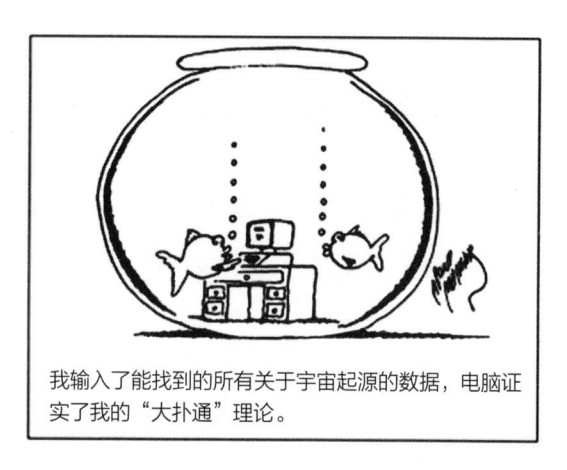

> 我输入了能找到的所有关于宇宙起源的数据，电脑证实了我的"大扑通"理论。

用谁的眼角余光看也会有区别！
版权所有 © 斯科特·亚瑟·马塞尔 1993，经斯科特·亚瑟·马塞尔许可转载。

既然陈述与世界之间的这种比较不符合大多数使用"真实"一词的人通常的想象，我们更愿意讨论陈述是有根据的还是没有根据的。换言之，我们更愿意说某些陈述被其他陈述支持或者不支持。（如果你愿意，你可以用"合理"和"不合理"来代替"有根据"和"无根据"。）我们将在本书后面部分区分有根据的陈述和无根据的陈述。[28]

　　用其他陈述支持自己的陈述有很多种做法，其中一些方法比其他方法更好。我们刚刚讨论了其中之一：使用感知和它产生的其他信念陈述来支持我们的信念。使用批判性思维的技巧进行理性对话是另一种方法。在接下来的阅读材料中，叙述者试图通过重复她的陈述来论证它们，一遍又一遍，每次略有变化。我们很多人都是这么做的。如果你倾听周围发生的谈话，会听到人们不断重复自己的话，试图确保他们的听众接受他们的信念是有根据的。对你来说显而易见的是，要支持一条陈述，仅仅重复是不够的。这篇文章的作者格特鲁德·斯泰因[29]非常善于分析我们日常说话的方式。有时我们甚至以这种方式看书，一遍又一遍地阅读材料。阅读这篇文章之后，你会想要学习更好的支持陈述的方法！你或许听说过斯泰因，她以"玫瑰是一朵玫瑰，就是一朵玫瑰"这句话闻名于世。斯泰因是20世纪上半叶旅居法国的美国侨民。她的住所是毕加索、马蒂斯、海明威和菲茨杰拉德等艺术家或作家聚集的沙龙。她是现代艺术最早的收藏家之一，并尝试用语言来做现代视觉艺术家在画布上做的事。像毕加索一样，她将她的主题拆散、打乱，然后重新组合在一起——以她自己的方式。你可能会对她这篇文章的风格感到相当困惑甚至恼火，但问问你自己：为什么她要采用这种风格？她想告诉我们什么？

美国人的形成[30]

格特鲁德·斯泰因

　　有时在听一段对两个男人、两个女人、一个男人和一个女人都非常重要的对话时，会听到每个人是如何总在重复他们所说的一切，这真是一件美妙的事情。而在每一次的重复中，每个人所说的对他们个人都有更多的意义，于是他们不断不断不断不断重复，而且总是对着在聆听的某人，这种重复是一件非常美妙的事情。他们中有许多人并不生活在他们发起的每次重复中，但总认为重复是有趣的。重复是我所爱的。

有时我内心有一种悲伤的感觉，为了热爱重复的人没能听见的所有重复，那就像没有被人看到的任何一种美，那是可爱的事物。总有人应该知道那些重复的意义，它们总是来自女人和男人，来自他们身上的生命。然后——

每个人都以她或他的方式野蛮粗暴地对待某人，每个人都具有某种敏感的天性。

…………

我非常想知道男人和女人内心对事物的感受。正如我所说的，每个人都以她或他的方式野蛮粗暴地对待某人，每个人都具有某种敏感的天性。大多数情况下，每个人都有某种内在的感受方式，几乎每个人都有某种对内在刺激做出反应的方式。这并不总是一回事。这些事情有其复杂性。

现在我要稍微描述一下三个女人：杜纳小姐、查尔斯小姐和雷德芬夫人。我现在才有点儿意识到她们中每个人都以自己的方式野蛮粗暴地对待某人，每个人都以自己的方式具有某种敏感的天性。现在这是对杜纳小姐、查尔斯小姐和雷德芬夫人她们三人中每个人的一些描述。

正如我所说的，在聆听对话时，每个人的重复以及领悟的逐渐增加、减少和再次增加是非常有趣的现象。现在是对这三个女人的一些描述，正如我所说的：她们每个人对某些事物敏感，对其他事物不敏感；她们的深层本质；她们重复的种类；她们每个人的深层本质和混合了深层本质的其他天性。

对某个事物敏感，懂得什么，感受什么，对每个人的这些事了解起来都非常有趣。她们有多少，何时、何地，如何以及何时不、何地不，如何不感受、思考、理解。然后重新开始感受任何事物。

大多数情况下，每个人都以她或他的方式野蛮粗暴地对待某人，大多数情况下每个人身上都具有某种敏感的天性。

大多数情况下，每个人都可以在内心产生某种感觉，很多男人和很多女人可以通过对他们内心某种印象的这种敏感来获得一些对某种事物的内在理解。

…………

正如我所说，一些男人和一些女人对能给他们真实感受的东西有非常敏感的天性。于是，他们中的一些人，当他们充满了那种感觉，他们可以全然地去爱，全然地相信。他们内心有一种战栗的敬畏，他们内心满溢着战栗的感受，然后他们会变得如此充实，然后他们内心感到自己是一个完满的东西，然后行动在他们身上没有空间，然后他们完全成为一种感受，然后有男人和女人，然后有女人和男人。他们拥有这种微妙、敏锐、完满的感受，这种感受有时就是他们存在的全部，或许科拉·杜纳就是这样的人之一，或许她就是他们中的一员，还是这样一个爱着菲利普·雷德芬的人，或许这就是她当时整个人全部的存在。

正如我所说，每个人内心都有或多或少的感受能力——某些时候，对某些事情。几乎可以肯定，每个人某些时候都有某种能力或多或少地感受到某些事情。有人内心总有非常细微的感受，有人内心除了有些感受还有非常神经质的情绪，有人内心深处充满软弱和渴望，然后他们对即将来临的事有了一些敏感，但那通常是在他们神经质的颤抖之后，于是就没有什么能真正地触动他们，于是他们可以拥有神经质颤抖的内心活动、焦虑的内心感受，有时候是固执的内心感情，于是没有什么能触动他们，他们全然是这样的存在然后是这种神经质的震动战栗，或许雷德芬夫人就是这样一个人。雷德芬夫人曾是玛莎·赫斯兰德，现在嫁给了菲利普·雷德芬，来到了法纳姆，在那儿她看着菲利普·雷德芬认识了杜纳小姐，然后她被法纳姆学院院长查尔斯小姐警告要看着他。那时她不知道，雷德芬夫人那时不知道她再也不会拥有他，再也不会拥有雷德芬。她永远不会真正认识到这点。在那时和后来她总是在努力做某事以重新拥有他，她将此铭刻于心。对她更多的描述将见于她父亲生命终结的历史、她哥哥阿尔弗雷德·赫斯兰德——她的麻烦开始时，他正要与朱莉娅·德宁结婚——晚年生活的历史以及她弟弟大卫·赫斯兰德的历史。对她的更多描述将成为赫斯兰德家族衰亡史的一部分。赫斯兰德家族所有人的这一结局，将在后世被连篇累牍地书写。

…………

思考题

1. 为什么本书收录了格特鲁德·斯泰因这篇文章的节选?
2. 关于我们如何形成对他人的印象,你从这篇阅读材料中学到了什么?为什么很难知道别人是什么样的人?
3. 根据你刚刚读过的斯泰因作品,典型的电视节目如电影和肥皂剧有哪些不切实际的表现?
4. 以下这段话摘自希拉里·罗德姆·克林顿过去的巡回演讲,她被广泛认为是口齿伶俐的公众演说家:"我认为花几分钟时间来思考一些有信仰的人面临的共同问题是合适的,从我的角度看,既然我现在已经在纽约各处广泛游历,有来自各行各业、形形色色的纽约人相伴,无论我们是作为个人、作为信仰团体的成员和领袖,还是作为已经担任公共责任职位的人与寻求担任公共责任职位的人,我认为我们面临的挑战是由我们共同承担的,我们应该致力理解我们如何取得进步,但我们对进步的定义是宽广、深刻和长远的。"(《纽约客》报道)
5. 斯泰因的文风真有那么荒诞吗?

事实陈述

被人们认为最有根据的那些陈述——那些很少被要求提供支持的陈述——我们称之为事实陈述。我们自己以及与我们有相同信念体系的人都会接受这类陈述,无须进一步论证。换句话说,事实陈述是我们之间达成共识的那些信念陈述,我们都认为这些信念陈述是有根据的,或者即使它们受到质疑,也是可以找到根据的。

让我们将事实陈述的这种解释,也就是"被认为最有根据的陈述",应用到关于这本书的公交车历险记中。假设尽管在检查扉页后发现了一个陌生人的名字,你仍然相信这本书是你的。你在绝望中大喊:"司机,停车!报警!这个女人想偷我的书!"司机停车并报警寻求调查。那位女士信守诺言,从她的手提包里拿出一张《思考的方法》的收据,并向警察出示了书扉页上她的名字。如果没有任何陈述支持你的说法,那么即使你咬定"这本书是我的"是一条事实陈述，又有什么意义？"这是我的书"这一陈述要被接受为事实，首先它或支持它的其他陈述必须拿出依据。

为了强调这一点，假设你尽管连连受挫，仍然坚持己见，终于你的一条或多条陈述开始提供支持了。比如，你说："对第100页和第101页之间发现的毛发进行显微镜分析，你们会发现它与我的猫弗雷德的毛发相匹配。弗雷德的品种非常稀有，北美只有它这一只。"继续假设，稍后一位实验室技术人员表示："从弗雷德身上取下的毛发与有争议的《思考的方法》第100页到第101页之间发现的毛发完全吻合。"在那一刻，你最初的陈述"这是我的书"变得合理了，因为关于弗雷德毛发的陈述为它提供了依据。也就是说，只有当那些支持它的陈述不再受到质疑（可能因为弗雷德毛发的显微镜分析结果已广为人知），"这是我的书"这一陈述才能被视为事实陈述。毕竟，事实陈述仅指那些不管出于何种原因很少受到质疑的陈述。[31]

关于为陈述提供依据，最后还有一点要说明。正如上面的例子所示，陈述不能单独地获得依据，而是作为一组或一整套陈述的成员，它们相互"依靠"，相互支持。那些单独孤立的陈述，在受到质疑的情况下，其中任何一条都无法仅靠自己站住脚。要让红帽女士、公交车司机和警察接受你表达的"这本书是我的"陈述，只有当它是更大的体系或者一组主张的一部分，且其中一些被他们认可为事实陈述的时候才行。因此，要启动为陈述提供依据的过程，需要做出另一条陈述。陈述——或信念——被接受为一组陈述的成员，一条陈述与组中其他陈述的关系使它成为事实陈述。

信念网络

正如陈述是更大的陈述体系的一部分一样，我们的个人信念也是更大的信念体系的一部分。这些更大的体系通常被称为信念网络。我们每个人都有一个巨大的信念网络，其中交织着数以十万计的信念"线"，沿着不同的路径彼此联结——就像蜘蛛网一样。当我们获得新的信念时，我们会将其添加到这个网络的适当位置。有时获得一种新的信念意味着我们必须淘汰一种（或一些）旧的信念。有时候一个新的想法看起来太新了，以至于我们的信念中似乎没有它的位置。这就是学习对你来说全新的东西（比如微积分）时让你感到很困难的原因之一。它与你信念网络中的其他信念没有什么联系。人们经常拒绝不"契合"他们信念网络的想法或信念。

位于我们信念网络中心的是将整个网络维系在一起的信念，或者是网络中其他信念的基础信念。对许多人来说，这些信念与他们的个人身份有关：他们是谁，他们的父母是谁，他们住在哪里——除非有关失忆症患者的故事或电影让我们反思失去所有这些信念会怎么样，不然我们都不会想起这些信念！我们的一些信念处于我们信念网络的外围。如果这些信念与我们的经验相悖，我们很容易放弃它们。比如你可能认为"萨米家"是城里最好的熟食店。你去那里好几次了，你吃的每一个熏牛肉三明治都是一流的。但后来你在萨米家有了一次糟糕的经历，或者你在街对面的"杰诺家"吃了一个超棒的熏牛肉三明治。你的信念网络将会改变以适应这种新体验。

信念网络通常是连贯一致的。换句话说，就是网络之内的信念彼此协调。我们有消除矛盾的倾向。你不能同时既相信萨米家是最好的熟食店，又相信杰诺家是最好的熟食店，所以你放弃一种信念，用契合度更高的信念取而代之。我们使用这些信念网络来指导我们现在与未来的生活。你可以将信念网络视为一种"世界观"，它可以帮助我们为周遭的世界创建一幅连续有条理的图景。这种世界观是相互联系的信念的巨大集合，其中一些信念对我们的思维和我们与世界相处的能力至关重要，另一些信念则很容易被放弃，不会对网络中的其他信念产生太大影响。

以下两篇阅读材料体现了信念网络和世界观如何影响我们对世界级大事件的日常体验。第一篇阅读材料是关于阿拉伯世界的一些人如何理解那个被称为"9·11"的事件。他们的信念网络/世界观被那天的事件引发的看法与大多数美国人共有的世界观产生的看法截然不同。它显示了一个人的信念网络会在多大程度上塑造刚添加进来的新信念。第二篇阅读材料的气氛要轻松得多，务必注意叙述者在故事结尾的新信念是如何迫使他重建自己的信念网络并抛弃几个过去的信念的。

演变为普遍观点的"9·11"谣言[32]
迈克尔·斯莱克曼

开罗——七年之后,此地的一般看法仍然是奥萨马·本·拉登和基地组织不可能对 2001 年 9 月 11 日的袭击负全部责任,美国和以色列就算没有参与执行,也一定参与了他们的计划。

这不是一项科学调查的结论,但它例行出现在这个地区的对话中——在迪拜的购物中心,在阿尔及尔的公园,在利雅得的咖啡馆,在整个开罗。

"瞧,我不相信你们的政府和媒体说的话。这就不可能是真的。"26 岁的艾哈迈德·伊萨布说,他是一名在阿联酋生活和工作的叙利亚工程师,"他们为什么要说实话?我认为美国策划这件事是为了有借口入侵伊拉克获取石油。"

美国人很容易把这种想法视为无须理睬的胡说八道。但那样做就会遗漏世界这一部分的人们认为西方领导人尤其是华盛顿领导人需要了解的一点:这种想法的持续存在代表着反恐斗争的第一个失败——无法让这里的人们相信美国发动的确实是一场反恐运动。

"美国应该重视这一点:即使告诉人们存在真正的邪恶,他们也必须相信此事才能帮助你。"沙特拥有的地区性报纸《中东时报》专栏作家穆沙利·艾尔-赛迪说,"否则你打击恐怖主义的能力将被削弱。这不是你可以单打独斗的仗,这是一场集体战斗。"

为什么这里的人们说他们相信"9·11"袭击是针对穆斯林的阴谋的一部分?原因有很多。有些与西方的行动毫无关系,有些则与西方的政策息息相关。

人们一次又一次表示,根本不相信一群像自己一样的阿拉伯人有能力对美国这样的超级大国发动如此成功的行动。但他们也表示,华盛顿在"9·11"事件后的对外政策证明美国和以色列是袭击的幕后黑手,尤其是在入侵伊拉克的背景下。

"也许执行的人是阿拉伯人,但首脑呢?绝不可能。"36 岁的穆罕默德·易卜拉欣说，他是开罗布拉克区的一家服装店老板，"它是其他人组织的，美国人或者以色列人。"

在"9·11"之后不久散布开来的谣言如此频繁地传来传去，让人们不再记得他们首次听到这些谣言的时间和地点。到此时此刻，他们已听过太多次这些话，甚至是通过电视，所以他们认为那一定是真的。

首先是犹太人那天都没去世贸中心工作的谣言。当被问及用什么方法通知犹太人留在家里或者他们如何向同事隐瞒此事时，这里的人们回避了这些问题，因为问题抵触了他们的基本信念：犹太人是他们许多麻烦的幕后黑手，西方犹太人会不遗余力地保护以色列。

"为什么在'9·11'那天犹太人没有去那座大楼里工作？"25岁的艾哈迈德·赛义德说，他在开罗为一位律师当司机，"每个人都知道这一点。我在电视上看到了，很多人都在谈论这个。"

42岁的泽因·艾尔－阿伯丁是一名电工，他在布拉克区一家咖啡馆喝着茶，不停抽着廉价香烟。当他阐述他对9月11日发生的事情的想法时，他变得越来越健谈。

"重要的是我们认为这是一场对阿拉伯人的袭击，"他谈到客机撞向美国目标时说，"为什么他们从来没有抓住本·拉登先生？他们什么都知道，怎么可能不知道他在哪里！他们没有抓住他，因为那事不是他干的。伊拉克发生的事情证实了那件事与本·拉登或基地组织无关。他们反对阿拉伯人，反对伊斯兰教，为以色列服务，这就是原因。"

在这个地方有这么多人带着漫不经心的确信，毫不尴尬地谈论美国自我攻击是为了有理由追杀阿拉伯人并帮助以色列，这是有原因的。这反映了他们如何看待政府领导人，不仅是华盛顿的，也包括埃及和整个中东地区的。他们不相信后者。国有媒体同样不受信任。因此他们认为，如果政府坚持认为本·拉登是幕后黑手，那么他一定不是。

"美国人要穆巴拉克说什么，他就说什么，他当然在为他们撒谎。"易卜拉欣谈到埃及总统胡斯尼·穆巴拉克时说。

这里的专家表示，如果美国人倾听人们在说什么——并试着理解为什么——而不只是被触怒,他们可能会对该地区有更深入的了解。这里的普遍看法是,即使在 9 月 11 日之前,美国也不是阿以冲突的公平调解人,在那之后它利用袭击来支持以色列并损害阿拉伯世界。

在大多数人看来,最有力的证据就是入侵伊拉克。试图让这里的人们相信那不是为了石油也不是对穆斯林的战争,就像要让许多美国人相信确实有这么回事并且"9·11"袭击是计划第一步那么困难。

"这是普遍存在的不信任以及阿拉伯人和穆斯林认为美国对他们有偏见的结果。"政府资助的金字塔政治和战略研究中心副主任瓦希德·阿卜杜勒·梅吉德说,该中心是该国首屈一指的研究中心,"所以他们从来不认为美国的意图是好的,他们总觉得美国做什么事背后都有某种目的的。"

22 岁的希沙姆·阿巴斯在开罗大学学习旅游专业,希望有朝一日能以跟外国人打交道来谋生。但被问及 9 月 11 日的事时,他回答得不假思索。他说,本·拉登能从阿富汗发动这样的袭击的说法完全没有道理。和所有接受采访的人一样,他将过去七年发生的事视为证明美国计划打击穆斯林的证据。

"是有讨厌美国的阿拉伯人,很多,但这太过分了。"阿巴斯一边说一边摆弄手机,"看看之后发生的事情——美国人侵了两个穆斯林国家。他们以'9·11'为借口去了伊拉克。他们杀了萨达姆,折磨伊拉克人民。你怎么能相信他们?"

饼干[33]

道格拉斯·亚当斯

这确实是真人真事,而且这个真人就是我。我那次是去赶一趟火车。那是 1976 年 4 月,在英国剑桥。我到得有点儿早,因为我弄错了火车发车时间。我去给自己弄了一份报纸做填字游戏,还有一杯咖啡和一包饼干。我在一张桌子旁坐下。请你想象一下那个场景,清楚地想象出画面非常重要。这是桌子、报纸、一杯咖啡、一包饼干。我对面坐着一个人，穿着西装，提着公文包，长相极其普通。看起来他不会做任何奇怪的事情。他干的事是这样的：他突然俯过身，拿起那包饼干，撕开，取出一块吃掉了。现在，我不得不说，这是英国人非常不擅长处理的事情。在我的出身背景、成长经历或所受教育中，没有任何内容可以教我如何应对刚刚在光天化日之下偷走我饼干的人。你知道如果是在洛杉矶中南部会发生什么，很快会响起枪声，直升机飞过来，CNN（美国电视新闻网）报道……但最后，我做了任何热血的英国人都会做的事：假装没看见。我盯着报纸，喝了一口咖啡，试图在报纸上寻找线索，束手无策地想：该怎么办？

到最后我寻思，别无他法，只好主动争取了。我非常努力地不去注意包装已经被神秘地打开的事实。我为自己拿了一块饼干。我想这该让他安分了。但没有，一两分钟后他又来了一次，又拿了一块饼干。第一次没吭声，第二次再想开口提就更难了。"对不起，我忍不住注意到……"我的意思是，这真的无济于事。

我们就这样吃光了一整包。当我说整包时，我的意思是大约只有八块饼干，但时间就像过了一辈子。他拿一块，我拿一块，他拿一块，我拿一块……终于我们抵达了尽头，他站起来走开了。好吧，我们先交换了意味深长的眼神，接着他才走开，我松了一口气，坐回原位。

过一会儿火车来了，所以我倒掉剩下的咖啡，站起来，拿起报纸——报纸下面是我自己的饼干。我特别喜欢这个故事的一点是，在过去四分之一个世纪里，有个非常普通的人一直在英格兰某处溜达，他有完全一样的故事，只是他没有最后的包袱可抖。

思考题

1. 关于"9·11"事件，阿拉伯世界部分地区流传的故事有哪些核心信念？

2. 当叙述者在报纸下发现他的饼干时，他的信念网络变成了什么样？描述在英格兰某处溜达的"另一个人"的信念网络。

3. 你认为你过去曾在多大程度上、以什么方式改变你的信念网络：
你的朋友或家人注意到变化了吗？

> 你开始失去你的朋友了吗？
> 你完全变了一个人吗？

小结

有根据的陈述是经过论证的陈述：已有其他陈述提供了支持，至少有部分人已经停止质疑。那些停止质疑的人转而认为这些陈述是"有根据的"。为陈述提供支持的过程就是第一章中描述的朋友之间的开放理性对话。无根据的陈述是那些没有得到支持或得到的支持未能在对话中说服其他人的陈述。一个无根据的陈述可能会被某人接受，但这种接受是碰运气的。当某条陈述得到的支持成功到几乎每个人都认为该陈述有根据时，该陈述就是一条事实陈述，一条被广泛接受、不被质疑的陈述。今日的事实陈述可能不是明天的事实陈述。比如说，如果我们是 14 世纪的欧洲人，我们多半相信"大地是平的"是一个事实陈述。这就是保持对话开放如此重要的原因。我们对自己、对我们的朋友论证陈述，以实现我们的总体目标：预见未来，结交朋友，享受愉快的经历，同时避免不愉快的经历。[34]

你已阅读的几篇文章节选非常清楚地展示了我们如何使用语言作为实现目标的工具。语言最好用于开放的理性对话，在这种对话中，我们尽量使用不需要进一步论证的事实陈述来为我们的主张提供依据。在阅读格特鲁德·斯泰因的作品选段时，叙述者不断重复的人物描述可能让你分心，她不确定自己的沟通有没有成功。就像我们很多人有时会遇到的情况，她不确定自己的陈述是否有效。尽管没有任何陈述能够自我论证，但我们有时会通过重复它们来自我论证，直到（我们希望）它们不再受到质疑为止。倾听周围人的话，你有没有发现他们在重复自己以确保他们的陈述被接受，或者至少被理解？

也可以思考一下刘易斯·托马斯的文章。托马斯提出，我们可能需要采用一种看待世界的新方式以及一套传达我们所见并赋予其意义的新陈述。根据托马斯的说法，对于我们的行星地球，或许最合理的视角不是"直视"，即视为各种独立的生命形式相互作用的集合，而是从"我们的眼角"来看，将它看作一个"附在温热的圆石头上，在阳光里不停歇地转动"的复杂生物。像这样一条要求我们重新思考自己在宇宙中位置的革命性陈述，要被接受显然需要大量的依据支持。与此同时，斯蒂芬·杰伊·古尔德提醒我们留意我们自身与世界的对话。他指出，所有有能力和细心的人不会用同样的方式看待这个世界。我们往往看到的是我们所受的训练令我们看到的东西。因此，我们与世界之间的对话要尽可能保持开放，这点非常关键。

我们在第一章中阅读的柏拉图《欧悌甫戎篇》演示了我们在为陈述提供依据这事上是如何屡战屡败的。苏格拉底要求欧悌甫戎为他知道"虔敬"的定义这一主张提供支持，欧悌甫戎由于十分自信而不愿完成这个任务。欧悌甫戎起初确信自己对虔敬无所不知，因此想要对自己的父亲提出谋杀指控。然而当苏格拉底询问他时，他无法提供任何能起到支持作用的陈述。换句话说，他没有提供任何不太会受到质疑的陈述。苏格拉底与欧悌甫戎的对话让我们看到在与他人的联系中如何使用语言，以及有时候在这些联系中成功对话是多么困难。尽管欧悌甫戎无法为苏格拉底提供哪怕一个有支持效力的陈述，但他仍然坚信他懂得什么是虔敬，坚信让自己的父亲受审是一种虔敬的行为。请注意，欧悌甫戎还提出了其他毫无根据的主张，比如声称苏格拉底将会胜诉！可以确定的是，欧悌甫戎的主张未能被他的同胞广泛接受，他们不久之后认定苏格拉底渎神，因此将他处死。与此相反，柏拉图的对话录《欧悌甫戎篇》和苏格拉底在其中所作的陈述被世界接受，并在两千多年的时间里将无数学生引入哲学殿堂！

我们认为有根据的陈述织成了一张网，一个信念网络。这张信念网络非常大，包含成千上万个互相支持的信念。有些信念对于维持网络至关重要，有些则相当不重要。它们共同形成了一种世界观，这种世界观塑造了我们对经验的感知，并引发了对这个世界的新信念。了解信念网络如何发挥作用，有助于我们懂得世界各地不同国家的人们如何以截然不同的方式看待世界，以及我们相处起来为什么困难重重。对我们自己信念网络的了解可以帮助作为个体的我们懂得为什么我们有时如此固执，不愿参与开放的理性对话。当有人挑战我们的信念尤其是那些位于我们信念网络中心的信念时，我们不喜欢开放的理性对话。重新编织一个人的信念网络是艰难的，但有时有必要这么做，以避免持有不一致或无根据的信念。

练习题

2-I

1. 词语在不同年代的人群里往往有不同的用法。列出 10 个你和你的朋友会用，而你的父母会觉得含义费解的词语。
2. "哥伦布于 1492 年发现美洲"是不是一个有根据的陈述？为你的答案辩护。
3. 为什么参加同一个活动的两个人后来会给出两种差别很大的描述？
4. "虔敬"对苏格拉底来说是一个非常重要的词。他的性命取决于它如何被定义。有哪些更现代的词，其定义会对人们的生活产生非常重大的影响？

2-II

1. 我们已经看到感知不是中性的。不但我们描述体验的方式各不相同，甚至体验本身也可能发生变化，不只是因人而异，甚至同一个人也是此一时彼一时。关于这种现象，你可能已经看过这个常见的例子。对下图你经历了哪两种不同的感知？你如何解释对同一个物理图像有两种不同的体验？

2. 解释一下你会如何教一个小孩"马"的定义。
3. 你熟悉《魔法之眼》[35]（版权：N.E. 东西企业，1993）这本书吗？古尔德的"搜索图景"概念与这本书及其续集中的插图有何关联？
4. 画出你信念网络的一部分。务必在你的绘图中展示网络中的信念是如何相互联系的，哪些信念更重要、更核心，哪些更边缘。

5. 假设你发现你不是父母的亲生孩子，而是在幼年时从俄罗斯收养的，你会在你的信念网络中添加哪些新信念？你会放弃目前信念网络中的哪些信念？这些信念更靠近信念网络的中心还是外围？

第三章　知识与确定性

信念与知识

我们已经看到，我们的信念最好被视为网络的一部分——那是我们每个人都已经构建并将继续构建的网络，目的是将表达我们信念的陈述联系在一起[36]。我们构建我们的网络，不是为了像蜘蛛一样捕捉苍蝇，而是为了拥有某种连贯一致的体系，一种足以引导我们度过每一天并保持终生的世界观。该网络的中心被我们最根深蒂固的信念陈述占据，也就是那些最难放弃的信念陈述。要放弃任何一条这样的网络中心的信念陈述，我们都不得不调整甚至放弃网络中许多与之相关的其他信念陈述。网络的边缘由我们最不确定的信念陈述构成，要放弃它们只需对网络做最小程度的调整。

我们对自己论证信念陈述的方式是将其纳入我们由其他信念陈述构成的网络之中。如果一条陈述与我们信念网络中的其他信念陈述很少甚至没有联系，该陈述就很难纳入。我们没有适合它的位置。如果一条新陈述与我们网络中的一个或多个信念相矛盾，它很可能会被拒绝。那些能与我们网络中已有的其他信念陈述充分契合的新陈述可能会作为信念留在我们的网络中。然而，非常适应我们的网络，与网络中的许多其他信念陈述相契合的陈述——我们将这些"良好匹配"的陈述当作知识。当我们说"知道"某事时，并不是在声称自己绝对可靠。其实我们是在表明，如果我们声称"知道"的这些事情——我们已对自己做了论证，将它安全地纳入了我们的网络——

对其他人来说没那么可靠,我们会大吃一惊。[37]

举例来说,如果"亚伯拉罕·林肯是《葛底斯堡演说》的作者"这一陈述与你网络中的其他信念陈述相契合,那么《葛底斯堡演说》是由美国内战期间在任的总统撰写的""亚伯拉罕·林肯是美国内战期间的总统"等陈述对你来说就是有根据的。因此你会说,你知道林肯是《葛底斯堡演说》的作者。

当我们想要对其他人论证我们的一条陈述时,最好的做法是与该人开始开放对话。在这种对话中,我们表达出的网络中已有的陈述为我们想要论证的陈述提供了最大支持。例如,如果你想要支持的陈述是你关于"亚伯拉罕·林肯是《葛底斯堡演说》的作者"的主张,你可能会首先说出刚才提到的信念网络中的两个支持性陈述("《葛底斯堡演说》是由美国内战期间在任的总统撰写的"和"亚伯拉罕·林肯是美国内战期间的总统")。

如前文第二章所述,如果表达我们知识性主张的陈述被周围几乎所有人接受,我们就会将它们视为事实陈述。关于亚伯拉罕·林肯的陈述就是你认为的事实陈述。首先,它非常适应你的信念网络——契合得如此之好,如果有人要你提供依据而你居然不能说服对方,你一定会大吃一惊。其次,这条陈述几乎被你周围所有人接受。从我们关于开放对话、向自己论证、向他人论证和事实陈述的讨论中,我们可以用以下方式描述批判性思维的目标:批判性思考者会努力为尽可能多的信念寻找依据,试着检验它们,并与愿意参与开放对话的每个人分享他的知识。批判性思维的这一目标显然造福所有人——事实性的知识在公开对话的竞技场上得到检验,并被证明是有根据的。这显然优于那些常见的事实性知识,也就是基于权威、偏见或两者的某种结合而被不加批判地接受的那些东西。

知识与确定性

对知识的讨论有时令人困惑,不管是哲学家还是普通人。一方面,我们大多数人对自己的知识性主张都非常谦虚。如果被问到"你永远不会犯错吗?",我们大多数人多半会回答"当然不是"。另一方面，当我们试图弄清楚知识和信念之间应该有什么区别时，浮现在脑海中的想法是，知道某事在某种程度上意味着不会错，而信念是我们可能会犯错的东西。

举个例子，你的老师上课迟到了10分钟，来的时候蓬着头、神情沮丧，并向全班宣布："很抱歉迟到这么久，但我在楼梯间撞上了圣诞老人，他把一大袋玩具掉在了地上，楼梯上到处都是小火车、洋娃娃和别的玩具。等我们把它们全部捡起来，我上课已经迟了。"全班可能会对这个故事报以怀疑的表情。假设老师对全班的怀疑态度有些恼火，做出如下回应："好吧，我知道我的故事听起来很奇怪，但我确实撞到了圣诞老人。我知道我撞上的那个人是圣诞老人。"这位老师声称她"知道"她撞到了圣诞老人，似乎是在说这件事她是不会弄错的。

假设为了打消他们的怀疑，老师要求全班学生搜查学校的建筑和场地，希望他们能找到圣诞老人本尊或他曾到过那里的蛛丝马迹——也许是楼梯间坏掉的玩具碎片或者屋顶上的驯鹿足印。再假设关于圣诞老人的证据搜查未能发现圣诞老人于该时段出现在教学楼附近任何地方的任何迹象。"很抱歉让你们白费力气。"老师可能这样对全班同学说，"*我知道*我看到了圣诞老人，但我一定是*弄错了*。"可是等等。这听起来太奇怪了。她真的会说"*我知道……但我一定是弄错了*"？她更有可能说："*我以为我知道，但我一定是弄错了*。"但假设她确实说了："*我知道我看到了圣诞老人，但我一定是弄错了*。"为什么老师说这话感觉很奇怪？如果在"圣诞老人大搜查"之前，老师只是声称她*相信*她看到了圣诞老人，那就没什么好奇怪的。我们先前说自己相信某件事，后来说我们一定是犯了错，这没有什么古怪或自相矛盾的。这种事司空见惯，人人不免。然而，我们说我们知道某事，后来又说弄错了，这确实有些怪怪的。

排除这种错误可能一直是哲学家、科学家和神学家的梦想。他们寻求一种对知识的解释——不同于我们上面描述的信念网络理论对知识的解释——在那种解释中，知识可以被认为是确定的，甚至可能是绝无谬误的。总的来说，为了实现这个梦想，人们采取了两种不同的方法。第一种是那些被称为经验主义者（empiricists，这个词来自古希腊语的"经验"empeirei）的思想家采用的。经验主义者主张，我们至少可以对自己所做的部分陈述有确实的把握，因为其中一些陈述是直接由经验和我们看到、摸到、听到、闻到和尝到的事物支持的。然而经过仔细检查，我们发现这种方法是有缺陷的。不管是对我们自己还是对其他人而言，通往体验以及别的想法的唯一途径是语言，必须用语言表达出这些念头。因此，唯一能支持或论证一条陈述的是另一条陈述。人们很容易以为我们可以拥有某种体验或思想而无须对其进行任何语言表达，但谁要是真的试过，就会发现那是不可能的[38]。再想得深一层，甚至很难想象这些未表达的体验和想法能以何种形式存在。向自己或他人表达我们思想的唯一方法是做出陈述[39]。

比如，思考一下"考拉暖暖的，让人想抱"这条陈述。该陈述是有根据的，依靠的不是一些"看起来是灰褐色"的原始视觉资料和"摸上去很柔软"的原始触觉资料的集合，而是你对自己或他人所做的陈述，比如"这是一只考拉""它是灰褐色的""它让人好想抱"等等。也就是说，我们的陈述不是由未明确表达的体验分别提供直接支持，而是由别的陈述提供支持，其中一些陈述可能是关于我们现在正在经历的事情，另外一些是我们为了对当前经历做出陈述而需要假定的各种情形。所以你的"考拉陈述"所需的支持不只是前文那些关于你当前经历的陈述，而是其他陈述组成的一整个"支持阵容"，比如关于你记忆总体可靠性的陈述（例如，你上次没有把面前这只毛茸茸的东西叫作袋鼠），关于你感官准确性的陈述（这不是幻觉，你也没有做梦或喝醉）。当然，除非是某些很少见的情况，这些作为"支持阵容"的陈述大多不会被说出口。关键在于，我们用来为我们想要论证或被他人质疑的陈述提供依据的不是直接经验，而是陈述——体现为陈述的组合或者一整个由陈述组成的"网络"。

在知识如何成为确定的或绝无谬误的这一问题上，经验主义的传统替代方案是法国数学家、哲学家勒内·笛卡尔使用的方法。本章从他的《第一哲学沉思集》中摘录了一小段作为阅读材料。笛卡尔主张，所有知识必须是确定的或者以某些确定的东西为基础的。哲学家们通常将笛卡尔的方法称为基础主义知识观，因为这种方法要求每条知识都基于或建立在某些确定的事物上。

与经验主义者的方法一样，这种方法也有缺陷。这种知识观具有建筑般的结构——一条条知识片段构建在由其他知识片段组成的基础上——问题在于基础不能无止境地追溯下去。它必须在最基本的层面上具备某种不容置疑的东西，某种绝对确定的东西。这就意味着，在基础的最底层将存在某种程度上的陈述自证。根据笛卡尔的说法，这种自我论证将通过我们"清楚而明确地"感知到一个特定陈述无可置疑而成立。但是，正如笛卡尔本人在阅读材料中表明的，我们的陈述几乎没有一个是毫无疑问的。我们甚至不能确定自己是醒着的，而非睡着了梦见自己醒着。按照笛卡尔的说法，唯一符合这一高标准的陈述是"我存在"，因为要怀疑我存在，我必须先假设我存在；如果我不存在，我就不可能做任何事情，当然也就不能怀疑了。

所以笛卡尔面临的问题是："我们能否合理地将人类所有知识都建立在我们对自身存在的绝对确定之上？"平心而论，笛卡尔在这方面做出了勇敢的尝试。但只有最具同情心的批评家才能说他的尝试是成功的。在此仅举出他的困境之一：笛卡尔需要一位仁慈的、不愚弄人的上帝的看顾，才能保证我们在确定除自身存在以外的任何事情时不会犯错。他对这点的想法是，一个仁慈的、不愚弄人的上帝不会让我们生活在一个充满欺骗的残酷世界中。因此，笛卡尔对确定性的基础主义需求最终导致人类全部知识有了神学基础，这种观点通常比确定性本身还要引人质疑！

需要指出的是，有一类叫作"定义性陈述"的陈述可以被视为自证陈述。举个例子，如果三角形被定义为"有三个边的封闭几何图形"，那么"三角形有三个边"这条陈述可以被视为自证自明的陈述。这是因为它相当于在说"有三个边的封闭几何图形有三个边"。我们相信，这已经尽可能接近了能够自证的或者绝对确定的陈述。像这样能自证的陈述是令人失望和没有价值的，因为它在谓语或宾语中重复了全部或部分主语。这样的陈述似乎担当不起其他所有知识的基石的角色。

对于历史上这些想要将知识与确定性联系起来的尝试的结果，我们能够说些什么呢？我们已经看到，经验主义错误地假设陈述可以由诸如视觉、听觉和触觉资料的集合之类的事物来提供支持，而笛卡尔（以及其他具有基础主义知识观的人）错误地假设某些陈述能以超凡的方式自证自明。如果这两种要证明某些知识是绝对确定的经典尝试都失败了，我们该何去何从？在"只是相信"和"确实知道"之间存在任何区别吗？知识一定是绝无谬误的吗？

与其问知识如何才能确定或绝无谬误，不如让我们重新考虑前文对知识的解释。显然在日常生活中，组成我们知识的陈述只需论证到我们不会质疑的程度。如果被要求论证它们，我们就发表其他陈述来提供支持。这些陈述在我们的信念网络中根深蒂固，因此很难被放弃。抽出或放弃它们会造成很大一片网络被拆散或者分崩离析。网被拆散了，就必须重新编织。必须建立新的信念和联系。那样的话，我们的知识就不是绝无谬误的了。我们自己可能会犯错，我们也能想起很多别人声称知道某事但后来证明毫无根据的例子。然而，我们不需要用绝无谬误来区分知识与信念。在我们看来，两者的区别在于我们声称知道的陈述深植于我们信念网络的程度，以及我们就自己的知识性主张向自己和他人提供依据的能力。我们将在下文看到一些这样的案例。首先通过示例，我们将看到基础主义的两次努力，一次是经典的，一次是相当幽默的。本节第一篇阅读材料是笛卡尔《第一哲学沉思集》中非常著名的段落节选。笛卡尔是17世纪的一位思想家，他对自己在数学中发现的确定性印象深刻，并因此怀疑除此之外他所学的一切。由此，他着手确定他到底可以毫无疑问地知道些什么。你很可能熟悉他对自己问题的回答。他发现他无法质疑的那件事就是他自己的存在。他在一个现在很著名的论证中展示了他存在的证据，其结论是"Cogito，ergo sum"（我思，故我在）。

你应该还记得，笛卡尔关于知识的总体方法是基础主义的方法。也就是说，笛卡尔认为，为了拥有牢固而持久的知识，每一条知识都必须基于另一条知识，而另一条知识要么完全无可置疑，要么基于完全无可置疑的其他知识。这种知识模型很像一幢房子——房顶靠墙支撑，墙靠坚实的地基支撑。本节第二篇阅读材料来自宇宙学家（宇宙学家是研究宇宙起源的科学家）斯蒂芬·霍金，霍金在其中讲述了哲学家伯特兰·罗素的一个故事，他在公开演讲时被一名听众——一位有自己基础主义观点的女性——上了一课。在这个对宇宙的有趣解释中，我们得以瞥见她所声称的宇宙那没完没了的基础。

证明上帝存在和灵魂区别于肉体的第一哲学沉思集[40]
勒内·笛卡尔

沉思一：关于那些可以被怀疑的事情

自从我第一次意识到我年轻时信以为真的观点里有多少错误以及我依据这些观点建立的一切有多么可疑以来，已经过去了数年。从我知道这一点的那一刻起，我意识到，如果我想在科学领域建立任何稳固和持久的东西，必须一次性将我生命中的一切夷为平地，直至最底层，以便从最初的基础重新开始。但这项任务看起来如此艰巨，以至于我在等待生命中的一个时机，它必须足够成熟，除此之外再无更适合掌握这些准则的时候了。出于这个原因，我拖延了这么久，要是还把余下的用于行动的时间浪费在深思熟虑上，我就犯了大错。故我现已放松心绪，解脱尘劳，自得闲暇，离群索居。简而言之，我将诚挚而坦率地致力于彻底摧毁我过去的观点。

然而，为此目的，我没有必要证明我所有的观点都是错误的，这事我可能永远都做不到。但因为理性现在说服了我，我应该像拒绝同意明显错误的事物一样，以同等的谨慎拒绝同意那些并非明显确定和无可置疑的事物，如果我找到一个理由怀疑它们当中最不重要的一条，拒绝它们全体也是完全正当的。因此也不需要一个接一个检查每一个观点，那是一项无穷无尽的任务。相反——因为破坏基础会导致建立在基础上的任何东西自行倒塌——我将立即攻击我曾经相信的那些支撑一切的原则。

直到此刻，我认为最真实的东西要么从感官中接受，要么通过感官接受，但我注意到它们有时会欺骗我。永远不要完全相信那些曾经欺骗过我们的东西，这是谨慎的标志。

但也有这种可能，尽管在涉及非常微小和遥远的事物时，感官有时会欺骗我们，但仍有许多别的事情是我们肯定不能怀疑的，尽管它们都来自相同的感官：我穿着我的晨衣坐在壁炉前，我感觉到这张纸在我手中，等等。一个人怎么能否认这双手和整个身体的存在呢？除非我自己去效法疯子，他们的大脑被黑胆汁[41]那难以消除的蒸气严重损害，让他们在赤贫时仍坚信自己是国王，在赤身裸体时自以为穿着紫色长袍，或者觉得他们有一个黏土做的头，或者以为他们是葫芦，或者以为他们是玻璃做的。但他们都是疯的，倘若我以他们的行为作为榜样，我也会表现出同样的精神错乱。

本来这一切都很好，如果我不是一个习惯晚上睡觉的人，并且在睡眠中经历了完全相同的事情——偶尔甚至是更不可能发生的事——就像这些疯子在清醒时候那样。我晚上的睡眠有多少次让我相信发生了这些习惯性的事情：我在这里，穿着晨衣，坐在壁炉旁，而实际上我赤身裸体地躺在毯子里！但现在我肯定是睁大眼睛注视着这张纸。我这个正在转动的脑袋并未昏昏欲睡。我清醒而有意地伸出这只手，我感觉到了。对于睡着的人来说，这些事情不会那么清楚明晰。但这一切也可能是因为我记不起在梦中其他场合是否曾被类似的想法欺骗。当我更专注地思考这些案例时，我清楚看到没有明确的迹象可以区分醒着和睡着，这让我感到非常惊讶，这种惊讶几乎使我相信我正在睡觉。

那么，为了展开论证，让我们假设我们正在睡觉，而且下述细节都是不真实的：我们睁着眼睛，转动我们的头，伸出我们的双手。甚至我们有可能根本没有双手，没有这个身体。尽管如此，确实必须承认，在睡梦中看到的事物就像是绘画的图像，只能按照真实事物的样式来创造。因此至少这些一般的事物（眼睛、头、手等）不是想象出来的东西，是真实存在的。这是因为，当画家希望用古怪和不寻常的形式来表现塞壬[42]和萨蒂尔[43]时，他们实际上是无法赋予这些生物全新特征的。与此相反，他们只是将各种动物的身体部位拼在一起。即便画家能创造出某种新奇事物，新奇到从未有人见过类似东西（亦即完全子虚乌有、凭空捏造），至少他们为画出该事物而使用的颜色一定是真实存在的。出于同样的原因，即使这些一般的事物（眼睛、头、手等）也可以是想象出来的，但我们仍然必须承认至少还有其他更简单、更一般化的事物是真实的，这些事物就像真实存在的颜色一样，以它们为依据构造出了所有那些在我们头脑中作为事物形象出现的东西——无论是真的还是假的。

总的来说，物质的本质及其外延似乎都属于这一类事物，广延实体[44]的形状、总量或大小、数目以及它们存在的地点、持续时间和其他类似特征也是如此。

因此，或许我们得出这样的结论并非不恰当：物理学、天文学、医学和其他所有依赖于对复合事物的思考的学科都是值得怀疑的。但是算术、几何和其他诸如此类的学科——只处理最简单和最一般的事物，复合事物是否存在对它们无关紧要——包含某些确定和不容置疑的东西。因为无论我醒着还是睡着，二加三都等于五，正方形的边不会超过四条，如此明显的真理似乎也不可能被怀疑是虚假的。

尽管如此，在我脑海中一直有个根深蒂固的观点，即存在着一位无所不能的上帝，正是上帝将我造就成如此这般。我如何知道他没有创造这样的局面：其实根本没有大地，没有天空，没有广延实体，没有数字，没有大小，没有位置，然而在我看来所有这些东西都是存在的，正如我现在所见的一样？此外——如同我断定其他人有时会在他们自以为最了解的事情上犯错——如果可以设想的话，我又怎么知道我每次计算二加三、计算正方形的边数或执行更简单的操作时没有被愚弄？但也许上帝并不希望我这样被欺骗，因为据说他是至善的。不过如果说他把我置于一直受骗的境地是有悖于他的仁慈的，那么出于同样的考虑，他也不会乐于让我偶尔受骗。但是我们不能做出最后的断言。

也许有些人宁愿否认有这样一位强大的上帝，也不愿相信所有其他事情都是不确定的，让我们暂时不要反对这些人。相反，让我们承认这里所说的关于上帝的一切都是虚假的。现在任由他们假设：我之所以成为今天的我，要么是命中注定，要么是偶然所致，要么是经由一系列连续的事件，要么是通过别的方式。但是既然被欺骗和被愚弄似乎是不完美的表现，所以他们主张的我这一存在的源头力量越弱小，我就越有可能不完美，以至于会没完没了地上当受骗。对于这种论点我无话可说。最后，我不得不承认，在我一度相信是真实的事物中没有什么是不容怀疑的——不是出于浅薄或不求甚解的理由，而是缘于有效和深思熟虑的论证。因此，如果我想找到任何确定的事物，就必须谨慎地拒绝赞同这些事情，就像拒绝那些明显错误的事情一样。

但是仅仅把这一点记录下来是不够的，我必须将它铭记在心。因为长期习惯的观点一次又一次地卷土重来，几乎违背了我的意愿，它们利用了我的轻信，就好像我的信任由于长期使用和密切要求而与它们绑定了一样。我也不会改掉同意和相信它们的习惯，只要我恰如其分地正视它们的真面目：在某些方面，它们现在很明显是可疑的，但仍然是大概率成立的，所以相信它们比否认它们要合理得多。因此在我看来，我最好将我的意志转向相反的方向，欺骗自己并在相当长的一段时间内假装它们完全是错误的和虚构的，直到最后正反两方似乎具有了等量的偏见[45]，任何坏习惯都无法让我的判断偏离对事物的正确认识。我实实在在知道不会有危险或错误接踵而至，我也不会矫枉过正地什么都不信，因为我现在只专注于知识，而不是行动。

因此，我假设竭尽全力误导我的不是至善的上帝、真理的源头，而是一个邪恶的精灵，它非常强大，也拥有相匹配的智慧和狡诈。我会把天空、空气、大地、颜色、形状、声音以及一切外在的事物，都看成我梦中的骗局，看成它为我的轻信设下的圈套。我会认为自己其实没有手，没有眼睛，没有肉，没有血，没有感官，却仍然错误

即使臭鼬也能做基础主义者！（经大西洋专题集团许可使用）

地相信我拥有所有这些东西。我将坚定不移地专注于这种冥想，即使我没有能力知道任何真实的事情，但我显然有能力坚决不屈从于虚假的事物，以免遭受如此强大而聪明的骗子的影响。但这份事业是艰巨的，懒惰使我回到了我习惯的生活方式。我与一个在睡梦中享受想象中的自由的囚犯没什么不同。当他后来开始怀疑自己在睡觉时，他害怕被吵醒，慢慢成为这些愉快幻觉的同谋。以同样的方式，我不由自主回到了我的旧信念里，惧怕被唤醒，唯恐宁静的休息之后是疲累的醒觉，从此不在光明中而是在无法摆脱的阴影中度日，那些阴影正是现在提出的困境造成的。

时间简史[46]

斯蒂芬·霍金

一位著名的科学家（有人说是伯特兰·罗素）曾经做过一次天文学的公开演讲。他描述了地球如何围绕太阳公转，太阳又如何围绕大量恒星组成的银河系的中心公转。讲座结束时，演讲厅后排的一位小老太太站起来说："你告诉我们的都是胡说八道。世界实际上是一块平板，被搁在巨大的乌龟背上。"科学家露出高傲的微笑，回答说："那么乌龟又站在什么上面？""你很聪明，年轻人，非常聪明。"老太太说，"但一溜下去都是乌龟！"

思考题

1. 你是否曾像笛卡尔一样，对任何事情都感到不确定？如果是，为什么？如果否，为什么？
2. 你"思考"这一事实如何证明你存在？
3. 为什么"我臭，故我在"的观点不如"我思，故我在"那么强有力？
4. 举出你绝对确定的五件事。
5. 描述一次这样的经历：你绝对确定自己在某事上是对的，后来却发现自己错了。

转变是怎么发生的？
6. "一溜下去都是乌龟"这种解释有什么问题？
7. "乌龟假说"为何是宇宙学的基础主义方法？

共识与信念网络

良好的批判性思维不会带来传统意义上绝无谬误的知识那种确定性。它对我们实实在在的好处体现在帮助我们从自身的信念网络中清除错误，让我们更有效地参与规模更大的共同体的共享信念网络。我们在牙牙学语的阶段就吸收了来自这一公共网络的许多信念。当我们的信念与父母的信念相符时，我们作为孩子的努力就会受到鼓励；而不相符的时候，我们的努力就会被阻止。我们学会相信这只四足动物是狗，另一只四足动物是猫，如此等等。随着年龄增长和社会化程度提高，我们成为共享网络或世界观的各种社群和共同体的成员。你很可能属于几个不同的共同体：学院或大学的共同体、家庭和家族共同体、由你家的地理位置定义的共同体、与你有共同兴趣或运动爱好的人组成的共同体等等。每个这样的共同体都对相应词汇和信念达成了共识。加入共同体就是接受共同体成员已达成共识的信念网络，比方说要成为一名化学家，你必须学习化学用语并接受化学家描述他们的元素和分子世界的信念。一个美国人会接受一套美国人普遍认同的特定信念，例如言论自由的重要性和政府应该如何运作。

共识在我们的日常活动中也很重要。向其他人论证我们的陈述有助于达成共识。我们希望其他人分享我们对世界的信念。如果你认为戴红帽子的女士（见前一章）拿走了你的书，而她声称这本书是她的，那么共识不存在。如果事实证明这本书的扉页上有她的名字，没有你的名字，你很可能不得不修改你的信念网络。在这种情况下，共同体多半会同意这本书是她的而不是你的。

当然，共同体的信念并不总是正确的。它们的信念网络中可能包含错误。你也许会站在共同体的对立面，坚持认为你的信念才是正确的。此时你有三个选择。你可以火冒三丈地离开共同体，你可以挑起一场争斗，你也可以尝试通过公开的理性对话来说服共同体接受你的观点。很显然，有批判性思维的人赞成最后一种选择。前两个选项不能帮我们达成我们的目标：交朋友、为人所爱、拥有愉快而非不愉快的经历。未来的经验常常会让你或共同体的信念网络得到修正。继续我们关于这本书的例子，如果实验室技术人员确实在书的第100页与第101页之间找到能与你的猫弗雷德完全匹配的毛发，那么共同体很可能会改变关于谁拥有这本精彩的《思考的方法》的共识。

共享信念网络的共同体尽力在其成员间建立共识。下面两篇阅读材料展示了两个不同的共同体为达成共识所做的努力。第一篇阅读材料涉及一次飞机失事，国家运输安全委员会努力在目击者中寻找对坠机事件的共识，以便建立关于空难真相的连贯一致的信念网络。这篇文章除了展示创建关于空难的连贯一致的信念网络有多么困难之外，还表明经验（体现为目击者陈述的形式）不足以完成这项任务。正如我们前文所指出的，观察者经历到的事情各不相同，因为他们的经验会受到其信念网络的影响。

历史学家也是一个共同体，历史就是他们共同讲述的过去的故事。这个故事是通过对发生了什么事进行公开理性对话建立共识而得到的。然而，历史学家并不总是以相同的方式看待各种事件，这取决于他们的观点。美国历史学家对美国独立战争的描述与英国历史学家大异其趣。为适应新发现的证据，故事时常会做出修改。第二篇阅读材料的内容是历史学家讲述的关于托马斯·杰斐逊与他的奴隶萨莉·海明斯的情史。这是一个很好的例子，体现了历史故事如何始终对新的证据开放。它还显示了历史学家自己的信念网络会如何影响他们接受新证据，以及调整他们的网络适应新证据有多么困难。

想法与倾向：对于空难调查，眼见未必为实[47]

马修·L.沃尔德

2002年6月23日华盛顿报道——11月12日，数百人目击了美国航空公司587

号航班在纽约肯尼迪国际机场附近坠毁的事故，在 93 秒的时间里，他们显然看到了数百种不同的情形。

国家运输安全委员会本月宣布已通过面谈或书面陈述的形式收集到 349 名目击者的说法，52% 的人表示飞机在空中的时候他们看到了火情。表示起火点在机身的人最多（22%），但大多数人提到的是其他位置，包括左发动机、右发动机、左机翼、右机翼或未指明的发动机或机翼。

将近五分之一的目击者说他们看到飞机右转，有同样多的人说是左转。将近 60% 的人说他们看到有东西从飞机上掉下来，其中 13% 的人说那是一片机翼（事实上是尾翼的垂直部分）。

调查人员说，从残骸和飞行记录仪来看，没有证据显示飞机飞行中发生过起火或爆炸。他们说，像这样一架在飞行中解体的飞机，可能会在最后时刻因发动机松脱而产生闪光，但飞机着火的想法纯属记忆玩的把戏。

博伊西州立大学心理学教授、《可信度评估与证人心理学期刊》编辑查尔斯·R.洪茨博士说，这一切都不足为奇。"目击者的记忆是重建的。"洪茨博士说，他与安全委员会没有关系，"你可能会有的最大误解就是把记忆想象成一盘录像带，但其实那里没有永久不变的记录。"

他说问题出在目击者本能地试图将事件与他们过去的经历相匹配。"你在现实生活中目睹过多少次飞机失事？很可能一次都没有。但在电影里呢？很多次。在电影里总是有烟，总是有火。"

因此，如果能拿到数据和录音机，安全委员会通常不会对目击者报告给予太多重视。对于许多调查人员来说，唯一可靠的证人是一块扭曲的金属。

安全委员会重大航空调查项目前负责人本杰明·A.伯曼表示，飞行员实际上是最糟糕的证人，因为他们的技术知识会引导他们过快归罪于可能并未发生的机械问题。"孩子是最好的证人之一，"他补充说，"因为他们没有对看到的情景加以解释的倾向。"

六年前环球航空公司 800 号航班在长岛附近发生爆炸的事故加深了安全委员会对目击者说法的怀疑：有数百人看到了向上的条状物，他们认为那是一枚导弹，然而调查人员说那是飞机本身的机体，在燃料箱爆炸之后，前端脱落，后面部分向上竖起。

伯曼先生和其他人表示，那场灾难还凸显了调查人员面临的另一个陷阱：联邦调查局特工询问目击者导弹是从哪里来的，也就是预先假定了武器的存在。"这可不是好的飞机事故调查。"伯曼先生说。

还有其他一些广为人知的目击证人犯错案例，包括1991年5月劳达航空公司一架波音767飞机在曼谷附近坠毁的事故。目击者称他们听到了爆炸声，看到飞机带着火焰坠落，但后来证明是机械故障。

那到底为什么调查人员还要费心费力询问证人呢？去年退休的安全委员会航空安全主管伯纳德·S.勒布博士说："在587号航班事件中，证人不太可能为调查提供太多帮助，但你在开始调查时总不可能知道这事——你将会从哪里获得重要线索，是从录音、证人，还是从机体本身。"

他还说，在任何空难中，相互矛盾的证人证词仍然是有用的。"800号航班目击者的说法中有一点非常清楚，许多人确实看到天空中升起了某种东西。"他说。

即使可能有误，委员会和警方仍会定期收集和评估这些陈述。"你能想象我们不走访证人吗？"一位现任委员会官员说。

去年离开委员会的伯曼先生说，调查人员发布587号航班目击者所见所闻的摘要，可能只是为了向公众展示这些陈述显得"分散"——工程学术语，指的是依据数据绘出的图形不符合某种模式。这么晚才发布是不寻常的，但委员会发言人泰德·洛帕凯维奇表示，这样做是因为工作完成了。但是他补充说："我不认为我说飞机失事以及许多创伤事件中的目击者证词不太可靠是在制造新闻。"

伯曼先生说，在没有飞行数据记录器或驾驶舱语音记录器的小型飞机坠毁事故中，证人证言可能更有价值。

勒布先生说，他与证人打交道的经历让他质疑基于目击者指认的刑事判决的可靠性。他指出在伊利诺伊州，州长任命的一个委员会4月建议，对仅有单一目击证人指认的谋杀案判决，死刑不适用。

勒布先生说他的个人经历也加重了他的疑虑。最近他和他的妻子目睹了一起两车相撞的事故，与飞机失事的目击者不同，他们是从同一个角度看到的。片刻之后，他们就对所见之事产生了分歧。除了别的一些关键细节，勒布先生说他还记不起其中一辆车是卡车还是运动型多用途车。

汤姆总统的小屋[48]
吉尔·莱波雷

……托马斯·杰斐逊于1826年7月4日去世后，他的奴隶被拍卖。但安妮特·戈登-里德在其重要的权威著作《蒙蒂塞洛[49]的海明斯一家：一个美国家庭》中写道，那次拍卖并不包括萨莉·海明斯的孩子。杰斐逊在他的遗嘱中释放了海明斯三个幸存儿子中的两个：麦迪逊和埃斯顿；另一个儿子贝弗利已经离开了蒙蒂塞洛。海明斯还有一个女儿，名叫哈丽特，她于1822年离开蒙蒂塞洛，当时她21岁。"哈丽特·萨莉跑了。"杰斐逊在他的《农书》中写道。书中记录着他拥有的人口财产，那是一个需要费心照管的数目，因为杰斐逊是弗吉尼亚最大的奴隶主之一。哈丽特并没有逃跑。"她几乎和其他人一样白，而且非常漂亮。"杰斐逊的一位监工回忆说。他还说杰斐逊命令他给这个女孩50美元，并支付她乘火车去费城的费用。

经过了很长时间，历史学家们才认真对待这个故事，甚至开始不厌其烦地从虚构中辨别事实。这就是为什么戈登-里德1997年的杰作以《托马斯·杰斐逊和萨莉·海明斯：美国的争议》为题，这本书既体现了对文书记录的艰苦调查过程，也是对历史研究之证据标准的一次颠覆性的简述。对于法律学者戈登-里德来说，真正的丑闻不是杰斐逊和海明斯之间发生的事情，而是前几代杰斐逊传记作者如何心甘情愿忽视摆在他们面前的证据的隐藏含义，甚至包括杰斐逊的《农书》这样的文件，而证据中尤其重要的是关于海明斯一家自己所说和所做的事情的证词。在杰斐逊和海明斯的风流韵事背后，戈登-里德写道，隐藏着另一条深埋的家庭纽带：萨莉·海明斯是杰斐逊的妻子玛莎·韦尔斯同父异母的姐妹。戈登-里德从律师的角度看待案件，将零落的证据拼凑在一起并加以权衡。她提出了有力的论述来支持她的主张：杰斐逊是海明斯几个孩子的父亲,他在他们年满 21 岁时放他们自由或者让他们离开,因为在 1789 年,两人长达数十年的情史之初,海明斯就从他那里得到了他会这样做的承诺。

与戈登-里德的《托马斯·杰斐逊和萨莉·海明斯:美国的争议》同一年出版的还有约瑟夫·埃利斯那部慷慨悲歌般的传记《美国的斯芬克斯:托马斯·杰斐逊的性格》。在这本书中,埃利斯断言——实际上全凭直觉,因为没有证据证明这一点——10 年内让他的妻子怀孕 6 次的杰斐逊从未与非常漂亮的萨莉·海明斯(据说她长得很像他的妻子,那也是他钟爱的女人)睡过觉,因为"在他成年生活的大部分时间里"——也是据推测——尤其是在他的妻子去世(杰斐逊时年 39 岁)后,"他缺乏直接用身体表达性能量的能力"。这个人是一尊雕像。《美国的斯芬克斯:托马斯·杰斐逊的性格》一书获得国家图书奖。

一年之后,退休的弗吉尼亚大学病理学家尤金·福斯特在《自然》期刊上发表了他与牛津、莱斯特和莱顿的科学家合作进行的 DNA 测试的结果。福斯特对如下这些人的后代进行了血液检测:托马斯·杰斐逊的叔叔菲尔德·杰斐逊,萨莉的小儿子埃斯顿·海明斯,以及被认为是萨莉长子的托马斯·伍德森。(男性后代几乎原封不动地继承 Y 染色体,但杰斐逊妻子唯一的儿子在婴儿期就夭折了,所以福斯特不得不去别处找杰斐逊家的 Y 染色体。)这些测试质疑了一条血缘关系,同时证明了另一条血缘关系。托马斯·伍德森的后代没有杰斐逊家的 Y 染色体。埃斯顿·海明斯的后代有。这并不能证明埃斯顿的父亲是托马斯·杰斐逊,更不用说萨莉·海明斯的其他孩子了。这只能证明埃斯顿的父亲来自杰斐逊家族。可惜呀,海明斯每次在蒙蒂塞洛怀孕时,身边并没有别的姓杰斐逊的人,兜里揣着一个 Y 染色体。埃利斯在所著传记的后几版中慷慨大方地承认了这一论点。"在 DNA 证据出现之前,"他写道,"人们可能会合理地得出结论,杰斐逊的生活是一个悖论。现在则很难避免这样的结论:他的生活是一句谎言。"反对者以这些证据是间接证据为由,仍然坚持己见。但时至今日,大多数历史学家都同意托马斯·杰斐逊基金会在蒙蒂塞洛召集的一个研究委员会的结论:杰斐逊"很可能是萨莉·海明斯全部 6 个孩子的父亲"。

然而,戈登-里德的观点在 DNA 驱动的共识中失落了。从文件记录中推断的主张本来完全不必用实验室测试来证实。1999 年在蒙蒂塞洛和弗吉尼亚大学举行的一次会议上，戈登－里德回顾了这个案例：

的确，我们现在没有也永远不会知道杰斐逊和海明斯以及他们的孩子之间发生的事情的细节。这并不意味着我们没有事可以往下做。关于这段恋情究竟是否存在，最初的争论中持续时间最久、从根本上说也最具破坏性的特征是对历史想象力的严格约束。在这件事上，人们就是不能放任自己的思绪天马行空。头脑风暴，从行动中得出合理的推论，试图拼凑出对此事的合理看法，这些都被归入不正当猜测的范畴，与公然说谎一样是严重的冒犯。

演绎和推论可能会犯错，但它们并非不正当。它们是历史学理解一个无意义的世界的最佳方式。

…………

《蒙蒂塞洛的海明斯一家：一个美国家庭》讲述了一个跨越几代人的家庭故事。哈丽特·海明斯有 7 个白人曾祖父母，用当时的俗语来说，她是"八分混种"。由于 17 世纪弗吉尼亚州一条违反先例[50]的法律，她也是托马斯·杰斐逊的财产。1655 年，一位母亲是非洲人、父亲是英国人的妇女凭借英国的判例起诉，成功获得自由，在该先例中，孩子继承了父亲的法律地位。没过多久，急于避免另一场法律挑战的下议院翻转了英国法律，针对"英国人与黑人妇女生下的孩子应该是奴隶还是自由人"这一疑问，追溯到了一条古老的罗马规则："Partuss equitur ventrem."即你母亲的身份就是你的身份。

好几代人过去了。出生了很多人。据戈登－里德说，大约在 1735 年，一个叫海明斯船长的英国人与一个名字没有流传下来的"纯种非洲人"奴隶发生了性关系。她生了一个女儿。海明斯试图买下这个孩子，但她的主人拒绝出售，想看看这个女孩会长成什么样子。海明斯想偷走她，但失败了。1746 年，这个名叫伊丽莎白·海明斯的女孩被转送到一个名叫约翰·韦尔斯的英国人的种植园，当时他娶了玛莎·艾普斯。（大约 11 岁的海明斯是婚姻协议的一部分。）韦尔斯结过 3 次婚。1748 年，他的第一任妻子为他生了一个叫玛莎的女儿。第三任妻子去世后，韦尔斯没有再娶。但正如戈登－里德所说，他确实开始与伊丽莎白·海明斯发生性关系，她为他生了6个孩子，其中包括1773年出生的女儿萨莉。1772年，玛莎·韦尔斯与托马斯·杰斐逊结婚。约翰·韦尔斯死后第二年，伊丽莎白·海明斯和她所有孩子都搬到蒙蒂塞洛居住。1782年，萨莉·海明斯还是个孩子的时候，玛莎·杰斐逊去世了。临终之际，杰斐逊夫人从她失去所有亲人、几乎无依无靠的丈夫那里得到了一个承诺：他永远不会再婚。1789年，16岁的萨莉·海明斯在巴黎与46岁的杰斐逊同居时怀孕了。麦迪逊·海明斯说这个孩子"只活了很短的时间"。伍德森的后代声称这个男孩长大后就是托马斯。

戈登－里德认为海明斯与杰斐逊达成了协议。她知道她可以留在巴黎，在那里她是自由人。奴隶制在法国是非法的。她决定返回弗吉尼亚，因为她想念她的家人。杰斐逊对她保证，她所有的孩子年满21岁，他就会放他们自由。也许海明斯爱杰斐逊，也许他也爱她。（1974年，法恩·布罗迪写了一本历史著作，推定事实就是这样。此外还有不止一部言情小说也做此设定。）戈登－里德知道这个问题很重要，因为杰斐逊和海明斯不仅仅是两个人，他们还是某种象征。但象征只能让你就此止步。"浪漫不在于说他们可能彼此相爱，"戈登－里德写道，"浪漫在于想象如果确实如此，情况会有什么不同。"

杰斐逊，我们自由的缔造者，估算不出奴隶制的代价。"涉及主人和奴隶的整个贸易是一种永无休止的运动，一方是最狂暴的激情、最不懈的专制，另一方是有辱人格的屈从。"他在18世纪80年代初写道，"只有天才能够在这种环境下保持操守和道德，不至于腐化堕落。"杰斐逊也无法想象他的生活或者十三州同盟[51]能在不流血的情况下摆脱奴隶制。"当我想到上帝的公正时，我为我的国家不寒而栗，正义不会永远沉睡。"

道德无能是一种压抑的、残疾般的痛苦。美国的斯芬克斯？美国的阿喀琉斯。

思考题

1. 举出这样的一个例子：对于同一件事，你和你的朋友讲述的版本大相径庭。你们是如何解决分歧的？

2. 为什么我们重视使用同一种语言的各群体之间的共识？
3. 你还知道哪些历史学家缺乏共识的有争议的历史问题？
4. 为什么历史学家们难以接受萨莉·海明斯和她的孩子们的故事？
5. 萨莉·海明斯和托马斯·杰斐逊的故事告诉了你什么样的美国种族历史？

小结

大多数人都会说自己知道很多事，尤其是关于他们自身、家人、朋友、邻居以及国家的事。不过遇到压力时，他们通常会退缩一点儿，承认自己当然没办法证明他们自称知道的所有事。不过，他们还是非常确定他们的知识性主张是正当的。当他们停下来思考时，他们意识到他们的某些主张可能会出错。他们会承认，实际上这些主张大部分是信念陈述，而不是知识陈述。

我们通常不会去考虑一条陈述是知识陈述还是信念陈述。我们觉得有把握，就会说我们"知道"；我们觉得有点儿不确定，就会说我们"相信"。这些用语上的区别让听众知道我们是否能为我们的主张提供依据，以及听众应该在多大程度上相信我们的主张。这些常识性的区别对形成良好的批判性思维非常重要。毕竟我们想要的是"知道"，而非仅仅"相信"。要做到这一点，我们必须更清楚地了解知识陈述和信念陈述之间的区别。知识陈述是那些我们能够提供依据的陈述。要支持我们的陈述，我们既不能仅仅诉诸感官经验，也无法依靠理性上绝无谬误的基础陈述；相反，我们通过将我们的陈述安置于信念网络中来支持它们。也就是说，我们使它们和我们认定有根据的其他陈述之间呈现出一种相互支持的关系。

拥有的连接最多、最强的知识陈述靠近我们网络的中心位置。那些连接最少的陈述靠近我们信念网络的边缘。我们的那些最有根据的陈述——那是我们和其他人的信念网络的重要组成部分，因此很少受到质疑——我们称之为事实陈述。

我们的信念和信念网络连接着他人的信念网络。如果我们是房间里唯一相信某个特定陈述的人，我们多半会重新思考我们的信念，想弄清楚它对我们来说有多牢靠，我们坚持己见是否错误。这种与他人信念的共识或一致对我们很重要。如果其他人不同意我们的观点，我们会尝试通过开放的理性对话来说服他们接受。有时我们会发现，需要修正的是我们自己的信念网络。可能的情形包括团体的共识过于强大、开放的理性对话说服了我们或者未来的事件表明修改是有根据的。这种修改可大可小，具体取决于该冒犯性信念在我们网络中扎根的深度。这些都是批判性思维的一部分。

练习题

3-I

1. 为什么知道某件事比只是相信它更好？
2. 列举 5 个位居你信念网络中心的陈述。如果你要将其中一个从信念网络中清除，还有哪些信念也必须被摈弃？
3. 有一些陈述，你发现无法对其他人提供相关依据，但它们与你的信念网络充分融合，让你能够继续相信它们。列举 5 个这样的陈述。

3-II

1. 用你自己的话解释为什么经验主义和基础主义都不能把我们从不确定性中拯救出来。
2. 我们能否确定某事到绝无谬误的程度？请解释。
3. 为什么共识很重要？关于我们自己的信念网络，它有什么意义？
4. 在新闻中找出一个没有达成共识的例子，也就是对于发生了什么事存在很多分歧的状况。解释为什么在这个特定事件中会出现这种分歧。

第四章　论证和解释

论证：前提和结论

我们已经看到，向自己和他人论证我们的陈述是批判性思维的一个非常重要的部分。既然没有陈述可以自我论证，简单地反复宣称一条陈述而且每说一次就更大声一点，这并不是很有用的做法。每次重复都小有改动也不太行。你读过的那篇格特鲁德·斯泰因的文章节选演示了这种过于人性化的行为。正如我们所指出的，为一条陈述提供依据的最佳方式是将它与其他陈述联系起来，最终得出一项或多项被接受为事实陈述的陈述。

> 陈述：一段用于宣称某件事的言辞。

每当我们想用一条陈述来为另一条陈述提供支持，这就是在进行论证。从这个意义上说，论证是一种推理模式，是开放理性对话的一部分。它不是吵架，也不是斗争。论证随处可见。我们总是试图说服别人或自己接受不同的主张或观点。论证可以很简单，比如给出做某事的理由（这会让我感觉更好）；也可以很复杂，比如决定是否接受这份工作或那个提议。在更大的共同体中，政治家和记者会发起论证来支持全球变暖和国防等重要议题的某一方，并尽力说服其他人同意他们的观点。

在论证中，我们希望支持的陈述称为结论，而起到支持作用的一条或多条陈述称为前提。前提和结论通常由提示词引入或者包含提示词，它可以让你意识到演讲者或作者即将开始论证，还能帮助你将需要论证的陈述与提供支持的陈述区分开来。

标明前提的典型提示词包括"既然""因为""既然如此""由于""如果""基于假设""设想""从……推出""鉴于""基于……事实""如……所示""由……指出""可以从……中推断"等等。

标明结论的提示词包括"故""从而""由此可得""是以""因而""所以""意味着""势必造成""允许我们得出""强有力地表明""如你所见""这显示""这证明""证实了这一点"等等。

这些词对识别前提和结论很有用，但并非万无一失。论证的作者有时会出于失误滥用它们，有时甚至是故意的，比如在他企图做一个虚张声势的论证时。要分析一则论证，最好的方法是问问自己，这个人试图证明、展示或者说明什么。这个问题的答案会让你得出结论。有了结论之后，再问问自己，在所提供的证据中（如果有的话），有哪些可以支持该主张。证据或支持是前提，它们与结论一起构成一则论证。

下面是论证的一个示例。汤姆说："披头士乐队是有史以来最伟大的音乐家。"我们都知道音乐品位这事众口难调，可以想见，总有人会质疑汤姆支持披头士乐队的大胆言论。比如说汤姆是在琼面前发表他的"披头士乐队最伟大"的声明，琼是狂热的古典音乐爱好者，尤其推崇莫扎特的作品。琼很可能会反驳汤姆的说法："汤姆，你疯了吗？披头士比莫扎特更伟大？你说破天我都不会同意的！"

现在假设汤姆接受了琼的挑战，企图说服她接受他"披头士乐队最伟大"的陈述是事实。如果你是汤姆，打算怎么做？一种可能的做法是向琼展示她认可为事实的其他陈述，用来支持"披头士乐队最伟大"这一陈述。同样地，当我们使用有望被视为事实的陈述来支持尚未被视为事实的陈述时，我们就是在做出论证。论证可以更精确地定义为：

两条或多条陈述，其中一条陈述（结论）应该得到其他条陈述（前提）的支持。

短语"应该得到……支持"意味着并非所有论证都是成功的。换句话说，有时我们以为或假定我们的前提能支持我们的结论，而事实并非如此。要成为优秀的批判性思考者，条件之一就是能区分前提足以支持结论的论证与前提不足以支持结论的论证。提高你这种区分的能力将是接下来几章的任务。

隐含的前提和结论

论证无处不在——存在于书籍、报纸社论、广告以及我们与朋友的讨论中。然而，发生在我们周围的论证并不总是清晰的或完整的。论证的前提甚至结论都可能被省略，有时仅仅是为了避免重复，有时则是故意"忽悠"论证的受众。这种论证叫省略三段论。下面是一段非常成功的广告中的省略三段论：

汉堡越大，汉堡越好。
汉堡王的汉堡更大。

这两条陈述无论是否属实（无论你或者谁到底赞不赞同）都是前提，在逻辑上暗示着以下这条不言*而喻*的结论：

汉堡王的汉堡更好。

作者没有挑明，而是引导读者自己去得出结论，可能是为了留下一种印象——汉堡王汉堡的优点是读者"自个儿拿的主意"。在这位广告作者的想象中，你在午餐时间行驶在高速公路上，几乎没有注意到你的汽车收音机正在播放汉堡王的广告歌。几分钟后，当你驶近一家汉堡王餐厅，听见了脑海中播放的那首广告歌（论证）的隐含结论（"汉堡王的汉堡更好"），于是你像被控制的僵尸一样转弯，开进了汉堡王的停车场。

广告经常省略结论，由你来得出它，因为它是如此明显：你应该购买某种产品。其他领域的论证中省略前提，有时出于故意，因为前提显而易见，有时则是无意的。比如以下这段常见的交流，也是一个隐含前提的论证。

儿子：爸，今晚我可以用车吗？

爸爸：不行。

儿子：为什么？

爸爸：因为我说不行。

尽管只提供了一个前提，这项论证也很可能成功，这是因为如下隐含前提：我是你父亲，父亲的话就是金科玉律。没有明说是因为说话者觉得这事太明显了，不用废话。

论证：标准形式

在我们的日常经验中，论证有很多种形式。有时先给出结论，再为其提供支持；有时结论出现在一系列前提中。还有一些场合，尤其是在法律和几何学这样的正式写作中，结论会一目了然地放在最后。如果所有论证都以完全相同的模式呈现，阅读、写作、谈话、聆听甚至思考都会变得非常乏味。我们喜欢语言和句子顺序的多样性。

然而，当我们想要对论证进行分析时，标准论证形式的存在是有帮助的。那样才能确保我们在同一基础上沟通。出于这个原因，我们对论证做分析时，会将它们整理为所谓的标准形式：前提在前，结论在后。有时前提本身是由其他陈述提供依据的。这种情况下的前提是一个较大论证中较小论证的结论。在将一则论证转化为标准形式时，我们力求让这个结构尽可能地清晰。

以下论证来自刘易斯·卡罗尔的《爱丽丝镜中奇遇》爱丽丝和蛋头先生的对话[52]：

"再见，下次再会！"她（爱丽丝）尽可能高兴地说。

"如果我们*真的*再会，我应该认不出你了。"蛋头先生不满地回答，伸出一根手指让她握着，"你长得跟其他人一模一样。"

"一般来说，人是靠脸来区别的。"爱丽丝若有所思地说。

"这正是我要抱怨的。"蛋头先生说，"你的脸和每个人的脸一样——两只眼睛，这样——（他用拇指在空气中比画它们的位置）鼻子在中间，嘴巴在下面。总是一个样。比方说吧，如果你两只眼睛在鼻子同一边——或者嘴巴在额头上——那就会好认一点儿。"

这一妙趣横生的论证很适合放进标准形式。首先我们来找结论。这有助于我们理解陈述之间的关系。结论在中间，就是这句"如果我们真的再会，我应该认不出你了"。那么我们需要问：蛋头先生如何支持这一主张？为什么蛋头先生以后就不认识爱丽丝了？因为她的脸和其他人一模一样！这就是我们的前提。这里还有一个隐含的前提，一个没有明说的前提，因为大多数读者会自动假定它成立，即如果某人的脸长得跟其他人一样，认出他是不可能的。你可能还注意到了，这里有几个关于眼睛、鼻子和嘴巴位置的子前提，它们支持了第一个前提，即爱丽丝的脸与其他人的一模一样。如果我们将该论证整理成标准形式，看上去就像这样：

前提1：你的脸和其他人一样。
    前提1的支持性陈述：依据1：你的眼睛分布于两侧。
        依据2：你的鼻子在中间。
        依据3：你的嘴巴在（鼻子）下面。
前提2（隐含）：如果某人的脸长得跟其他人的一样，认出他是不可能的。

结论：如果我们真的再会，我应该认不出你了。

除了结构之外，刘易斯·卡罗尔的论证在其他层面上也很有趣。卡罗尔的真名是查尔斯·道奇森，他也是一位逻辑学家和数学家。他喜欢玩文字游戏和逻辑扭曲。这项论证中哪个地方玩了文字游戏?

　　总结一下：要分析一项论证，最好将其转化为标准形式。首先，把结论或者受到支持的陈述找出来。有时会有一个或多个提示词帮助你做到这一点。接着挑出前提或支持性陈述。这些可能有也可能没有提示词做标志。先表达前提，再表达结论。如果前提之间存在某种联系，请通过安排前提的顺序使该联系清晰可见。如果存在隐含前提或隐含结论，将其添加到论证中。当论证以标准形式呈现，就可以评估前提对结论的支持程度。

逻辑依据

　　一个或一组前提可以为结论提供不同类型的支持。有一种支持在本质上是合乎逻辑的，涉及前提和结论的连接方式；另一种支持涉及所提供的支持性陈述的真实性和相关性。

　　我们先考虑逻辑连接。当前提和结论之间存在逻辑联系，使得对前提真实性的认可能够传导给结论时，就会出现逻辑依据。在前提和结论之间可能发生两种逻辑联系。第一种逻辑联系非常强，以至于如果认为前提陈述是真实的，那么作为这种联系的结果，逻辑上与之连接的结论陈述也*必须*被认为是真实的。第二种逻辑联系没有这么牢固。在第二类论证中，由于这种连接的存在，接受前提是真实的能让结论*更有可能*被认定为真实的，但对此既无保证，也不必然。在第一种逻辑依据中，如果认可前提是真实的，则必须认可结论是真实的，这被称为演绎推理。在第二种逻辑依据中，结论只是变得更有可能成立，这被称为归纳推理。这两种类型的逻辑依据不同于事实依据，后者依靠的支持性陈述具有真实性、相关性，而非仅仅是陈述之间存在某种逻辑联系。事实依据将在后文讨论。

演绎推理

演绎推理的目标是给出逻辑上有效[53]的论证。在一个有效的论证中，结论被认为是从前提得出的或由前提暗示的，所以如果接受前提是真实的，就必须接受结论也是真实的。逻辑学家把使用演绎推理的论证称为演绎论证。一则逻辑上有效的论证，其结论必须被接受，原因与前提所说的或判定的实际内容无关。结论被认可的必要性完全是逻辑上的，来自论证的逻辑结构。其前提甚至可以是明显虚假或荒谬的，如以下示例，同样来自刘易斯·卡罗尔：

所有老年大猩猩的饲养员都是好脾气的人。
好脾气的人都骑自行车。
因此，所有老年大猩猩的饲养员都骑自行车。

我们不知道这个论证的前提是否真实，但论证的逻辑结构决定了前提必然会指向结论，也就是说，*如果*所有老年大猩猩的饲养员都是好脾气的人，而所有好脾气的人都骑自行车，*那么*所有老年大猩猩的饲养员都骑自行车。有效论证的前提和结论之间的这种逻辑关系完全是独立的，不管有没有人认可它们中某一项是真实的。当存在这种逻辑关系时，即使不同意前提，你也必须承认该论证在逻辑上是有效的。但如果你确实认可前提是真实的，就必须接受结论是真实的。

在你将要读到的同名故事中，米凯莱·斯卡尔扎为赢得赌注与人争论。为了一场免费晚餐的东道，斯卡尔扎必须说服他的同伴们，某个家族——巴龙奇家族——是全世界最古老因此也是最高贵的家族。为此，他使用了一种称为"肯定前件式"[54]（"肯定前件式"将在第六章详细讨论）的常见演绎论证形式。他主张，如果某个家族的成员都非常丑陋，这表明这个家族是一个非常古老的家族；而如果一个家族非常古老，那么它也一定非常高贵。因此，巴龙奇家族既然是佛罗伦萨容貌最丑陋的家族，也必然是佛罗伦萨最高贵的家族。斯卡尔扎在论战中获胜，让朋友们请他吃了一顿晚餐。换言之，如果你接受他的前提中丑陋与古老相关的说法，你也认可他关于巴龙奇家族长相丑陋的说法是事实,你就必须接受他的结论——巴龙奇家族是佛罗伦萨最高贵的家族。前提陈述与结论陈述在逻辑上相连,因此,若认可前提是真实的,也必须认可结论是真实的。前提在逻辑上支持了结论——使这个论证成为一个有效的论证。

归纳推理

当逻辑连接使得它支持的陈述由于该连接变得更有可能是真实的——但不必然是真实的,这就是归纳推理。归纳推理目的在于给出有力论证[55]而非有效论证。在有力论证中,如果前提被认为是真实的,那么结论是真实的概率较高。归纳论证和演绎论证一样,事实依据与逻辑依据是分开的两个问题。因此,在归纳推理中就像在必然性推理中一样,即使不认可那些前提是真实的,你也会发现前提在逻辑上支持了结论。例如如下的有力归纳论证:

两千多年以来,太阳一直从西边升起。
因此,明天太阳将从西边升起。

你看,这则论证的前提显然不是事实,但让我们暂时假装该前提是真实的——众所周知,毫无疑问,太阳从西边升起已有两千多年了。那么我们也必须接受,结论是真实的概率较大。也就是说,*以该前提为基础*,相信明天太阳很有可能从西边升起是合理的。这就是一个有力的归纳论证,尽管我们都知道它的前提和结论都不是事实。

在你们将要读到的第二个故事中,麦启士德讲述了三个戒指的故事以挽救他的生命,运用了另一种归纳推理方式,包含另一种类型的逻辑支持。这种论证有一种著名的形式,叫作"类比论证"。这种论证形式很常见也很有用,尤其是在处理非常敏感的问题时,比如宗教或道德行为。类比论证的运用有一个广为人知的例子,就是"狼来了"的故事,你可能已经听你的父母讲过很多次。

运用类比论证的人以与敏感话题论证完全相同的形式,向听众展示一个中性话题的论证,以便专注于推理而回避敏感素材中刺激情感的内容。比如在这个例子中,麦启士德讨论戒指而不是宗教,这样就可以避免刺激情感的宗教问题。

支撑这种推理形式的原则是,如果两个事物共享许多特征,可以合理假设它们还存在别的共同属性。所以,如果苏和萨姆都是吉姆·史密斯和简·史密斯的孩子,且苏得到允许在16岁时开车,那么萨姆满16岁也应该可以开车。

你自己肯定也运用过类比论证。回忆一下:"妈妈,为什么我不能在年级舞会后在外面玩通宵?玛丽的妈妈说她可以。"或者:"我学习的时间和鲍勃一样长,为什么他得了'A',我只得了'C'?"记住这种论证形式,因为它可以将一个熟悉的、争议较小的例子与一个不熟悉的或有争议的例子联系起来,而后者正是当前争论的焦点。因此,当怒气开始上升或者非常敏感的情绪被激起时,它在讨论中相当有用。[56]

事实依据

除了给结论提供逻辑支持外,前提还可以通过事实依据来支持结论,也就是说,被广泛接受的陈述相比于不被广泛接受的陈述能提供更强的支持。事实依据可以兼有演绎推理和归纳推理的特征。如果我们在论证中提供事实陈述作为前提,就是在用事实依据支持这些论证的结论。请回顾第二章,事实陈述是那些本身有理有据以至于很少被质疑的陈述。事实陈述的定义如下:

> 事实陈述是一种有根据的、很少受到质疑的陈述。

在提供事实依据的过程中,我们使用在其他地方得到支持的陈述来证明我们现在希望支持的陈述。那是我们从另一个时空借来的依据,不管该时空与当下有多接近。我们必须如此这般频频借用。不然,我们将陷入无穷无尽的举证链,为一条又一条陈述提供依据,直到时间的尽头。要想让事实依据有效,提供支持的陈述必须比被支持的陈述更少受到质疑。

此外，支持性陈述应该与被支持的陈述相关。相关性的最低条件是，如果一条陈述明确使用了另一条陈述中的某个术语，这两条陈述就是相关的。为了使前提能够支持论证中的结论，每个前提必须至少与一个别的前提相关，并且至少有一个前提与结论相关。不相关的陈述不会削弱那些相关的前提的逻辑依据和事实依据，但它们有时候确实会迷惑我们，让我们以为某个结论是有根据的，但实际上并非如此[57]。

思考以下示例可以加强对事实依据的理解。前两个例子是演绎推理，后两个是归纳推理。

1. 如果太阳正在从东方升起，现在一定是早上。
   太阳正在从东方升起。
   所以，现在一定是早上。
2. 如果太阳正在从西边升起，现在一定是早上。
   太阳正在从西边升起。
   所以，现在一定是早上。
3. 两千多年来，太阳每天早上都从东方升起。
   因此，明天早上太阳将从东方升起。
4. 两千多年来，太阳每天早上都从西边升起。
   因此，明天早上太阳将从西边升起。

在第一个例子中，前提1"如果太阳正在从东方升起，现在一定是早上"，*既是真实的又是相关的*。它与结论都和日出相关，太阳早上从东方升起是一个事实。因此，如果太阳现在正从东方升起，如第二个前提所声称的，那么结论也是真实的：现在一定是早上。在第二个例子中，"如果太阳正在从西边升起，现在一定是早上"。这一前提是相关的，但不是真实的。它是相关的，因为它和结论都是关于同一件事——太阳升起。然而，由于太阳从西边升起的说法并未被广泛接受，这个前提不能被看作是真实的。尽管这一论证的结论得到了前提*逻辑*上的支持，但并没有得到*事实*上的支持。在第三个例子中，前提既相关又真实，因此为结论提供了支持。在第四个例子中，前提具有相关性。它和结论都与太阳有关。但太阳从西边升起并不是事实陈述，因此，前提不会让结论是真实的概率得到丝毫提升。

请注意，上面的例子表明，在演绎推理中提供事实依据与在归纳推理中提供事实依据并不完全相同。在归纳推理中，事实依据与逻辑连接之间联系密切。在演绎推理中并非如此。在进行或然性推理[58]时，具有相关性的陈述几乎总是会增加论证的力度。当这种论证的前提既相关又真实，我们称该论证为有说服力的论证。当进行必然性推理时，前提中的陈述必须与它们要支持的陈述有逻辑连接，才能使其有效。要在逻辑上连接起来，它们必须是相关的，但不必是真实的。前提真实的有效论证被称为可靠论证。

逻辑依据和事实依据帮助我们提出好的论证，并将好的论证与糟糕的论证区分开来。我们将在接下来的章节中对这两个概念做进一步探讨。下文的两个故事是良好论证的范例。两位主要人物充分运用逻辑依据和事实依据来说服他们的听众，实现他们的目标。

两个故事都出自《十日谈》，这是一部举世闻名的故事集，由文艺复兴时期的乔万尼·薄伽丘所著。这也是最早的意大利文学作品之一。在第一个故事中，一个名叫米凯莱·斯卡尔扎的年轻人为了打赌而参与辩论。他用演绎推理说服了同伴，让他们相信某个家族是全世界最高贵的家族。在第二个故事中，主人公麦启士德的论证是为了挽救自己的生命。如果他不能让萨拉丁相信他的回答是正确的，他就会死。萨拉丁的问题很棘手："世界上几大宗教当中，哪一个是真实可信的？"麦启士德绕开了极其敏感尖锐的宗教话题，说服萨拉丁"世界上几大宗教当中哪一个真实可信"这一问题是没有答案的。相对于三大宗教的故事，三枚戒指的故事既中立又有可比性，让萨拉丁有了接受麦启士德观点的洞察力。虽然他的论证是归纳性的，结论只是有较大概率是真实的，但它仍是一个足以说服萨拉丁的论证——那正是麦启士德的目标。

十日谈：米凯莱·斯卡尔扎[59]

乔万尼·薄伽丘

米凯莱·斯卡尔扎向一群年轻人证明了巴龙奇家族是全世界最高贵的家族，并赢得了一顿晚餐。

不太久之前，我们的城市里有一个叫米凯莱·斯卡尔扎的年轻人，他是你能遇到的最有趣、最讨人喜欢的人，总能讲出些奇谈妙论，所以每逢大伙儿一道出去吃喝玩乐的时候，佛罗伦萨的年轻人都爱约他同行。

有一天，他和几个朋友在蒙图吉那地方，不知怎么争论起了佛罗伦萨哪一个家族最古老、最高贵的问题。一派坚称是乌贝尔蒂家，另一派认为是兰贝尔蒂家，其他人还七嘴八舌地提了几个姓氏。

斯卡尔扎听了半晌，咧嘴一笑，说道：

"去你们的吧，一帮无知的傻瓜！你们懂什么呀！不仅在佛罗伦萨，而且在全世界，最古老、最高贵的家族都是巴龙奇家族。这一点是所有哲学家公认的，任何像我一样了解巴龙奇家族的人都会说同样的话。为防你们以为我说的是同一姓氏的其他家族，我要说明我指的就是住在本城圣玛利亚·马焦雷教区的巴龙奇家族。"

他的伙伴们原本以为他有什么高论，听到这话，纷纷取笑他，并且说：

"你一定是在说笑话。我们跟你一样对巴龙奇家族知根知底。"

"我不是在开玩笑，"斯卡尔扎说，"恰恰相反，我是在告诉你们颠扑不破的真理。在这里的哪位要是愿意的话，可以来打个赌，赌注是请获胜者和他挑选的六个同伴吃顿晚餐，我乐意奉陪。为了照顾你们这方，你们可以提名任何一位仲裁人，他的裁定我都会从命。"

于是，其中一位名叫内里·曼尼尼的年轻人说道："我来赢这顿晚餐吧。"

双方都同意请皮耶罗·迪·菲奥伦蒂诺作为仲裁人，这天他们恰好在他的房子里消磨时光。他们去找他，其他人也都跟着，都巴望斯卡尔扎输掉东道，大家好拿他寻开心。

他们把这场争论的全部内容告诉了皮耶罗。皮耶罗是个明智的年轻人，他先听了内里的话，然后转身对斯卡尔扎说：

"你又打算如何证明你的主张？"

"证明？"斯卡尔扎说，"关于我的道理，我将通过确定无疑的论证来证明，不但让你，还让这个否认它的人都不得不承认我说得没错。众所周知，家族越古老，门第越高贵，刚才所有人都同意这点。既然巴龙奇一族比其他任何家族都要古老，由此缘故，他们也就更加高贵；如果我能向你证明他们家确实比其他任何家族都古老，那么我毫无疑问地赢得了这场辩论。

"此事的真相在于，当天主创造巴龙奇家的人时，他这门手艺还在摸索阶段，而他创造其余的人类是在掌握这门手艺之后。如果你不相信，自个想想巴龙奇一家的模样，把他们跟其他人比比。你会发现别人的脸都精心设计、比例匀称，而巴龙奇一家的脸不是又长又窄，就是宽得出奇，有人鼻子特别长，有人鼻子特别短，有一两位下巴突出并往上翘起，一副大牙床活像驴子。还有人一只眼大一只眼小，有人一只眼高一只眼低……总的来说，他们的脸就像小孩子刚学画画时的涂鸦。因此，正如我说过的，天主创造他们的时候很明显还是个新手呢。所以他们的家世比任何家族都古老，也就比谁都高贵。"

仲裁人皮耶罗、赌东道的内里和在场其他人回忆起巴龙奇一族的模样，又听了斯卡尔扎的巧妙论证，纷纷放声大笑，都说斯卡尔扎是对的，他已经赢得了这顿晚餐，因为不仅在佛罗伦萨，而且在全世界，巴龙奇家族毫无疑问是最古老、最高贵的家族。

这就是为什么潘菲洛为了证明法学家福莱塞[60]的丑陋，要说他站在巴龙奇家的人旁边都显得难看。

十日谈：麦启士德[61]

乔万尼·薄伽丘

犹太人麦启士德用三枚戒指的故事避开了萨拉丁为他设下的最危险的陷阱。

萨拉丁是如此伟大，出身寒微却成为埃及的苏丹，面对萨拉森和基督教的诸王屡战屡胜。连年用兵和挥金如土耗尽了他的所有财富，某天形势所迫，他急需一笔巨款。要在这么短的时间里筹到所需的款子，萨拉丁无计可施，偶然想起一个叫麦启士德的犹太财主来。那人在亚历山大港做放债的生意，手里定有所需的款项，只要能说服他上供就好了。不过这个麦启士德是个守财奴，绝不会自愿交钱，而苏丹也不愿采取强迫的手段。但随着用钱的需求越加急迫，他绞尽脑汁要迫使那犹太人帮他的忙，决定打着冠冕堂皇的幌子使用武力。于是他派人把那犹太人叫来，热情地招待他，请他坐在自己身边，说道：

"噢，贤明的人啊，我听过好多人夸你智慧不凡，对上帝之道有深切的认识。所以我十分乐于得到你的指教：犹太人、萨拉森人和基督徒的三种教法，你认为哪一个才是真实可信的呢？"

这个犹太人不愧是个聪明人，他很清楚萨拉丁在给他设圈套，企图挑起争论，如果他对这三种宗教中任一种的推崇超过其余两种，苏丹就会达到目的。因此他需要一个能避免落入圈套的答复。他灵机一动，于转瞬间想好了答案。

"陛下，"他说，"您的问题非常好，为了解释我对这个问题的看法，我必须请您听听以下这个小故事。

"如果我没有记错的话，我曾经不止一次听说，从前有一个高尚而富有的人，他的宝库中藏有各种精美珠宝，还有一枚最珍贵、最美丽的戒指。由于它的价值和美丽，他想将它永远奉为传家之宝，因此，宣布将把这枚戒指遗赠给他的儿子之一。他们当中无论谁得到它都将成为他的继承人，其他人则必须尊其为一家之主。

"得到他留下的戒指的人效仿了祖上树立的榜样，对自己的后代做出了类似的规定。长话短说，这枚戒指代代相传，最后落在一个男人的手里。他有三个最优秀、最贤德的儿子，他们对父亲非常孝顺，而他对这三个儿子都一视同仁地疼爱。三个年轻人都知道这枚戒指的传统，个个争先恐后，竭尽全力想说服年事已高的父亲在去世前把戒指留给自己。

"这好心人爱三个儿子，却无法决定他们中哪一个应该继承这枚戒指。他打定主意要让所有人高兴，对每个人都承诺会将戒指传给他。然后他偷偷委托一位能工巧匠制作了两枚戒指，它们与第一枚非常相似，就连制造的工匠也难以将它们与原版区分开来。弥留之际，他把儿子们挨个儿叫到跟前，给了每人一枚戒指。

"父亲死后，儿子们都想继承他的头衔和财产，各不相让，拿出自己的戒指作为凭证。但由于戒指是如此相似以至于无法区分，到底谁才是真正合法的继承人这一问题一直悬置，从未得到解决。

"启禀陛下，这同样适用于天父授予三个民族的三种教法，这也是您询问的主题。每个民族都认为自己是他财富的合法继承人，都相信自己拥有他唯一真实的教法并遵守他的诫命。但与戒指一样，到底哪个民族才是正确的，这一问题仍然悬而未决。"

萨拉丁看出这家伙巧妙地绕开了他设下的陷阱，因此决定坦白说出他的需求，看犹太人是否愿意帮他一把。他也坦率地承认，若非犹太人回答得如此谨慎，自己本来打算怎样对付他。

麦启士德高兴地向苏丹提供了所需的款项。苏丹后来全数偿还了他，还赏赐给他无数珍贵的礼物，与他成为终生的朋友，并让他在宫廷中成为荣耀的上宾。

思考题

1. 米凯莱·斯卡尔扎如何证明他的主张？将他的论证整理成标准的论证形式。

2. 麦启士德的论证好在哪里？

3. 你（或者你的父母之一）曾有过讲故事让某人（你）接受你（他们）的观点的经历吗？你（他们）成功了吗？

4. 如果有人不相信巴龙奇家族是最高贵的家族怎么办？他会如何与斯卡尔扎争论？

解释

　　解释是论证的一种子类别。与其他论证一样，它们也有前提和结论，但在典型的解释中，结论已被视为有根据的，缺少的是我们对于该有根据的陈述的理解。前提提供了理解，回答了为什么有根据的是这条而不是那条陈述这一问题。我们想知道为什么，因为我们很好奇，因为我们希望能够预测类似的未来事件（比如天气），或者因为我们想要应对未来可能发生的事件（比如飞机失事）。不过我们也接受了许多没有解释的有根据的陈述。要么我们不关心"为什么"，要么我们认为"为什么"太明显了，不需要解释。举个例子，如果你邻居的狗叫"菲多"，你可能不会关心狗为什么要叫"菲多"，或者你觉得你知道为什么。菲多是一个常见的狗名，而你的邻居是那种会选择一个常见名字的人。但是，如果邻居的狗被命名为"嚼嚼吐"（因为它嚼了又吐掉），你可能想知道原因并要求解释。

　　在典型的论证中，我们是从前提推理到结论。我们想知道陈述1、2、3是否被认可，还有别的什么必须或者可能得到认可。而在解释中，我们通常从关于某个事件的陈述开始，该陈述我们认为是有根据的，然后提供一些陈述作为前提，它们告诉我们事件发生的原因。解释可以采用演绎论证或归纳论证的形式，因此，有时很难确定某项论证是不是一个解释。通常你必须知道上下文，才能判断一段推理是论证还是解释。这取决于论证的演说者或作者的意图，以及演说者认为"缺失"的内容——"是什么"或"为什么"。在区分解释和论证时，你对上下文及其意图的准确判断是最好的参考；若是脱离了上下文，很难看出某些推理片段究竟是论证还是解释。

　　既然解释也是论证，我们可以用评估其他论证的方式来评估它们。我们期望前提中的陈述与结论陈述有逻辑上的连接，也期望前提中的陈述既是真实的又与结论相关。如果解释的前提本身经常受到质疑且被视为无根据的陈述，那它几乎不能增进我们对结论的理解。例如，如果你的车早上打不着火，而你的朋友跟你说，车发动不起来是因为你头天晚上没有跟它道晚安，你会拒绝接受他的解释，认为那是胡说八道且毫不相关。需要解释的陈述"我的车发动不了"在前提那里找不到事实依据——这里的前提是"你头天晚上没有对它道晚安"和"如果你头天晚上跟它道晚安，汽车早上更容易发动"，后者是该解释中的隐含前提。

有一种十分常见的解释形式——尤其多见于科学领域，但也时常出现在一般论述中——通过普遍化来解释事件。这是一种对所有类似情况提出某种主张的陈述。这种普遍化加上一些其他的陈述足以说明所解释的事件的成因。举一个简单的例子，假设你将一种普通的厨房食材放入一杯水中，它溶解了。你的弟弟在一旁看着，想知道为什么这种物质会溶解在水中。你的回答可能是这样："我往水里放的是盐，所有的盐都溶于水。"如果你弟弟接受你关于那种物质是盐的说法并相信你的普遍化，就会认可你的解释，因为该解释已经说明了足以造成观察到的现象的条件。这一论证的标准形式如下：

所有的盐都溶于水。
我放进这杯水里的物质是盐。
因此，该物质溶解在这杯水中。

当然，你的弟弟可能是个小讨厌鬼，非要追问："可是盐为什么溶于水呢？"虽然你的论证是可靠的，你从逻辑的角度为结论提供了足够的条件，但*对你的弟弟来说*，你提供的条件是不够的。于是你可能不得不诉诸你对食盐晶体和水的化学成分的了解，这可能会让你的弟弟满意——或者至少让他走开。一个解释成功的关键在于，必须使听众/读者满意。如果无法让他们满足，则解释失败。这意味着，除了在逻辑和事实上得到支持以外，解释是否成功还取决于听众的特性。在物理化学家眼中好的解释，对弟弟来说可不一定。

关于什么样的解释能令人满意[62]，被解释事件的类型也是一个重要决定因素。比如人类的行为，可以从心理角度解释，也可以从生理角度解释。如果乔突然从椅子上站起来，迈步向教室门口走去，有人问："乔怎么走到门外了？"我们可以用几种方式回应。我们可以解释说，他腿部的肌肉如此这般地收缩和放松，它们又以那样的方式拉动与腿部骨骼相连的肌腱，从而使他的身体走出门去。我们也可以说乔出门是因为下课时间到了。我们还可以说乔走出门去，是因为从门口出去比翻墙出去容易。有

说说为什么加尔文会遇到麻烦。
《加尔文与霍布斯》©1988 沃特森。经环球传媒集团许可转载。保留所有权利。

时我们可能不知道一件事的来由或原因，但一般都能充分了解上下文，知道需要的是什么样的解释，是心理上的解释还是生理上的解释。

从上面的示例中可以看出，解释要令人满意、实现目的，必须：

1. 符合其他已知或被相信的事物；

2. 适应观众的水平；

3. 与所给出的上下文相协调。

举例来说，如果你要求解释是什么让你朋友手表的指针在表盘上打转，你的朋友不见得会说手表里住着一个小人儿，小人儿的工作是每个钟头推着长针转一圈。他也不会就为手表供电的石英电池中石英的放射性衰变给出冗长的解释。不过如果手表是自动上弦的，你可能会打听手表的这一特殊属性——在这种背景下将会得到令人满意的答案。令人满意的解释可长可短。四岁的孩子经常需要没完没了的解释。恼火的父母通常会给一个非常简短的解释："因为这是我说的。"父母的语气保证了这种解释接受程度很高。

任何人都不会接受一个循环论证的解释。循环论证的解释不会增进我们的理解，因为它是把需要解释的陈述又重复了一遍。经典的例子就是对"为什么鸦片能让人入睡"这一问题的回应。循环论证的回答是"因为它有安眠作用"。父母的回答"因为这是我说的"同样是循环论证，因此也不令人满意。它只是阻止了询问，因为它清楚表明了不会再有新的解释。下一篇阅读材料用实例演示了提供的解释中存在循环论证的问题。这个故事是关于两名婴儿同一天在同一家托儿所死亡的事件。在你阅读之前，我们不想泄露太多内容。

托儿所里的死亡：未解之谜[63]
琳达·赫斯科维茨

10月的一个中午，丽莎·哈滕和芙兰·麦克伦登在那家托儿所第一次见面。那时她们还不知道，她们有很多共同点。两个人各有一个孩子，都是小女孩。两个人都在怀孕第五个月时差点儿流产。两个人上一次怀孕都经受了打击：丽莎流产了；芙兰早产了一对双胞胎——其中一个死产，另一个在数小时内死亡。两名女性现在都需要日托服务，因为她们都得全职工作。她们的生活都有难处。

但到了第二天也就是1982年10月15日星期五的下午，这一切以及其他曾经显得重要的事情都变得不再重要了：两个婴儿都死了——就在这家托儿所里——几乎没有人知道原因。孩子的父母和经营这家托儿所的妇女都悲恸欲绝。死亡事件超出了每个人的理解和控制。尽管调查人员早已接受这样一个事实——时不时就会有些零星的死亡无法解释——但他们也感到难以置信：两个婴儿怎么会在同一天死在同一所房子里，死因却没有一丝头绪？

35岁的芙兰·麦克伦登身材苗条，性格沉着，她在阿什莉出生前曾在中心城保险公司工作，现在她返回了岗位。她向州福利部门索取附近注册托儿所的清单，了解到希拉·罗兰提供日托服务。就在那个星期，芙兰第一次送阿什莉去托儿所。

罗兰位于温尼菲尔德的房子距离麦克伦登一家的联排住宅仅5分钟车程，要经过一座桥。芙兰查看了这个地方，对眼前的一切很是中意：一栋白色的半独立式住宅，位于宽阔的住宅区街道盖纳路上；邻居们为街景增添了个性化的装饰，诸如铝制门和观景窗里的插花；罗兰夫人自己的客厅装饰着芥末色和金色的织锦，房子一尘不染。

罗兰夫人在布置好的地下室里经营日托业务，那里有一间铺着瓷砖地板的大游戏室、黑板、桌椅、带婴儿椅的游戏围栏、午睡用的婴儿床、一箱玩具、一把给罗兰夫人坐的大椅子，还有一间浴室。

罗兰夫人教孩子们字母和算术，还带他们一日游，这给芙兰留下了深刻印象。她自己也很喜欢罗兰夫人。罗兰夫人是一位圆脸的33岁女性，和蔼可亲，健谈又暖心，是那种很爱孩子的类型。

芙兰4个月大的小阿什莉是首先死亡的。

电话打来的时候大约是上午11点30分。芙兰正在她的办公桌前打字。来电的是罗兰夫人："我认为你应该打电话给医生，然后来接阿什莉。她不想睡觉，也不想吃东西。听听她的呼吸声。"芙兰听见婴儿被抱到电话旁。阿什莉呜咽着，好像快要哭出来了。

芙兰打电话给她的儿科医生，和护士聊了聊，护士问了几个问题，说听上去阿什莉像是感冒了。她的建议是给孩子用一滴泰诺和喷鼻剂。然后芙兰给她妈妈打了电话，她妈妈同意叫一辆出租车来接阿什莉，并在这天剩下的时间里照看她。

芙兰还没来得及告诉罗兰夫人，她就打电话来了。她听起来失去了耐心，问芙兰什么时候来接她的孩子。芙兰解释说她妈妈会在半小时之内到达。

这时已经是中午了。芙兰午餐时约了人，在思考是否需要爽约。不，阿什莉的情况听起来并不严重。她可以去吃午饭，再从餐厅打电话了解孩子的情况。

阿什莉56岁的外祖母玛丽·哈里斯有一份夜班工作，所以即使已经过了中午，她听到敲门声的时候还穿着睡衣。她从一扇小窗往外看。来人是罗兰夫人，早些时候罗兰夫人打电话告诉她别叫出租车了，自己马上把阿什莉送过来。罗兰夫人抱着孩子，显得惊惶不安。罗兰夫人把阿什莉递了过来，当玛丽·哈里斯低头看外孙女时，罗兰夫人惊恐地发现婴儿翻着白眼。

"哦，天哪！"玛丽·哈里斯说，"我的宝贝出事了。"她跌坐在靠门的扶手椅上，抱着婴儿浑身发抖。玛丽·哈里斯曾经目睹她的婆婆去世。她经历了太多人的死亡，知道死亡是什么样子。婴儿摸上去发着烧，但她知道阿什莉快要死了——阿什莉是这个家庭13年来的第一个新生儿，也是将近20年来的第一个女孩。

罗兰夫人颤抖着拨打了急救中心的电话；玛丽·哈里斯打电话给芙兰——她还在

吃午饭——然后跑上楼穿上裤子。当救护车抵达时，男人们大喊："把婴儿带出来！"他们也带上了玛丽·哈里斯。罗兰夫人开车跟在后面。当他们路遇第52街的街道施工时，哈里斯太太几乎歇斯底里，哭着叫司机快点儿，想办法绕过去。希拉·罗兰在她的方向盘后面祈祷："求求你，上帝，不要让她死。"

在仁慈堂医院，他们将阿什莉紧急送进后面的一个房间。玛丽·哈里斯在等候区坐着，希拉·罗兰一边哭一边不停地喊："不是我干的！不是我干的！"这激怒了哈里斯太太。"现在先等等。"她说，"没有人指责谁干了什么。"

这时来了一名神父。他把一张纸塞进哈里斯太太的口袋，说他要主持临终仪式。"别给我什么纸片。我的宝贝死了。"她愤怒地说。她不想要宗教话语的安抚。然后来了一名医生。她看着他的脸，低声说："你知道我的宝贝死了，对吧？"这时候是2点差5分。"我们很抱歉。"他说。

达里尔·克罗斯比是一个很有礼貌的14岁男孩，家住在附近，放学后来帮罗兰夫人的忙，为小宝宝们换纸尿裤和照看他们。这天他很早就到了她家，大约在两点差一刻。

罗兰夫人不在。她的丈夫罗伯特是一位年长的男人，平时每天下午回家吃午饭，他的妻子因为一个小宝宝生病去了医院，这天一直是他在照顾其他孩子。接着他下楼去监督给地下室更换后门的工人。

达里尔上楼去照看孩子们。通常他们会在地下室的小床上睡觉，但今天因为工人的缘故，他们在楼上后面的卧室里。丽莎·哈滕的小女儿，10个月大的丽莎，似乎是唯一睡着的婴儿。她躺在床一侧的被子上，头转向一边。在床的另一侧，另外3个小娃娃窝在一起咯咯笑着。还有4个幼儿在地板上嬉戏。

15岁的汤姆·罗兰是达里尔的好朋友，也是罗兰家3个男孩中岁数最大的，大约在2点30分放学回家。据达里尔后来的回忆，两个男孩决定去罗兰夫妇自己的卧室看电视。

芙兰于2点钟回到她的办公室。一位同事带着一大堆消息等她。"你有家庭紧急情况，"他说，"去仁慈堂医院。"她相信没有什么大问题，但她不到15分钟就赶到了现场。她穿过急救入口，有人把她带到一间狭小的候诊室。突然之间，她的家人出现了——她的母亲、两个姐妹、她的兄弟和罗兰夫人。他们看起来很糟糕。

她的母亲用精疲力竭的哽咽声音说:"宝贝她死了。"

芙兰愣了一下,然后尖叫起来:"我要看看她!"一位修女说:"你不冷静下来,我就不让你去看她。"是训斥,芙兰想,就好像她在扰乱课堂纪律一样。她想打那个修女。

然而芙兰平静下来,修女将她领进后面的一个小房间。阿什莉躺在轮床上。她的衣服被脱掉了,裹着医院的病号服。她看起来还像平常的样子。芙兰把她抱起来,她的身体犹有余温。忽然她感觉到有人在看着自己,于是抬头察看。门开了一条缝。修女从那儿窥视着。

"你为什么不让我一个人待着?"芙兰尖叫起来。

"你会没事的,"修女说,"我得看着你。"

她没有隐私。芙兰放下阿什莉,大步从修女身边走过。

一个医生在外面。"我们已竭尽全力,"他说,"对不起。"她等着他说别的话,但他沉默了。她感到喉咙里升起一声尖叫。

然后他说:"我们认为死因是'SIDS'。"她知道这个词意味着"婴儿猝死综合征",一种连医生都搞不清楚的东西。

"你确定吗?"芙兰问。

"呃,我们必须做一些测试。"他说。

芙兰感到眩晕:"如果我及时赶到这里,她会活着吗?"

医生没有回答。他面无表情。先是修女,现在是医生。

芙兰与罗兰夫人面对面,后者几乎是歇斯底里地不停哀求着:"请不要怪我,请不要怪我。"

发生了什么事情?

"我不知道。我努力过。阿什莉开始呼吸困难。我试图打急救电话,但我太慌乱了,拨了号码却无法让他们明白出了什么问题。所以我抱着她上了我的车,找了我的儿子帮忙,然后把她送到你母亲的家里。"

芙兰心如死灰,失魂落魄。她拥抱了罗兰夫人。"对不起,"她说,"我知道你已经尽力了。"

她想给上班的丈夫约翰打电话,但她受的打击太大,记不起他的电话号码。她母亲拉着她,想让她离开医院。哈里斯太太说:"我们到家后给他打电话。"

芙兰任由自己被带上外面的车。

听到罗兰夫人的车开进车道的声音时,男人们还在修后门。罗伯特·罗兰的车刚刚驶离路边。这时大约是3点钟。她步履艰难地从后门进入地下室,重重靠在墙上,对工人们说:"她走了。"

接着她从后面的楼梯上到厨房。男孩们还在看电视,听见她进来了。她仰头对他们喊道:"大家快点儿,把孩子们带到下面来。"达里尔想知道出了什么事。汤姆帮着他把蹒跚学步的孩子领到楼下,然后达里尔回到楼上去接睡着的丽莎。他俯身在床上,注意到她的一只鞋掉在地板上。当他弯腰捡起它时,看到她脸上干涸的血迹。他抱着她下楼,对罗兰夫人说:"这孩子怎么了?"

希拉·罗兰接过她,用窒息般的声音说:"哦天哪,她死了。"

她一边抱着孩子,在厨房里浸湿毛巾擦去血迹,然后回到客厅,把孩子放在自己大腿上,在沙发上坐下。她把嘴放在婴儿的鼻子和嘴巴上,试图让她恢复呼吸。然后她抬起头开始尖叫。

楼下的工人听到了尖叫声,然后是有人跑到地下室楼梯顶端的脚步声。一个十几岁的男孩低头对他们大喊:"我妈妈需要你们帮忙。"他们上楼的时候,达里尔听到其中一个工人对另一个工人说:"嘿,鲍勃,又死了一个。"

达里尔心里想:"又一个?"

3点30分,丽莎·哈滕正在创新培训中心的一台文字处理器上练习,这是一所靠近第13街和拱门街的秘书学校。她对职业培训十分认真,渴望能找到工作,因为她与孩子父亲萨希布·伊斯利的关系在跨越5年之后变得磕磕绊绊。如果他们分道扬镳,她希望能够养活自己和孩子。

丽莎听到扩音器里有人叫她的名字:"紧急呼叫。"

她第一个想到的是"我的孩子"。

丽莎的举止和说话有一种从容不迫、深思熟虑的风度，让她看起来不止 23 岁。尽管恐惧和忧虑的情绪不断增强，她还是保持着这份尊严和矜持，走进学校的主办公室拿起电话。

电话那头的希拉·罗兰歇斯底里地哭着，大喊大叫："丽莎死了！丽莎死了！"

"你在说什么？我的宝宝怎么了？她在哪儿？"丽莎说。她的声音比平常低沉的细语高了很多。

"她死了，她死了。"罗兰夫人神经质地断断续续说着，"今天又一个孩子在这里死了。我带那孩子去了医院，回来之后我查看她，小宝宝就是不醒。我跑来跑去，想要让她醒来，但她就是不醒。"

丽莎现在浑身发抖，被她所听到的内容的不真实感压倒了。她把电话交给在这所学校工作的朋友苏茜，她是孩子的教母。但苏茜还没问完孩子被送到哪家医院，罗兰夫人就挂断了电话。丽莎坐在学校办公室里哭泣："这位女士一直告诉我，我的孩子死了。"

苏茜反复拨打罗兰家的号码，却总是占线。她终于打通了，那边有人说孩子被送到了仁慈堂医院。丽莎打电话给她的母亲，然后是萨希布工作的粮食运输公司。她给他留言，让他给学校打电话，然后和苏茜一起跑出门去。

苏茜开车的时候，丽莎静静地坐在车里，对自己重复着："我的孩子平安无事，他们找错了父母，他们打错了电话，什么事都没有发生。"

他们跑进仁慈堂医院的急救入口，但被告知婴儿已被送往整骨医院。他们又赶过去，一名年轻的医生把他们领进一间小会议室。当他们走进去时，丽莎看见她的母亲和姐姐坐在那儿抽泣。

现在她知道发生了可怕的事情。医生轻声对她说话，请她坐下。她要求看看孩子，希望他们说她没事。

她的母亲说："他们已经尽力了。"

"我们所做的一切都是徒劳。"医生轻声说。婴儿于 4 点 59 分被宣告死亡。

医生问问题时，她麻木地坐着。她只听进去了一句话：她此前是否知道今天那栋房子里还死了一个婴儿？

她的第一个念头是，发生了不应该发生的事情。出事了。两个婴儿在同一天死在同一所房子里，这很奇怪，非常奇怪。她记得罗兰夫人说过另一个婴儿的事，但她没有理解是死了两个婴儿。她以为罗兰夫人只是在说丽莎。

"不。"她说。她对此一无所知。

············

周五晚上 10 点 30 分，在流行病学家罗伯特·沙拉尔博士位于费尔芒特的家中，电话响了。电话那端是他的上司，费城卫生专员斯图尔特·夏皮罗博士，对方告知了他两个婴儿的死讯。夏皮罗想确定托儿所的其他孩子都没事，而且他们没有接触过什么具有传染性的东西。

沙拉尔给该市的首席验尸官马尔文·阿伦森打了电话。阿伦森说，凶杀案侦探已经确保其他孩子——共有 10 个孩子，包括罗兰夫人自己的 3 个孩子——在医院接受了检查。他们的检查结果是都很健康。

当沙拉尔给夏皮罗回电话时，专员告诉他第二天早上参加尸检。这很不寻常。通常，如果凶杀案侦探正在调查一起死亡案件，卫生部门会将案件留给验尸官处理。但夏皮罗认为，这一次，流行病学家也应该参与进来。

挂断电话之后，沙拉尔思考着这件事。同一天同一所房子里的两个婴儿死亡，可能是什么原因？

第一个出现在脑海中的是细菌性脑膜炎。但是，他跟自己争辩说，它通常不会在数小时内置人于死地。而且通常会出现更多的症状：发烧、脖子僵硬，有时还会出现皮疹。即使它可能是致命的，也不会那么快杀死两个孩子。

另一种可能性是谋杀——也许孩子们被虐待了。但阿伦森在电话中告诉他，没有看到外伤的迹象。

还有很多别的可能：取暖器故障可能导致孩子们一氧化碳中毒，她们可能感染了病毒或摄入了有毒物质……但是这么快吗？

············

上午 9 点，沙拉尔到达了法医大楼。他一走进房间就看到了躺在桌子上的婴儿。她们看上去都是得到精心养育的健康小女孩。

沙拉尔看助理验尸官罗伯特·西格尔博士在每具尸体的喉咙下方做了一个半月形的切口。他剥开皮肤，打开头骨，取出大脑。它们看起来完全正常。没有一层雾状的薄膜——白细胞对抗脑膜炎症的迹象，那正是沙拉尔曾怀疑过的死因。脑脊液也不浑浊，它是干净的，没有感染迹象。中耳的感染可以扩散到脑腔内壁，但那儿也没有问题。

他们取出舌头和咽部进行检查，因为它们仅仅轻微发炎就有可能堵塞喉咙导致死亡。它们很正常。他们检查了气管，寻找感染迹象。一个孩子的气管有点儿充血，中间有细小的红色条纹，但不会导致死亡。况且，当天据说有轻微咳嗽的正是这个婴儿，条纹也与此相符。

他们甚至开始检查一些基本的东西，比如确定心脏血管连接的位置是否正确。检验两具尸体大约花了3个小时。沙拉尔随后将组织标本带到他的办公楼，在那里将它们放进一个特殊的培养箱，看看是否会滋生什么细菌或病毒。

第二天也就是周日早上，沙拉尔约了该市的实验室主任来分析培养皿。脑脊液里什么都没有。气管标本长出了微生物，但都是意料之中的那些。简而言之，一无所获。

在接下来的几天里，那些最合理的解释被一个接一个地排除了。

首席验尸官阿伦森第一次听说这些死亡事件时，认为是天气突然转凉，那家托儿所"打开了该死的取暖器，导致了一氧化碳中毒"。法医办公室派出两名调查人员到了现场，发现事实并非如此，这一说法被推翻了。

两个婴儿都没有受到身体伤害。阿伦森确信，不存在任何导致她们死亡的疏忽大意。自杀显然是不可能的。

巴比妥类药物、阿片类药物、任何可识别的毒药以及重金属同样被排除。不存在接种疫苗的不良反应，因为这两个孩子最近都没有接种过疫苗。组织样本显示不存在可迅速杀死婴儿的肉毒杆菌或者病毒感染。油漆和灰泥中没有发现有毒物质。

阿伦森开始考虑不可能的事情——两个婴儿都是婴儿猝死综合征的受害者，恰好在同一时间发生在同一个地方。

婴儿猝死综合征自《圣经》时代就已存在，但直到最近才得到研究。在典型的病例中，一个外表健康的婴儿，通常是3周到7个月大，在看不出有丝毫不对劲的情况下被放到床上——顶多会有轻微的感冒迹象。一段时间后，婴儿被发现已经死亡。没人听到婴儿发出声音，也没有挣扎的迹象。尸检最多显示上呼吸道有轻微炎症，但不会致命。通常，尸检找不到任何疾病的迹象。

分开来看，丽莎和阿什莉的死亡是婴儿猝死综合征教科书般的案例。但两个婴儿在同一天同一地点发病的数学概率实在是太不可思议了——十亿分之一，也许一万亿分之一，阿伦森想。

他决定寻求外部帮助。他与夏皮罗商量后达成一致，决定致电总部位于亚特兰大的CDC（美国疾病控制中心）。这家联邦机构拥有进行高端细菌学研究的资源和专业知识。

见鬼，阿伦森想，我们为它交了税，也该用用它了。

斯蒂芬·伯文是新泽西州卫生部疾控中心的流行病学家，长着一副喜欢户外活动的模样。他也确实正在新泽西州蒙莫斯县的田野里收集被怀疑携带可导致关节炎的细菌的蜱虫，这时他的寻呼机响了。那是10月21日星期四下午，婴儿死亡将近一周之后。

他在亚特兰大的上司是分布在全国各卫生部门的大约40名干员的主管。上司打电话给他，告诉他要派他去处理此案。这正合伯文的意，他喜欢不同寻常的案例。

次日早上，他去看望认识多年的沙拉尔。他们重新审视了调查过程。几乎所有合理的可能都被排除了，只剩婴儿猝死综合征。年纪较小的那个婴儿处于常见发病区间，10个月大的婴儿就有点儿大了。他们都同意，尸检结果并没有有力支持或反对婴儿猝死综合征的诊断。

…………

不久之后，伯文意识到并没有太多未被触及的垒位。他们越来越倾向于得出一个违背流行病学基本信条的结论：也许这就是一万亿分之一的案例。任何事情只要发生的次数足够多，迟早会同时在同一地方发生。这是一个统计学上的真理。除此之外，他们没有其他解释。

他知道这是能够告诉那几个家庭的最糟糕的事。他们不会接受。他们在责怪某人的想法和他们自己本可以做得更好的罪恶感之间备受折磨。但是除非确有其事，否则只能无话可说。它不是任何人的错。

他在自己的报告中下了结论，将它送到亚特兰大，在那里它将被添加到汗牛充栋的流行病支援档案中。流行病学家找到答案和找不到的时候一样多。事情总是这样：新的谜团将会涌现，取代已解决的那些。

伯文回去继续收集蜱虫。

结语

....

1982年12月14日，罗伯特·西格尔博士签署了丽莎·伊斯利和阿什莉·麦克伦登的死亡证明书。西格尔和阿伦森一致认为，两个婴儿的死亡不应该与数以千计的婴儿猝死综合征病例混为一谈。他们将死因列为"尚未确定"。也许别的地方曾有其他婴儿在类似情况下死亡，也许这样的事会再次发生，也许有一天有人会弄清楚原因。

思考题

1. 什么是婴儿猝死综合征？婴儿猝死综合征能很好地解释这篇托儿所死亡故事中的死亡事件吗？为什么能，或者为什么不能？
2. 对托儿所死亡事件的调查和桌面游戏"妙探寻凶"[64]有哪些相似之处？

小结

论证无处不在。我们总会想要说服某人做某事：投票给特定的候选人，购买某种产品，允许我们在年级舞会结束后在外玩通宵，谅解我们并非有心的冒犯。研究论证的结构有助于我们成为更好的推理者，在向他人展示我们的观点时更有说服力。

论证由前提和结论组成，通常有提示词告诉我们一条陈述是前提还是结论。有时提示词是隐而不宣的，有时可能连前提和结论都没有明确表达。这就是为什么将一项论证整理成标准形式是个好主意：将前提放在前面，将结论放在最后，列明所有隐含的主张。这样你就能更好地评估这项论证。

论证可以是演绎的也可以是归纳的，取决于说话者是打算从前提得出必然结论，还是仅仅由前提对结论提供强有力的支持。在接下来的章节中，我们将更多地了解演绎和归纳中的这些逻辑联系。来自薄伽丘《十日谈》的两个故事体现了我们如何在日常生活中使用这两种论证方式。我们希望你不必像麦启士德那样为了你的生命与人争论，但律师、外交官甚至科学家都有机会在事关人命的场合运用论证！

解释是另一种论证形式，它能帮助我们过上更幸福、更健康的生活。了解特定情形出现的原因可以让我们重复或避免某种行为。然而对我们有帮助或者有用的解释不能是循环论证。知道托儿所的两名婴儿死于婴儿猝死综合征并不能帮助我们避免未来的死亡事件。"那个孩子的死是个谜。""那个孩子死于婴儿猝死综合征。"这两句话是同样的意思。两个孩子同一天在同一家托儿所死于婴儿猝死综合征，这事已经超过了未解之谜的程度，堪称荒诞离奇，它与我们关于事件发生概率的信念不相符。这就是为什么即使已经结案，人们依然感到很不满意。

练习题

4-1

1. 从报纸、杂志或书籍中找出 5 则论证。尽量找不同类型的论证，有演绎的，有归纳的。

2. 解释可以采用与论证相似的形式。我们说过，有一种归纳论证的形式叫类比论证。你能想出一个采用这种形式的解释的例子吗，也就是使用类比来帮助我们理解？

3. 改写以下论证，把前提放在前面，结论放在后面。如果有隐含前提，请添加并注明；如果有隐含结论，请添加并注明。

   a. 此外，单纯的东西是不可分的。灵魂很单纯。因此它是不可分的。

b. 纯正施瓦巴赫牌婴儿爽身粉可以让你保持肌肤柔嫩、气息清新，使你自我感觉良好。它可以帮你展示更好的自己，因此也能在人际交往中助你一臂之力。你的肌肤柔软娇嫩、触感丝滑。你闻起来是如此洁净和自然。现在你长大了，你还能为自己找到使用施瓦巴赫牌婴儿爽身粉的理由吗？

c. "你如何看待公制系统？"他问。

"我反对。"我说，"坚决反对。"

"但为什么？"

"因为，"我说，"我厌烦人们肆意摆弄我的习惯。为什么我一把年纪了还要重新学着用一个奇怪的新系统测量一切？"

d. 为什么这一切以20世纪30年代的大萧条告终？答案是，19世纪末资本主义的创新在20世纪前25年中慢慢失去了活力和实用性。例如，信托和垄断暂时减少但无法完全消除竞争，于是随着时间的流逝，巨头们发现市场的无序力量再次入侵它们的领地。

e. 我们对辩论的重视是很奇怪的。正如理查德·尼克松的发现，由一组提问者询问候选人，让其依序回答一些放水的问题，这不能叫作辩论。候选人只要简单背下温和无害的答案就行了，如果出现意外情况，他们可以礼貌地回避并发表一番演讲。

f. 他只有在心烦意乱的情况下才会鲁莽驾驶——他没有心烦意乱。

g. 为什么没有足够的数据？原因之一是学者和国际机构工作人员也很少进入该区域收集数据。与当地人口直接接触的志愿者机构已经做出了道德选择，将有限的精力用于减轻苦难而不是收集数据。

h. 女性的经济状况比男性差很多。她们从事家务劳动，没有获得任何薪水。作为劳动力的一部分，即使从事类似工作并具有相近的教育背景，她们的工资也明显低于男性。

i. 此前教皇曾表示，妇女可能不会被委以圣职，因为基督面临过选择女性担任牧师的可能，但他没有这样做，而当今教会必须效仿其创始人的做法。

j. 他有罪。他认罪了。

k. 麦当劳的广告：我们的热奶油软糖圣代"正好满足你的渴望"。

l. 胎儿没有权利。个人权利始于出生，随着新的独立之人的诞生而来。权利是适用于个人的概念，是实在的人，而不仅仅是潜在的人。

4. 确定以下论证是演绎还是归纳。在判断之前，请小心地把结论挑出来。

   a. 约翰将牌松散地夹在拇指和其他两个手指之间。这样方便他把它们排列成各种组合。

   b. 约翰用拇指和食指夹着筷子。剩下的三根手指保持筷子稳定。

   c. 当约翰带他的女友希尔达去赌场时，他大部分时间都在与牌友交谈。希尔达不喜欢和他一起去。

   d. 不是每个人都喜欢打扑克的。那需要耐心和控制表情的能力。

   e. 如果约翰赢得比桌上其他人多，将会招来对他的怀疑。既然他赢得比其他人多，那么他引起了怀疑。

   f. 约翰说 5 号桌能赢钱。我去 5 号桌玩却输了。我认为约翰在撒谎。

   g. 每周六约翰都会去赌场。约翰正在去赌场的路上，因为今天是星期六。

   h. 希尔达告诉约翰："扑克和我只能选一个。"约翰不打算放弃他的扑克，所以希尔达不走运了。

5. 思考以下论证，判断论证的作者打算使用演绎推理还是归纳推理。

   a. 珍妮特一定是去南方度假了。她晒成了美丽的棕褐色。

   b. 虽然我自己不会堕胎，但我支持其他女性的这一权利。生活质量很重要，父母不想要的孩子里，很多人最终会过上怎样的生活？

   c. 《圣经》学者发现《马可福音》的大部分内容都在《马太福音》和《路加福音》中得到重述。他们还发现，当其中一本偏离了《马可福音》中的事件顺序，另一本通常会保留《马可福音》中的事件顺序。因此他们得出结论，马太和路加各自撰写福音书时都将《马可福音》作为资料来源。

   d. 如果约翰邀请我参加舞会，我会去的。既然你没在那里看到我，就该知道他没有邀请我。

   e. 谋杀必然是白夫人、红小姐或黄上校三人之一所为。不是白夫人或黄上校，那红小姐一定是凶手。

f. 45% 的受访者对总统所做的工作不满意。因此，有 45% 的美国公众对总统不满意。

4-II

1. 区分逻辑依据和事实依据。
2. 解释一下为什么在我们的日常生活中，或然性推理比必然性推理更常见。
3. 假设你刚买了一辆全新的圣剑跑车。今天你去发动它，它没能启动。你打电话给经销商，他们派机械师过来检查汽车。

   他告诉你："这辆车没有任何问题。它完好无损，就是打不着火。保修覆盖所有机械和电气缺陷，但不存在这些缺陷。有些圣剑跑车就是这样。所以我们无能为力。它只是发动不了。"对这一解释你会如何回应？
4. 为什么在宗教辩论和讨论中使用类比推理是一种非常普遍的做法？
5. 在下述本地计算机专栏作家的解释和后续建议中，你发现了什么问题？

   提问：突然之间，Windows 资源管理器不能在任何驱动器上或我的任何文件夹里创建新文件夹了。有什么建议吗？

   回答：……有很小的可能是您在 C 盘或根目录中设置了允许建立的文件夹的最大数量。如果您认为是这种情况，请尝试重新组织您的数据，从而将文件夹放置在共同主题下。例如，如果您有个人信件文件夹、商业信件文件夹和俱乐部信件文件夹，请创建一个新文件夹并将其命名为"信件"，然后将其他三个文件夹变成"信件"下的子文件夹。您需要做的只是将它们拖放到新位置。

第二部分
演绎推理

第一部分向你介绍了一些新概念，我们认为掌握这些概念对于成为优秀的批判性思考者非常重要。这些概念以开放的理性对话、语言对思维的重要性打头。然后我们介绍了支持我们陈述的方法：开放的理性对话，并将它们与我们认为已经是我们信念网络一部分的其他陈述联系起来。我们向自己和他人论证这些陈述。我们将有充分根据的陈述称为事实陈述。我们用他人——尤其是我们共同体中的人——的信念网络来验证我们的信念网络。共同体建立的基础之一就是共同的信念体系。总的来说，我们努力达成共识。为了达成共识，我们向其他人论证我们的主张。为此，我们可能会像格特鲁德·斯泰因那样重复，或者大喊大叫、威胁恐吓。达成共识的更好方法是以论证的形式用其他陈述来证明我们的信念，该论证由一组支持性陈述（前提）和被证明或支持的陈述（结论）组成。我们在上一章看到有两种不同类型的论证：那些必然导向结论的论证称为演绎论证，而那些使结论可能性增大但不能确保的论证称为归纳论证。

　　在接下来的两个部分中，我们将致力于培养以下技能：识别什么是好的演绎论证和归纳论证，辨认和消除这两种推理方式的劣质形式。和培养其他任何技能一样，你需要练习才能掌握，本部分的作业题更像训练。要想学好，你必须勤奋地做好功课。不付出努力就无法成为优秀的批判性思考者，就像不努力就无法成为优秀的篮球运动员一样。迈克尔·乔丹也许是有史以来最伟大的篮球运动员，却不是一个篮球天才，他被高中篮球队刷掉了。但这让他更加努力地学习成为伟大人物必需的技能。

第五章 演绎连接

必然性推理

一般来说，其他人同意我们的陈述比不同意更让我们高兴。当我们认为听众可能不同意我们的某条陈述或主张时，我们通常会尝试通过论证来支持该主张。我们可以使用包含演绎推理（必然性推理）或归纳推理（或然性推理）的论证来支持我们的主张。你可能认为演绎推理总是比归纳推理更可取，因为这种论证的前提和结论之间存在必然连接。然而，演绎推理有一个重大局限：虽然一项有效演绎论证的前提和结论之间的连接是必然的，但论证的前提若不被视为真实的，听众也不必认可结论是真实的——尽管它与前提存在必然连接——因此他们可能不会信服。在此情形下，哪怕演绎论证中的连接在逻辑上做到了尽可能有力，你的论证仍然可能无法服人。这就是为什么保持对话开放并持续进行很重要。你可能还得为你的前提提供支持。

演绎推理是数学中大多数领域的基础。你可能很熟悉传统的欧几里得几何，它是演绎推理的一个很好的例子。在平面几何中，我们首先接受某些陈述是真实的（公理或定义），然后通过演绎推理，从这些被认可的陈述中遵循逻辑得出公设和定理。当代最常见的演绎推理的例子是电脑。电脑在执行我们给它们的命令时会进行"演绎推理"。它们计算、分类并整合。每个搜索引擎都使用演绎推理的逻辑运算符将单词组合成某种模式，然后在整个网络中搜索这些模式。电脑不太擅长归纳推理。出于这个原因，当人工智能专家试图让计算机模拟归纳推理远多于演绎推理的人类思维时，发现这比最初想象的要困难得多。

演绎推理中出现的逻辑连接称为逻辑结果，当结论是前提的逻辑结果时，我们说该论证具备有效性。当论证有效时，前提和结论之间的关系是前提确保了结论。也就是说，若前提是真实的，则结论也是真实的。然而，论证有效不要求（所有）前提必须是真实的。当一则论证有效时，我们也可以说前提在逻辑上蕴涵[65]了结论。前提和结论之间这种强有力的关系体现了包括数学在内的很多领域中推理的特征。如果你曾经阅读过法律合同或别的法律推理文件，就知道其中大部分推理都以有效的演绎论证的形式呈现。政治辩论通常是演绎推理（"如果你选我的对手，那么会……"）。当我们在生活中做决定时，会使用演绎推理，从玩"妙探寻凶"这样的桌面游戏到决定投票给哪位公职竞选人（"如果我投票给候选人X，那么会……"）。有效论证对我们来说"很有道理"，因为它们是如此合乎逻辑！与此同时，有时它们会被误用而给我们带来麻烦，有时我们会忽略推理中的错误。然而必然性推理就像算术一样，当我们使用它的时候，它要么对，要么错。因此它值得我们做仔细的研究。

本章的阅读材料是一篇法律推理，摘自瑟古德·马歇尔大法官在1976年格雷格诉佐治亚州一案中的反对意见。1972年，最高法院在弗尔曼诉佐治亚州案中裁定死刑违宪，原因是死刑的适用方式反复无常且具有歧视性。1972年至1976年，佐治亚州制定了防止歧视性判处死刑的法条，最高法院因此被要求重新考虑适用死刑。最高法院以7比2的票数裁定，死刑并非本质上残忍和不寻常的惩罚，因此并未被宪法禁止。马歇尔大法官和布伦南大法官持反对意见。这篇阅读材料清楚表明了在考虑和决定重大事务方面，必然性推理对我们用论证支持自己的主张有多么重要。

格雷格诉佐治亚州案反对意见[66]

瑟古德·马歇尔

最高法院的立场中,支持死刑并不过当的两大宗旨是普遍威慑和报应惩罚。在弗尔曼案中,我查阅了有关死刑威慑作用的资料。在该案审理期间,一个联合国委员会将人们经过几个世纪争论之后的认知状况总结如下:

无论对威慑作用比较研究的可靠性有何看法,保留死刑派和废除死刑派都同意,现存数据表明死刑的存在与较低的死刑犯罪案发率之间没有相关性。

我在弗尔曼案中得出的结论是,现有证据已经说明:"在我们的社会中,死刑作为对犯罪行为的一种威慑不是必要的。"

…………

在我看来,弗尔曼案件中审查过的证据仍然令人相信,"在我们的社会中,死刑作为对犯罪行为的一种威慑不是必要的"。要证明死刑的正当,必须去别处找理由。

据说死刑的另一个主要目的是报应惩罚。报应可以作为死刑制裁的道德理由,这一观点体现在斯图尔特、鲍威尔和史蒂文斯三位兄弟[67]的意见中。……我发现这种观念正是今天不恰当的(裁决)中最令人不安的方面。

报应的概念涉及多个方面,对其在刑法中所起作用的任何讨论都必须谨慎。在某个层面上,可以说报应或责罚的理念是我们坚持只有违法者才该受到惩罚的基础,从这个意义上说,这一理念显然是公正的刑事制裁体系的核心。但是,我们认识到报应理念对于决定"谁该受到惩罚"至关重要,这绝不意味着赞成将报应作为刑罚的一般理由。我们必须考虑的问题是,报应是否可以为刑罚——尤其是死刑——提供道德上的正当理由。

斯图尔特、鲍威尔和史蒂文斯兄弟对于报应作为死刑的正当理由提供了以下解释：

报复本能是人性的一部分，在刑事司法中引导这种本能对于促进法治社会的稳定具有重要意义。当人们开始相信有组织的社会不愿或不能对犯罪者施加他们"应得的"惩罚时，就会播下无政府状态的种子——个人复仇、民团执法和私刑处死。

这种说法完全不足以证明死刑是正当的。正如布伦南兄弟在弗尔曼一案中所说："没有任何证据表明适用监禁而非死刑会助长私人血仇和其他混乱。"认为死刑的存在是阻止美国人民自行执法的必要条件，这种主张实在令人难以置信。

与此相关的是，或许有人认为，通过判处死刑来表达道德义愤有助于强化基本的道德价值观——它标志着某些罪行具有特别大的破坏性，因此应该极力避免。该论点类似于"威慑论"，不同之处在于它考虑到个人对反社会行为畏缩不前，不是因为他害怕受到惩罚，而是因为法律用最强烈的形式告知他，这种行为是错误的。这一论点与前一个论点一样，不能为死刑提供支持。很难想象一个关心自己的行为是否符合社会"正确"标准的人，会因为谋杀的刑罚只是无期徒刑就意识不到杀人是"错的"。

上述论点——社会通过判处死刑表达道德义愤、防止公民自行执法、强化道德价值观——在最纯粹的意义上并不等于报应。它们本质上是功利主义的，将死刑描述为有价值的，因为它带来有益的结果。这些支持死刑的理由是不充分的，因为对于实现这些结果而言，这种刑罚明显不是必需的。

然而，仍有待考虑的是所谓死刑纯粹的报应正当性——死刑是正当的，不在于它对社会的有益影响，而是因为杀死一个凶手本身在道德上是好的。斯图尔特、鲍威尔和史蒂文斯兄弟意见书中的一些词句……似乎积极接受这种为报应而报应的理念，作为死刑的正当理由。他们说：

死刑对于极端案件可能是适当的制裁，这一决定表明了共同体的信念，即某些罪行本身就是对人类的严重侮辱，以至于死刑可能是唯一适当的回应。

然后他们引用了丹宁大法官在英国皇家死刑委员会面前的发言，并表示赞同：

事实是有些罪行是如此令人发指，让社会坚持要给予适当的惩罚，因为那是作恶者罪有应得，不管这种做法威慑力如何。

当然，这些陈述可能只是表达一种对大众需求的观察：这种需求必须得到回应，才能防止出现无政府状态。但是在我看来，这些陈述的含义是完全不同的——它等于说，社会认为死刑是凶手"罪有应得"，这一判断必须得到尊重，不仅仅因为这是维护秩序的需要，还因为社会做出这种判断并执行是正当的。特别是后面这种理念，我认为从根本上与宪法第八修正案不一致。共同体索取凶手的生命抵偿他所犯下的罪行，这只是一个事实，无法用来支持死刑，因为正如斯图尔特法官、鲍威尔法官和史蒂文斯法官提醒我们的，"第八修正案所要求的不仅仅是受到质疑的惩罚为当前社会所接受"。要在第八修正案下得到支持，死刑还必须"符合作为修正案核心的人类尊严的基本理念"，实施它的目的必须"（体现）我们对（其他）人的尊严的尊重"。"因为作恶者罪有应得"而取其性命肯定不符合这些标准，因为这种惩罚从根本上完全否定了作恶者的尊严和价值。

死刑对于加强刑罚威慑、落实合法报应都不是必要的，是宪法第八和第十四修正案禁止的过度刑罚。我恭敬地反对最高法院维持对（本案上诉人）死刑（判决）的裁定。

> 思考题
> 1. 你可能不同意马歇尔的论证。如果是这样，构建一个你自己的演绎论证来支持你的结论。如果你同意他的观点，你觉得他在哪个地方说服了你？
> 2. 你认为马歇尔的论证中哪个地方最有问题？你认为大多数法官不同意马歇尔观点的原因是什么？

对演绎论证的分析

有时候很难从长篇大论中看出演绎论证。它们被支持论据甚至无关内容包围。因此将论证整理成标准形式是很有帮助的。我们罗列出了找到的马歇尔大法官论证的要点，并把它转化为标准论证形式，结果发现那是一种已被命名的常用论证形式。请研究这一论证及其形式，看看前提是如何在逻辑上与结论相连接的。

前提1　要使死刑不过当（既不残忍也不罕见），要么它必须导致威慑（必须降低其他人犯下死罪的概率），要么它必须服务于报应的目的（必须满足社会对罪犯得到应有惩罚的需求）。（来自第1段）

前提2　弗尔曼案审查的证据令人信服，在我们的社会中，死刑作为对犯罪行为的一种威慑不是必要的。（来自第2段和第3段）

前提3　不存在符合宪法"合法有效的报应形式"这一标准的死刑。（来自第3段到第6段）

结论　由于死刑对于加强刑罚威慑、落实合法报应都不是必要的，因此死刑是一种过度的刑罚。（由前提1到3的组合提供逻辑支持）

如果将马歇尔的论证视为演绎论证，该论证的架构是完美的。也就是说，它是以结论必然来自前提的方式构建的。这种形式的演绎论证实际上使用得相当频繁。它被称为破坏性二难[68]。在破坏性二难（正式辩论中经常使用的一种论证形式）中，你声称这件事或那件事是你想要反驳的观点的必然结果，然后你证明这两种结果都不现实或者不可取，以此反驳你想反驳的观点。换言之，既然初始假设的结果不现实或不可取，那么就没有理由去假设它或支持它。在上述裁决中，马歇尔主张，要使死刑合法，它必须带来威慑或者报应的成果。然后他争辩说，由于死刑起不到这两种效果，因此它是非法的。即使你不同意马歇尔的结论，他的推理过程也没有错误。如果你认为马歇尔那种"死刑应被视为非法刑罚"的信念是错误的，你只能攻击他前提的所谓真实性，因为该论证的逻辑是无可非议的。

有效性和逻辑蕴涵

你应该记得，演绎推理的目标是给出一个有效论证。逻辑上有效的论证是这样一种论证，如果前提被视为真实的，那么由于逻辑连接的存在，结论也必须被视为真实的。换一种说法就是，前提在逻辑上蕴涵着结论，或者我们可以说结论是前提的逻辑结果。

回到我们前文中"披头士乐队最伟大"的例子，让我们假设汤姆打算进行演绎推理，想要提出一则有效论证。汤姆需要的是有前提的论证，琼能够认可这些前提是真实的，且前提必然导向他的"披头士乐队是有史以来最伟大的音乐家"这一结论。这样的前提会是什么样子？比方说，汤姆可能会尝试以下论证：

前提1　如果一个音乐家（或音乐家团体）取得了最大的商业成功（电视电台播放、唱片销售、收入等），那么他/她/他们就是有史以来最伟大的音乐家。
前提2　披头士乐队取得了最大的商业成功。
结论　因此，披头士乐队是有史以来最伟大的音乐家。

如果琼认可汤姆的前提是真实的，那么从逻辑上讲，她也必须将他的结论视为真实的，因为该结论由这些前提提供逻辑支持。在这种情况下，汤姆的结论在逻辑上由他的前提所蕴涵，这意味着*如果*他的前提是真实的，他的结论也必定是真实的。逻辑蕴涵的概念乍一看似乎很神秘。有人可能会问："一条陈述如何使另一条陈述是真实的？"这个问题的答案是，逻辑蕴涵依靠特定模式中使用的普通连接词的意义，将陈述以逻辑连接起来，从而把它们的真实性也连接起来。要了解这一点，请看汤姆可能对琼举出的另一个例子：

前提1　有史以来最伟大的音乐家要么是披头士乐队，要么是莫扎特。
前提2　由于莫扎特在商业上并不成功，他不是有史以来最伟大的音乐家。
结论　因此，披头士乐队是有史以来最伟大的音乐家。

可以看出，如果我们认为汤姆的前提是真实的，那么也必须将汤姆的结论看作真实的。前提逻辑蕴涵了结论。同样清楚的是，汤姆的论证依赖于以特定模式使用的句型"要么……要么……"的含义。当我们说"要么A要么B"，接着说"然而不是A"时，这在逻辑上意味着"B"。这实在没有什么特别神秘的地方。假设我告诉你我星期二下午4点要么在我的办公室，要么在2号房间，然后我告诉你我星期二根本不会去办公室。将关于我星期二行踪的陈述综合起来，其结果逻辑蕴涵了"星期二下午4点我将在2号房间"，你会知道那就是你可以找到我的地方。这就是我所说的句型"要么……要么……"在我使用的模式中起到的作用。这种论证模式的传统名称是"选言论证"[69]。在前面汤姆的第一个论证中，逻辑词是"如果"和"那么"。这些不起眼的词起到了使论证有效的作用。

亚里士多德称这种逻辑困境为排中律[70]。
《杜恩斯伯里》©1984，经环球传媒集团许可转载。保留所有权利。

所有语言中都有这样的词：当它们在某些可识别的模式中使用时，具有逻辑上的意义。如果想在陈述之间建立非常牢固的连接，我们就会使用这些具有逻辑意义的词语和模式，逻辑蕴涵是所有可能中最强有力的连接。显然，掌握了这些逻辑连接用法的人在清晰有力表达自己想法方面具有很大的优势。

需要再次注意的是，逻辑依据的问题与事实依据的问题是两回事。这意味着即使我们不认可汤姆的前提是真实的，他的结论也得到了前提的逻辑支持。然而，如果我们拒绝承认汤姆的任何前提是真实的，那么也不需要认可他的结论是真实的，即使那是由他的前提逻辑蕴涵的。

现在让我们回到琼和汤姆。假设琼拒绝汤姆的结论，因为她不接受支持该结论的一个前提，比如说声称商业成功与音乐价值之间存在直接联系的前提1。也许在琼看来，音乐之伟大取决于一位音乐家对其他音乐家产生重大影响的持续时间有多长。如果琼要提出一个合乎逻辑的反驳论点，可能会这样：

前提1 如果一个音乐家（或音乐家团体）对其他音乐家产生重大影响的持续时间最长，那么这个音乐家（或音乐家团体）就是有史以来最伟大的。

前提2 莫扎特对其他音乐家的影响持续时间最长。

结论 因此，莫扎特是有史以来最伟大的音乐家。

正如琼接受汤姆的前提就应该接受他的结论一样，现在汤姆如果接受琼的前提，也应该接受她的结论。这是因为琼也提出了一项论证，其前提逻辑蕴涵了结论。所以如果琼的前提是真实的，她的结论就是真实的。

与汤姆的第一项论证一样，琼的论证也是条件论证的例子。条件论证总是包含至少一个条件陈述，也就是一条"如果……那么……"的陈述。条件陈述是我们描述和建立条件关系的主要语言工具。只要一个事物对另一事物是必要的（必需的）或充分的（足够的），就存在条件关系。在琼的论证中，条件前提"如果一个音乐家（或音乐家团体）对其他音乐家产生重大影响的持续时间最长，那么这个音乐家（或音乐家团体）就是有史以来最伟大的"，意思是，在最长时间内对其他音乐家产生重大影响是成为有史以来最伟大音乐家的充分（足够的）条件。因此，如果我们接受该陈述是真实的，同时也认可莫扎特对其他音乐家产生重大影响的持续时间最长，那么我们必须同意琼的结论是真实的，即莫扎特是有史以来最伟大的音乐家。

像汤姆一样，琼也向我们展示了逻辑蕴涵和有效论证，用以支持她关于莫扎特是有史以来最伟大音乐家的信念。既然汤姆和琼的结论*都*是他们的前提所逻辑蕴涵的，如果他们的前提是真实的，那么双方的结论*都*必须被认定是真实的。我们可以看到，琼和汤姆不太可能解决他们在音乐上的意见分歧——除非他们先就他们论证前提中的各种事实主张达成某种共识。

为了就事实部分达成共识,他们可能采取的一种尝试是提供进一步的论证,无论是必然性论证还是或然性论证,以支持各自前提中的事实主张。有人可能会表示反对:"但是,如果旨在建立或支持我们事实主张的论证本身依赖于进一步的事实主张,那么岂非需要用更多的论证来支持这些事实主张,它们又需要进一步的事实主张,然后又需要更多的论证,然后又需要进一步的事实主张,循环往复直到永远?"在现实中,我们将陈述确立为事实的努力通常止步于我们得出——无论出于何种原因——没有受到质疑的陈述之时。关于汤姆和琼之间的音乐争论,只有当他们先同意某方论证中某些陈述是有根据的并且应当被认为是真实的,才有可能避免出现僵局。

思考以下关于托尼的例子,可以进一步理解有效论证、逻辑蕴涵和必然性论证的概念。假设托尼是一只老虎。该假设(前提)逻辑蕴涵了以下哪些陈述?

1. 托尼不喜欢胡萝卜。
2. 不存在托尼不是老虎的情况。
3. 托尼要么是老虎要么是老鼠。

尽管你可能认为"托尼不喜欢胡萝卜"是从托尼是老虎的主张中得出的,但这不是逻辑蕴涵。要让"托尼不喜欢胡萝卜"被前提逻辑蕴涵,需要一条额外的事实陈述"老虎不喜欢胡萝卜",而这里没有。"托尼是一只老虎"逻辑蕴涵了陈述2,因为它否定了"托尼不是老虎",也就等于说托尼是一只老虎。可能让你惊讶的是,陈述3也是被"托尼是一只老虎"逻辑蕴涵的,因为尽管我们知道托尼不是老鼠,但要使陈述3为真,只需托尼是老虎或者托尼是老鼠。两者不必同时成立。既然托尼是老虎是一个事实陈述(我们最初的假设),"托尼要么是老虎要么是老鼠"必然也是事实陈述。

有效性有时是一个很难掌握的概念,因为如果不预设某种逻辑洞察力就很难定义它,但一旦你拥有这种能力,不知为何就能心领神会。有时通过查看以三段论形式出现的论证能更容易地将它辨认出来。这是最古老的演绎论证形式之一,古希腊的亚里士多德曾经研究过它。三段论是关于具有某些性质的事物集合之间的联系,通常有两个前提和一个结论。第六章将再次讨论三段论。它们在帮助我们理解有效性和逻辑结果方面非常有用。试看以下两个三段论：

1. 所有女人都是修女。
   Lady Gaga 是女人。
   因此，Lady Gaga 是修女。

2. 所有修女都是女人。
   特蕾莎嬷嬷是一名修女。
   因此，特蕾莎嬷嬷是女人。

第一项论证的前提是否能确保其结论？换句话说，如果前提被认定是真实的，结论是否也必须被认定是真实的？显然，如果所有女人都是修女，而 Lady Gaga 是女人，那么她一定是修女。即使我们不接受结论是事实（或真实的），这项论证也是有效的。论证有效但结论不真实的原因是前提之一肯定不真实。[在逻辑上，相对于"真实"和"不真实"，更常使用的表述是"真"和"假"。也就是说，在逻辑中能赋予一条陈述的选项只有两个：真和假。在我们自己的生活中，我们并非总能确定什么是真实的（真），什么不是真实的（假）。为方便起见，在本节中我们将采用演绎逻辑的常用词汇。]在第二项论证中，很明显结论是从前提得出的——但结论的真实性并不是决定论证有效性的因素。这两项论证具有完全相同的形式。如果论证 1 有效，则论证 2 也有效，反之亦然。

请看与上述两项论证形式相同的另一项论证：

所有的小部件都是小器具。
所有的小器具都是小玩意儿。
因此，所有的小部件都是小玩意儿。

即使你认为这项论证毫无意义——确实如此——它也是有效的。要看到这一点，请注意它与上面两项论证的形式是完全相同的。这一愚蠢的论证更清楚地表明了有效性不同于真实性。一项有效的论证可能有或真或假的前提，也可能有或真或假的结论。一项有效的论证*不能*同时出现真前提和假结论。这意味着如果一项论证是有效的而结论是错误的，那么至少有一个前提是错误的。

小结

在这一章中，我们谈到了演绎推理或者说必然性推理的基础知识。我们的语言，无论是口头的、书面的还是阅读中的，都包含具有逻辑意义的词，比如"如果……那么……""要么……要么……""不"和"所有"。使用这些词和其他类似的词，我们可以构建论证，在前提和结论之间打造逻辑上必然的连接。如果结果是成功的，我们就得到一个有效的演绎论证——如果你接受前提，就必须接受结论。我们还发现，论证的逻辑有效性完全独立于其前提的真实性。换句话说，如果有人刚刚向你提出了一个你认为在逻辑上有效的论证，但你不喜欢或不接受其结论，那么你必须要么在其中一个前提中找到事实错误（证明前提之一是假的），要么改变你的想法，学会喜欢或接受这个结论！

练习题

5-1

1. 在你看来，谁才是有史以来最伟大的音乐家？写一则前提逻辑蕴涵结论的*演绎论证*来支持你的主张。

2. 假设有人质疑你在习题1的演绎论证中使用的前提。现在写一则或多则论证来支持这些前提。确定你的新论证是必然性论证还是或然性论证。

3. 请假设，正如很可能已经发生过的历史，有其他最高法院大法官质疑马歇尔大法官在格雷格诉佐治亚州一案反对意见的第二个前提，也就是他关于死刑威慑作用以及没有人理应被处死的主张。你将如何帮助马歇尔大法官捍卫他的前提？写出至少两则使用逻辑蕴涵来支持前提 2 的论证。

4. 判断下列论证是否有效：

A. 有些女人是修女。

　特蕾莎嬷嬷是女人。

　因此，特蕾莎嬷嬷是修女。

B. 有些女人是修女。

　Lady Gaga 是女人。

　因此，Lady Gaga 是修女。

C. 所有的猫都有四只脚。

　所有的狗都有四只脚。

　因此，所有的猫都是狗。

D. 所有的猫都有四只脚。

　所有四足动物都是狗。

　因此，所有的猫都是狗。

5. 解释习题 4 中每项论证的真实性和有效性之间的关系。

5-II

1. 我们已经看到，"托尼是一只老虎"从逻辑上可推出托尼要么是老虎要么是老鼠。那么，"托尼是一只老虎"（或别的任何主张）逻辑蕴涵了多少种可能的结论？

2. 你认为必然性推理有哪些局限性？

第六章　演绎推理形式

逻辑

我们在进行演绎推理时使用的演绎论证形式是自然推理过程的一部分。我们在日常推理中使用这些模式时甚至是不假思索的。它们是良好批判性思维的一个重要方面——但只是其中一小部分。我们日常生活的大部分推理都是归纳推理或称或然性推理，而不是必然性推理。当我们进行演绎推理时，它常常与归纳推理交叉混用。如前所述，数学和计算机编程是少有的更多涉及演绎推理而非归纳推理的例子。但尽管演绎推理在我们的日常推理中出现的频率低于归纳推理，它对于法律等领域中详尽而冗长的论证十分重要，错误的演绎可能会使我们付出高昂代价。因此，学习一些常见的有效演绎论证形式有助于我们避免犯错，也避免被他人的错误误导。

形式演绎推理又叫逻辑、形式逻辑或演绎逻辑。"逻辑"这个词来源于希腊语"逻各斯"（logos），最基本的意思是"词语"。逻辑指的是词语模式的功能，亦即被视为有效论证的词语组合模式——前提和结论之间存在必然连接。如果使用诸如"x""y"或"P""Q"之类的符号代替文字，这些模式则被称为符号逻辑。符号很有用，因为它们可以让我们避免第二章中谈到的语义混淆。我们将在本章中使用一些简单的符号来避免这些混淆，让有效论证的模式更清晰、更方便记忆。你可能会感到惊讶，我们语言中的逻辑词实际上是一些简短的词，比如"和""或""如果……那么……""全部"

和"一些"。这些短词在我们的演绎推理中承担了大部分工作。

一些常见的有效论证形式

有那么一组简单的形式或模式，我们所有人——作为理性人——都会同意是有效论证的模式。形式推理包括下面这些长期以来得到哲学家和逻辑学家承认的有效论证模式，因此如果其前提被认为是真实的，其结论也必定被认为是真实的。正如我们前文提到的，逻辑学家通常使用术语"真"和"假"，不用"真实的"和"不真实的"。我们将在本章中同时使用"真""假"以及"真实的""不真实的"，部分是为了方便，部分是因为在符号逻辑中，"真"和"假"只是赋值，一般不指代对世界的实际信念。形式推理中有两个基本假设：第一个是我们遇到的任何论证，如果与公认的有效论证具有相同模式，那么它也是有效论证；第二个是有效的论证模式可以组合成更大的论证，这些论证也是有效的。

形式推理系统有好几种，它们表达有效论证模式的符号各不相同，所包含的有效论证模式的数量也有所不同。造成的结果是，所有的逻辑教科书都不尽相同。有些逻辑教科书甚至可以包含一种以上的形式推理系统。不过，所有这些形式推理系统都在尽力捕捉我们在日常的理性论证中进行必然性推理时使用的有共通性的基本模式，并加以剖析展示，使它们更清晰易懂。

我们将研究常见的 12 种形式推理模式的定义或形式。其中 7 种是有效的，5 种是无效的，却经常被人们当作有效形式而误用。所有这些模式应该都会让你有点儿眼熟。能够了解并识别这些有效和无效的模式很有好处，这样当你对自己或他人的论证有效性有疑问时，可以检查推理的过程。比如说，你可能同意一项论证的前提是事实陈述，也觉得前提和结论之间似乎存在必然性连接，但你发现自己无法接受其结论也是事实陈述。既然一项有效论证不可能前提全部真实而结论不真实，在这种情况下，要么一个或多个前提不是事实陈述（为真），要么前提与结论之间的连接不是必然性的。对有效论证和无效论证形式的了解将使你有能力检查此类连接是否存在。在接下来的段落中，我们将研究三组演绎论证模式——条件论证[71]、选言论证和直言论证[72]——为了更清楚地表达演绎论证模式，我们将使用符号而非文字的形式。

条件论证的模式

这是一组包含条件陈述的论证模式，条件陈述是指用语言表达或建立事物之间条件关系的陈述。有一种条件关系叫作充分条件。"如果P，则Q"，就是说P是Q的充分条件，亦即有P就足以有Q。换句话说，如果P是Q的充分条件，如果你有P，那么你就会有Q。这就是充分条件的意思：每次我们有P，就会得到Q。依赖于这种充分条件关系的有效论证模式被称为肯定前件式。这个名字大家可能比较陌生，但它却是一个相当常见的模式。肯定前件式被定义为：

如果P，则Q
P
所以，Q

"P"和"Q"分别代表对一个事件或一组情况的描述。这些情况是什么并不重要。只要P对Q是充分的，如果你有P，那么就会有Q。比如假设玛丽说"如果保罗邀请我参加舞会，我就会去"，再假设保罗确实邀请了玛丽参加舞会，那么你可以期待在舞会上看到玛丽。保罗的邀请是玛丽参加的充分条件，而他已经邀请了她。这种模式对我们来说是一目了然的。我们一直在使用它。此模式中的所有论证都是有效论证：如果P，则Q，P，所以Q。这就是充分条件的含义。

另一种重要的条件关系是必要条件。说Q是P的必要条件，就是说没有Q就不可能有P。这种关系在英语中有两种表达方式："P仅当Q"，以及"非P，除非Q"。这两个句子都在说Q是P的必要条件，没有Q，就不可能有P。Q对于P是必要的。重要的是要认识到，每当我们建立这两种条件关系（必要或充分）中的任何一种时，我们实际上同时建立了它们两者。也就是说，如果 P 是 Q 的充分条件，则 Q 是 P 的必要条件。再看看保罗和玛丽的例子，你可以清楚看出这一点。如果保罗邀请玛丽去舞会是玛丽参加舞会的充分条件，那么当他邀请她时，她会说"好"。所以如果 Q 没有发生，P 也不可能发生。因此，玛丽去参加舞会是保罗邀请她参加舞会的必要条件。如果玛丽没有和保罗一起去，我们可以料想保罗没有邀请她。这给了我们第二个有效的论证模式，称为否定后件[73]式。否定后件式的定义是：

如果 P，则 Q
非 Q
所以，非 P

也就是说，如果 P 是 Q 的充分条件，Q 就是 P 的必要条件。因此，如果我们没有 Q，就不能有 P，因为缺少得到 P 的必要条件 Q。

我们已经看到，如果 P 是 Q 的充分条件，那么 Q 一定是 P 的必要条件。这意味着我们可以用几种方式表达这种条件关系：

如果 P，则 Q
P 蕴涵 Q
P 仅当 Q
非 P，除非 Q

所有这些句子都在表达"P 是 Q 的充分条件"和"Q 是 P 的必要条件"这两种论断。要掌握肯定前件式和否定后件式的定义、必要条件和充分条件关系的各种表达方式（以及下文中其他有效论证的定义），最好的方法是仔细思考这些句子的意思，直到你想清楚它们都表达了相同的逻辑关系。然后记住它们，将 P 和 Q 小心地放在正确位置，这样你就不必每次遇到它们都推理一遍。（这就是逻辑学家喜欢说的"注意你的 P 和 Q"这句话的来源！）一般来说，死记硬背与良好的批判性思维背道而驰，但在这里死记硬背是一种方便的速记方法。它能加快推理速度并有助于避免错误——就像记住数学公式一样。

再假设玛丽说："如果保罗邀请我，我就去参加舞会。"接着假设我们知道玛丽确实去参加了舞会。我们能够断定她是和保罗去的吗？这一版玛丽、保罗和舞会的故事具有以下的无效形式：

如果 P，则 Q
Q
所以，P

这种形式是无效的，因为尽管我们知道 Q 是 P 的必要条件，如果玛丽没去舞会，我们可以得出结论，保罗没有邀请她，但 Q 不是 P 的充分条件。因此，我们不能根据在舞会上看到玛丽的事实断定是保罗邀请了她。据我们所知，她可能是和阿奇博尔德或者马龙一起去的。所以条件语句"如果 P，则 Q"还存在一种情况，即"Q"的存在，并不能蕴涵"P"。依此类推，所有采用相同论证形式的论证都是无效的，这被称为肯定后件谬误（FAC）[74]。

假设我们知道保罗没有邀请玛丽参加舞会。现在我们能断定玛丽没有去舞会吗？此论证采用了以下这种无效形式：

如果 P，则 Q
非 P
所以，非 Q

这种形式是无效的，因为尽管我们知道 P 是 Q 的充分条件（如果保罗邀请玛丽，她会去），但我们不知道 P 是否为 Q 的必要条件。所以我们不知道如果保罗不去邀请玛丽会发生什么。玛丽可以和其他人一起去。这种论证形式的所有例子都是无效的，被称为否定前件谬误[75]。

让我们再看几个涉及充分和必要条件的推理示例，练习使用这些有效的论证模式。

示例1　如果老鹰队赢得了超级碗，那么红雀队就没有。[76]
　　　　红雀队确实赢得了超级碗。
　　　　那么老鹰队呢？

示例2　如果老鹰队赢得了超级碗，那么红雀队就没有。
　　　　红雀队没有赢得超级碗。
　　　　那么老鹰队呢？

示例3　如果老鹰队赢得了超级碗，那么红雀队就没有。
　　　　老鹰队没有赢得超级碗。
　　　　那么红雀队呢？

示例4　如果老鹰队赢得了超级碗，那么红雀队就没有。
　　　　老鹰队确实赢得了超级碗。
　　　　那么红雀队呢？

如果我们对肯定前件式和否定后件式这两种有效论证形式多加留心，每个例子末尾问题的答案是很容易确定的。它们是条件论证的主要模式，包含"如果……那么（则）……"的陈述。如果仔细查看示例1，你会注意到第二个前提否定了条件陈述中的Q陈述——按逻辑学家的话说，是条件陈述的后件。（如果"Q"是"红雀队没有赢得超级碗"，那么"非Q"就是"红雀队确实赢得了超级碗"。）这两个前提是以否定后件的形式出现的，因此我们知道P不可能发生，老鹰队没有赢得超级碗。使用"P"和"Q"而不用文字、将论证转化为更符号化的形式，能帮助我们看出它是有效的论证形式，否定后件式：

如果P，则Q
非Q
所以，非P

145

示例2看起来很相似，但要小心，它完全不同。在示例2中，第二个前提就是Q。"如果P，则Q"加上"Q"不是我们的有效论证模式之一。因此，我们无法判断老鹰队是否赢得了超级碗，也许他们赢了，也许他们没赢，也许是49人队或红皮队夺冠。这两个前提与老鹰队的命运之间没有必然性连接。这种形式的无效条件论证就是肯定后件谬误。这种无效论证的一般形式是：

如果P，则Q
Q
所以，P

示例3看起来有点儿像肯定前件式，但显然不是，因为第二个前提声称的是"非P"而不是"P"。（逻辑学家称"P"为前件。）从这项论证中，我们无法知道红雀队的命运。老鹰队夺冠是红雀队没夺冠的充分条件，但不是必要条件。红雀队可能赢得了超级碗，也可能没有。这些前提没有给我们充分的信息来得出关于红雀队命运的任何结论。该论证的两个前提与其结论之间没有必然性连接。所以示例3和示例2一样是错误形式。在这个例子中是否定前件谬误。这种无效论证的一般形式是：

如果P，则Q
非P
所以，非Q

示例4显然是肯定前件的模式。老鹰队夺冠足以让红雀队夺不了冠，老鹰队夺冠了，所以红雀队没夺冠。这种有效论证的一般形式是：

如果P，则Q
P
所以，Q

肯定前件的模式在我们日常推理中似乎太过常见，以至于我们使用它时完全不假思索。但时不时地，我们对自己或他人的推理放不下心。了解了这些模式中哪些是有效的，哪些不是，我们可以检查我们的推理并确保其正确性。

另一种非常常见的使用条件论证的形式推理模式是纯假言论证（有时也称为假言三段论）。举个例子，假设玛丽说："如果保罗邀请我去舞会，我会和他一起去。如果我和保罗一起去，我就不会和罗恩一起去。所以如果保罗邀请我，那我就不会和罗恩一起去。"在纯假言论证中，所有前提都是假设或条件陈述，结论也是。我们将纯假言论证定义为以下模式：

如果 P，则 Q
如果 Q，则 R
所以，如果 P，则 R

纯假言论证的前提链可以比两个前提更长，并且只要这种模式继续下去就都是有效的。你很可能听过政治家们使用这种模式，比如说"如果我的对手当选……"就会如此这般，直到推出一些他设想的可怕后果。

选言论证形式

选言论证是另一种常见的有效论证模式。我们经常使用它，尤其是当我们想要做出决定时。例如玛丽对自己说："我不知道该和谁一起去舞会，保罗还是罗恩。他们都邀请了我。选哪个呢？我不觉得我真想和罗恩一起去。所以，我想我会和保罗一起去。"有效选言论证的一般形式是：

P 或 Q
非 Q

所以，P

有一种选言论证形式与此类似但通常无效，一般形式如下：

P 或 Q
P
所以，非 Q

上述形式的选言论证经常是无效的，因为它假定 P 和 Q 不可能同时为真。然而"要么……要么……"通常的用法等同于"这个或那个，也可能两者兼有"的意思。举个例子，我说"如果你星期二打电话给我，我要么在纽瓦克要么在特伦顿"，而你后来发现那天我两个地方都去了，你并不会认为我在骗你。所以，就算你听说有人星期二在特伦顿看到了我，也无法从逻辑上得出我当天没去纽瓦克的结论。与纯假言论证一样，选言论证可以变得更长，看起来更复杂，但对逻辑连接的界定仍然相同。

关于选言论证，可以举一个大家都熟悉的例子：侦探解决谋杀案。如果有五个谋杀嫌疑人，他会尝试逐个排除不太可能的嫌疑人，直到只剩一个被推定为凶手的人选为止。如果玩过"妙探寻凶"游戏，你自己就是这样做的：如果谋杀是由 A、B、C、D、E（梅上校、红小姐、绿先生等）其中一人所为，且不是 A、B、C、D 所为，那么一定是 E 干的。选言论证的前提与结论之间的必然性联系对我们来说是显而易见的。我们有时会在选言推理中犯错误，原因出在以为自己已经考虑了所有可能性，然而并没有。"妙探寻凶"让我们知道一共有多少可能的嫌疑人，职业侦探却没有这个条件。

加尔文在说谎吗?
《加尔文与霍布斯》©1994 沃特森。经环球传媒集团许可转载。保留所有权利。

直言论证形式

我们将要定义的最后一种形式推理模式与前面讲过的几种模式一样常见。它被称为直言论证。最著名的直言论证可能是"所有人都会死，苏格拉底是人，因此，苏格拉底会死"。每个人都听说过，每个人都知道这是一则有效论证。这种直言论证的一般形式如下：

所有 A 都是 B
所有 B 都是 C
所以，所有 A 都是 C

如果我们把"苏格拉底"看作所有等价于苏格拉底的事物的类或群的代表，那么这项关于苏格拉底的论证就可以被看作一项直言论证，这就是逻辑学家的传统思维方式。

很容易看出该论证前提和结论之间的必然性联系。在许多别的直言式论证中，前提之间的逻辑连接并不那么明显，因此人们开发出各种技术来帮助确定直言论证的有效性。这样的技术之一是称为韦恩图[77]的图片或图表，得名于首先提出它的数学家。在这种技术中，人们首先画出三个相互交叠的圆（见图 6-1），分别标记为 A、B、C——每个圆代表直言论证中前提包含的三个项。下一步是将论证的前提绘制到三圆图中。听起来可能很难，但实际上很简单。例如，"所有 A 都是 B"这句话意味着"没有不是 B 的 A"，因此我们通过用线划掉 A 圆中不与 B 圆重叠的区域来绘制它，表明 A 圆的这一部分是空的（见图 6-2）。

同样，为了绘制"所有 B 都是 C"，我们划掉 B 圆中与 C 圆不重叠的部分，表明图的这一部分也是空的（见图 6-3）。最后一步是查看是否可以从图表中读出直言论证的结论"所有 A 都是 C"。如果直言论证的结论可以从已填入前提的图表中读出，则该论证是有效的（表明由前提必然得出结论）。查看我们绘制的论证图（见图 6-4）时，我们发现可以从中读出结论——"所有 A 都是 C"。我们能读出"所有 A 都是 C"，是因为图 6-4 中，A 圆除了与 C 圆重叠的部分，别的部分都被划掉了。所以我们可以得出结论，没有不是 C 的 A，换句话说，"所有 A 都是 C"。既然我们可以从韦恩图中读出直言论证的结论，就已经证明该论证是有效的。

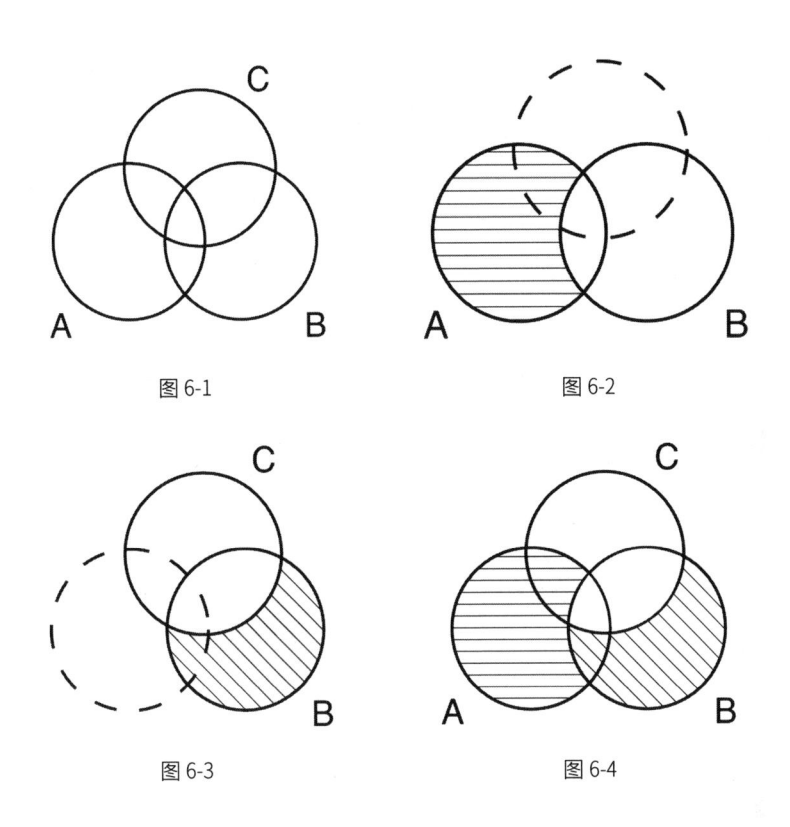

图 6-1

图 6-2

图 6-3

图 6-4

直言论证有许多形式，其中一些是有效的，一些是无效的。有几种十分常见的无效或错误的直言论证值得一看。以下两种无效的直言论证是人们经常遇到的：

所有 A 都是 B   所有 A 都是 B
所有 A 都是 C   所有 C 都是 B
所以，所有 B 都是 C   所以，所有 A 都是 C

从图 6-5 到图 6-10 是用韦恩图绘制这两种论证的过程，很容易看出两者都是无效的，因为从完成的图中无法读出两个论证的结论（见图 6-7 和图 6-10）。

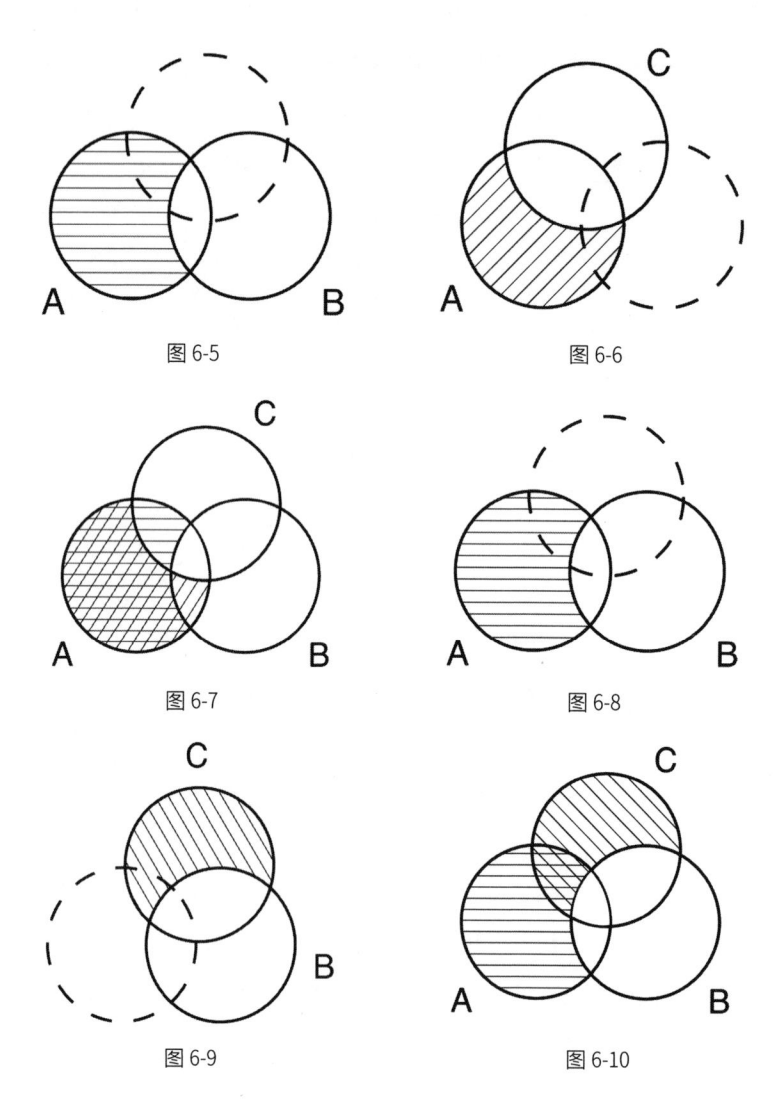

图 6-5

图 6-6

图 6-7

图 6-8

图 6-9

图 6-10

我们在前面定义和检视的几种简单的有效论证是我们日常推理的一部分。我们频繁地使用它们。它们貌似简单，却赋予我们更强的推理能力，因为它们可以结合起来创造更复杂的有效论证。比如，我们可以将肯定前件式和选言论证结合起来形成一个更复杂的模式，它实际上有自己的名字，叫构造性二难[78]。以下是构造性二难的定义。仔细观察就会发现它是我们已经介绍过的两种论证的组合：

A 或 B
如果 A，则 C
如果 B，则 D
所以，C 或 D

辩论者喜欢用这个有效论证做铺垫，引导你走出他们为你创造的两难困境。我们也可以有一个破坏性二难：

非 A 或非 B
如果 C，则 A
如果 D，则 B
所以，非 C 或非 D

形式推理或曰逻辑是良好的批判性推理的基本组成部分。从很多方面看，它是最简单的成分，因为结论要么必然，要么不能从前提得出。我们只要小心遵循形式或模式，就不会在前提和结论之间的连接上犯推理错误。这些有效论证的形式不是很复杂，但我们可以通过将它们组合起来或者连成一长串推理链来提出非常复杂的论证。形式推理既有趣又有用，有时它可以用来解决许多人一直在思索的重大问题——比如上帝是否存在——这就是本章阅读材料的主题。

这段节选是圣安瑟伦的一个非常著名的论证的版本之一，他试图说服其他人相信上帝真实存在。这一论证著名到有一个专门的名称，叫作"安瑟伦的本体论论证"。"本体论（Ontological）"这个词来自希腊语"ontos"，意思是存在或实存。这是关于上帝存在或实存的论证。它不同于大多数关于上帝（或任何其他事物）的存在或实存的论证，因为它不使用任何涉及经验的前提。它使用的前提关乎词义，尤其是"上帝"这个词。实际上，安瑟伦所说的是，如果你接受他对上帝的定义，那么也必须接受他关于上帝必然存在的结论，因为前提和结论之间存在必然性连接。（安瑟伦论点的这一特别版本来自哲学家诺曼·马尔科姆对该论证的讨论。）该论证十分简短，但你很可能想要多读几遍。

安瑟伦的本体论论证[79]

诺曼·马尔科姆

1. 让我总结一下论据。如果上帝——这一无法想象比其更伟大者的存在者——不存在，那么他就不能从*无*到*有*地出现。因为如果他从*无*到*有*地出现，他要么是*有起因的*，要么是*偶然出现*，无论哪种情况都是一个有限的存在者，而根据我们对他的定义，他并非如此。既然他不能从无到有地出现，如果他不存在，他的存在状态就是完全不可能的。如果他确实存在，那么他不能从无到有地出现（由于上面给出的原因），他也不能停止存在，因为没有什么可以让他停止存在，他也不会出于偶然停止存在。所以如果上帝存在，他的存在状态就是必然的。因此，上帝的存在状态要么是完全不可能的，要么是必然的。前一种情况只会发生在这样一种事物的定义自相矛盾或有某种程度上的逻辑荒谬时[80]。既然情况并非如此，那么他必然存在。

思考题

1. 安瑟伦论证的第一个前提是什么？安瑟伦如何证明这个前提？
2. 安瑟伦论证的结论是什么？
3. 你认为安瑟伦的论证成功吗？为什么？
4. 你在安瑟伦的论证中看到了上文描述的哪种推理模式？

安瑟伦的本体论论证

安瑟伦的本体论论证是最著名的论证之一，它试图不诉诸经验，仅从上帝的定义出发来证明上帝的存在。别的一些论证也想这样做，但没有一个像安瑟伦的论证那样引起人们如此大的兴趣。自从安瑟伦于11世纪首次提出以来，其涉及的哲学问题就引发了哲学家们的兴趣。例如，你阅读的版本就来自20世纪哲学家诺曼·马尔科姆探讨该论证的一篇文章。我们在这里仅关注论证的逻辑结构，不过你可能想要从总体上思考这项论证的力量，以及是否可以仅通过基于定义的推理来证明上帝（或任何其他事物）的存在。

为了查看逻辑结构，我们将从第一个前提开始一直到结论，对该推理条分缕析。在阅读本文时，请记住，你读的是我们理解的马尔科姆版本的安瑟伦论证。你可能会看到安瑟伦论证的其他版本，它们在结构上有些不同。然而，所有这些叙述版本都试图厘清一个非常有趣而具有挑战性的论证，事关许多人都想问的问题：是否有充分的理由相信上帝确实存在？

论证：

1. 如果上帝这一无法想象比其更伟大者的存在者不存在，那么他就不能从无到有地出现。

对前提1的论证：如果他确实从无到有地出现，他就是有起因的，或者只是偶然（碰巧）出现的，那么他就是有限的。但根据定义，上帝是不受限制的。（如果上帝是有起因的，那么他将依赖于造就他的原因。如果他是偶然出现的，那么他就只是一个意外，一点儿运气。）

2. 因此，如果上帝不存在，他的存在状态就是完全不可能的。（因为他不能从无到有地出现或消失。）

3. 如果上帝存在，他的存在状态就是必然的。

4. 上帝要么存在，要么不存在。

5. 因此，上帝的存在状态要么是完全不可能的，要么是必然的。

6. 上帝的存在并非不可能，因为上帝的定义不能自相矛盾。

7. 因此，上帝的存在是必然的。

现在我们要更细致地剖析结构，寻找我们在上文定义过的有效论证模式。第一个前提的目的是排除上帝的存在如世界上其他事物一样具有偶然性的可能。也就是说，世界上大多数事物都不是必然存在或者发生的。它们本可能不存在，也本可能不发生。它们存在或发生是因为一组适当的原因条件聚合在一起，但这些条件原本也可能不出现。譬如说，你的存在就是偶然的：如果你的父母从未遇见，你就不会存在。偶然性就是指依赖于那些聚合在一起的原因条件。

从安瑟伦其余的论证中可以看出，他假设但没有明确说出的是，存在要么是必然的，要么是完全不可能的，要么是缘起的。因为他继续往下推理，如果上帝的存在不是偶然的，那么它必定是必然的或不可能的。我们可以用符号来表示这项隐含的论证：

N 或 I 或 C

非 C

所以，N 或 I

这显然是选言论证的一个例子。现在我们要更加细致地研究他对"非 C"的论证。如果上帝的存在是偶然的，那么上帝将依赖于适当原因条件的聚合。那样的话上帝就是有限制的，上帝就不再是那个"无法想象比其更伟大者的存在者"，因为那种情况下我们可以想象一个类似上帝但没有这种依赖和限制的更高存在者。但上帝就是上帝。也就是说，我们得假设上帝就是无法想象比其更伟大者的存在者。让我们看一下支持前提 1 的论证结构的简化版本：

如果 C，则非 G。（如果上帝的存在是偶然的，那么上帝就不是上帝。）

G（非 G）（但上帝就是上帝，无法想象还有比他更伟大的存在者。）

所以，非 C。（上帝的存在不是偶然的。）

你现在可以看出这个论证是否定后件式的一个例子。

让我们从整体上看一下论证的结构：

1. 如果 G 且非 E（E= 上帝存在），则非 C。

[（1a）如果 C，则非 G。

（1b）G

（1c）所以非 C。

（1d）N 或 I 或 C。

（1e）非 C。

（1f）所以，N 或 I。]

2. 如果非 E，则 I。（如果上帝不存在，那么他的存在状态是不可能的。）

3. 如果 E，则 N。（如果上帝确实存在，那么他的存在状态是必然的。）

4. E 或非 E。（上帝要么存在，要么不存在，没有其他选项。）

5. 因此，要么是 I，要么是 N。（上帝的存在状态要么是不可能的，要么是必然的。）

6. 非 I。（上帝的存在并非不可能，因为其定义是一致的而非自相矛盾的。）

7. 所以，N。（上帝的存在是必然的。）

以这种方式对论证进行符号化，我们可以看出前提 2 到前提 5 形成了一个构造性二难。第五行到第七行是选言论证。请注意，论证中的一行（在本例中为前提 5）可以既是一项有效论证的结论，又是另一项论证的前提。这样我们就可以构建篇幅长而意义重大的形式推理。通过将这些论证组合成一项更长的论证，安瑟伦宣称，*如果我们假定上帝是一个如此伟大的存在者，以至于无法想象还有什么比他更伟大（前提 1），并且上帝这一概念或定义并不自相矛盾（前提 6），上帝存在且必然存在。*

从这个例子中我们可以看出，简单有效的论证可以用来证明非常有趣的结论。也就是说，如果前提被认为是真实的（我们接受假定或初始前提），并且每组前提与它们各自的结论之间的连接是必然性的，那么最终的结论也应该被视为真实的。

小结

在日常生活中，我们并不经常这样正儿八经地使用形式推理。真在用它的时候，我们通常都没意识到。我们会用肯定前件式和选言论证，甚至构造性二难。学习并应用这些有效的论证是很有好处的，当我们对自己或其他人的推理不放心时，可以将其转化为清晰明确的形式来检查，确保它只使用了有效论证，尤其在我们接受假设或前提是真实的却对于所谓由此推出的结论满腹疑云时，这非常有用。那样的话，我们就要仔细研究前提和结论之间的连接，看看它们是否如所声称的那样具有必然性。这就是安瑟伦的论证为世人瞩目的原因。很多人不难接受他的假设或推理，但又不愿接受他的结论。因此，许多世纪以来他的论证一直是众多讨论和分析的主题。

I. 常见有效论证回顾

肯定前件式

如果 P，则 Q

P

所以，Q

否定后件式

如果 P，则 Q

非 Q

所以，非 P

"如果 P，则 Q"的逻辑等价表达：

P 蕴涵 Q

P 仅当 Q

非 P，除非 Q

纯假言论证

如果 P，则 Q

如果 Q，则 R

所以，如果 P，则 R

选言论证

P 或 Q

非 Q

所以，P

构造性二难

A 或 B

如果 A，则 C

如果 B，则 D

所以，C 或 D

破坏性二难

非 A 或非 B

如果 C，则 A

如果 D，则 B

所以，非 C 或非 D

直言论证

所有 A 都是 B

所有 B 都是 C

所以，所有 A 都是 C

II. 常见论证谬误回顾[81]

否定前件式

如果 P，则 Q

非 P

所以，非 Q

肯定后件式

如果 P，则 Q

Q

所以，P

选言谬误

P 或 Q

P

所以，非 Q

直言谬误

所有 A 都是 B

所有 A 都是 C

所以，所有 B 都是 C

所有 A 都是 B

所有 C 都是 B

所以，所有 A 都是 C

练习题

6-1

1. 确定以下每项论证的有效性。如果有效，说出其论证形式的名称；如果无效，说出谬误的名称。（提示：最好先将论证用符号 P 和 Q 表达，再判断其有效性。）

A. 如果你心情好，你气色也会好。

你气色不好。

所以，你心情不好。

B. 如果你心情不好，你气色也会很差。

你气色很差。

所以，你心情不好。

C. 如果你心情不好，你气色也会不好。

你心情没什么不好。

所以，你气色不好。

D. 如果你心情不好，你气色也会不好。

你气色很好。

所以，你心情没什么不好。

E. 如果你心情不好，你气色也会不好。

你气色不好。

所以，你心情不好。

F. 你气色不好。

如果你心情不好，你气色会好。

所以，你心情没什么不好。

G. 你气色很好。

如果你心情不好，你气色也会不好。

所以，你心情没什么不好。

H. 你心情一定不好。

如果你心情舒畅，你的气色会更好一点儿。

你气色很不好。

I. 关于我的下一辆车，我想要科尔维特或者玛莎拉蒂。

我不觉得我想要玛莎拉蒂。

所以，我想我会买一辆科尔维特。

J. 关于我的下一辆车，我想要科尔维特、玛莎拉蒂或者捷豹。

　　我不想要捷豹。

　　所以，我想要一辆玛莎拉蒂。

K. 所有努力学习的学生都通过了考试。

　　罗兰学习努力。

　　因此，罗兰会通过他的考试。

L. 所有努力学习的学生都通过了考试。

　　罗兰通过了他的考试。

　　因此，罗兰学习努力。

M. 所有学生都想要通过他们的考试。

　　一部分想要通过考试的学生努力学习。

　　因此，所有学生都努力学习。

N. 所有四足动物都是狗。

　　菲多是一只狗。

　　因此，菲多是一只四足动物。

O. 所有狗都是四足动物。

　　所有狗都是犬科动物。

　　因此，所有四足动物都是犬科动物。

P. 所有哲学教师都是大师。

　　路德维希是一位哲学教师。

　　因此，路德维希是一位大师。

Q. 所有哲学教师都是大师。

　　所有大师都是有智慧的。

　　因此，所有哲学教师都是有智慧的。

2. 以下哪些论证是有效的？如果是有效的，说出有效论证形式的名称；如果是错误的，说出谬误的名称。

A. 他只有在心烦意乱时才会鲁莽驾驶。

   他并不心烦意乱。

   所以，他不会鲁莽驾驶。

B. 如果他心烦意乱，他会鲁莽驾驶。

   他并不心烦意乱。

   所以，他不会鲁莽驾驶。

C. 他会鲁莽驾驶，如果他心烦意乱的话。

   他正在鲁莽驾驶。

   所以，他心烦意乱。

D. 他不会鲁莽驾驶，除非他心烦意乱。

   他正在鲁莽驾驶。

   所以，他心烦意乱。

E. 如果他心烦意乱，他会鲁莽驾驶。

   他没有鲁莽驾驶。

   所以，他并不心烦意乱。

F. 如果他心烦意乱，他会鲁莽驾驶。

   他正在鲁莽驾驶。

   所以，他心烦意乱。

6-II

1.(1) 如果琼斯正在喝茶，且他正在吃烤面饼，他就不在伦敦。

   (2) 如果琼斯不在非洲，他就不在坦桑尼亚。

   (3) 如果他不在坦桑尼亚，他就不会闻到香料的气味。

   (4) 如果他没有闻到香料的气味，他就在伦敦。

   (5) 琼斯正在喝茶。

   (6) 他不在非洲。

   琼斯在吃烤面饼吗？你使用了哪些有效论证形式来帮助你找出正确答案？

2. 保罗:"你今晚打算做什么?"

   乔:"我不知道。3号电影院有一部好电影。但我明天有一篇论文要交。我还听说有一个联谊聚会。你要做什么?"

   保罗:"我听说没有人去参加联谊聚会,他们找了个糟糕的DJ(打碟师)。我兄弟看过那部电影。他讨厌它。"

   乔:"那我想我会学习——然后看看会发生什么事。"

   乔在决定做什么时使用了哪种有效论证?

3. 许多日常情况会涉及多个充分或者必要条件。

   a. 假设你的电视机坏了,你正在购买一台新电视机。列出你能想到的所有充分条件,让你能带着一台新电视机离开商店。

   b. 假设你正在考驾驶执照,考取驾驶执照的必要条件是什么?

4. 使用韦恩图证明练习6-I中直言论证的有效或无效。结果是否与你先前对有效性的判断相符?你的推理与推理的依据应该相互匹配。

6-III

1. 讲出你近期使用有效论证做出决定、说服他人、证明观点或者起到其他作用的三个例子。

2. 为什么我们回答本章中有关老鹰队和红雀队的问题无须了解任何关于橄榄球和职业联赛组织的知识?

3. 安瑟伦用来构建他的本体论论证的假设是什么?其中有让你不可接受的地方吗?

第三部分
归纳推理

这个部分将向你介绍批判性思维的一些最重要的概念。正如前文所说，我们日常生活中的大部分批判性思维用的都是归纳推理。当然，我们的使用并非都是有意识的，经常不知不觉就用上了，我们甚至在小宝宝的年纪就会这一套。比如，我们知道如果妈妈提高嗓门，她可能是生气了，我们应该赶紧停止惹她心烦，或者如果奶奶要来吃晚饭，她可能会带美味点心来，等等。我们知道这些事情是因为回顾了过去的经验并用它预测未来。这就是归纳推理。没有归纳推理，我们将无法知道从这一天到下一天甚至从这一分钟到下一分钟会发生什么事情。随着年龄渐长和从经验中不断学习，我们收集了大量信息，这些信息形成了我们的背景知识。我们利用这些背景知识得出关于未来的归纳结论，让我们能够展望、预测并时常能掌控未来。

　　在第二部分中，我们讨论了演绎推理的一些重要概念，并列出了一些能产生有效论证的最基本的演绎模式。在这个部分，我们对归纳推理也会照此办理。第七章将会阐述归纳推理的一些定义。第三部分的其他章节将探讨归纳推理的一些基本模式，有好的也有坏的。归纳推理与演绎推理的不同之处在于，其结论并非由前提必然得出。归纳推理中前提和结论的联系比较弱。我们要的是很可能的或较可能的结论，而不是确保成立的结论。这意味着相对于演绎推理，我们认为前提和结论之间的联系的牢固程度将更多地取决于我们的背景知识，这又意味着在归纳推理中，我们对前提和结论之间的连接不会做"一刀切"的判断。如果发生分歧的空间更大，我们对未来的预期出错的可能性也更大。拥有更好的归纳思考能力，能帮助我们避免这些错误并过上更幸福的生活。

第七章　支持我们的主张

证据：痕迹和模式

有许多信念是我们绝对确定的。谁要说服我们放弃其中一条，他可得下大功夫。这些信念的范围很大，从普通的日常信念，如"我的名字是希尔德加德·希根巴顿"，到更复杂的信念，如"美国是世界上最强大的国家"。当然在受到压力时，我们意识到自己无法绝对地确信这些信念。我们终归有犯错的可能。（关于这种确定性，哲学家伯特兰·罗素提出了一个著名的谜题，他指出我们无法证明世界不是昨天才创造的——一个完整无缺、一如当下的世界，同样有所有这些图书、化石、记忆和其他的历史记录！）

譬如说，你现在相信当你读完这本书时，会放下它，站起来，走出房间。你相信脚下地板的触感会很坚实，你的双腿会像过去一样移动。事实上，你甚至不会想这些事，你会直接去做。尽管你的这种信念是相当正确的，但出差错的可能性总是存在，比如地板可能在你脚下塌陷，或者你的膝盖突然一软，让你四肢朝天摔在地板上，但这些可能性没有大到让你担心。你不会因此缓缓站起身，试探着将一只脚放在另一只脚之前，测试一下地板或者你的膝盖。事实上，如果你真这样做，人们会认为你神经过敏！日常的推理告诉你不用担心。经验让我们预期某些模式，我们按照这些模式行事。早上刷牙的时候，你一边刷一边期望不会有蛀牙、口气更好闻、没有牙菌斑、嘴里有薄荷或者其他味道等等。如果你今天用的牙膏品牌和昨天一样，你会期望口腔中是昨天早上的味道。那样的可能性是很大的。

这一类的日常推理是或然性推理，哲学家将这种推理称为归纳推理。你相信地板在你脚下塌陷的可能性极小，因为它看起来是木质的，几分钟前还很牢固，而且在此期间没有受到任何明显的损坏。因此，当你完成阅读时，会充满信心地行动，将你预期错误的微小可能性置于脑后。

但你还记得那一次吗，你正坐下时有人抽走了椅子？还有那次，你在黑暗中下楼梯，误以为已经下到底了，差点儿在最后一级台阶上摔一跤？关键在于有时候我们会搞错概率，我们的日常推理也会让我们栽跟头——字面意义上的栽跟头。有时候即使我们已经做了很明智的推理，意外就是不可预见的——比如你的朋友突发奇想要用椅子开个玩笑。在这个章节中，我们将开始研究归纳推理，以提高我们已经拥有的技能。尽管这些技能通常会使我们没有焦虑地安全度日，但我们确实会犯一些错误，有时还是很严重的错误（请记住"挑战者号"）。而且，有的时候我们无法确定。我们不确定要购买别克还是福特，未来的天然气价格会下跌还是上涨，或者是否仅凭外交就可以解决中东危机。当我们对未来做决定时，依靠归纳推理，运用概率。连科学家都在用归纳推理。你可能认为科学给我们提供的是确定无疑的定律。然而，我们将会看到科学使用的推理与我们每个人日常使用的推理是同一种或然性推理。

当某人问我们，为何我们认为某个主张是正确的，或为何我们做了某种断言，他通常会要求我们提供该主张或断言的证据。他想知道该主张是否可信，也就是说是否值得他相信。除了极少数的情况，"我就是这么想的"或者"这就是我妈教我的"很难让陈述可信。提问者想知道的是他为什么应该相信这一主张，而不是我们的心路历程。

然而，证据这事可不简单。一个人眼中的证据可能在另一个人看来算不上证据。报纸上经常有庭审报道，当事各方无法就证据的性质达成一致。他们可能对发生了什么各执一词，也可能对发生的事有共识，但对此事作为证据证明了什么有争议。试想在海滩上发现了一个饮料瓶。对于一个当代美国人来说，瓶子显然是某人扔的垃圾，或者是海滩聚会留下的，或者是从船上丢下冲上岸的。对一个不熟悉饮料瓶的人来说，饮料瓶俨然是被潮汐送来或发掘的宝藏。(电影《上帝也疯狂》为这种情况提供了一个妙趣横生的例子。)

证据可能是强的，也可能是弱的。有时我们对自己的信念毫不怀疑。实际上，我们喜欢说我们很确定，尽管我们都知道除了死亡和税收没有什么是确定的。但也有一些时候，我们相信一条陈述仅仅因为它比我们能想到的所有替代方案都更有依据。我们会说它是合理的或可能性较大的，因此，根据手头的证据，我们相信它是有道理的。

我们一刻不停地致力于为我们的信念收集证据，却从未向自己阐明证据的"规则"。尽管如此，我们的表现好得惊人。不过我们所有人都拥有的一般技能可以通过对证据性质的思考来提高。我们的出发点是，证据以痕迹为基础。痕迹是这个世界上表明发生了什么事的标记。痕迹无处不在：那些沙滩上的脚印，这些墙上的指纹，风中吹来的糖果包装纸……列表无穷无尽。痕迹表明发生了一些事，但到底是什么事呢？大多数痕迹都没有被我们注意到。正如我们在第二章中指出的，我们倾向于看到准备看到的东西。如果不是在找证据或者线索，我们就会忽略痕迹。著名的虚构侦探夏洛克·福尔摩斯非常擅长发现痕迹。这只是因为他观察力敏锐吗？是，也不是。

一名像福尔摩斯一样的侦探着手收集证据。为了做到这一点，他寻找标记或者扰动。这些标记或扰动是事件已经发生或正在发生的痕迹。侦探注意到这些痕迹，因为它们符合一种熟悉的模式。模式之所以熟悉，是因为它是侦探背景知识的一部分。举例来说，侦探可能会注意到谋杀案受害者躺在地板上的方式。未受过侦探工作训练的人甚至不会注意到这个痕迹，但对于侦探来说，它是熟悉的模式的一部分，可能表明了受害者是如何被杀的。你可能在电视上看过犯罪题材的剧集，注意到了犯罪调查实验室的团队成员有多擅长收集痕迹并将它们组织成模式，从而还原案发时的情形。他们的背景知识使他们能够看到其他人可能会错过的痕迹。相比之下，请记住斯蒂芬·杰伊·古尔德在寻找史前人类痕迹时发生的事情（第二章）。他尽管在找骨头碎片，看到的却是一团团沉积物和蜗牛化石。这是因为他的背景知识里有太多蜗牛化石的模式，却几乎没有原始人化石的内容。然而，理查德·利基及其妻子是经验丰富的原始人化石搜寻者，因此，比其他人发现了更多的原始人化石。没那么成功的化石搜寻者称之为"利基的幸运"，但成功背后的原因其实是利基夫妻俩积累的背景知识。

169

背景知识是认出痕迹并将其视为证据的关键，因此，它也是归纳推理成功的关键。

让我们通过另一个例子来理解这是什么意思。假设你正和一位向导一起穿越森林，他是一位很有名气的伐木工和猎手。沿着小径，平常栖息在树林中的动物留下了许多痕迹，你几乎对其视而不见，在向导看来却随处可见。一根折断的细枝、泥泞中的一个脚印、空气中弥漫的气味、沙沙作响的树……然后他宣布你即将遇到一群鹿，你确实很快就遇到了。向导观察到了你没有观察到的东西，因为他看到了你没有看到的痕迹。他能看到痕迹，是因为看到了模式。也就是说，他注意到折断的树枝，因为他知道折断的树枝与某些动物行为相伴。他从关于动物习性的背景知识中了解了这种模式。向导将某物视为痕迹，因为把它看作其他事物的标志。

一只聪明的猫参考它的背景知识来寻找把球弄下桌面的方法！
《纽约客》，杰克·齐格勒 SKU：121311。

还有一个你可能会觉得熟悉的例子是关于前篮球运动员和教练拉里·伯德的。伯德被认为是近代历史上的最佳球员之一。伯德的速度不是特别快，跳得也不是特别高。但伯德有一种不可思议的能力，他知道球场哪里有空当，从而创造出制胜球。他看到了其他球员看不到的东西。这是因为他将对手的行为看作一种特定攻击或防守模式的迹象，并针对该模式来打球。他看到了模式，而其他球员没有！至少在篮球方面，伯德具有出色的归纳推理能力。

向导关于动物习性、特定树林中可能发现的动物种类、泥地上图案的性质等背景知识都有助于对随后的事做出最佳预判。拉里·伯德也是一样。他对传球模式、肢体语言和特定球员天赋的了解提升了他的比赛技巧。犯罪现场调查（CSI）团队掌握的广博的背景信息让他们能够看出熟悉的痕迹模式，而这些痕迹对我们来说并不明显。然后刑侦小组将这些痕迹编织进更大的模式，构造为一个故事，这些痕迹就成了故事中发生的事情的证据。

换句话说，侦探破案的结果实际上是一次漫长的归纳论证的结论，解释了那些痕迹和究竟发生了什么事。侦探的背景信息是他做出这一论证最重要的倚仗。*根据他讲述的故事，痕迹是过去发生的事情的证据*。如果侦探在故事结尾只给了我们犯人的名字，没有提供解释作案手段和动机的证据，我们会对这位推理小说家非常不满。痕迹作为证据的性质来自它在破案报告中担任的角色，并不独立于该报告。

因此，证据只是相关痕迹的集合——相关性来自背景知识和将痕迹组织成有序整体的故事。当我们讲述这个故事时，必须小心，不要忽略其他痕迹和其他有可能性的故事。我们像所有优秀的侦探一样必须不断寻找支持我们故事的新痕迹，并确认不存在可以否定我们故事的痕迹。

下面两篇阅读材料具体说明了痕迹、模式、背景知识、故事和证据这些概念。第一篇涉及谋杀调查和对主要嫌疑人的逮捕。当你阅读这篇关于逮捕嫌犯的文章时，想一想这些痕迹加上你自己关于人类行为模式的背景知识是否能构建一个故事，从而将这些痕迹编织成所发生的事情的证据。同时也想一想这个故事还缺了什么。第二篇阅读材料也是关于犯罪的，对于理解痕迹和证据之间的关系来说，这是一篇特别好的阅读材料，因为它清楚地表明了模式的重要性，以及背景知识如何影响所讲述的将痕迹转化为犯罪证据的故事。在这件案子中，当地警察看到了一组痕迹并讲述了一个关于案发当时的故事。其后，火灾调查专家对这些痕迹的看法大相径庭，令读者相信在本案中可能有一名无辜的人被定罪处决。

耶鲁谋杀案锁定嫌犯的报道[82]

詹姆斯·巴伦　　艾莉森·利·考恩

2009年11月14日

雷蒙德·克拉克三世走进位于纽黑文的耶鲁大学研究中心地下室 G-13 号房间，看到一辆金属手推车上放着一盒一次性湿巾，上面溅了血迹。

但房间里有一名耶鲁警官。因此当他转向她时，将盒子从手推车的一侧滑到另一侧，转动纸盒直到血迹朝向另外的方向，"这似乎是克拉克故意想挡住她看向该纸盒的视线"，周五解封的逮捕令宣誓书[83]表示。然后他靠在手推车上闲聊了几句。

然而，萨布丽娜·伍德警官在一名耶鲁学生的提醒下，早已看到了这个盒子。

24 岁的克拉克先生是该实验室的一名技术员，他在一周后的 9 月 17 日被捕，被控勒死了药理学研究生安妮·乐，她也在同一实验室里做动物医学实验。乐女士同为 24 岁，遇害时间在她婚礼前 5 天。

宣誓书列出了警方收集到的证据，包括：一只带血的袜子，上面留有乐女士和克拉克先生的 DNA；一双标有"Ray-C"的带血靴子，失去了鞋带；一支绿色钢笔，它和藏在墙后的乐女士尸体一道被警方发现。宣誓书说，在她失踪那天，克拉克先生早上用绿色墨水在工作表上签名，当天晚些时候却用黑色墨水签名。

宣誓书描绘了这样一名嫌疑人，他试图在最显眼的地方隐身，有点儿用力过猛。他表现得像一个狂热的员工，在乐女士最后一次出现的那个房间里独自忙活着擦洗水槽下面的地板，甚至在被锁定之前就引起了调查人员的怀疑。当克拉克先生拿出清洁用品并开始在地板上工作时，警官们吃了一惊，因为，宣誓书说："它看起来不需要清洗。"

根据宣誓书，克拉克先生在乐女士被勒死的那天至少换了 3 次衣服。它还说，记录显示克拉克先生那天至少使用了 55 次员工身份卡以进入地下室的各个房间，远远超过平时的次数。

除了调查人员在该实验室中发现的所有这些细节，宣誓书并未解释克拉克先生为何要勒死乐女士——它没有讨论可能的动机。它也没有解释克拉克先生是如何杀死她，将她的尸体移到另一个房间，藏尸墙后并清理干净现场的——这一切都没人注意到。宣誓书说调查人员已得出结论，实验室墙上曾有过血迹，但已经被洗掉了。

周五，纽黑文警方发言人乔·艾弗里警官表示，该部门不会回答有关宣誓书的问题。"宣誓书说得很清楚了。"他说。

克拉克先生的律师约瑟夫·洛佩兹对宣誓书不予置评。

"我们会跟进这个案子。"他说。代表乐女士家人的发言人没有回复向他们征询宣誓书中细节的电子邮件。

乐女士于9月8日失踪，此事很快在耶鲁大学历史悠久的哥特式校园和步行可达耶鲁-纽黑文医院的现代主义风格科研大楼中成为热点。对一些人来说，这起案件勾起了对11年前一桩悬案的回忆：苏珊娜·乔文被刺身亡，她是耶鲁大学的一名大四学生，尸体在离校园不远的地方被发现。

相比之下，本案中警方一开始并不知道乐女士是遇害还是自己离开了（没准是因为结婚前的紧张情绪）。第一条线索出现在9月10日，当时实验室的另一名研究生看到那个"一擦净"牌纸巾盒并报了警。伍德警官等待联邦调查局人员的时候，克拉克先生露面了，他移动纸盒和擦地板的行为很快引起了怀疑。

调查人员在那天与克拉克先生谈了话。后者说他最后一次看到乐女士是在午餐时间，她离开了G-13号房间，手里拿着笔记本和两袋老鼠粮。克拉克先生的脸和左臂上有抓痕，他说这是他家里的一只猫造成的。

据宣誓书所说，在一个回收箱里发现了一件沾上血迹的实验室外套。调查人员将从乐女士家中取得的洗漱用品上的DNA与实验室外套和盒子上的血迹进行了比对。但直到9月13日，在调查人员闻到一股气味后，乐女士的尸体才被发现。根据宣誓书，与尸体同在的是那支绿色钢笔，笔杆上有乐女士的DNA，笔帽内有克拉克先生的DNA。

应检察官和辩护律师的要求，这份13页的文件先被封存，但在法官批准包括《纽约时报》在内的几家报纸提出的公开动议后于周五公布。内容有少量删节，包括乐女士尸体被发现时的描述。

尽管如此，宣誓书描述的证据显示，除了克拉克先生身上有抓痕外，墙上还有血迹，表明可能发生过一场搏斗。宣誓书表示，根据克拉克先生的刷卡记录，他单独与乐女士——或者她的尸体——待在一起的时间长达46分钟。

克拉克先生被捕后，纽黑文警察局局长詹姆斯·刘易斯将乐女士被杀害归因于"职场暴力"，但没有提供任何细节。宣誓书没有说明克拉克先生做过任何供述，警方表示他们可能永远不会知道作案动机。

以火决狱[84]：得克萨斯州是否处死了一个无辜的人？
大卫·格兰

在得克萨斯州东北部的科西卡纳工人社区，一栋单层木结构房屋很快被大火烧通了。火焰沿着墙壁蔓延，扑向门外，烧得油漆、瓷砖和家具起泡。烟雾涌上天花板，在下面蓄积，弥漫到每个房间，并通过窗户的缝隙泄漏到室外，污染了早晨的天空。

11岁的巴菲·巴比的家在两栋房子之外，她闻到烟味时正在自家后院玩耍。她跑进屋告诉了她的母亲黛安，她们匆匆跑到街上。就在那时，她们看到了那座冒烟的房子，卡麦隆·托德·威林厄姆站在前廊上，只穿着一条牛仔裤，胸膛被烟熏黑，头发和眼皮都被烧焦了。他在尖叫："我的孩子们都烧起来了！"他的孩子——一岁的双胞胎女孩卡蒙和卡梅伦，以及两岁的安珀——都被困在里面。

威林厄姆叫巴比夫妇给消防队打电话，在黛安跑到街上寻求帮助的同时，他找到一根棍子打碎了孩子们卧室的窗户。火舌探出洞外狂舞。他打破另一扇窗户，火焰也冒了出来。他退到院子里，跪在房子前面。一位邻居后来告诉警方，威林厄姆断断续续哭着说："我的孩子们！"然后他沉默了，好像"他的大脑屏蔽了大火"。

回到现场的黛安可以感觉到房子辐射出强烈的热量。片刻之后，孩子们房间的5

扇窗户炸开，用巴比的话形容，火焰"被吹灭了"。几分钟之后，第一批消防员抵达，威林厄姆走近他们，大喊着说孩子们在她们的卧室里，那里火势最猛烈。一名消防员通过无线电喊话，要求救援队"踩进去"。

更多的人来了，解开消防水带，将水柱对准大火。一名消防员背上绑着氧气罐，脸上戴着面罩，从窗户进入，但他被水龙喷出的水击中，不得不撤退。接下来他冲进前门，进入烟与火的旋涡中。他沿着主过道来到厨房，在那里看到一台冰箱挡住了后门。

威林厄姆在外面看着，似乎变得更加歇斯底里。一位名叫乔治·莫纳汉的神父把他带到消防车的后面，试图让他冷静下来。威林厄姆解释说，他的妻子斯黛西那天早上早些时候出门了，是安珀的尖叫把他从睡梦中惊醒："爸爸！爸爸！"

"我的小姑娘想叫醒我，告诉我火灾的事。"他说，并补充道，"我救不了我的孩子们。"

就在他说话时，一名消防员抱着安珀从房子里出来。在她接受心肺复苏术时，23岁体格强壮的威林厄姆跑来看她，然后突然走向婴儿室。莫纳汉和另一个人阻止了他。"我们不得不和他搏斗，给他戴上手铐，保护他也保护我们。"莫纳汉后来告诉警方，"我眼睛都被打青了。"第一批到达现场的消防员中有人告诉调查人员，早些时候他也曾阻止过威林厄姆。"根据我看到的火势，任何人想闯入这所房子都是发了疯。"他说。

威林厄姆被带到医院，在那里被告知安珀——实际上她是在主卧室被发现的——死于吸入过量烟雾。卡梅伦和卡蒙躺在儿童卧室的地板上，身体严重烧伤。据法医说，她们也死于吸入过量烟雾。

1991年12月23日发生的这场悲剧传遍了科西卡纳。这是韦科东北55英里的一个小城，曾经是得克萨斯第一波石油热潮的中心，但在那之后油井纷纷干涸，该市两万居民中超过四分之一陷入了贫困。主干道上好几家商店都关门大吉，给人一种荒废边塞的感觉。

威林厄姆和他22岁的妻子没有什么钱。斯黛西在她哥哥开的名为"别处"的酒吧工作，失业的汽车修理工威林厄姆一直在照顾孩子们。为了帮助威林厄姆一家支付葬礼费用，社区发起了一场募捐。

与此同时，火灾调查人员试图确定起火原因。（威林厄姆允许当局搜查房子："我明白我们可能永远不会知道所有答案。我只想知道是什么带走了我的孩子。"）时任科西卡纳助理消防队长的道格拉斯·福格进行了初步勘查。他个子很高，留着平头，嗓音因为长年吸烟和吸入火灾烟雾而沙哑。他在科西卡纳长大，1963 年高中毕业后加入海军，曾在越南担任军医，在那里 4 次负伤，每次受伤都获得一枚紫心勋章。从越南回来后他成为一名消防员，威林厄姆家火灾发生时，他已经与火——他称之为"野兽"的东西——搏斗了 20 多年，还成了一名经过认证的纵火案调查员。"你会知道火在跟你说话。"他告诉我。

不久，该州另一名一流的纵火案侦探加入，和他联手调查该案。那是一位消防队副队长，名叫曼努埃尔·瓦斯奎兹，现已去世。瓦斯奎兹身材矮小、大腹便便，调查了超过 1200 起火灾。纵火案调查员一向被认为是一类特殊的侦探。在 1991 年的电影《回火》中，一名英雄的纵火案调查员谈起火时说："它会呼吸，会进食，也会憎恨。打败它的唯一方法就是像它一样思考，去搞清楚火焰会如何穿门过户，向上洞穿天花板。"曾在陆军情报部门工作过的瓦斯奎兹也有自己的几条格言，其中一条是，"火不会摧毁证据——它产生证据"，另一条是，"这是火讲的故事，我只是翻译"。他打造了一种夏洛克·福尔摩斯式的不败光环。有一次在法庭宣誓后，他被问及是否在案件中犯过错。"即使有，先生，我也不知道。"他回答道，"从来没人指出过。"

火灾发生 4 天后，瓦斯奎兹和福格查看了威林厄姆家的房子。按照既定方案，他们从过火程度最轻的区域向损毁最严重的区域移动。"这是一种系统的方法，"瓦斯奎兹后来做证的时候说，并补充道，"我只是在收集信息……我没有任何定论。我没有任何先入为主的想法。"

两个人慢慢巡视着房子的周边，做笔记和拍照，仿佛勘测遗迹的考古学家。打开后门后，瓦斯奎兹发现冰箱挡住了出口，留下的空间只够一个人挤过去。空气中弥漫着橡胶燃烧和电线熔化的味道；潮湿的灰烬覆盖地面，粘在他们的靴子上。在厨房里，瓦斯奎兹和福格只能辨认出烟雾和高温造成的损坏——这表明火灾并非起源于此——于是他们继续深入这座大约 90 平方米的建筑内部。房屋中间的过道经过杂物间和主卧室,然后经过左边的小客厅和右边的儿童卧室,最后到达开向门廊的前门。瓦斯奎兹尽力把一切看在眼里。他把这个过程比作第一次进入岳母的房子:"我能感到同样的好奇。"

在杂物间,他注意到墙上挂着头骨的图片,以及他后来形容为"手持镰刀的死神"的图片。随后他转身进入主卧室,安珀的尸体是在那儿发现的。那里的大部分损坏也来自烟雾和高温,这表明大火起自过道深处,他朝那个方向走去,跨过一地碎片,低头避过光秃秃的天花板上垂下来的绝缘材料和电线。

他和福格清理掉一些杂物之后,注意到墙壁底部有很深的焦痕。由于气体受热时变轻上浮,火焰通常会向上燃烧。但瓦斯奎兹和福格观察到,火烧的位置非常低,地板上有奇怪的炭化图案,形状像水洼。

瓦斯奎兹的心情阴沉了下来。他沿着"火烧尾"——被大火蚀刻出的路径——从过道走进孩子们的卧室。阳光透过打破的窗户射入,照亮了更多形状不规则的炭化图案。洒在地板上的易燃或可燃液体会导致火势集中在这样的小块区域中,这就是为什么调查人员将它们称为"倾倒图案"或"水洼布局"。

大火烧穿了地毯、瓷砖和胶合板地板。此外,孩子们床下的金属弹簧已经变成了白色——这表明它们下方有过剧烈的高温。瓦斯奎兹看到地板上烧毁的痕迹最深,推断它比天花板更热,考虑到热量是往上升的,用他的话说,这事"不正常"。

福格检查了一扇破窗上的一块玻璃。它上面有一个类似蜘蛛网的图案——火灾调查人员称之为"裂纹玻璃"。长期以来,鉴证教科书一直将这种效应描述为火焰燃烧"快速而炽热"的关键标志,这意味着火是由液体助燃剂提供燃料,导致了玻璃破裂。

两人再度查看穿过整个房屋的明显的"火烧尾"痕迹:它从孩子们的卧室进入过道,然后向右急转弯,从前门出去。令调查人员惊讶的是,连门的铝制门槛下的木头也被烧焦了。就在前门外,门廊的水泥地板上,瓦斯奎兹和福格注意到另一件不寻常的事情:棕色痕迹。他们报告说,这符合助燃剂存在的假设。

两人审视墙壁,寻找形状像"V"的烟灰痕迹。当一个物体着火时,它会产生这样一种热量和烟雾向外辐射的模式,因此"V"的底部会指向最先起火的地方。在威林厄姆家的房子里,主过道上有一个清楚的"V"字形。瓦斯奎兹查看了它和其他痕迹图形，确定了 3 个起火点：过道、儿童卧室和前门。瓦斯奎兹后来做证时说，多个起火点指向一个结论：火灾是"人为故意的"。

到这个时候，两位调查员都对发生了什么有了清晰的想象。有人在孩子们的房间里四处泼洒液体助燃剂，连她们的床底下也不放过，然后沿着相连的过道和前门一路又倒了一些，形成了一个"火围栏"，阻止任何人逃出去。除此之外，一名检察官后来提出，厨房里的冰箱也被搬动以挡住后门出口。简而言之，这座房子被故意布置成了一个死亡陷阱。

调查人员从房子里采集了过火物体的样本，将它们送到可以检测是否存在液体助燃剂的实验室。该实验室的化学家报告说，其中一个样本含有"溶剂油"，这种物质通常存在于木炭点火器的液体燃料中。样本是在前门的门槛处采集的。

这场火灾现在被认为是一起三重谋杀案，而威林厄姆——除了受害者之外，唯一已知的火灾发生时在屋内的人——成了主要嫌疑人。

警方和消防调查员在附近一带进行广泛调查，询问目击者。一些人，比如莫纳汉神父，起初都说威林厄姆被火灾摧毁了心智。然而随着时间的推移，越来越多的证人发表了谴责性的陈述。黛安说，直到消防队到达后，才看到威林厄姆试图进入这所房子，仿佛是在表演一样。她补充说，孩子们的房间烈火熊熊时，他似乎更关注他的车，把车开到了车道上。另一位邻居报告说，当威林厄姆为他的孩子哭泣时，他"看起来既不兴奋也不担心"。就连莫纳汉神父也在一份声明中写道，经过进一步反思，"事情并不像表面看上去那样。我有一种感觉，（威林厄姆）完全掌控了一切"。

警方开始整合威林厄姆令人不安的形象。他于 1968 年出生于俄克拉何马州阿德莫尔，还是个婴儿时就被生母抛弃了。他的父亲吉恩与母亲离婚，后来和继母尤金尼雅一道抚养他长大。吉恩曾是美国海军陆战队队员，后在废车回收场工作，一家人住在狭小的房子里。夜晚，他们可以听到货运列车嘎嘎作响地通过附近的铁道。威林厄姆有着家人形容的"威林厄姆家经典长相"——英俊的面孔、浓密的黑发、黑眼睛——学业举步维艰，十几岁就开始嗅吸油漆[85]。在他 17 岁时，俄克拉何马州公共服务部对他做了评估，报告说："他喜欢'女孩们'、音乐、快车、拉风的卡车、游泳和打猎，排名分先后。"威林厄姆高中时辍学，后来陆续因酒后驾车、偷自行车和入店行窃等罪名被捕。

1988年他认识了高三学生斯黛西，她的家庭背景同样不尽如人意：在她4岁的时候，继父在一次冲突中勒死了她的母亲。斯黛西和威林厄姆的关系一言难尽。威林厄姆对斯黛西不忠，又喝了太多杰克·丹尼威士忌，有时还打她——甚至在她怀孕的时候。一位邻居说，曾经听到威林厄姆对她大叫："起来，婊子，我又要打你了。"

12月31日，警方带威林厄姆接受讯问。福格和瓦斯奎兹在讯问现场，此外还有吉米·亨斯利警官，这是他经手的第一起纵火案。威林厄姆说，斯黛西上午9点左右离开了房子，去救世军[86]机构为孩子们领取圣诞礼物。"她离开车道后，我听到双胞胎的哭声，起身给了她们一奶瓶喝的。"他说。孩子们的房间门口有一扇安全门，安珀可以爬过去，双胞胎不行，他和斯黛西经常让双胞胎喝完奶后在地板上小睡。安珀还在床上，威林厄姆说，所以他回到自己的房间睡觉。"我记得的下一件事就是听见'爸爸，爸爸'，"他回忆道，"屋里已经充满了烟雾。"他说他站起来，在地板上摸到一条裤子穿上。他没再听到女儿的声音（"我听到最后一个'爸爸，爸爸'，就再也听不到她的声音了。"）。他大声喊着："天啊——安珀，离开房子！离开房子！"

…………

讯问过程中，瓦斯奎兹让福格主导。到最后，瓦斯奎兹转向威林厄姆，问了一个看似随意的问题："你出门前穿鞋了吗？"

"没有，先生。"威林厄姆回答。

一张房屋的地图放在两人之间的桌子上，瓦斯奎兹指着它。

"你就这样走了出去？"他说。

威林厄姆说"是的"。

瓦斯奎兹现在确信是威林厄姆杀害了他的孩子们。如果地板被液体助燃剂浸湿并且火焰位置很低，如同证据显示的那样，威林厄姆不可能以他描述的方式跑出门外而不严重烧伤他的脚。医疗报告显示他的脚完好无损。

威林厄姆坚持说，当他离开房子时，火苗还在墙顶附近而不是地板上。"我不需要从火焰上跳过。"他说。瓦斯奎兹认为这不可能，他确信威林厄姆在撤退时放了火——首先点燃了孩子们的房间，然后是过道，在门廊上点燃了前门。瓦斯奎兹后来谈到威林厄姆:"他给我讲了一个纯属捏造的故事……他只是说啊说啊,但完全在扯谎。"

尽管如此,动机仍不明确。孩子们有保险,但金额只有一万五千美元,付保险费的斯黛西祖父被列为主要受益人。斯黛西告诉调查人员,尽管威林厄姆打她,但他从未虐待过孩子——"孩子们都被宠坏了。"她说,她不相信威林厄姆会杀了她们。

最终,警方得出结论:威林厄姆是一个没有良知的人,他的一连串犯罪行为几乎不可避免地通向了谋杀这一高潮。约翰·杰克逊当时是科西卡纳的助理地方检察官,负责起诉威林厄姆的案件。他后来告诉《达拉斯晨报》说,他认为威林厄姆是"一个彻头彻尾的反社会分子",认定他的孩子们"妨碍了他的生活方式"。或者如当地地方检察官帕特·巴彻勒所言:"孩子们打扰了他喝啤酒和扔飞镖。"

…………

威林厄姆被控谋杀。因为有多名受害者,根据得克萨斯州的法律,对他可以适用死刑。……威林厄姆没钱请律师,州里为他指派了两名律师:大卫·马丁,一位前州警;罗伯特·邓恩,一位当地的辩护律师,代理的当事人从涉嫌谋杀到闹离婚,什么案子都有——他称自己为"万事通"。("在小镇上,你不能说'我是专做某行的律师',你会饿死的。"他告诉我。)

威林厄姆被捕后不久,警方收到一个名叫约翰尼·韦伯的狱友发来的消息,他与威林厄姆关在同一所监狱。韦伯声称威林厄姆承认,他拿了"某种点火器燃油,喷在墙壁和地板上,然后放了火"。对威林厄姆的指控被认为铁证如山。

……在选择陪审团之前不久,杰克逊向威林厄姆的律师提出了一个不寻常的提议:如果他们的委托人认罪,该州将判处他无期徒刑。"想到我们可能会达成交易避免死刑,我真的很高兴。"杰克逊回忆道。[87]

威林厄姆的律师同样高兴。他们毫不怀疑他犯下了谋杀罪,确信如果案件交由陪审团审理,他将被判有罪,然后被处决。"人人都以为辩护律师必须相信他们的委托人是无辜的,但这很少是实情。"马丁告诉我,"大多数时候,他们是有罪的。"他就威林厄姆补充道,"所有证据都表明他百分百有罪。他在整个房子里倒了助燃剂,还在孩子们的床底下洒了点火器燃油。"他说,这是"一起典型的纵火案","到处都是水洼图案——没什么好说的"。

马丁和邓恩建议威林厄姆接受这个提议,但他拒绝了。律师请来他的父亲和继母跟他谈。据尤金尼雅说,马丁向他们展示了被烧死的孩子们的照片,并说道:"看看你儿子做了些什么。你必须说服他认罪,否则他将被处决。"

他的父母去监狱探望儿子。尽管他的父亲认为如果他无辜就不应该认罪,他的继母却恳求他接受这笔交易。"我只想我的儿子活着。"她告诉我。

威林厄姆毫不妥协。"我不会为我没有做过的事情认罪,尤其是杀害自己的孩子这种事。"他说。这就是他最后的决定。马丁说:"当时我认为这是发疯——现在我还是认为这是发疯。"

....

在结案陈词中,杰克逊说水洼布局和倾倒图案是威林厄姆无意中写下的"供认状",被大火烙在了地板上。

杰克逊展示了一本从火中抢救出来的《圣经》,并转述了《马太福音》中耶稣的话:"谁要伤害我的一个孩子,最好把磨石挂在他的颈项上,将他扔到大海里。"

陪审团退席商议不到一个小时,回来后一致做出有罪判决。正如瓦斯奎兹所说:"火不会撒谎。"

1999年的一个春日,当伊丽莎白·吉尔伯特走近狱警,说出卡麦隆·托德·威林厄姆的名字时,并不确定自己在做什么。吉尔伯特47岁,来自休斯敦,是一名法语教师和剧作家,离婚之后带着两个孩子。此前她从未去过监狱。数周之前,一位在反对死刑组织工作的朋友鼓励她志愿去做死刑犯的笔友,吉尔伯特提供了姓名和地址。不久之后,威林厄姆寄来了一封字迹不稳定的简短信件。"如果你愿意回信,我会很荣幸地与你通信。"他说。他还问她是否可以来看他。或许是出于作家的好奇心,或许是因为她心情不太好(她正为前夫死于癌症的消息感到沮丧),她同意了。现在她站在得克萨斯州亨茨维尔破旧的监狱前——那是囚犯们称为"死亡坑"的地方。

她经过了一道铁丝网、一排探照灯和一个检查站,在那里被搜身,然后进入了一个小房间。在她前方不远处就是那个被判犯有多重杀婴罪的男人。他身穿白色连身裤，衣服背面印有大号黑色字母"DR"（死囚）。他左臂肱二头肌上有一条蛇和一个头骨的文身。他身高超过一米八，肌肉发达，尽管他的双腿在多年监禁后已经萎缩。

…………

他们的会面持续了两个小时，之后他们继续通信。她被他的来信打动了，这些信似乎很内省，完全出乎她的预料。"我是一个对自己的感受非常诚实的人，"他在给她的信中写道，"关于我的感受和想法，我不会对你胡说八道。"他说他以前是个沉默面对苦难的人，就像他的父亲一样。但是，他补充说："失去了我的三个女儿……我的家、妻子和我的人生，这种事会让人变得清醒一点儿。我学会了敞开心扉。"

她同意再次拜访他。几周后她再去时，他显然很感动。"我是这样的一个人，外面的人永远不会把我当作人类来看待，我已经失去了很多，但仍在努力坚持下去。"他后来写信给她，"可是你回来了！我想你永远不会知道那次访问对我的存在有多重要。"

他们继续保持信件往来，她开始向他询问火灾的情况。他坚称自己是无辜的，如果真有人在房子里洒了助燃剂并放火，那个凶手正逍遥法外。吉尔伯特并不天真——她认为他有罪。她不介意给他安慰，但她还不至于为他脱罪。

…………

吉尔伯特接过文件，在一张小桌旁坐下。她查阅目击者的陈述时，注意到了几个矛盾之处。黛安报告说，在消防队赶到火场之前，威林厄姆从未尝试回到屋里——但她在给消防部门打电话时有一段时间不在现场。与此同时，她的女儿巴菲报告，目睹威林厄姆在门廊上打破窗户，显然是为了接近他的孩子。现场的消防员和警察描述了威林厄姆疯狂地想要进入房子。

在警方于1992年1月初得出威林厄姆可能犯有谋杀罪的结论后，证人的证词也变得严厉起来。在黛安最初向警方所做的陈述中，将威林厄姆描述为"歇斯底里"，并描述了房屋前部发生爆炸的情况。但到了1月4日，在纵火案调查人员开始怀疑威林厄姆谋杀后，黛安说他本来可以回到屋里营救他的孩子，因为一开始她只看到"烟从房子前面冒出来"——那烟也"不是太厚"。

莫纳汉神父证词的转变甚至更为明显。在他的第一份陈述中，他将威林厄姆描绘成一位悲恸欲绝的父亲,人们不得不多次阻止他去冒生命危险。然而当调查人员准备逮捕威林厄姆时,他得出的结论是威林厄姆过于情绪化("他似乎有一种分娩的妇女看到自己的孩子死去时的痛苦"),他表达了一种"直觉":感到威林厄姆"与起火有关"。

数十项研究表明,当证人获得新的背景信息时,对事件的记忆往往会发生变化。伊迪尔·德罗尔是一位认知心理学家,对刑事调查中的目击者和专家证词进行了广泛的研究,他告诉我,"头脑不是被动的机器。一旦你相信某事——一旦你期待某事——它就会改变你感知信息和回忆信息的方式"。

拜访法院之后,吉尔伯特一直想要知道威林厄姆的动机。她就此向他施压。在回信中,他写道,关于他的孩子们的死,"我不再谈论它了,它仍然是我内心情感上的剧痛"。他承认他是一个"废物老公",殴打了斯黛西——他对此深感后悔。但他说他爱他的孩子们,绝不会伤害她们。他说,父亲的身份改变了他,他不再当流氓,而是"安定下来"并"成为一个男人"。在火灾前将近3个月,此前没有结婚的他和斯黛西在他家乡阿德莫尔举行了一个小型仪式。他说检方抓住了他过去和火灾当天发生的种种事件描绘了一副"恶魔"形象,那正是检察官杰克逊对他的称呼。威林厄姆说,比如他在火灾期间移走汽车,只是因为不想让它在房子旁边爆炸,进一步威胁到孩子们。

吉尔伯特不确定应该如何理解他的故事,于是开始接近涉案人员,向他们提问。"我的朋友们认为我疯了,"吉尔伯特回忆道,"我这辈子从没做过这样的事。"

....

在接下来的几周里,吉尔伯特继续追踪消息来源。他们中的许多人,比如黛安夫妇,仍然坚信威林厄姆有罪,但他的一些朋友和亲戚对此表示怀疑。执法部门的一些人也是如此。威林厄姆在俄克拉何马州的前缓刑监视官波莉·古丁最近告诉我,威林厄姆从未表现出怪异或仇视社会的行为。"他可能是我最喜欢的孩子之一。"她说。就连一位名叫贝贝·布里奇斯的前法官——用她的话说,她在司法体系中经常站在威林厄姆的"对立面",曾以偷窃罪名将他送进监狱——告诉我,她无法想象他会杀死他的孩子们。"他有礼貌,也不是没心没肺。"她说,"他的前科都是些愚蠢的儿戏。就连偷的东西都没什么意义。"火灾发生前几个月,威林厄姆在古丁的办公室找到了她,向她自豪地展示了斯黛西和孩子们的照片。"他想让贝贝和我知道他表现良好。"古丁回忆道。

最终,吉尔伯特回到科西卡纳拜访斯黛西,后者同意在吉尔伯特下榻的小旅馆见面。斯黛西略显丰满,苍白的圆脸周围装饰着暗金色的头发。她的刘海用发胶固定,脸上化着浓妆。根据这次谈话的录音,斯黛西说火灾发生前几天没有任何异常情况。她和威林厄姆没有吵架,正在为假期做准备。尽管纵火案专家瓦斯奎兹回忆说,发现电暖器是关闭的,但斯黛西确信,至少在事发当天——一个清寒的冬日早晨——它是开着的。"我记得我把它调小了,"她回忆道,"我一直在想:天哪,安珀会不会往里面放了什么东西?"斯黛西补充说,她不止一次发现安珀"把东西放得离它太近了"。

她回忆说,威林厄姆经常对她不好,在他入狱后,她离开了他,去找了一个善待她的男人。但她不认为她的前夫应该被关在死囚牢房里。"我觉得不是他干的。"她哭着说。

虽然在主审阶段只有临时保姆作为辩方证人出庭,但包括斯黛西在内的几名家庭成员在量刑阶段[88]做证,要求陪审团饶威林厄姆一命。当斯黛西在证人席上时,杰克逊盘问她,威林厄姆"非常大的文身,图案是某种蛇环绕着头骨"有什么"含义"。

"那只是一个文身。"斯黛西回答。

"他就是喜欢头骨和蛇。你是这个意思吗?"

"不。他只是——他给自己弄了个文身。"

检方在断言威林厄姆符合反社会分子的侧写时引用了这条证据,并请来两名医学专家来证明这一理论。两个人都没有见过威林厄姆。其中之一是蒂姆·格雷戈里,拥有婚姻和家庭问题硕士学位的心理学家,曾与杰克逊一起猎鹅,并未在反社会行为领域发表过任何研究成果,他的执业范围是家庭咨询。

有一次,杰克逊向格雷戈里展示了第60号证物——一张挂在威林厄姆家中的铁娘子乐队海报的照片——并请这位心理学家进行解读。"这是一张头骨的图片,一只拳头打穿了头骨。"格雷戈里说,这张图片表现出"暴力"和"死亡"。格雷戈里查看了威林厄姆拥有的其他音乐海报。"有一个戴兜帽的头骨,长着翅膀,还有一把斧头。"

格雷戈里继续说道，"所有这些东西都在燃烧，描绘着——它让我想起了地狱之类的东西。还有一张图——一张齐柏林飞艇乐队的堕落天使图……我多次看到这与某类行为的滋生有关。对死亡、垂死的关注。很多时候，拥有大量此类艺术作品的人会对魔鬼式的行为感兴趣。"

另一位医学专家是法医、精神病学家詹姆斯·P.格里格森。他频繁为死刑案件的检方做证，以至于被称为死亡医生。（一位得克萨斯州上诉法官曾写道，当格里格森出庭时，被告不如"开始写他的临终遗言"。）格里格森表示，威林厄姆是一个"极其严重的反社会分子"，已经"无可救药"。格里格森曾使用几乎相同的词语促使兰德尔·戴尔·亚当斯被判死刑，后者在1977年被判定谋杀了一名警官。没有前科的亚当斯在死囚牢房待了十几年之后——有一次距被处决只有72小时[89]——新的证据出现，证明了他的清白，他被释放了。1995年，即威林厄姆受审3年后，格里格森因违反道德规范被美国精神病学协会开除。该协会表示，格里格森一再"在未对相关人员做事先检查的情况下做出精神病学诊断，并且在作为专家证人在法庭上做证时表示，他可以100%肯定这些人将来会继续暴力行为"。

与斯黛西交谈后，吉尔伯特还有一个想要访问的人：监狱线人约翰尼·韦伯，他被关押在得克萨斯州爱荷华公园监狱。她写信给韦伯，韦伯说她可以来见他。他们在监狱探视室见面。那是一个年近20岁的男人，皮肤煞白，头发被剃得光秃秃的；他的眼睛闪烁不定，整个人似乎都在颤抖。一位见过他的记者向我形容他"紧张得像一只摇椅边的猫"。韦伯9岁开始吸毒，曾因盗车、贩卖大麻、伪造和抢劫等罪名被定罪。

…………

监狱线人中有很多人寻求缩短刑期或者特殊照顾，是出了名的不可靠。根据西北大学法学院错案研究中心2004年的一项研究，说谎的警察和监狱线人是美国死刑案件错判的主要原因。韦伯出面指证威林厄姆时，自己正面临抢劫和伪造罪的指控。在威林厄姆受审期间，另一名囚犯计划做证，说他无意中听到韦伯对另一名囚犯说他希望"缩短刑期"，但该证词被裁定不予采信，因为这是道听途说。韦伯承认抢劫和伪造的罪名，被判处15年徒刑。检察官杰克逊告诉我，总的来说他认为韦伯是"一个不可靠的家伙"。但他补充说,"如果他说的不是事实,我看不出他编造这样一条陈述有什么目的。我们没有放他一马"。1997年即威林厄姆受审5年后,杰克逊敦促得克萨斯州赦免与假释委员会批准韦伯假释。"我要求他们早点儿释放他。"杰克逊告诉我。至于原因,杰克逊说,是因为韦伯已成为雅利安兄弟会[90]的目标。委员会准许韦伯假释,但在获释数月之后,他因为携带可卡因被捕并返回监狱。

....

除了纵火的科学证据,对威林厄姆的判决经不起推敲。检察官杰克逊谈到韦伯的证词时说:"你可以接受,也可以置之不理。"甚至后门边的冰箱位置也被证明是没有恶意的,那间狭小的厨房里有两台冰箱,其中一台靠后门摆放。警探吉米·亨斯利和助理消防队长道格拉斯·福格都参与了火灾调查,他们最近告诉我,从不相信冰箱是纵火计划的一部分。"它与火灾无关。"福格说。

经过几个月对此案的调查,吉尔伯特发现自己对检方的信心动摇了,就像她告诉我的:"如果托德真的是无辜的呢?"

2004年1月的一天,享誉于世的科学家兼火灾调查员杰拉尔德·赫斯特博士收到一份文件,其中描述了威林厄姆案中收集到的所有纵火证据。吉尔伯特偶然看到赫斯特的名字,与威林厄姆的一位亲戚一起联系了他,寻求他的帮助。经他们请求,赫斯特同意为此案无偿提供服务,威林厄姆的律师里夫斯已将相关文件寄给他,希望能找到宽大处理的依据。

赫斯特在他位于奥斯汀的住所的地下室里打开文件,那个地方既是实验室又是办公室,里面杂乱堆着各种显微镜和未完成实验的图表。赫斯特身高将近两米,但他的驼背让他看起来矮了很多,他的脸很憔悴,一部分遮掩在长长的灰发后。他穿着惯常穿的衣服:黑色鞋子、黑色袜子、黑色T恤和黑色吊带吊起的松垮垮的黑裤子。他嘴里嚼着一小团烟草。

赫斯特是大萧条时期[91]由一个佃农抚养长大的神童,那时他经常徘徊于垃圾场,收集磁铁和铜线以制造收音机和其他的古怪玩意儿。20世纪60年代初,他在剑桥大学获得了化学博士学位,在那里他开始用氟和其他爆炸性化学品做实验,曾经炸了他的实验室。后来，他担任几家美国公司秘密武器项目的首席科学家，设计火箭和致命燃烧弹——他称之为"糟糕透顶的东西"。他协助申请了球星石炸弹的专利，这个东西被（稍嫌夸张地）描述为"世界上威力最强的非核炸药"。他用来做实验的毒素非常致命，一滴就能腐蚀人体。在实验室里，他经常不得不穿上加压的宇航服。尽管采取了这类预防措施，接触化学品很可能导致了他的肝脏衰竭，使得他在1994年需要接受移植手术。他投身于他所谓的"纵火罪的阴暗面"，用球星石改造凝固汽油弹，并为在越南的秘密特工开发了用鸡粪和糖等材料因地制宜造炸弹的方法。他还完善了一种通过对纺织纤维进行硝化来制作爆炸T恤的技术。

他的良心终于开始刺痛他。"有一天，我会想，我到底在做什么？"他回忆道。他离开国防工业，又发明了铝膜气球、改良涂改液和二元炸药（一种可降低意外爆炸风险的炸药）。由于他对火灾和爆炸的非凡知识，民事诉讼中的公司经常寻求他的帮助以确定火灾的原因。到90年代，赫斯特开始将大量时间投入刑事纵火案中，当他接触到地方和州火灾调查员使用的方法时，对所见所闻感到震惊。

事实证明，许多纵火案调查员只受过高中教育。在大多数州，要获得认证，调查人员必须参加40小时的火灾调查课程并通过笔试。调查人员的大部分培训通常是在工作中完成的，他们向该领域的"老前辈"学习，后者传授了关于纵火迹象的大量学问，尽管1977年的一项研究警告说"没有科学文献证实其有效性"。

1992年，促进防火和安全的国家消防协会发布了第一份以科学为基础的纵火案调查指南。尽管如此，许多纵火案调查人员仍然认为，他们的工作与其说是一门科学，不如说是一门艺术——一种经验和直觉混合的艺术。1997年，国际纵火调查员协会发布了一份法律简报，主张纵火案侦探不应受最高法院1993年一项要求在审判中做证的专家遵循科学方法的裁决的约束。简报称，纵火案侦探做的事情"不是那么有科学性"。到2000年，在各级法院驳回此类主张后，纵火案调查人员越来越多地认可科学方法，但该领域仍存在很大差异，许多从业者仍依赖于世代使用的未经验证的技术。"人们广泛使用地平论的方法调查火灾。"赫斯特告诉我，"它看起来像纵火——所以它就是纵火。"他继续说道，"我的观点是你必须有科学依据，否则就和猎巫没什么两样。"

1998年，赫斯特调查了北卡罗来纳州一个名叫特丽·欣森的妇女的案件，她被指控放火烧死了17个月大的儿子并面临死刑惩罚。赫斯特进行了一系列重现火灾过程的实验，显示火灾并非如调查人员声称的那样是人为纵火。相反，它是意外发生的，起因是阁楼上一根出故障的电线。由于这项研究，欣森重获自由。火灾专家约翰·伦蒂尼是一本关于纵火的主要教科书的作者，他形容赫斯特"才华横溢"。一位得克萨斯州检察官曾对《芝加哥论坛报》说到赫斯特："如果他说是纵火，那就是；如果他说不是，那就不是。"

赫斯特在专利上收入可观，有底气为一桩纵火案无偿工作数月甚至数年。但他在威林厄姆预计被处决之前几周才收到威林厄姆案的文件。当赫斯特翻阅案件记录时，该州消防队副队长瓦斯奎兹的一份陈述跳到了他面前。瓦斯奎兹做证说，在他调查过的1200~1500起火灾中，"大部分"都是纵火案。这个估计高得离谱儿，得克萨斯州消防队长办公室通常只在50%的纵火案件中发现有此因素。

赫斯特还对瓦斯奎兹声称威林厄姆家的大火"烧得快，温度高"是因为液体助燃剂的说法感到震惊。几十年来，纵火案侦探在法庭上重复着易燃或可燃液体导致火焰温度升高的观点。然而这个理论是胡说八道：实验证明，木材和汽油燃料燃烧的火焰温度基本相同。

瓦斯奎兹和福格引用前门的铝制门槛熔化这一事实作为纵火的证据。"唯一能造成这种反应的是助燃剂。"瓦斯奎兹说。赫斯特表示怀疑。天然木材燃烧的温度可超过1000摄氏度，远高于铝合金的熔点（540~650摄氏度）。而且，和许多别的调查人员一样，瓦斯奎兹和福格错误地将铝门槛下烧焦的木头当作证据，正如瓦斯奎兹所说，"液体助燃剂流到底下并燃烧"。赫斯特进行了无数次实验，证明这种炭化只是由于铝传导的热量太高所致。事实上，当液体助燃剂倒入门槛下时，由于缺氧，火会熄灭。（其他科学家也得出了同样的结论。）"液体助燃剂在铝门槛下还没有猪油在盖不严的平底煎锅里烧得旺。"赫斯特在他关于威林厄姆案的报告中称。

赫斯特随后检验了福格和瓦斯奎兹的另一说法，即威林厄姆家前廊上的"棕色污渍"是还来不及渗入混凝土的"液体助燃剂"。赫斯特之前曾在他的车库里进行过一项测试，他将木炭打火机液体倒在混凝土地板上，然后点燃。火熄灭后没有棕色的污渍，只有烟灰的污渍。赫斯特用不同种类的液体助燃剂多次重复同一个实验，结果总是一样。棕色污渍在火灾中很常见，它们通常的成分是铁锈以及烧焦的碎片与消防水龙的水混合而成的黏性物质。

另一个对威林厄姆不利的关键证据"裂纹玻璃"，瓦斯奎兹将其归因于液体助燃剂引起的火势的快速升温。然而在 1991 年 11 月，一组火灾调查人员勘查了加利福尼亚州奥克兰山区毁于森林大火的 50 幢房屋。尽管并不存在液体助燃剂，调查人员也在十几所房子里发现了裂纹玻璃。这些房屋位于大火外围，消防员曾在这一地带喷水灭火。调查人员后来在已发表的研究中写道，他们推测这样的破裂是由骤然冷却而非由迅速升温引起的——热冲击[92]导致玻璃急速收缩，使得它解体破裂。调查人员随后在实验室中检验了这一假设。当他们加热玻璃时，什么也没发生。但每一次他们在烧热的玻璃上加水，这种错综复杂的图案就出现了。赫斯特在剑桥大学做研究期间用喷灯加热和冷却玻璃时也见过同样的现象。在赫斯特的报告中，他写道，瓦斯奎兹和福格关于裂纹玻璃的想法只不过是一个"老太太的神话故事"。

赫斯特随后要面对一些对威林厄姆构成毁灭性打击的纵火证据：火烧尾、倾倒图案和水洼布局、"V"字形和其他表明火灾有多个起火点的燃烧痕迹，以及儿童床下的火苗。还有前门处溶剂油的测试样本阳性，以及威林厄姆关于他光脚跑出屋子的看似不合情理的故事。

赫斯特阅读了更多文件，注意到威林厄姆和他的邻居都描述过房子前面的窗户突然炸开，熊熊火焰扑向屋外。就在那时，赫斯特想起了传奇的莱姆街大火，那是纵火调查史上最为关键的转折点之一。

1990 年 10 月 15 日晚，人们发现一个名叫杰拉尔德·韦恩·刘易斯的 35 岁男子抱着 3 岁的儿子站在他位于佛罗里达州杰克逊维尔市莱姆街的家门口。他的两层木结构房屋被大火吞没。大火被扑灭时已造成 6 人死亡，其中包括刘易斯的妻子。刘易斯说他救了儿子，但无法找到其他人，他们都在楼上。

当火灾调查人员勘查现场时，发现了典型的纵火迹象：沿着墙壁和地板的低位燃烧痕迹，倾倒图案和水洼布局，以及从客厅通向过道的火烧尾。刘易斯声称起火是个意外，发生在客厅的沙发上——他的儿子当时正在玩火柴。但其中一扇门上的"V"

189

形图案指出了与之不符的起火点。一些目击者告诉当局，刘易斯在火灾中似乎过于平静，从未试图寻求帮助。据《洛杉矶时报》报道，刘易斯此前曾因虐待妻子而被捕，妻子已取得了针对他的限制令。在一位化学家声称检测到刘易斯的衣服和鞋子上有汽油后，治安官办公室的报告得出结论："火灾是由泼洒在门廊、门厅、客厅、楼梯间和二楼卧室的石油制品引发的。"刘易斯被捕并被指控犯有6项谋杀罪。他面临死刑。

然而随后的测试表明，实验室关于汽油的鉴定结论是错误的。此外，当地新闻电视台的摄像机捕捉到火灾现场的刘易斯明显处于激动状态，调查人员发现他一度跳到一辆行驶中的汽车前面，要求司机打电话给消防局。

检察官为支撑犯罪假设，求助于火灾专家约翰·伦蒂尼和另一位知名的调查员、教科书作者约翰·德哈恩。尽管此案有一些漏洞，但伦蒂尼告诉我，鉴于房子里典型的燃烧模式和水洼布局，他确信是刘易斯放的火："我准备好出庭作证，好将这家伙送到'老火花'那里去。"——他是指电椅。

为查明真相，调查人员在检方的支持下，决定进行一次精心设计的实验，重现火灾现场。当地官员允许调查人员使用刘易斯家旁边一栋即将被拆除的废弃房屋。两栋房子几乎一模一样，调查人员使用与刘易斯家中同样的地毯、窗帘和家具翻新了废弃的房子。科学家们还在建筑物上安装了耐火的热量和气体传感器。实验费用达到两万美元。伦蒂尼和德哈恩没有使用液体助燃剂，只是点燃了客厅的沙发，希望实验能证明刘易斯对事件的描述不可信。

调查人员看到大火迅速烧毁了沙发，向上冒出一道烟雾，碰到天花板后向四周扩散，在头顶形成一层厚厚的热空气——一种高效的热辐射源。3分钟之内，这团烟雾从下面的火中吸收了更多气体，沿着墙壁漫向下方，充满了客厅。当烟雾接近地面时，它的温度在某些区域上升到超过590摄氏度。突然间，整个房间都燃起了熊熊大火，辐射的热量点燃了每一件家具、每一片窗帘、每一个可能的燃料源，甚至地毯。窗户粉碎四散。

火势已经到了所谓的"轰燃"状态——在那个节点，热辐射让"房间里的火"变成了"火里的房间"。纵火案调查人员知道轰燃的概念，但普遍认为它需要更长的时间才会发生，尤其是在没有液体助燃剂的情况下。从一个单一的燃料源（一张沙发）

开始，房间在4分半钟内就出现了轰燃。

因为客厅里所有家具都被点燃了，火势从燃料控制型变成了通风控制型——科学家也称之为"后轰燃"。在后轰燃阶段，火势的蔓延路径取决于新的氧气来源，来自打开的门或窗户。一名火灾调查员一直站在客厅一扇开着的门旁，在渴求氧气的大火从房间里呼啸而出扑进过道的前一刻逃生——一个火球让过道也迅速进入轰燃状态，将大火从前门推进到门廊上。

这场火被扑灭后，调查人员勘查了走廊和客厅。地板上有不规则形状的燃烧图案，非常类似于倾倒图案和水洼布局。原来，这些经典的纵火痕迹也可以在轰燃之后自发出现。用肉眼无法区分由助燃剂引起的倾倒图案和水洼布局以及由后轰燃现象自然造成的痕迹。唯一可靠的区分方法是从燃烧痕迹中取样，在实验室中分析是否存在易燃或可燃液体。

在莱姆街的实验中，还出现了别的被认为只会发生在液体助燃剂火灾中的现象：墙脚和门道的底部被烧焦，家具下方起火。客厅门口处也有一个"V"形图案，远离沙发上的起火点。在一场小火中，"V"形燃烧痕迹可能会准确指出火灾开始的位置，但在后轰燃阶段，当各种物体都起火时，这一痕迹可能会反复出现。

一名调查员小声嘀咕说，刚刚帮了辩方的大忙。鉴于这场实验提出的合理怀疑，对刘易斯的指控很快就被撤销了。莱姆街实验推翻了关于火灾进程的流行观念。科学家随后进行的实验表明，在后轰燃状态下，床和家具下方的燃烧很常见，整扇门都被烧毁，铝制门槛也会熔化。

约翰·伦蒂尼谈到莱姆街大火时说："这是对我的当头棒喝。我差点儿送一个人去死，依据的理论却只是一堆垃圾。"

赫斯特接下来检查了瓦斯奎兹绘制的威林厄姆家房子的平面图，其中标出了全部的所谓倾倒图案和水洼布局。因为孩子们房间的窗户都被炸飞了，赫斯特知道火势已经达到了轰燃状态。赫斯特用手指追随着瓦斯奎兹画出的那条火烧尾，它从孩子们的房间里出来，在过道右转，然后出了前门。检察官约翰·杰克逊告诉我，这条路径非常"离奇"，它一定是由液体助燃造成的。但赫斯特得出结论，这是后轰燃阶段火势动态的自然产物。威林厄姆已经从前门逃了出来，火势顺着通风路径，朝开口方向蔓延。与此类似的是,当威林厄姆打破孩子们房间的窗户时,火焰喷向屋外。

赫斯特回想起瓦斯奎兹和福格认为威林厄姆不可能赤脚跑过燃烧的过道而不被烧伤。但是,如果倾倒图案和水洼布局是轰燃的结果,赫斯特推断,那么它们符合威林厄姆对事件的解释。当威林厄姆离开他的卧室时,过道还没有起火;火焰被限制在孩子们的卧室里,在那儿,沿着天花板,他看到了"明亮的光"。正如莱姆街实验中,调查人员在轰燃发生前几秒钟还能安全地站在房门口一样,威林厄姆也可以站在靠近儿童房的地方而毫发无损。(在莱姆街案例之前,火灾调查人员通常认为一氧化碳在火灾期间会迅速扩散到房屋内。事实上,到轰燃发生之前,火热的烟团下方和外部的一氧化碳含量可能非常低。)当科西卡纳大火发生轰燃时,威林厄姆已经逃到外面,站在前院里。

瓦斯奎兹制作了火灾现场的录像带,赫斯特查看了火烧尾的录像镜头。即使反复观看,他也无法像瓦斯奎兹那样找到3个起火点。(福格最近告诉我,他也看到了一个连续的火烧尾痕迹。他并不同意瓦斯奎兹的观点,但补充说,他在证人席上时,控方和辩方都没有问过他对这个问题的看法。)

在审查了福格和瓦斯奎兹列出的20多项纵火迹象之后,赫斯特认为只有一项具备潜在的有效性:前门门槛样本在溶剂油的测试中呈阳性。但为什么火灾调查员只在那个位置获得了阳性结果?根据福格和瓦斯奎兹的犯罪假设,威林厄姆在孩子们的卧室和过道里洒了助燃剂。调查人员在这些地方进行了广泛的检测——包括所有倾倒图案和水洼布局所在的位置——但一无所获。杰克逊告诉我,他"一直不明白他们为何无法在这些地方重现"阳性测试结果。

赫斯特认为,威林厄姆在门廊处倒助燃剂是难以想象的,那个位置可能会被邻居看到。浏览文件寻找线索时,赫斯特注意到证据中有一张在火灾之前拍摄的门廊照片。在窄小的门廊上有一个木炭烤架。门廊是这一家人烧烤的地方。证人的法庭证词证实,那里有一个烤架和一个装有点火器燃料的容器,当后轰燃阶段的大火在门廊上咆哮时,这两种东西都被烧毁了。由于现场经过清理,到瓦斯奎兹勘查房子时,烤架已经从门廊上移走。尽管他在报告中提到了装点火器燃料的容器,但没有提到烤架。在庭审中,他坚持说从未被告知烤架最初的位置。其他调查人员知道那个烤架,但没有发现其中的相关性。然而赫斯特确信自己已经解开了这个谜团：当消防员把水龙冲向门廊时，很可能让木炭点火器燃料从熔化的容器中洒了出来。

赫斯特说，如果没有参观过火灾现场，不可能查明起火的原因。但根据证据，他毫不怀疑这是一场意外火灾——很可能是由取暖器或电线故障引起的。这解释了为什么一直找不到犯罪动机。赫斯特得出的结论是，没有纵火的证据，一个已经失去了3个孩子并在监狱里度过12年的人即将被处决，根据仅仅是一堆"垃圾科学"。赫斯特写报告的速度太快，都来不及停下来纠正错别字。

"我是一个现实主义者，不会活在幻想中。"谈到证明自己清白的前景，威林厄姆曾这样对吉尔伯特说。但到了2004年2月，他开始燃起了希望。赫斯特的发现帮助了10多人免罪。赫斯特甚至回顾了证明威林厄姆的朋友欧内斯特·威利斯有罪的科学证据，此人因惊人相似的纵火指控而被判处死刑。赫斯特说："我简直像在看同一个案子。改个名字就好了。"在关于威利斯案件的报告中，赫斯特得出结论：没有"一项物证……支持对纵火案的调查"。奥里·怀特是威利斯所在选区的新任地方检察官，聘请的第二位消防专家也对此表示赞同。在死囚牢房待了17年后，威利斯获释。"我不是在释放杀人犯，"怀特当时说，"如果威利斯有罪，我现在会重审他。我会用赫斯特当我的证人。他是一位杰出的科学家。"怀特注意到司法系统离谋杀一个无辜的人就差一步。"他没有被处决，我为此感谢上帝。"他说。

2月13日，威林厄姆被处决之前4天，接到了他的律师里夫斯的电话。里夫斯告诉他，赦免与假释委员会的15名成员在审查了一份宽大处理申请并收到了赫斯特的报告之后，已经做出了决定。

"是什么？"威林厄姆问。

"我很抱歉。"里夫斯说，"他们拒绝了你的请求。"

投票是全体一致通过。里夫斯无法给出一个解释：该委员会秘密审议，其成员不受任何特定标准的约束。委员会成员甚至不必审查威林厄姆的材料，通常也不会亲自辩论案件。相反，他们通过传真投票——这一过程被称为"传真处死"。从1976年到威林厄姆提交请愿书的 2004 年，得克萨斯州只批准了一名死刑犯的宽大处理申请。一名得克萨斯州上诉法官称宽大处理制度为"法律虚构"。里夫斯谈到委员会成员时说："他们从未要求我参加听证会或回答任何问题。"

"清白计划"[93]通过《信息自由法》获得了州长办公室和该委员会与赫斯特报告相关的所有记录。"文件显示他们收到了这份报告，但两个办公室都没有承认它、注意到它的重要性、回应它或在政府内部呼吁关注它的任何记录。"巴里·舍克[94]说，"唯一合理的结论是，州长办公室和赦免与假释委员会无视了科学证据。"

在当时任委员会成员的拉法耶特·科林斯告诉了我这一程序的内容："你不是就有罪或无罪投票，也不是要重审案件。你只需确保一切都符合程序，没有明显的错误。"他指出，虽然规则允许召开听证会审议重要的新证据，但"在我任职期间，从没开过一次"。当我问他为什么赫斯特的报告不算证明了存在"明显错误"，他说："我们收到各种各样的报告，但没有审查它们的机制。"当时的另一位委员会成员阿尔文·肖说，这个案子没有"拉响警铃"，他愤怒地补充道："我干吗要谈它？"赫斯特称委员会的行为"没有良知"。

尽管里夫斯告诉威林厄姆，佩里州长仍有可能给予他 30 天的缓刑，但威林厄姆开始准备他的遗言。他早些时候给斯黛西写了一封信，为自己没能做一个更好的丈夫而道歉，并感谢她给予他的一切，尤其是他们的三个女儿。"我仍然记得安珀的声音、她的微笑、她那酷酷的叫'老兄'的语气，还有她的话：我想抱着你！仍然能感到卡蒙和卡梅伦的手在我脸上的触感。"他说，他希望"总有一天，真相会以某种方式被人知晓，我的名字会重获清白"。

他问斯黛西，他的墓碑是否可以竖立在他们孩子的坟墓旁边。斯黛西长期以来一直表示相信威林厄姆是清白的，但在不久之前，她第一次查看了原始法庭记录和纵火案调查结果。由于不知道赫斯特的报告，她认定威林厄姆有罪。她拒绝了他的愿望，后来告诉记者："他带走了我的孩子。"

吉尔伯特觉得自己辜负了威林厄姆。甚至在他的宽大处理请求被拒绝之前，她就告诉他，能给他的只有她的友谊。他告诉她，"能以某种微小的方式成为你生命的一部分，让我离世之时明白我终究能感知另一个人的心，在我死后，那人可能会记得我"，这样就足够了。他补充说："你没有什么需要我原谅的。"他告诉她，执行死刑时他需要她在场，以帮助他应对"我的恐惧、想法和感受"。

…………

下午4点，威林厄姆要求吃最后一餐。下午5点，他得到了它：三份烤猪肋排、两份洋葱圈、炸秋葵、三份奶酪牛肉墨西哥卷饼和两片柠檬奶油派。他收到消息说佩里州长拒绝了他暂缓执行的请求。（佩里的一位发言人说："州长是根据案件的事实做出决定的。"）威林厄姆的父母开始哭泣。"别难过，妈妈。"威林厄姆说，"再过55分钟，我就自由了。我要回家看我的孩子们。"早些时候他向父母承认，他对火灾发生那天的一件事撒了谎。他说他从来没有爬进孩子们的房间。"我只是不想让人们认为我是个胆小鬼。"他说。赫斯特告诉我："没有亲身经历过火灾的人不明白，为什么生还的人往往无法救出遇难者。他们对火灾是什么样子一无所知。"

…………

在他死后，他的父母10多年来第一次被允许触摸他的脸。应威林厄姆的要求，他们火化了他的尸体，偷偷将一些骨灰撒在了他孩子们的坟墓上。他曾告诉他的父母："请永远不要停止为我洗清冤屈而战斗。"

2004年12月，关于威林厄姆一案科学证据的质疑开始浮出水面。《芝加哥论坛报》的莫里斯·波斯利和史蒂夫·米尔斯发表了关于法医学缺陷的系列调查报告；在得知赫斯特的报告后，波斯利和米尔斯请来了包括约翰·伦蒂尼在内的三位火灾专家，对最初的调查进行审查。专家们赞同赫斯特的报告。将近两年后，"清白计划"委托伦蒂尼和其他三名顶级火灾调查员对威林厄姆一案中的纵火证据进行独立审查。该小组的结论是，证明纵火的"每一个"指标都"被科学证明是无效的"。

…………

就在威林厄姆接受死刑注射之前，他被问到是否还有话要说。他说："我想做的唯一陈述是，我是一个无辜的人，被强加了我没有犯下的罪行。12年来，我一直为我没有做的事情受尽折磨。我来自上帝的尘土，也将归于尘土，所以大地将成为我的宝座。"

思考题

1. 耶鲁杀人事件的痕迹是什么？
2. 你会讲什么样的故事来把耶鲁杀人事件的痕迹变成证据？
3. 要讲好故事，耶鲁杀人事件这篇报道中缺少了哪些很重要的内容？
4. 你认为托德·威林厄姆纵火了吗？为什么？请具体一点儿回答。
5. 为什么瓦斯奎兹和福格讲述的故事与赫斯特的版本不同？

证实与证明：信念网络

从这两份阅读材料中可以看出，刑事检察官的推理与夏洛克·福尔摩斯这样的侦探或者犯罪调查实验室调查员的推理没有太大区别。

通过围绕已收集的证据编织一个故事，检察官指控某人犯罪并向陪审团举证说明这是正确的选择。检察官的工作是用让陪审团觉得可信的方式将各个碎片组合在一起。为此他请来证人做证，以证明某些痕迹的存在，如果陪审团接受，这些痕迹就会成为检方故事的证据。与故事相符的每一点证据都使故事更加可信。请注意，没有哪条证据"证明"这个故事。目击者的陈述时常是错误的，就连认罪有时也是谎言（例如，旨在保护所爱之人或讨价还价以获得较轻的判决）。倒不如说，每个碎片都被嵌入了检察官展示的整个画面中。每个碎片都有助于证实或驳斥这幅图画或这个故事。由陪审团决定是接受还是拒绝这一画面。

你对陪审团的行为非常熟悉，知道虽然所有陪审团成员都听到了同样的故事，但他们有时并不一致赞同最终裁决。这是因为他们听到的故事不仅需要将各种痕迹很好地结合在一起，还需要与每个陪审员的背景知识相契合；换句话说，它必须符合他熟悉的模式。既然他们每个人都有不同的背景知识储备，对检察官（或辩护律师）的故事就会有不同的反应。因此我们可以看到，为什么有些陪审团对特定被告有偏见或者偏爱，即使并不存在公开的敌意和顽固的偏执。我们中没有哪两个人拥有相同的背景知识，因此对故事的接受程度会各不相同。这就是为什么在美国"被告应由其同龄人组成的陪审团来审判"这一点被认为非常重要。

所有这一切都归结为人们所说的证据的局限性。证据可以证实一个假设或一个故事,但不能证明它。一个故事可以被证实为极有可能或较有可能,但不能像数学或逻辑推理中的证明那样得到证明。

然而,尽管基于归纳推理的假设(或故事)没有这样的证明过程,只是可能性较高,它也可以是可信的,甚至是"没有疑问"的。你现在相信——毫无疑问地——你明天会醒来(不管是几点),即使证据只能证实而非证明这个信念。这一简单的信念实际上是一个非常复杂的故事的一部分,这个故事有大量的背景知识支持。很多别的信念并不那么可靠,我们得到的证据少于我们的期望,却必须根据它们做出决定和判断。随着时光流逝,草莓冰激凌甜筒的味道是否比香草冰激凌甜筒更好对我们来说不再那么重要,因此,我们可能不需要太多证据来做出决定。(话说回来,你可能会要求舔一下。)但我们希望在我们的法庭上——以及许多其他"大场面"里——做出的决定是基于一种符合最广泛的背景知识集合要求的证据模式。

当我们进行归纳推理时,是在证实而非证明结论。想要证实它们时,我们寻求的是一种良好契合,不仅是我们选择作为证据的痕迹之间要丝丝入扣,整个故事与我们的背景知识也得相互协调。这个故事必须对我们有意义,它作为我们周遭世界的一部分也必须有意义。我们的背景知识使我们有能力判断是否如此。这意味着我们必须始终对这个世界敞开心胸。我们需要保持好奇。我们需要尽可能多地了解它。有些学生令人惋惜,他们说:"我不知道为什么必须上化学课。我永远不会用到化学。"你尽可以放心,福尔摩斯绝不会说那样的话!

背景知识与第三章讨论过的信念网络有关。我们的背景知识不仅仅是孤立信息的集合。它的各个方面互相联结在一起,形成一个网络。这种信念网络就像是互联网用户非常熟悉的万维网。与互联网一样,背景知识的片段之间的联系让它们变得可以被人利用。一小点儿知识将我们带到另一个片段,这个片段又将我们带到别的片段,依此类推。有些知识是我们信念网络的核心。通往它们的连接非常密集——就像网络中的高级主机一样,它们的网络连接通往世界各地。它们与其他信念集合都建立了关键联系。其他一些知识片段则相当边缘化——更像是很少有人访问的个人主页。打个比方，如果万维网上有一台高级主机宕机，很多人都会知道并抱怨；但如果是你的个人主页挂了，没有几个人会注意到。同样，如果你不得不调整信念网络的重要部分，这可能让你迷失方向、怒火中烧；与此同时，一个人信念网络的某些部分完全是可有可无的。

我们可以使用这个类比来更好地理解"证实"是怎么一回事。一个假设被证实的程度取决于它与一个人信念网络的契合程度。它与该网络的连接越多，这些连接就越接近该网络的核心，而网络内部由此产生的连接越多，对这个人来说该假设就越能站稳脚跟。如果一个假设与某人的网络没有连接，或者与他网络中的许多别的信念相抵触，那么他接受该假设为实情的可能性就越小。有时，支持相关假设的故事是如此有力，尽管它与某人网络中的其他事物不相符，他仍然会接受它。之后他可能被迫放弃信念网络中的一些信念，好容纳新的信念。

本章第三份阅读材料也是关于一宗刑事案件，它是发生在 20 世纪 80 年代初期的一起谋杀和相关审判。已有两本书和一部电影将这个案件戏剧化，所以你可能已经对它很熟悉了。这起案件至今仍然让还在寻找失踪儿童尸体的警方感到困惑。将自己置于陪审团成员的位置，你会投票判定威廉·布拉德菲尔德犯有共谋杀人罪吗？

威廉·布拉德菲尔德案：主线谋杀案[95]
麦克·马洛

苏珊·莱纳特去世很快就要两年了。

她的孩子们仍然下落不明。

她的遗产仍然悬而未决。

杀死她的人仍然逍遥法外。

她的身世之谜和死亡悲剧仍然无法解释。

谋杀没有追诉时效，但耐心是有限度的。

爱苏珊·莱纳特和她孩子的人，深切关心她的朋友和亲戚，在上梅里恩高中与她一起教书的同事，以及在阿德莫尔的伍德克雷斯特大道与她交情深厚的邻居们——这些人的希望正在耗尽。

苏珊·莱纳特之死这个顽固的谜题出现就快两年了，但谜团依然如故。

谁杀了她？为什么？孩子们在哪里？

美国联邦助理检察官彼得·申克是一位很有干劲的年轻检察官，负责继续调查苏珊·莱纳特的谋杀案，以及她两个年幼孩子的失踪案和被推定的绑架谋杀案。在本月晚些时候的某一天，他将不得不去第六街和市场街相交处的联邦大楼，站在一名冷酷的黑袍法官面前，要么成事，要么闭嘴。

申克的心思已经完全被那个场面占据了。当他谈起这件事时，他的语气很急躁；他担心、害怕自己说错哪句话，会危及政府一直在追寻的蛛丝马迹。当被问及莱纳特案调查的进展时，申克只会尖锐地回答："它不是一家已打烊的商店。我们正在努力，希望能解决这个问题。"

本月出庭时，申克面临着一个并不轻松的选择。

他要么宣布美国政府准备就谋杀苏珊·莱纳特和她的孩子失踪一事起诉一个或多个人；要么会发现自己被迫以律师的方式再争取一次延期，那将是长达 21 个月的调查结束前的最后一击——大多数参与过、沉迷于该项调查并为之精疲力竭的人都同意，它早就该结束了。

这是那种本该在几周之内破案的谋杀。

警方发现她的尸体被塞在一辆红色普利茅斯两厢车的备胎舱内。那时她只是一个身份不明的 30 多岁的白人女性。她浑身赤裸，脸上和手臂上有很深的瘀伤。

根据验尸官的报告，她被绑成胎儿的姿势，粗糙的大腿伤口中嵌入了类似牛仔布的物质痕迹，可能是织物。搏斗的迹象很明显。

起初，他们以为她被强奸了，但医学专家很快否定了这个想法。她个子很矮，实际上非常娇小，有一头棕色短发，要制服她并不难。

她的右眼乌青，周围的组织明显隆起和裂开。当时无法确定死亡时间，但后来的尸检表明，在她的尸体被发现之前，她可能已经死亡了 24 小时。

尸体上最引人注目的擦伤是一条沿着女人的背部和臀部的细长的浅刺痕。看起来像是马刺造成的，这引发了一种猜测：她是某种杀戮仪式的受害者。但这个想法很快也被抛弃了，取而代之的是一个不那么耸人听闻但更有可能的解释：她在某个时间点被自行车链条绑住，并被拖行了一段距离。

一开始他们也曾假设受害人是窒息而死，将她的死列为"窒息杀人"。

这就是当尸体被发现、调查开始时，他们拥有的条件。但那时候，这似乎绰绰有余——他们不断地告诉自己，这是一场平平无奇的谋杀案。

…………

当警察第一次接近那辆汽车时，天还很黑。周一凌晨 5 点打来的电话，他们几乎立刻做出了反应。停车场近乎空无一人，小小的普利茅斯独自停在那里。

仲夏时节肆虐宾夕法尼亚州中部的高温还隐藏在群山之后，黎明前的黑暗使体感气温比实际上的更凉爽。

州首府哈里斯堡旧法院大楼的夜间调度员接听了电话，并迅速将其转给他的上级凯文·莫洛伊。天黑后，宾夕法尼亚州多芬县的每一通警察电话连同民防紧急情况和自然灾害电话都必须通过他们的总机转接。从技术上讲，调度员和莫洛伊就相当于多芬县的整个应急准备和通信办公室以及夜间警察无线电网络。

本来没人把这些工作当回事，包括民防官员自己。直到 3 个月之前，即 1979 年 3 月 28 日狂风大作的夜晚，位于哈里斯堡郊外三哩岛的大型核反应堆堆芯开始熔毁[96]。从那时起，夜间调度员工作态度变得非常认真。

一名似乎略带口音的男子打电话给警察说："东道主汽车旅馆的车里有一个生病的女人。"他声称是从哈里斯堡以北约 5 英里的美国 22 号公路上的一个电话亭打过来的。这是警方在这个案子中最后一次接到匿名来电者的电话。

东道主旅馆位于斯瓦塔拉镇乡村地区，距离宾夕法尼亚州收费公路约 3 英里，法院大楼把电话转给了斯瓦塔拉镇警察局。事实上，乡镇警察早在 4 个多小时前就注意到了这辆独自停在路边的红色普利茅斯汽车，第一次发现它是在午夜过后，但没人觉得有任何理由进行调查。现在有理由了。

东道主旅馆是一个色彩缤纷、舒适怡人且面向家庭的场所，适合举办安静的商务会议和研讨会，也适合奔波在收费公路上的政客们入住，他们来自费城和宾夕法尼亚州东南部，因公事需要在首府附近过夜。

这家旅馆从来没有给当地警察带来任何麻烦，报告停车场有一名生病的妇女似乎也很正常。他们像接到普通的车辆援助电话一样走近那辆车。

然而事情有些不对劲。这辆车的后车门显眼地掀开着，在空无一人的停车场里几乎在主动吸引注意力。当他们往里看时，看到那具小小的、破碎的尸体卡在了备胎舱里。

尽管有三哩岛的核问题在先，凶杀案还是多少超出了乡镇警察的正常工作范围。遇到这种罕见的情况，他们的惯常程序是打电话给哈里斯堡附近宾夕法尼亚州的 H 警察分局，让他们来办理案件。

这正是他们所做的。但在最初发现尸体和开始凶杀案侦查之间的某个时间点，出现了错误——代价高昂、令人懊恼的错误，最终导致了无法挽回的后果——它将在近两年之后仍然困扰着执法部门。

但回到那时候，在 1979 年 6 月 25 日的清晨，宾夕法尼亚州黎明的清新凉意中，东道主旅馆停车场里那具遍体鳞伤的尸体看起来仍然是桩普通的案子。

在费城或匹兹堡等大城市里，停车场中的尸体会例行分配给随便哪个值班的警探，或者"上交"凶杀组。在位于费城市中心的凶杀案总部，警探实际上会从一个似乎永不停息的"纺车轮"档案系统中提取案件，因为在好年景中，你可以指望有将近四百名费城人使用各种令人眼花缭乱的方式互相暗杀。

如果凶杀案发生在大城市，警察即使还没接到案子，也可以合理相信犯罪现场和所有物证都得到了保存，所有证人都在待命，犯罪调查实验室的专业病理学家正忙于鉴定并标记法医学那些可怕的手工制品。

凶杀案和家庭纠纷一样普遍的地方就是这么办事的。但在美丽的、草木葱茏的多芬县，发现一具身份不明的赤裸的白人女性尸体是一件大事。

虽然州警和斯瓦塔拉镇警察仍在检查那辆汽车、查找受害人身份并询问东道主旅馆人员以收集线索，尸体本身却已经在前往哈里斯堡社区综合整骨医院的途中。

当它到达时，临床病理学家罗伯特·贝尔医生将进行例行尸检，尸检最终由多芬县资深验尸官威廉·布什博士出具证明。

贝尔将确定是这具尸体内部有什么情况或创伤让受害者机能衰竭，从而导致死亡。决定具体死因不是他的工作。尽管如此，在这次初步尸检之后，"窒息杀人"仍会被错误地记入官方报告。要到6个月后，在那次初步尸检中采集的冷冻组织的微小样本才会姗姗来迟地揭示真正的死因。

对于一名优秀的凶杀案警探，从贝尔医生这里得到的医疗信息可能很有趣，却不相关。至关重要的证据不是由临床病理学家而是由法医病理学家发掘出来的，后者的专长是描述可能的死因——导致这具身体临床死亡的起因。

在大多数情况下，这将是警察确切知道他们所面对的是什么样的凶手——枪手、刀客、投毒者、瘾君子等的首要的也是唯一的方法。

没有法医提供的信息，凶杀案的调查实际上不可能迅速而专业地进行。

然而宾夕法尼亚州中部那个可爱的夏日里，警方发现自己正处于这种窘境，时间长达好几个钟头。他们的调查刚一开始，尸体就消失了。

县验尸官布什坚称没有任何不当操作。社区综合整骨医院的发言人也是这么说的。鉴于从未有人提出控告，他们说的可能是对的。只是随着停车场尸体调查工作的继续，几乎没有什么事不变得荒腔走板。

当警方意识到受害者实际上是被塞进了她自己的车里时，才有了第一个突破口——那是一辆1978年产的普利茅斯地平线汽车，登记在37岁的苏珊·莱纳特名下，她住在阿德莫尔的伍德克雷斯特大道662号，那里是费城高端的主线地带一个小型城郊住宅区。

斯瓦塔拉镇靠近哈里斯堡，汽车旅馆停车场距她家有一百多英里，苏珊·莱纳特来这里做什么，谁也不知道。

警方很快联系上了莱纳特的家人，包括她的前夫肯尼斯·莱纳特，他住在费城郊外她家附近；她的一个兄弟，W.帕特里克·加拉格尔，他是一名化学家，在匹兹堡工作。

当警方刚刚开始问苏珊·莱纳特是谁，是怎样的人，以及她是如何和为什么出现在自己车的备胎舱里、浑身赤裸并失去生命时，她的家人正在安排认领她的遗体。

事实上，她的兄弟立即联系了一家殡仪馆，该殡仪馆已经着手将她的尸体从哈里斯堡的社区综合整骨医院运走。她的家人决定火化，而他也在当天上午晚些时候赶到那里执行他们的愿望。所有这些都发生在发现尸体的短短几小时后。

初步尸检完成后，布什验尸官下令将她的尸体交给家人。他这样做的时候，警方还没有开始他们的法医验尸程序。

与此同时，在中午之前，州警察已经接管了调查，哈里斯堡刑事调查组的约瑟夫·范诺特警官正在给布什验尸官打电话。他告诉布什，请保管好这具尸体，以便实验室能对其进行指纹鉴定并做更彻底的检查。

在范诺特的电话之后，验尸官立即通知了医院，叫他们让殡仪馆的人等着。但到下午早些时候，尸体指纹已经提取，殡仪馆又开始要求拉走遗体。

法医还没有出现，医院得到一个暂停的命令，同时根据宾夕法尼亚州的法律，没有验尸官的特别许可，不得放行任何尸体，但殡仪馆的人已经开始不耐烦了。

布什验尸官曾同意过将尸体运走，此时，又在州警察的干预下取消了这一命令，但中间的某一环节里有人产生了误解——尸体刚采集好指纹，殡仪员就得到允许，可以带着苏珊·莱纳特的遗体离开。他马上就把它火化了。

当天下午晚些时候，刑事调查组的人前来寻找尸体，惊呆了的社区综合整骨医院工作人员只能结结巴巴地问："什么尸体？"

到1979年6月25日傍晚，大多数与苏珊·莱纳特最亲近的人都知道发生了什么。她的前夫肯尼斯是费城富达银行的员工福利主管，被叫到哈里斯堡辨认尸体。他打电话给自己的父母——虽然他离了婚，他们与苏珊的关系仍然非常密切——告诉他们，她在一次严重的车祸中受伤。直到几个小时后，他才鼓起勇气告诉他们到底发生了什么。

尽管对莱纳特的死感到震惊和心神不宁，她的前夫以及他的父母更忧心的是他们家的孩子们：11岁的迈克尔和12岁的凯伦的下落和安全。

当天晚上，宾夕法尼亚州警察局也意识到，他们面对的不仅仅是苏珊·莱纳特的谋杀案，她的孩子们也几乎可以肯定已经被绑架，并可能已经死亡。

突然之间，在东道主旅馆停车场发现的身份不明的白人女性尸体具备了三重谋杀的所有迹象。他们很快明白过来，那天早上预估的平平无奇的案件已经升级为更加复杂的东西。

索恩伯格州长最近任命的宾夕法尼亚州警察局局长丹尼尔·邓恩，以前是联邦调查局匹兹堡分局的特工主管，索恩伯格本人也曾在同一部门多年，担任不屈不挠的美国联邦检察官。他和邓恩非常了解对方，邓恩对莱纳特谋杀案的反应是即时的，也是可以预见的。

他想让局里的老同事们立刻参与进来。他们不需要任何司法部门的批准就可以向哈里斯堡的H分局施以援手并提供实验室设施——他们过去经常这样做。仅仅是莱纳特的两个孩子失踪这一事实，就足以触发联邦层面的绑架案调查。此外，从本案进展情况来看，邓恩知道H分局可以利用一切可能的帮助。

迈克尔·瓦尔德是首批被指派负责莱纳特一案调查的联邦调查局特工之一，时年35岁，是在哈里斯堡办公室工作了9年的老兵，放在整个联邦调查局都算是最有经验的特工之一。发现苏珊·莱纳特尸体那天，瓦尔德正在佛罗里达州度假。

他不知道苏珊·莱纳特是谁，也不知道她为什么被杀，更不知道她的孩子们发生了什么事。事实上，当她的尸体被发现时，一起棘手的凶杀案是他最不愿想起的事。然而几周之内，所有这一切都会发生戏剧性的变化。

邻居们最后一次见到苏珊·莱纳特和她的孩子们，是在1979年6月22日星期五晚上，也就是她的尸体被发现的3天前。

那是大约晚上9点15分。她的两个孩子，迈克尔和凯伦正在家门口玩耍。外面下过一场突如其来的夏日暴雨，孩子们正在捡拾落在街道上的冰雹。

邻居们声称，大约15分钟后，他们听到莱纳特的电话响起，接着莱纳特和孩子们很快冲出房子，车门砰一声关上。莱纳特小小的普利茅斯汽车从她的车道上倒车出来。当汽车离开伍德克雷斯特大道时,车轮碾得冰雹嘎吱作响。

没有人知道是谁,又为什么给苏珊·莱纳特打了电话,或者事实上,是否真的有人打过电话。就算警方对这一点有任何推测,他们也不会透露。可能就是通过这个电话,莱纳特和她的孩子们被引诱离开了安全的家。大多数调查人员都同意,无论这个诱饵是谁,只要本案有起诉的那一天,此人都会在起诉书中占据重要位置。

那天晚上早些时候,莱纳特的儿子迈克尔与他的父亲肯尼斯通了电话,说周末要去看望住在菲尼克斯维尔附近的祖父母。若非如此,他大部分周末都会和父亲一起度过。自从大约3年前分居和离婚后,肯尼斯·莱纳特几乎每个周末都设法去看孩子们。他和莱纳特都深爱他们,无论离婚与否,他们都决心尽可能让孩子们的生活保持正常。

周五傍晚,苏珊·莱纳特也曾打电话给她的前公婆约翰和弗洛伦斯·莱纳特,时间是下午5点左右。她与约翰核实一箱汽油能否够她在那个周末往返阿伦敦。那天晚上她离开伍德克雷斯特大道之前,邻居们还记得她问过街上其他人,他们是否觉得一箱汽油就够了。

汽油短缺一直困扰着宾夕法尼亚,索恩伯格州长几天前才制订了单双数车牌配给计划。加油站排长龙和空油箱都很常见,苏珊·莱纳特对长途旅行的风险感到紧张可以理解。不过自从离婚后,她已经习惯了事事靠自己,而且似乎打定主意第二天就去收费公路。

莱纳特是上梅里恩高中的一名英语教师,也是教职工中非常受欢迎的组织者,最近活跃于"无伴侣父母"组织,这是一个丧偶、离异或分居父母的自助团体。

她本该在次日协助该团体在阿伦敦举办一场研讨会。研讨会结束后,迈克尔将被送到祖父母家,他将在那里做客一星期。苏珊·莱纳特和女儿凯伦打算去一家健身诊所,因为凯伦是一名狂热的体操运动员。莱纳特计划在那个星期晚些时候和她的孩子们一起参观福吉谷[97]音乐博览会,以及位于福吉谷的华盛顿纪念教堂。莱纳特和迈克尔的祖母正计划让迈克尔在那里受洗。

莱纳特和迈克尔没有抵达老两口家中,他们那时就知道出事了。

以她自己安静、矜持、有教养的方式，苏珊·莱纳特一直在寻找——事实上是在拼命寻找——一位"如意郎君"。

私下里，许多调查人员都相信，正是这种寻找引她走向了死亡。几乎没有人质疑这样一个事实：自从离婚后，小精灵般的莱纳特一直被孤独感吞噬。她的大圆眼镜后有一双乌黑的大眼睛，她还有一头蓬松的棕色短发。她是一个需要男人的女人——一个带着两个孩子努力生活的女人，她钟爱他们，希望他们不要因为父母离婚留下无法消除的伤痕，那场离婚已经摧毁了她的生活。

在过去几年里，这位英语教师一直努力扩大她的朋友圈，努力结识那些在情感和智力上符合她的标准的男人，并将职业生涯锚定在上梅里恩高中的教职快车道上。

她认识前夫肯尼斯的时候，他们都是宾夕法尼亚北部一所小型大学的学生，后来她嫁给了他，并在婚姻的头几年里与他一起从一个空军基地搬到另一个空军基地，因为他当时在空军工作。20世纪70年代初期，他们在费城郊外另一个主线地带的小型城郊住宅区定居下来。

她很少谈起那次离婚，而她后来再婚的前夫通常拒绝发表评论，除非通过他的律师，那位律师至今仍深陷在与苏珊·莱纳特相关的一连串事件中。

不知何时起，她和她的丈夫渐行渐远，厌倦了彼此的脾气和性情，终于不情愿地承认这段婚姻没有成功。她的许多朋友后来都声称，当离婚最终成为现实，苏珊·莱纳特一开始将其视为一种解脱。但后来，她屈服于它所造成的空虚和孤独——有时几乎造成了肉眼可见的身体症状。

在东道主旅馆停车场的可怖发现后，调查人员做的第一件事就是询问她的朋友、亲戚和邻居，关于她男朋友的事。不断出现的名字是47岁的威廉·S.布拉德菲尔德，目前正在享受上梅里恩高中教职工的休养假期，但那时，他是苏珊·莱纳特的一位教师同事，也是迄今为止上梅里恩高中教员的准知识分子小团体中最有魅力的人物。

当其他调查人员追查线索，尤其是关于布拉德菲尔德和该高中其他几位教师的线索时，联邦调查局的迈克尔·瓦尔德正在费城为这起谋杀案调查工作建立一个滩头阵地。

到了8月初，瓦尔德和他的多年搭档唐·雷登全职从事莱纳特案调查，后者目前是该局位于肯塔基州卡温顿办公室的特工主管。到最后，将有来自4个不同州的数十名州警和超过16名联邦调查局特工参与该案调查。但早在1979年8月，瓦尔德就试图主要靠自己协调事务。

在过去几年里，他一直在哈里斯堡对付腐败官员、宾夕法尼亚州中部嗜血的黑人、银行劫匪团伙以及影响州首府的跨州卖淫犯罪。凶杀案带来了一种明显的节奏变化，起初并非全然令人不快。

瓦尔德的家庭来自宾夕法尼亚州北部的谢南多厄河谷煤矿区，但这位特工是在纽约长大的。他仍然保留着浓重的布朗克斯口音，看起来一点儿也不像典型的、出身于农场的联邦调查局特工。他们身材高大，瓦尔德矮壮敦实。他们白肤金发，瓦尔德皮肤黝黑，留着卷曲的黑发和浓密的胡须。说实在的，他看起来更像是联邦调查局要抓的人。

作为该局的顶级卧底之一，这些特征过去为瓦尔德带来了很多方便。以这种身份，他帮助渗透并打击了北卡罗来纳州的香烟走私活动。在那之前，他还曾参与该局最早在东海岸打击盗版录像带和磁带的系列行动。作为卧底，瓦尔德有固定角色——他总是扮演一个来自纽约的说话很快的骗子。

在那个夏天，宾夕法尼亚州警察局在贝尔蒙特分局设立了一个莱纳特案件指挥部。如瓦尔德一样的特工们是从哈里斯堡这样的边远办公室调来的，他们被安置在附近都市大道上的万豪酒店。

事实上，在莱纳特的尸体被发现之前，瓦尔德就已经申请调到费城。费城的特工主管埃德加·贝斯特曾是瓦尔德的上司，或者说是他之前两次秘密任务的"掌控者"，两人期待再次共事。然而调查莱纳特谋杀案并非他们的初衷，当瓦尔德开始调查此案时，他和其他所有调查人员做梦都没想到这将成为他们的全职工作。

迈克尔·瓦尔德做的第一件事就是探访位于阿德莫尔伍德克雷斯特大道662号的莱纳特住宅。"那是一所完全以儿童为中心的房子——如果你明白我的意思的话。"在将近两年后，瓦尔德仍能回想起来。凭借生动详细、近乎完整的回忆，他仍然想要描述房子的内部和他涌现的感受。与调查莱纳特谋杀案的大多数州警和特工一样，瓦尔德也有自己的孩子。

"到处都是玩具和游戏……墙上贴着海报，他们带回家的学校试卷也挂起来了——诸如此类的东西。那个小男孩，迈克尔，在楼上组装了一辆赛车；那个小姑娘，凯伦，她的手提箱和旅行袋都收拾好了……这是一个适合孩子成长的好环境……我们可以据此确定，他们也是非常好的孩子，很乖……我不必告诉你我们每次去那里的感受。

"很难想象这两个孩子让案件变得多么困难。他们总在你的脑海深处……你*想要*找到他们——找到他们是你的*工作*；但如果你发现他们被埋在某个地方……在某人后院的坟墓中或被扔在树林里，你也不知道会作何反应……这太难了……这是我经历过的最糟糕的事情之一。

"这事真的影响了每个人。乔·范诺特，负责本案的州警——你无法想象这事对他产生了什么影响……这事现在取代了他的*生活*。

"当周末到来的时候，周五晚上，我开上通往哈里斯堡的收费公路，心里明白我要回家了，我会很高兴。我感觉就是卸下了重担。然后到周一早上，我又上了那条路；在我到达费城前的一个小时里，压力已经开始增加了。但我想我们在开始的时候犯了和其他人同样的错误。我们没想到会花这么长时间——我们当初把它看作一个平平无奇的案子。"

在去世前大约两个月，苏珊·莱纳特购买了价值数十万美元的保险，这让她本已相当可观的遗产更加丰厚。她的母亲在前一年即 1978 年 10 月去世，给她留下了大约 3 万美元的现金和大约价值 20 万美元的房产，那处房产位于宾夕法尼亚州北部埃尔克县的里奇韦附近。在她母亲去世大约一个月后，苏珊·莱纳特起草了一份遗嘱，指定她的兄弟 W. 帕特里克·加拉格尔为执行人，她的孩子迈克尔和凯伦是仅有的两个受益人。

但就在她死前 7 周，这些计划发生了根本性的变化。除了从得克萨斯州圣安东尼奥的美国汽车协会购买了 50 万美元的人寿保险（其中包括 20 万美元的意外死亡附加险），她还从纽约人寿获得了 16 万美元的保单。加拿大的大西部保险公司也为她出具了一份可观的保单。

在 1979 年春天，苏珊·莱纳特的预计遗产总额略高于 110 万美元。

她在 5 月初突然修改遗嘱，取消了她兄弟的遗嘱执行人身份，也不再将她的孩子列为受益人，这让她的朋友和家人大吃一惊。她让上梅里恩高中的教师暨同事威廉·S.布拉德菲尔德取代了他们的位置，成为新的遗嘱执行人和唯一受益人。

修订后的遗嘱中有一个意味深长的短语，将布拉德菲尔德称为"我未来的丈夫"。

目前，高大、蓄须的布拉德菲尔德通过律师坚称，此事对他是个新闻。

在与莱纳特案调查有关的唯一一次出庭期间，布拉德菲尔德用一位观察员形容的"冰冷的蓝眼睛"凝视前方，争辩说他和苏珊·莱纳特仅仅是非常要好的朋友。"她并不经常听取我的建议……她问我应该跟谁约会。她和我认为她不应该约的人约会，去我认为她不应该去的地方，过着我认为她不该过的生活……"

布拉德菲尔德其时正在特拉华县的梅迪亚县法院向弗朗西斯·卡塔尼亚法官提供证词。就在这个点上，他的律师约翰·保罗·柯伦明智地打断了他。

在当时，也就是 1980 年 6 月 10 日——距苏珊·莱纳特的尸体被发现几乎整整一年——询问布拉德菲尔德的人是特拉华县的地方副检察官约翰·A.雷利。他是由法院任命的将被争夺的莱纳特遗产的管理人。雷利指责布拉德菲尔德一直"以一句婚姻的承诺引她走上报春花之路"[98]。

布拉德菲尔德及其辩护者从来没有用太多的话来反驳这一指控，只是暗示苏珊·莱纳特实际上是一个不快乐的、极度孤独的女人，也许有些神经质，她求而不得地虚构了一段与布拉德菲尔德的幻想罗曼史。通过将他列入遗嘱，她在自己的脑海里把这种幻想推向巅峰。

然而受害者的朋友、她的前心理医生、私下场合发言的警方调查人员，以及一群咄咄逼人的记者最终得出了一个截然不同的事件版本。

根据人们非正式的共识，尽管存在布拉德菲尔德大部分时间和上梅里恩的另一位教师苏珊·迈尔斯同居的事实，莱纳特和布拉德菲尔德在大约 6 年时间里是非正式的情侣（布拉德菲尔德过去也结过婚）。

就在去世之前，苏珊·莱纳特曾告诉朋友们，计划带着孩子们与布拉德菲尔德一起搬到英国并嫁给他。阿德莫尔伍德克雷斯特大道的邻居告诉调查人员，布拉德菲尔德一直是苏珊·莱纳特家的常客，他与这位谋杀受害者一道旅行，跟她的孩子们一起玩耍，偶尔会在那儿过夜。

在那之前不久，布拉德菲尔德被选为上梅里恩教师工会主席，他声称这是无稽之谈，他无意前往英国，并期待就学区的新合同进行谈判。

自然，这一切吸引了调查苏珊·莱纳特谋杀案的警察们，尤其是布拉德菲尔德因苏珊·莱纳特的死将获得如此丰厚而直接的利益这一事实。

目前，费城市中心受过耶稣会教育的一流辩护律师约翰·保罗·柯伦对这种猜测嗤之以鼻。

"威廉·布拉德菲尔德从未受到任何指控，也没有做过任何事。他和苏珊·莱纳特一样是这一切的受害者。这毁了他的健康，危及了他的职业生涯。

"那些企图把他与此案联系起来的人保准也是'都是管家干的'理论的信徒……嗯，这次真不是管家干的。"

根据柯伦和其他律师的建议，布拉德菲尔德拒绝就此案发表任何评论。他关于此案的唯一公开声明是一份简短的书面文件，其中否认与谋杀案有任何牵连，并表示希望尽快破案。这是他在突然辞去上梅里恩教师工会主席一职时发表的。根据调查人员的说法，他拒绝与联邦调查局或州警方合作。

布拉德菲尔德自1963年以来一直在上梅里恩任教，拥有英语和拉丁语资格证书。他生于科罗拉多州，1955年毕业于哈弗福德学院，人生的大部分时间要么在上学要么在授课。

大多数人认为他是上梅里恩的首要人物，无论是在学术上还是政治上。学生们争先恐后涌入他的班级，而像苏珊·莱纳特这样的女教师显然在那双"冰冷的蓝眼睛"注视下融化了。在上梅里恩校园里流传着从未真正证实过的故事，说布拉德菲尔德年轻时曾在古巴与卡斯特罗并肩作战，过着浪漫学者的潇洒生活。虽然几乎可以肯定事实真相并不如所谓的布拉德菲尔德传奇那么令人着迷，但现实仍然是，在教职工内部飞短流长、互相敌对的派系中，布拉德菲尔德一派占据上风。实际上，镇上影响力堪与布拉德菲尔德匹敌的唯一教育工作者是上梅里恩的资深校长杰伊·C.史密斯。在许多人看来，两人实际上共同运作着这所学校。布拉德菲尔德一贯坚称，由于他的工会活动以及他是教师而非行政人员，双方的关系是敌对的。

在校外，布拉德菲尔德是蒙哥马利维尔购物中心一家工艺品店的部分所有者，也是切斯特县一些高档房地产的持有人。他聪明、迷人、有吸引力。有时布拉德菲尔德的仰慕者忍不住想知道他待在一所高中的英语部门做什么。正如他们中的一位所说："他就是一位老师该有的样子。当你想到研读名著的人，当你想到典型的常春藤大学教授，你脑海中立刻浮现的就是比尔[99]·布拉德菲尔德这样的形象。不难看出为什么像苏珊·莱纳特这样不起眼的英语教师会为他疯狂。"

与此同时，警方对布拉德菲尔德的资历和个性相当不以为意。莱纳特死后，他是会得到钱的人，这对他们来说已经足够了。

布拉德菲尔德在莱纳特失踪当晚的行踪从未得到警方的证实。然而在杀戮发生的那个初夏周末，他和上梅里恩的3名同事一起入住了新泽西州五月岬的一所短租公寓。他们在那儿一直待到星期一，也就是苏珊·莱纳特的尸体被发现的那天。1979年6月25日那一天，布拉德菲尔德和另一位教师乘夜班飞机前往新墨西哥州圣菲，他们将在那里度夏并攻读研究生课程。事实上，当布拉德菲尔德联系"柯伦、米洛特，大卫和菲茨帕特里克律所"的约翰·保罗·柯伦时，他本人还在新墨西哥州。

在布拉德菲尔德成为调查的核心人物很久之后——尽管直到今天，他从未受到任何指控——警方确定苏珊·莱纳特是在1979年6月24日星期日0点15分到6点15分之间被杀的。

到最后，布拉德菲尔德、他的前同居人苏珊·迈尔斯、克里斯托弗·帕帕斯和上梅里恩的所有教师聘请了卫兵安全系统公司对他们进行测谎，以确定他们对那个周末在五月岬的事是否说了真话（无论如何，那里有目击者见过他们）。曾在现场的第四位教师文森特·瓦莱提斯拒绝参加测谎，而是选择与调查人员合作。据这家测谎仪公司的发言人称，布拉德菲尔德和其他人在回答有关苏珊·莱纳特被谋杀或他们当时行踪的问题时，"完全没有任何欺骗的迹象"。

1980年6月，苏珊·莱纳特去世将近一年后，布拉德菲尔德终于通过他的律师开始行动，提出对苏珊·莱纳特的遗嘱进行认证并要求收取110万美元的遗产。

莱纳特的兄弟W.帕特里克·加拉格尔和她的前夫肯尼斯·莱纳特几乎立刻寻求

阻止该遗嘱认证。两人都声称代表失踪儿童行事。根据帕特里克·加拉格尔提出的异议，遗嘱中存在"威廉·布拉德菲尔德施加的不正当影响，他与加拉格尔的姐妹苏珊·莱纳特保持着隐秘的恋爱关系"。

虽然一场声势浩大的莱纳特遗产争夺战正在成形——按照燃起斗志的约翰·保罗·柯伦的说法，"这样级别的遗产争夺战在全美国大约十年才有一次"——警察们仍然在找一个杀人犯——以及两个失踪的孩子。

在苏珊·莱纳特未经适当的法医验尸就被火化这一插曲发生之后，联邦调查局和州警方认为不会再有更糟的事了。但那是在他们决定重新检查匿名来电者的录音之前——那人最早通知法院调度员有名生病的妇女在东道主旅馆停车场的车里。

…………

和尸体一样，那盒磁带也消失了。法院大楼的员工声称，由于那一阵三哩岛事件引发的恐慌导致来电过多，他们一定是在某个时候磁带短缺，不小心重复使用了磁带，从而抹掉了最早和最有希望的线索之一。

…………

苏珊·莱纳特是一位出色的英语教师，也是上梅里恩教职工群体的重要一员。她最喜欢的项目是电影制作，已经成为上梅里恩的音像女主管。孩子们认为她很棒。行政部门为拥有她而感到幸运，她的同事们也很尊重她。

被比尔·布拉德菲尔德视为对手的上梅里恩校长杰伊·C.史密斯在宾夕法尼亚州的切斯特出生、长大，过去十几年里一直是这家学校无可争议的领导。就上梅里恩已公布的情况而言，在个人层面，他的生活变得一团糟，分居的妻子死于癌症，女儿和女婿都被自己的问题困扰。然而，在他任职上梅里恩的大部分时间里，外界都知道史密斯是陆军预备役一名仪容整洁的上校，也是学区里一个要求苛刻的完全称职的行政人员。起初，学校在史密斯的领导下蓬勃发展，并吸引了苏珊·莱纳特这样敬业的教育工作者。但在这位英语教师被谋杀前大约两年时间里，史密斯和上梅里恩高中的一切都开始发生变化。

目前，现年52岁的杰伊·C.史密斯正在宾夕法尼亚州达拉斯市镇的州立惩教所服刑，那里是东部最严酷的监狱之一。

自 1979 年 5 月以来，史密斯被指控一系列罪名，要么被判有罪，要么未对有关指控提出抗辩。这一切都始于 1977 年 12 月他被指控试图从圣戴维斯的一家西尔斯百货盗窃 158,000 美元。在那之后，他对非法持有武器、行为不检和持有犯罪工具等指控没有提出任何异议。陪审团裁定他犯有以欺骗手段盗窃、以欺骗手段盗窃未遂、持有大麻和收受赃物等罪。总而言之，他接下来的 4～12 年里可能会在监狱里度过。

最后一次对他的判决是在 1980 年 6 月，在一名多芬县的法官面前，史密斯请求宽大处理，但没有成功。他告诉法官，在过去的两年里他把自己的生活"搞得一团糟"。直到今天，凶杀案调查人员仍在努力确定这一团糟的局面是否也能解释苏珊·莱纳特的命运。

在她被谋杀和史密斯的"秘密生活"曝光之后的几个月里，正如校长本人在狱中写给教职工的漫无边际的公开信中形容的：上梅里恩社区乱成一片。

从青少年滥交派对到撒旦邪教再到学生和教师之间发生性关系，各种指控像疱疹暴发一样席卷整个社区——而史密斯的名字通过刊载爆炸新闻的报纸的报道与所有这一切联系在一起。史密斯虽然仍是校长，在报道中却被描写为大量色情作品的收藏者，说他涉足花花公子的性俱乐部，在那里他被称为杰伊上校，有时还在他的越轨行为中打扮成魔鬼。当地报纸《今日邮报》刊登了一份据称由史密斯分居的妻子保存的日记摘录，其中提供了更多细节。

这些指控过去和现在都受到杰伊·C. 史密斯的激烈否认。他通过寄给上梅里恩教职工的公开信对大量小报报道做出回应，并对包括《今日邮报》《每日新闻》和《费城问询报》在内的几家出版物提起诽谤诉讼。这些诉讼目前悬而未决，指控的真实性仍有争议，但这些谣言并没有让上梅里恩学生们的父母平静下来，反而为苏珊·莱纳特谋杀案的调查人员提供了更多可追查的线索。

即使在 1978 年史密斯被捕并被带走之后，上梅里恩学生们的父母仍在一次又一次的公开抗议集会上尖叫说他们还是不敢送孩子上学。莱纳特在不到 12 个月后被谋杀，这让他们更加歇斯底里了。

最重要的是，警方很快了解到史密斯的女儿和女婿已经将近一年半没有在他们位于蒙哥马利县的家附近露面。

算上莱纳特的孩子,警察必须处理4名失踪人员,外加一具被火化的尸体。

调查人员努力寻找史密斯和莱纳特这两起案件之间可能存在的相通之处,很快在威廉·S.布拉德菲尔德身上找到一个。

1979年5月,也就是莱纳特被谋杀的前一个月,在校长于1977年企图盗窃圣戴维斯的西尔斯百货的案件审判中,布拉德菲尔德为史密斯提供了不在场证明。布拉德菲尔德告诉法庭,在事发当天,他实际上在新泽西州大洋城偶然遇到了史密斯,还花时间和他一起寻找共同的朋友,甚至和他一起吃了饭。

布拉德菲尔德为史密斯提供的不在场证明显然不够充分。史密斯于5月31日被定罪。宣判的那天他出现在宾夕法尼亚州哈里斯堡一名州法官面前,日期是1979年6月25日星期一——同一天,苏珊·莱纳特的尸体在距离哈里斯堡约8英里的斯瓦塔拉镇东道主旅馆的停车场被发现。

根据已发表的报道和她在上梅里恩的朋友后来传播的故事,苏珊·莱纳特对布拉德菲尔德的证词感到非常不安。自1973年来一直为她做咨询的心理医生后来在接受采访时说:"苏[100]·莱纳特非常担心布拉德菲尔德可能在史密斯的审判中为他做了伪证。根据苏的说法,在她死前大约一个月,她与他对质,他表现得盛气凌人。她说他大为光火,因为她竟然敢质疑他的诚实。"

问题在于,莱纳特向她的一些朋友吐露,那天是她在大洋城和布拉德菲尔德在一起。她甚至不记得布拉德菲尔德见过史密斯,更不用说两人一起消磨时光的事了。

在接下来的几周里,也就是她去世之前,她与布拉德菲尔德的关系变得紧张起来。邻居们甚至记得有一天布拉德菲尔德离开她家时,她一边哭一边追着他跑。在布拉德菲尔德这边,他开始向朋友们暗示莱纳特已经失去理智了。

这不是他们的关系第一次出现问题。几年前有一天,布拉德菲尔德的同居人苏珊·迈尔斯和莱纳特曾在学校里为了布拉德菲尔德争吵直至大打出手。然而她的朋友们非常担心这道正在加深的裂痕,因为莱纳特仍然坚持说她和布拉德菲尔德将在秋天去英国结婚。

…………

在莱纳特的车里又发现了一件证据——一把蓝色的塑料小梳子,上面刻着"第

79 陆军预备役司令部"字样。这恰好是杰伊·C.史密斯担任上校的那支陆军预备役部队。

那次被搞砸的尸检的最新进展也让包括瓦尔德在内的调查人员有机会深挖下去。尸体被发现 5 个多月后，费城的一位法医病理学家通过倒推，利用初步尸检时提取的那些微小的冷冻组织样本，确定苏珊·莱纳特并非如最初确认的那样死于窒息，而是死于过量的吗啡。因为已经没有尸体了，他们不可能再检查它是否有针孔痕迹，但病理学家很肯定，药物过量是外部因素造成的。

警方还试图确定莱纳特头发中发现的纤维是否与杰伊·C.史密斯家中地毯的纤维相匹配。进一步调查显示，当史密斯于 1978 年因涉嫌抢劫在德文郡的盖特韦购物中心被捕时，警方没收了一个皮下注射器——这种注射器可以被用来造成吗啡过量。

此外，警方还可以假定，莱纳特尸体被发现的当天，杰伊·C.史密斯在哈里斯堡。那天他在法官的审判室出现时迟到了几个小时，解释说他被加油站排队耽搁了——正是苏珊·莱纳特担忧的那种加油站排队。

联邦调查局和州警方在 1979 年余下的时间里努力将整件事整合在一起。他们寻找布拉德菲尔德和史密斯会面的线索，试图访问乔安·艾特肯斯——一名以前的学生，曾驾驶布拉德菲尔德的车去新墨西哥州——还检查电话记录以确定在苏珊·莱纳特失踪那天晚上是谁给她打的电话。传票发出去了，大陪审团也开始调查此案。

警方特别好奇的是，布拉德菲尔德和史密斯在莱纳特和她的孩子们失踪当晚的动向。

布拉德菲尔德声称自己去距离莱纳特所在街区数英里的地方拜访他的前妻。他一直在等她，但她没有出现。史密斯宣称他去了布林莫尔医院看望他的妻子，但那里的工作人员不记得见过他。

…………

1980 年 6 月，当威廉·S.布拉德菲尔德悄悄开始行动，要求进行遗嘱认证——该遗嘱将他指定为苏珊·莱纳特 110 万美元遗产的执行人和唯一受益人——并收取保险金时，人们对此案的兴趣再次复苏。

就在那个月晚些时候，特拉华县地方副检察官约翰·雷利指责布拉德菲尔德用婚姻引诱苏珊·莱纳特走向报春花之路。

这个场面发生在遗产法庭，作为遗产管理人的雷利迫使布拉德菲尔德出庭回答一项指控，该指控称在苏珊·莱纳特去世前不久，他拿走她2.5万美元以及一枚钻戒，用于投资一些包括10万美元存单在内的金融项目，苏珊·莱纳特可能是这笔投资的部分所有者。雷利说，现在这些钱和戒指不见了，下落不明，造成了遗产亏空。

副检察官约翰·雷利真正做的事情，是一年多来首次迫使某个人在公开法庭上就莱纳特案提供证词。威廉·布拉德菲尔德声称对这笔钱或戒指全不知情。从执法部门的角度来看，遗产法庭的听证会并没有证明什么，但至少这是一个开始——甚至可能是结局的开始。

1980年7月26日，威廉·布拉德菲尔德的律师仍在努力推动对莱纳特遗嘱的认证，对死者前夫和兄弟提出的异议做出回应。

在由辩护律师约翰·保罗·柯伦、遗产法专家查尔斯·A.菲茨帕特里克三世和特拉华县前遗嘱登记员沃尔特·雷·大卫组成的法律封锁线之后，布拉德菲尔德要求调查人员将关于本案的笔记和档案交给他以推进遗嘱认证，戏剧性地将对手置于防守地位。布拉德菲尔德要一劳永逸地弄清楚他是不是嫌疑人。他的律师坚持认为，只有这样，他的污名才能被洗清，他的生活才能复原，他对苏珊·莱纳特施加"不正当影响"的指控才能被彻底撤销。

此时，另一位著名的遗产法专家、费城前遗嘱登记员罗伯特·科斯蒂根也作为肯尼斯·莱纳特的律师参与了本案。不出意外的话，这场遗嘱之争似乎肯定会因为在遗产法这个神秘领域中聚集了一群最有能力的重量级人物出庭而载入司法史。

与此同时，几家相关的保险公司也各自向法院起诉，拒绝向有理由被怀疑是莱纳特谋杀案嫌疑犯的任何人支付任何费用。

莱纳特家孩子们的谜团也必须以某种方式得到解决。从法律角度看，很多事情都取决于他们。

当前版本的遗嘱如果被认证为有效，威廉·布拉德菲尔德就可以作为唯一受益人领取遗产，凯旋回到上梅里恩高中。

但如果遗嘱被推翻，一如苏珊·莱纳特兄弟和前夫的愿望，那么莱纳特失踪的孩子迈克尔和凯伦的命运如何就会变得至关重要。

如果以某种方式发现孩子们还活着，他们将有权获得遗产。

如果孩子们真的死了，且警方可以证实他们在他们的母亲之前死亡，那苏珊·莱纳特的兄弟 W. 帕特里克·加拉格尔就是受益方。然而，若有证据表明孩子们是在苏珊·莱纳特之后死亡，那么她的前夫肯尼斯就可能作为孩子们遗产的利益相关方，有权获得一部分钱。

当然，还有一种可能性，那就是可能存在调查人员尚未发现的先前的遗嘱。此事攸关一百多万美元的财产和保险。

一旦对苏珊·莱纳特的谋杀案提起刑事诉讼，就可适用《宾夕法尼亚州谋杀者法案》。根据该法规，任何人都不得从自己的罪行中获利。

由于本案仍在调查中，司法部对布拉德菲尔德的回应是拒绝提供任何信息。一直以来，调查人员对他在本案中拒绝合作非常愤怒。在这个时候，他们丝毫没有把调查结果交给他的意思。相反，联邦调查局请求将调查时限再延期 6 个月，最终各方都同意了这一请求。

与调查关系密切的消息人士称，工作已接近尾声，案件即将结束。他们暗示凶手的身份已经查明。然而调查的每一处细节都在被反复检查，一遍又一遍，尽可能做到无懈可击。之所以这样做，是因为在谋杀案的审判中存在"一罪不二审"[101] 规则。检方对他们指控的人只有一次出击的机会。在那之后即使有新的证据，结果也不会有太大的区别。

…………

加密的布拉德菲尔德字条:"我的危险阴谋"
联邦调查局专家破译信息[102]

艾米莉·朗斯伯里

哈里斯堡,1983年10月25日报道

在本州诉小威廉·S.布拉德菲尔德一案的戏剧性的陈词末尾,检方于昨天出示了一张暗藏玄机的布拉德菲尔德亲笔字条。一名专家证人表示,字条顶端写着加密信息:"豁免不可能,我的危险阴谋。"

为联邦调查局分析密码的杰奎琳·塔什纳说,这张字条是通过比对它与布拉德菲尔德拥有的一本书上的密码破译的。布拉德菲尔德过去是上梅里恩高中的一名教师,被指控在1979年6月杀害了他的同事、教师苏珊·莱纳特和她的两个孩子。

警方从苏珊·J.迈尔斯处获得了这本名为《孔子的作品》(艾兹拉·庞德著)的书和字条,她在1980年4月之前一直与布拉德菲尔德住在一起。

根据证词,这张字条是1981年2月从迈尔斯女士的公寓里拿走的,迈尔斯女士在本月或上个月将这本书交给了警方。

陪审团看到的这张字条以及一份放大的复印件,是检方当庭出示的63件物证中的最后两件。这次庭审后,检方对布拉德菲尔德的控告准备暂时告一段落。庭审是从10月15日开始的。

布拉德菲尔德被指控与至少一名未透露姓名的同伙合谋策划了莱纳特谋杀案。

这张字条为检方构建间接证据网的努力画上句号,检方力图表明是布拉德菲尔德策划了杀人案,目的是继承90万美元的保险和遗产。

多芬县的审判预计将于今天上午9点重开,辩方将开始陈述。辩护律师约书亚·D.洛克昨天表示,他将传唤布拉德菲尔德作为第一个证人出庭做证。

在关于密码信息的证词中,塔什纳女士说字条上还提到了一台打字机。

这些文字包括以下内容:"联邦调查局是否拿到打字机?""联邦调查局知不知道

它在 V 那儿？""绝不让联邦调查局得到它。"

之前几名证人的证词都提到布拉德菲尔德有一台红色 IBM 打字机。

其中一名证人，26 岁的杰弗里·奥尔森，是布拉德菲尔德以前的朋友和学生。他昨天做证说，布拉德菲尔德曾要求他保管那台打字机。

奥尔森做证说，布拉德菲尔德说这台打字机"用来给莱纳特夫人打过一些信，那些信可以说是很重要的"。

现居密苏里州堪萨斯城的奥尔森做证说，这次谈话发生在莱纳特被杀之后，当时他和布拉德菲尔德正在新墨西哥州圣菲的圣约翰学院上暑期班。

奥尔森说，在那个夏天，布拉德菲尔德在圣菲的奥尔森住处壁炉里烧了一沓文件。他说，布拉德菲尔德搅动灰烬，"确保所有东西都被销毁"。布拉德菲尔德告诉他，"它们只是莱纳特夫人在学校里的文件"。

另一名证人克里斯托弗·帕帕斯是上梅里恩高中的一名前代课教师。克里斯托弗·帕帕斯昨天做证说，布拉德菲尔德曾讨论过销毁打字机的打字球[103]，因为他担心它会将他与谋杀案联系起来。

乔安妮·艾特肯是一名建筑师，她说自己仍然与布拉德菲尔德保持着恋爱关系。她于周五做证说，那台打字机现在在她手上。

在法庭外，检方的理查德·L. 吉达副检察官拒绝透露那条信息中的"V"可能指的是什么东西或者哪个人，仅仅暗示布拉德菲尔德可能指的是 1979 年 6 月 25 日莱纳特夫人的尸体被发现后拥有打字机的人。

塔什纳女士的证词还认为，"V"可能只是指"你"。

塔什纳女士说，加密过的信息主要由数字组成，但也包含一些将这些数字解密为字母的内容。

然而，"豁免不可能，我的危险阴谋"这句话并没有解密，她说。

迈尔斯女士早些时候做证说，密码是根据布拉德菲尔德那本书中的行数，以 5 行为一个单位进行编码的，有几页的行数高达 100 行。上梅里恩高中的另一位教师文森特·瓦莱提斯做证说，他、布拉德菲尔德和其他人曾使用这本书进行加密交流。

该加密字条是审判期间第二份含有隐秘字符的证据文件。周五，帕帕斯做证说，在 1980 年获得了一份清单，其中包括布拉德菲尔德手写的意为"引诱并杀掉孩子们，用胶带把她绑起来"的符号。

陪审团昨天听取了关于布拉德菲尔德计划从 3 份保单中获得 73 万美元保险金的相互矛盾的证言，莱纳特夫人在这 3 份保单中指定布拉德菲尔德为受益人。

奥尔森援引布拉德菲尔德的话，在莱纳特夫人被杀后不久，他说："我不想要那该死的钱。"

"他说这些钱将作为孩子们的信托基金，自己绝不会保留这些钱。"奥尔森说。

接下来，两家保险公司的代表告诉陪审团，布拉德菲尔德曾试图在 1980 年对他们公司提起诉讼，索取 73 万美元。

两位证人说，在两起诉讼中，布拉德菲尔德都同意撤销起诉以换取 100 美元的赔偿。

在其他证词中，奥尔森说，在莱纳特夫人死后没多久，被告曾说过上梅里恩高中前任校长杰伊·C. 史密斯很可能是凶手。奥尔森说，布拉德菲尔德谈起了他对莱纳特夫人之死的感受，还说"史密斯抓住了她，这太可怕了"。

奥尔森做证说，布拉德菲尔德首次对他谈起莱纳特夫人和史密斯是在 1978 年圣诞节期间，当时他去上梅里恩高中拜访布拉德菲尔德。他说，那天的布拉德菲尔德显得心事重重，情绪低落。

奥尔森说，当他劝说布拉德菲尔德谈谈到底出了什么问题，布拉德菲尔德告诉他，对自己了解到的史密斯的情况感到不安。史密斯在那之前不久因盗窃、盗窃未遂、持有毒品和武器等指控被捕。

作为 1978 年那次逮捕的结果，55 岁的史密斯目前正在威尔克斯－巴雷的达拉斯市镇州立监狱服刑。

奥尔森告诉法庭，布拉德菲尔德说史密斯"是个恶棍，而且还不是个无足轻重的恶棍"。奥尔森表示："史密斯被怀疑犯有几项罪行，但布拉德菲尔德说，与真实情况相比，这些都是小菜一碟。"

据奥尔森说，布拉德菲尔德说史密斯是一个杀人犯，正在贩毒，还可能跟卖淫团伙也有关系。

他说，布拉德菲尔德还透露史密斯要杀死莱纳特夫人。

奥尔森说，布拉德菲尔德告诉他，"莱纳特夫人曾是史密斯的情妇，因此她可能也知道布拉德菲尔德说的这些关于史密斯的事。因此，史密斯将不得不杀她灭口，以免她将来做证"。

在吉达昨天结束他的陈词后，辩护律师洛克要求撤销对布拉德菲尔德的谋杀指控。

洛克辩称，州政府没有提供证据证明布拉德菲尔德计划杀害莱纳特夫人的两个孩子——12岁的凯伦和11岁的迈克尔，而且证据表明，莱纳特夫人被杀时布拉德菲尔德正在新泽西州的五月岬。

密码专家发现的内容

以下是一条以数字密码写成的信息的文字形式，由联邦调查局密码分析师杰奎琳·塔什纳破译。检方和被告都认为，这条信息中的数字是布拉德菲尔德的笔迹。塔什纳女士说，自己根据布拉德菲尔德一本书的书页上找到的数字密码为这些数字分配字母，从而破译了信息。

塔什纳女士说，她的分析表明，信息全文如下：

可能的豁免[104]

我的危险阴谋

联邦调查局是否拿到打字机

联邦调查局知不知道它在V那儿

让V拆掉球或销毁它，最好声称它被偷了

我是否把它卖给了你

那就把它扔掉

绝不让联邦调查局得到它

联邦调查局知不知道你把它寄出了

你能想到替代品吗——同样的重量——直到 V 说它被偷了

孩子们最后一次被人看见是在 1979 年 6 月 22 日，当时他们和母亲一起离开了位于阿德莫尔的家。孩子们至今仍未被找到。建议逮捕布拉德菲尔德的州一级大陪审团得出结论，他们也被杀害了。

洛克告诉法官，唯一能把布拉德菲尔德和这几桩谋杀拉上关系的证据是曾经入狱的普罗克托·诺威尔的证词——此人说布拉德菲尔德曾坦言"他们"被杀时他在场，但他没有杀他们。

洛克说，证据显示莱纳特夫人的死亡时间不早于 1979 年 6 月 24 日星期日中午前后，而布拉德菲尔德那个周末在新泽西州的五月岬度过。

吉达反驳说，这里所说的布拉德菲尔德承认"他们"被杀时他在场，可能是指孩子们。

诺威尔做证说，布拉德菲尔德曾说："这些都跟孩子们没关系，只是因为莱纳特，但你不能有丝毫大意。你必须都收拾干净。"

吉达昨天表示，孩子们被杀也许是因为"他们看到了自己母亲的遭遇"。

吉达进一步主张，法律规定，谋杀可以通过"对实际行为的共谋"而成立。

"根据法律规定，计划杀人与动手杀人同样是一级谋杀罪。"吉达说。

洛克提出的撤销指控的请求被巴克斯县庭长艾萨克·S. 加布驳回，他是由州最高法院特别指定来主持这场庭审的。

陪审团：确定还是困惑？[105]
艾米莉·朗斯伯里　　亨利·戈德曼

哈里斯堡，1983 年 10 月 25 日报道

对陪审员来说，对苏珊·莱纳特和她的两个孩子的蹊跷谋杀案中，那些未被解答的问题最终可能比将威廉·S. 布拉德菲尔德与罪行联系在一起的间接证据网更有分量。

尽管 8 天里有超过 60 名证人做证，但检方昨天在没有拿出确凿证据的情况下结束了陈词。而这可能会导致对布拉德菲尔德罪行的证明难以排除合理怀疑[106]。

检方陈词中最有说服力的方面是所有证词，它们将布拉德菲尔德描绘成一个有能力犯下这种罪行的操纵者。

证人做证说，布拉德菲尔德非常擅长让别人听命于他，一个朋友为他制作了一个枪支消声器，其他人在他的要求下帮忙销毁证据，两个人为他在一个保险箱里存钱，其他人同意撒谎或以其他方式阻挠警方的调查。据称，布拉德菲尔德很担心警方将他视为重点嫌疑人。

但问题是，陪审团是否会被长达数小时的详细的、有时是互相矛盾的证词搞糊涂。其中微妙的、看似不重要的事实必须被编织在一起，才能支撑一个有罪的推论。

比如说，陪审团对那台红色 IBM 打字机是怎么看的？它经常被证人提及，而且是昨天出示的一条加密信息的主题，在其中布拉德菲尔德说："绝不让联邦调查局得到它。"

他们只知道，这台打字机是作为生日礼物送给苏珊·J. 迈尔斯的，当时布拉德菲尔德与她同居。在莱纳特夫人被谋杀后的几周和几个月里，它成了布拉德菲尔德的烦恼之源。

陪审团被告知，布拉德菲尔德试图与一个朋友交换那台机器里的打字球。他说，它曾打印过"重要文件"。

但陪审员们不知道那是些什么文件，甚至连那台打字机也没有作为证据出示——它现在由乔安妮·艾特肯所有，她自称仍与布拉德菲尔德保持恋人关系。

由于检方对布拉德菲尔德在1979年6月22日——那天晚上莱纳特夫人最后一次被人看到还活着——行踪的介绍，陪审团可能也难以确定他是否有罪。

地区副检察官理查德·L.吉达试图确定一点：布拉德菲尔德无法说明他在当晚8点30分至11点30分之间的行踪。

验尸结果显示，莱纳特夫人死于6月24日星期日中午之后的某个时点。她的尸体在6月25日星期一早上5点被发现，而有3名证人做证说，他们在那个周末陪同布拉德菲尔德去了新泽西州的五月岬。他们出发去那片海滨的时间是星期五晚上11点半左右，返回是在星期一下午4点以后。

这一时间顺序显然让布拉德菲尔德不可能出现在莱纳特夫人被杀的现场——不管他在那个星期五说不清的几个小时里在哪里。

吉达确实成功地向陪审团展示了谋杀的可能动机：在莱纳特夫人去世后不久，布拉德菲尔德成为90多万美元的人寿保险和遗产权益的受益人。

吉达的陈词中最具戏剧性，或许也是最确凿的证据出现在前几天，他出示了几张有布拉德菲尔德笔迹的字条，似乎表明被告试图掩盖他参与共谋犯案的事实。

在昨天的证词中，吉达介绍了一条由布拉德菲尔德手书的加密信息，该信息由警方于1981年2月18日在他与迈尔斯女士共同居住过的公寓里发现。

一位联邦调查局的密码分析师做证说，她破译了该信息，其中部分内容为，"豁免不可能，我的危险阴谋"。

而在周五，吉达出示了两份作为证据的布拉德菲尔德的手写清单。其中一份包含意为"引诱并杀掉孩子们，用胶带把她绑起来"的神秘字符。

检方提出了专家证词，称莱纳特夫人的尸体有被胶带和锁链捆绑以及被殴打的痕迹。

另一份清单包括一系列问题，据一名证人说这些问题由布拉德菲尔德汇编而成，用来指导他回答警方关于莱纳特夫人之死的询问。

检方在陈述案情时还需要面对其他问题：

1. 警方无法确定杀人行为发生的地点。

2. 莱纳特夫人的孩子们被认为已经死亡，但人们从未找到他们的尸体。

3. 没有任何物证将布拉德菲尔德与尸体或莱纳特夫人的两厢车联系起来。1979年6月25日，这辆车停在哈里斯堡附近一家汽车旅馆的停车场里，莱纳特夫人的尸体在车内被发现。

4. 因为一次拙劣的尸检，警方直到她死后5个月才通过血液样本知道莱纳特夫人死于过量的吗啡。第一次尸检由一位整骨疗法病理学家而非法医学专家进行，得出的死因是窒息。由于莱纳特夫人的尸体在她死后不久就被火化了，无法重新验尸获取证据。

5. 很多描述布拉德菲尔德对莱纳特夫人的死亡耿耿于怀、殚精竭虑确保自己有不在场证明的证词都来自得到检方豁免保证后才出庭的证人。

6. 唯一能将布拉德菲尔德与孩子们的谋杀案联系起来的证人是普罗克托·诺威尔，他是一名被定罪的重罪犯，也面临着刑事指控。他同意做证可能是为了得到宽大处理的承诺。

7. 检方寻求对布拉德菲尔德共谋杀人的认定——这与实际实施谋杀的刑罚相同——但没有指出其同谋者。

正如吉达昨天在成功反驳辩方的撤案动议时指出的那样，"对莱纳特夫人的谋杀可以是一种实际发生的行为，也可以是对实际行为的共谋。策划的人和下手的人一样有罪"。

吉达指出，根据宾夕法尼亚州的法律，检方要证明共谋作案，无须说明共犯是谁。而且，吉达关于本案的陈述正是建立在他能证明共谋作案的预感上。

辩护律师约书亚·D.洛克说，将对那些似乎能让布拉德菲尔德入罪的证词提出合乎情理的解释。

围绕本案的重重迷雾是否足以引发对布拉德菲尔德犯罪的合理怀疑，这个问题只有陪审团才能回答。

控辩双方均说，希望在下周初得到这个问题的答案。

布拉德菲尔德出庭否认涉案[107]

艾米莉·朗斯伯里

哈里斯堡，1983年10月26日报道

上梅里恩高中前教师威廉·S.布拉德菲尔德昨天在为自己辩护时，否认杀害或计划杀害同事苏珊·莱纳特和她的两个孩子。

他否认曾打算与莱纳特夫人结婚，否认与她有过恋情，否认在她指定他为73万美元保险金受益人一事上施加过影响。

"我从未以任何方式伤害过莱纳特夫人或她的孩子。"50岁的布拉德菲尔德在多芬县座无虚席的法庭上说。

在其辩护律师约书亚·D.洛克的质询下，布拉德菲尔德坚称在1979年6月的那起死亡事件中没有扮演任何角色。

"你杀了苏珊·莱纳特吗？"洛克问。

"没有。"布拉德菲尔德回答。

"你杀了孩子们吗？"

"没有。"

"你是否计划过杀死他们？"

"我没有。"

在副检察官理查德·L.吉达的交叉询问下，布拉德菲尔德说不知道是谁杀了莱纳特一家。但他认为上梅里恩前任校长杰伊·C.史密斯以及莱纳特女士约会过的任何男人都有可能犯下这些谋杀案。

根据提交给多芬县法院的文件，55岁的史密斯因被指控盗窃、持有毒品和非法持有武器等罪行在威尔克斯-巴雷的达拉斯市镇州立监狱服刑，昨日被辩方传唤做证。洛克声称，应该为莱纳特的谋杀案接受审判的是史密斯而不是布拉德菲尔德。

昨天是庭审的第九天，布拉德菲尔德长达一天的做证开启了案件的辩护阶段。他做证时的声音轻柔、平稳，有时几乎听不见。他的证词内容广泛而详尽，检察官吉达多次提出反对。

庭审观众很多来自费城地区，为了得到法庭里的座位，整个中午休庭时间都在排队，在晚间开庭前也提前一个小时排队。一进法庭，观众们就保持沉默，竭力要听清布拉德菲尔德对谋杀案前后几个月情况的说明。

布拉德菲尔德说出了几个男人的名字，说莱纳特夫人曾与他们约会过。他认为这些人可能杀害了她和她的孩子们。

他说其中一人名叫亚历克斯，住在哈里斯堡附近。

他还提到了杰伊、特德和格兰特。

布拉德菲尔德说，莱纳特夫人曾告诉他，"他们喜欢群交，是捆绑爱好者"。

早些时候，布拉德菲尔德做证说，在莱纳特夫人死前几个月，他就开始担心史密斯要杀死她。她的尸体于1979年6月25日被发现，被塞在哈里斯堡郊区一家汽车旅馆外她的两厢式汽车后部。

布拉德菲尔德做证说，史密斯曾说一些人"不配活着"。史密斯的"攻击名单"包括上梅里恩学区主管、副主管和莱纳特夫人。

布拉德菲尔德做证说，自己开始担心莱纳特夫人的安全，是在帮助史密斯为其面临的各种指控进行辩护后不久，那些指控都与莱纳特案无关。

"他的被捕和被指控已经成为学校的八卦。我真的很震惊和难过。"布拉德菲尔德在解释为什么要帮助史密斯时说。

布拉德菲尔德做证说，在他开始与校长会面后不久，史密斯告诉他，自己跟"黑道人物"有联系。

当史密斯告诉他莱纳特夫人是那些不值得活下去的人之一时，布拉德菲尔德说自己"表示了惊讶"。

"他说我并不像我以为的那样了解苏珊·莱纳特。"布拉德菲尔德说。

布拉德菲尔德说，自己与朋友们讨论了史密斯的威胁是不是真的，并决定"我们不知道答案，所以最好的办法是留神盯着史密斯博士"。

布拉德菲尔德说，尽管史密斯继续发出威胁，但他决定不报告警方，因为"我们只是无法让自己相信这是真的。这实在是太古怪了"。

随后，当被问及是否认为当时应该报警时，布拉德菲尔德回答说："回过头看，我希望我早就报了警。"

他说，他和莱纳特夫人"间接"谈起过威胁的事，问她与史密斯有没有什么关系。莱纳特夫人否认有任何牵连，因此他继续努力控制史密斯，后者被他称作"无制导导弹"。

布拉德菲尔德说，到1978年底，由于要"盯着"史密斯和保护莱纳特夫人，他已精疲力竭。

"那个时候我非常担心苏珊·莱纳特，几乎随时会查看她的状况。"他说。

他说，自己继续与史密斯见面，以便监控这名前校长的计划。史密斯不断暗示将会伤害某人。

布拉德菲尔德说，有一次，史密斯给了他枪支、铁链、胶带和盐酸，并声称曾对受害者使用过这些东西。

布拉德菲尔德说，史密斯告诉他，这瓶盐酸"用来清除尸体上的识别标记。我记得他说胶带能让人无法反抗"。

布拉德菲尔德说，每次从史密斯那里获得任何"物品或情报"，都会展示给朋友和前学生克里斯托弗·帕帕斯。

布拉德菲尔德说，尽管他和帕帕斯一直在讨论向警方提供这些信息，但他们最后决定"这样做太危险了"。

他说，史密斯曾声称与几名警官有联系。

布拉德菲尔德进一步解释说，关于史密斯的种种推测让他晕头转向。

"史密斯说话很小心。"布拉德菲尔德说，"史密斯博士从来不说'我杀了某人'。史密斯博士从来不说'我要杀某人'。他说的是，'我参与过一些我希望自己没有参与的事'。"布拉德菲尔德说，史密斯声称自己参与了"淘汰赛的筛选"。

"我们从史密斯博士告诉我的话中推断他的意思。"布拉德菲尔德说。

"我们都不知道淘汰赛的筛选是什么意思。但与有关暗杀的谈话联系起来，听起来他是指当杀手。"

"我们从来都没弄清楚要不要认真对待史密斯，还是说他已经精神错乱。"布拉德菲尔德说。

"我们越来越害怕采取行动。我们是我们自己恐惧的囚徒。"

被吉达交叉询问时，布拉德菲尔德做证说，他和帕帕斯对史密斯恐惧到讨论过要杀死他。

布拉德菲尔德和女人们[108]
亨利·戈德曼

哈里斯堡，1983 年 10 月 26 日报道

有两位说仍然关心他。有一位说几年前就和他友好分手了。另一位比他小 27 岁，说曾与他订婚。她们中还有一位已经去世。

在 1978 年和 1979 年的日日夜夜里，她们是威廉·S.布拉德菲尔德生活中的女人。与此同时，检方声称布拉德菲尔德策划杀害了同为上梅里恩高中教师的苏珊·莱纳特。

在过去的 5 天里，与 50 岁的布拉德菲尔德有关的 4 名妇女在多芬县指控其 1979 年 6 月杀害莱纳特夫人和她的两个孩子的庭审中出庭做证。在证词中，她们透露了——有时是不情愿的——关于她们的生活以及与布拉德菲尔德关系的隐私细节。50 岁的布拉德菲尔德是一个英俊而有威严的男人。

昨天轮到布拉德菲尔德做证时，陪审团听到的故事与女人们讲的有一些明显出入。

"苏珊·迈尔斯为我提供了离家后唯一真正舒适的大本营。"布拉德菲尔德在谈到他与这位老师的关系时说。后者在 1973 年至 1980 年与他同住一套公寓。

"我们曾经的关系温暖而亲近。我非常关心她。我认为我们曾经相爱过，但 1973 年我们从欧洲回来后就不再是恋人关系了。我们不再亲密了。"

对于 40 岁的迈尔斯女士来说，她与布拉德菲尔德合住的公寓绝非"舒适的大本营"。她做证说，布拉德菲尔德与其他女性的关系以及他长期不回家对她造成了情感上的伤害。她说自己不得不依靠各种作用于精神的药物，包括利眠宁，来治疗她的抑郁症。

"当我们从欧洲回来后，我变得很不开心，他开始与苏珊·莱纳特、温迪·齐格勒和乔安妮·艾特肯交往。"她回忆说。她说 1976 年曾一度想要离开布拉德菲尔德，但他"求我留下"。她留下了。她说，"因为我那时爱他"。

迈尔斯女士略带讽刺地做证说，当她问布拉德菲尔德与其他女人的关系时，他告诉她，正在进行"诗歌研究"。

1978 年底，布拉德菲尔德要求她签署一份同居协议，在他们分手的情况下分割两人的财产，她拒绝了。

在莱纳特被杀后，1980 年秋，她更换了与布拉德菲尔德同居的公寓的门锁，不让他进门。她说自己甚至拒绝归还布拉德菲尔德高中时的照片和他父母的照片。

"我告诉他让他的律师给我的律师打电话，但他从未那样做。"迈尔斯女士做证说。

1981 年 2 月，迈尔斯女士向联邦调查局提交了几张字条，检方将其作为证据，力图表明布拉德菲尔德担心间接证据可能会将他与谋杀案联系起来。

然而迈尔斯女士在结束她的证词时说："我对他仍然有感情。"

还有人有同样的感受。

23 岁的温迪·齐格勒上周做证说，她和布拉德菲尔德于 1978 年订婚，并计划在她大学毕业后结婚。

23 岁的齐格勒女士身材苗条，有着清澈的蓝眼睛、奶油色的皮肤和长长的棕发，是布拉德菲尔德在上梅里恩的学生。在布拉德菲尔德的证词中，将她描述为他在英语、拉丁语和希腊语课上"最喜欢的学生"之一。

根据布拉德菲尔德的说法，两人"讨论过婚姻，但从未有任何计划"。在证词中，他们都描述了他们如何去汽车旅馆亲密交谈但从不发生性行为的事情。

他们的关系十分亲近，足以让布拉德菲尔德托付给她一个保险箱，里面有 28,500 美元的现金和她所说的他称之为"重要文件"的东西。

在布拉德菲尔德与齐格勒女士谈婚论嫁的同时,他与现居费城的哈佛大学建筑学研究生乔安妮·艾特肯有染。

32岁的艾特肯女士于上周做证。她没有化妆,棕色长发紧紧地盘成一个发髻。她告诉法庭,自己仍然与因苏珊·莱纳特被杀而受审的男人保持着"浪漫关系"。说这话时,她对布拉德菲尔德微微一笑。

布拉德菲尔德昨天解释,他与齐格勒女士的关系建立在"相互欣赏"的基础上,而他与艾特肯女士的关系自1974年以来一直在加深,那时她是马里兰州安纳波利斯圣约翰学院的招生主任。

"艾特肯女士是一个相当放纵不羁的人。我们当然有过性关系,但那不是我们之间的核心关系。"他做证说,"比如说,它(性关系)在这里就不像温迪·齐格勒所认为的那么重要。"

至于莱纳特夫人,她指定布拉德菲尔德为大约90万美元的保险和遗产权益的受益人,布拉德菲尔德坚决否认曾向她求婚。

"她告诉我她的过去、她的家人。"他说,"她是诚实的,我这边就不是那么诚实。如果我告诉她给我造成的负担,那就诚实一些了。"

布拉德菲尔德做证说,与此相反,他忍受了好几年,在此期间莱纳特夫人给他送情书,有时是在他的学生和其他老师面前。

布拉德菲尔德做证说,在莱纳特夫人被杀之前的几个月里,他建立了相当于危险监视的机制。他说每周拜访她家3次,把他的一辆车停在她家,当他不能陪她的时候就给她打电话。他说,所有这些都是为了尽力保护她。

布拉德菲尔德说,他告诉过他的朋友们,莱纳特夫人"差不多自1976年以来,越来越坚持要我成为一个丈夫以及她孩子们的父亲,以此解决她的个人问题。我告诉他们,她是……病态地担心自己死于癌症,尤其是在她母亲去世后"。

布拉德菲尔德还告诉他的朋友们,莱纳特夫人一直在与一个名叫亚历克斯的男人约会。布拉德菲尔德说那人对"性虐恋"很感兴趣。

这些女性身上有什么特质吸引了布拉德菲尔德?

"外貌对我来说从来都不重要。"他昨天做证说。

"你可以从与我有关系的一些女性身上看出这一点。我可怜的妻子穆里尔当然不是什么出水芙蓉——我也没有因此烦恼。"他说。

穆里尔·布拉德菲尔德上周做证说,布拉德菲尔德于 1967 年离开了她,她于 1979 年 3 月与他"友好"离婚。他们于 1963 年结婚。

思考题
1. 解释证实和证明之间的区别。
2. 针对威廉·布拉德菲尔德的起诉中,最有力的证据是什么?
3. 你认为布拉德菲尔德是否犯有共谋杀人罪?你的确定程度是毫无疑问,还是排除合理怀疑?
4. 在本案中,是什么让它如此难以*证明*?

小结

耶鲁学生杀人案是本章介绍的一个很好的例子。调查人员如果不够警觉,可能会放过嫌疑人留下的很多痕迹。例如,一个人在一天中的某个时间用一种颜色的墨水在工作表上签名,而在当天晚些时候用另一种颜色的墨水签名。如果人们注意到这一点,它只是一种痕迹,可能表明了几种不同的模式——取决于人们所讲的故事。最好的故事是那些与自己的背景知识良好契合,同时尽可能多地利用痕迹作为证据的故事。此外,雷蒙德·克拉克试图将调查人员从可能使他入罪的故事上引开。他想"隐身于最显眼的地方",表现出一个毫不担心因此肯定没有犯下滔天罪行的人的行为。但他的一些做法引起了更大的怀疑。

背景知识使警方能够将这些痕迹编织成一个故事,用熟悉的模式表明克拉克先生并不那么无辜。然而,"职场暴力"并不是大多数人熟悉的动机,也不是一个非常令人满意的动机。我们的背景知识会提出其他更有趣的动机,这些动机虽然更令人激动,却可能缺乏证据支持。庭审中的检察官将以这些痕迹作为证据,讲述一个实打实的职场暴力犯罪故事，努力说服陪审团相信被告有罪。他将以陪审团的背景知识为基础，表明他所讲述的故事非常符合陪审员已有的对犯罪和人类行为的了解。

当然，这正是检察官在托德·威林厄姆一案庭审时所做的。虽然检察官讲述的故事使陪审团相信威林厄姆有罪，但这个故事并不能*证明*威林厄姆有罪。在这个案件中，证实和证明之间的区别显而易见。至少有两个截然不同的故事可以使用相同的痕迹来讲述，相同的痕迹却成为关于威林厄姆有罪与否的截然不同的结论的证据。我们再次看到背景知识的重要性，陪审团、当地火灾调查员、市民们、科学家的背景知识都至关重要。在这个故事中，你对判决的看法很大程度上取决于你自己收集的背景知识。

至于杰伊·史密斯和威廉·布拉德菲尔德，他们被判定犯有谋杀莱纳特一家三口的罪行。布拉德菲尔德被判处终身监禁。他继续否认有任何不法行为，并在服无期徒刑时因心脏病死于狱中。史密斯被判处死刑。他一直上诉到最高法院，并在1992年因检方隐瞒证据的技术性问题被释放。他死于2009年。直到最后，他还在一本书中坚称自己是清白的，并为自己辩护，该书是他在80岁死前不久自费出版的。

练习题

7-1

1. 在你前面的汽车的刹车灯突然闪动，你的脚自动从油门移到刹车上。解释一下这个平常动作涉及的归纳推理。
2. 你的男朋友（女朋友或其他重要的人）忘记了你的生日，你会作何反应？这一痕迹是什么事情的证据？为什么？你对自己讲了个什么样的故事？
3. 请举一个在紧张的情况下，常识帮了你的故事。哪些背景知识对你的成功很重要？
4. 描述一个你知道证据不足却仍然持有的信念。你打算如何证实它？
5. 你如何说服朋友相信托德·威林厄姆有罪或无罪？
6. 构思一个例子，向朋友解释为什么并非所有的痕迹都是证据。

7-II

1. 你和你的室友都很了解课程的主题，但你的室友始终比你的成绩好，如何用背景知识解释这种差异？

2. 你和你的父亲对在即将到来的选举中投票给哪位候选人意见不一。

    在这种分歧中，背景信息可能起到什么作用？你能证明谁是更好的候选人吗？为什么能，或者为什么不能？

3. 描述你所持有的一个有证据的信念，写出你的证据。你对这个问题的回答是如何受到本章阅读材料影响的？

4. "毫无疑问"和"排除合理怀疑"之间的区别是什么？

5. 为什么关于世界存在方式的信念只能被证实而不能被证明？

6. 20世纪90年代有两起著名的庭审案件——罗德尼·金殴打案[109]和辛普森[110]谋杀案——判决结果都是美国公众认为很难接受或理解的。如果你对这些案件不熟悉，可以利用互联网回顾一下庭审中发生的情况。你将如何解释公众认为应该有的判决结果与两个陪审团的实际判决之间的差异？提供尽可能多的细节。在你的解释中使用你在本章中学到的理念。

第八章　归纳推理的标准

三种基本形式

有三种特别有用的归纳论证形式，是我们在进行归纳推理时经常用到的。我们中的大多数人推理时都没有意识到自己使用了其中一种形式，但多了解这些形式有利于我们提高归纳推理和批判性思维的能力。这三种归纳推理的形式是普遍化、类比和归因。归纳推理很"棘手"，因为答案或结论从来不是从所提供的证据中必然得出的。在归纳推理中，我们总是在推理什么是很可能的或可能的，但从来都不是确定的。这三种形式全都是在我们现有的证据之外"延伸"。它们擅长从已审查或已知事例的特征推断出未审查或未知事例的特征。这种推理犯错的空间很大，因此最好有一些指导来避免可能的错误。在本章中，我们将分别解释这三种形式，并制定一些指导原则来提高我们运用这些形式的能力。

在我们的日常生活中，我们不断进行归纳推理。我们也在更正式的情况下使用这种推理：阐述科学规律、预测选举结果、诊断疾病并提出治疗建议等等。每次进行归纳推理，我们都是在从观察到的东西推断未观察到的甚至是不可能观察到的东西。这种推断是所有归纳推理的基础。概括地说，三种常见的或然性推理形式如下：

1. 所有的 X 都是 Y。（普遍化）

2. 如果 X 具有 P 属性，那么这个非常像 X 的 Y 可能也具有 P 属性。（类比）

3. X 导致 Y。（归因）

在本章中，我们将对这些形式分别做具体的探讨。

由于我们无法检查所有的 X 来判断它们是否为 Y，因此归纳推理会带来许多难题。以普遍化为例。"所有的圆形都是圆的"显然是一个有根据的普遍化。"人活着都需要食物"也是如此。但是我们对有的普遍化并不那么确定，例如"所有的人都有 10 个脚趾"或"小镇图书管理员的生活很无聊"。确实，如果有一条规则告诉我们什么时候可以普遍化，什么时候不要普遍化，那就太好了，那样我们对未来的预期会更准确，失望的次数也会更少。不幸的是，要制定这样的规则很难，背后还有一些有趣的原因。然而，同样有趣的是——尽管没有任何这样的规则——我们实际上在普遍化方面已经做得相当好了，结果是我们大多数人都信心满满地乘坐飞机，刷牙以防止蛀牙，定期观看我们最喜欢的电视节目而没有失望。在本章中，我们将提出一些原则而非规则，用来指导我们做有根据的普遍化，以及区分有根据的普遍化和无根据的普遍化。

当我们进行普遍化时，是在观察一个或多个特定案例，然后将我们观察到的模式投射到未来的案例上。这里的关键词是*模式*。我们必须首先观察到一种模式而非随机性。然后根据所知道的情况，我们必须判定，这种模式会不会总是、经常或者有时在未来出现。我们在前一章中讨论了模式，指出许多由痕迹组成的模式经常被我们忽视。然而，当我们被某种兴趣激发，或者这种模式重复得太过频繁令我们无法忽略时，我们就会开始发现模式。典型的美国高中每天上课以铃声为标志，这就是后者的一个很好的例子：学生被施加了一种模式，它太有规律，让他们不得不注意到它。

我们这里谈论的模式可以非常复杂，比如天气模式或战争中国家的行为；也可以非常简单，比如冰块在温热的软饮料中融化。这些模式对我们的重要性，以及我们将其普遍化并推广到未来的能力的重要性，怎么强调都不为过。它们帮助我们知道要预测些什么，并在一定程度上有助于我们掌控未来。

因为从观察到的事物推断到未观察到的事物甚至是不可能观察到的事物是所有归

纳推理的基础，而普遍化是这种推理的一种非常常见的模式，让我们举一个普遍化的例子，看看它是如何工作的。以"小镇图书管理员的生活很无聊"这句话为例。有人可能是在观察了几位家住小镇的图书管理员生活的基础上，做出了这样的普遍化。也可能有人对小镇图书管理员群体进行了调查，询问他们是否觉得生活无聊。还可能仅仅是某人基于自己对图书管理员生活以及小镇生活的信念而做出这种普遍化。这一普遍化也和说话者觉得什么事无聊、什么事不无聊的观念有关。关键在于，并不是每一个小镇图书管理员都会被观察到。即使有人试图观察或广泛调查每一位这样的图书管理员，也永远无法确定自己做到了这一点，而且未来肯定会出现新的小镇图书管理员，现在是无法调查到的。所以这个主张超出了它的证据支持的范围。该主张吸取了当前观察到的模式，并将该模式投射到未来的或尚未观察到的案例上。此外，它还暗示了某种预期。也就是说，如果你将来碰巧观察到一个小镇图书管理员的生活，不会指望它是一种激动人心的生活。它还暗示，如果你正在考虑成为一个小镇图书管理员，就不应该期待那种乘坐豪华邮轮前往蒙特卡洛的纸醉金迷的生活。

现在我们关心的问题是，我们什么时候应该将对模式的观察结果投射到未来，什么时候应该避免这样做？鉴于我们只访问了数量有限的小镇图书馆，是否有理由说——并相信——"小镇图书管理员的生活很无聊"？答案是，"也许吧"。说实在的，你可能会怀疑，我们将过去的模式投射到未来这个做法有没有道理。换句话说，我们好像是在假设未来会像过去一样。但我们做这种假设有什么证据吗？唯一的证据是，已经过去的"未来"往往和更早的"过去"一样！当然，这个证据根本就算不上证据。它只是对它应该提供支持的观点的重述。这就像你问总是吃黄色水果软糖的朋友："你为什么喜欢黄色水果软糖？"你朋友回答："我喜欢黄色水果软糖，因为它们味道很好。"当你问这种糖的味道哪点让他喜欢时，他回答说："它们有种很好的口味。"这是一个不是答案的答案。黄色水果软糖味道好，是因为它们味道好。这个谜题——未来将会很像过去，因为过去很像它的过去——被称为归纳问题，它是无解的。这是我们人类（或许还有动物）做出的假设，我们无法证明但仍然必须做出这样的假设才能在生活中维持秩序和稳定。因此我们需要时刻记住，当进行普遍化时，我们的推理是基于过去和未来很可能相似这一无法证明的假设，因此，要进行有根据的普遍化，指导原则之一是我们应当谨慎行事，不要过于轻率。

需要注意的是，将我们陈述中的"全部"更改为针对一定比例事例的"部分"，也无法避免这一归纳推理的谜题。换言之，你可能会认为，虽然我们也许无法证明所有小镇图书管理员都过着无聊的生活，但肯定有理由相信他们中的一些人确实如此。但是此处的"有理由"并不意味着我们可以确定我们没有观察到的事例会和观察到的事例一样。如果我们观察到的小镇图书管理员中有40%的人生活很无聊，那么如果我们遵循此处建议的指导原则，可能有理由相信所有小镇图书管理员中有40%的人过着无聊的生活。但是我们对未观察到的事例的预测仍然基于那个无法证明的假设，即未来将会像过去一样。所有的归纳推理都建立在这个无法证明的假设之上！

如上文所说，尽管我们无法证明未来会像过去一样，但"未来会像过去一样"的假设主导着我们对未来的思维，让我们经常能够预测，有时还能掌控我们未来的经历。关键在于无法确保未来的情况会与过去完全一样。就算尽可能遵循指导原则，我们有时还是会犯错误。这些错误也是批判性思维的重要组成部分。好的批判性思维者是一个从错误中学习的人，这样就不必重复犯错，至少不会经常重复。我们通过纠正那些令人失望或者带来不愉快的意外的普遍化，吃一堑长一智。因此，对未观察到的事件的批判性思考是一个持续的过程，永远不会结束，而我们的"错误"将成为我们未来普遍化的一部分证据。

普遍化

在我们更具体地讨论普遍化之前，重要的是要区分普遍化和"准普遍化"，后者看起来像概括但实际上是定义。"所有的圆形都是圆的"就是一种准普遍化。准普遍化完全不是基于过去的经验，而是基于普遍化中使用的词语的含义。它们不是推理，因此并不依赖于"未来会像过去一样"这一不可验证的假设。还应该注意的是，并非所有普遍化都以"所有"开头。有时"所有"是隐含的，比如"鲸鱼是哺乳动物"这一陈述。

你可能想知道最后这个普遍化是定义（准普遍化），还是正常的概括即归纳推理的结果。如果我们发现了一头不是哺乳动物的鲸鱼状生物，该怎么办？我们是会说"这个生物不是鲸鱼"呢，还是更愿意说"这个生物是一头非哺乳动物的鲸鱼"？（当代哲学家希拉里·普特南[111]让这类模棱两可的陈述在哲学界广为流传。）这个问题没有正确答案。我们可以想象，两种反应都有可能找到根据。通常我们尊重科学界的态度，或者和上下文关系最密切的语言使用者共同体的意见，以及该共同体的常见用法。

然而请注意，"鲸鱼是哺乳动物"这条陈述要成为关于这个世界的陈述而不是一则定义，必须涉及一些可能存在的经验。无论是有理由还是无理由的主张，都不能与我们对世界的观察无关。换个说法，如果"鲸鱼是哺乳动物"这句话是指真实的鲸鱼而非*鲸鱼*这个词的定义，那么我们的鲸鱼状生物即使不是哺乳动物，至少也有是鲸鱼的可能性，只要它长得足够像鲸鱼。这意味着，所有关于世界的普遍化都必须容许存在反例的可能性，不能排斥从经验中获得的新信息。这就是"例外证明了规则"这句老话的含义之一。出现例外的可能性证明普遍化的对象是这个世界，而不是单词及其定义。这种可能性再次说明了在进行有根据的普遍化时要牢记的重要指导原则：我们必须始终做好根据新信息对普遍化进行调整的准备。关于这一点，我们还会在后文展开来讲。

让我们回到小镇图书管理员和我们的基本假设——"未来会像过去一样"。问题是，*哪个*未来会像*哪个*过去？如果不能给出这个问题的正确答案，将会导致偏执、恐惧和失望！这个问题既比看上去更简单，也比看上去更复杂。一方面，作为人类，我们总是在展望未来，满怀期待，制订计划，甚至没有加以思考。我们起床、穿衣、吃饭，预期今天和昨天一样。我们大部分日常生活都是基于这些简单概括，将我们观察到的过去投射于我们尚未观察到的未来。若非如此，我们将难以生存，会在决定"做什么"和"怎么做"中耗尽力气。（这就是我们被放入一个新环境中必须思考如何完成最基本任务时出现的情况。身处异国的旅行者和大一新生都体验过这种疲惫感。）

同时另一方面，我们对未来的一些预测是非常复杂的。意识到这一点后，我们忧心于该期待什么、该选择什么、该相信谁，变量太多，不确定因素太多，时间又太短。虽然我们想在本书中集中讨论这些问题并提出适合这些问题的指导原则，也不应该忘记或低估我们在预测未来方面的优秀表现，以及人类熟练做出有根据的普遍化的能力。

首先，让我们谈一谈"哪个过去"。这个问题之复杂远超人们通常承认的程度。通常，某些事情会促使我们选择一种特定的模式，或收集有关特定问题的数据，这些数据的价值被认为是显而易见的。例如，我们收集关于选民偏好的数据，因为想帮助某个候选人当选；我们寻找普通人的专制行为模式，因为想了解为什么二战期间有那么多德国士兵服从不人道的命令；我们寻找大鼠对特定化合物的生物反应模式，因为想知道这种化合物是否有助于治疗人类的某种疾病。

这可以追溯到上一章关于痕迹的观点。痕迹比比皆是。我们注意到的是那些让我们感兴趣的东西。可以说（正如一些哲学家所说的），是我们赋予它们价值。当它对我们有价值或我们认为它对我们有价值时，我们会普遍化出一种痕迹模式并将其投射到未来。换句话说，并非在我们的经验中有什么数据等着我们收集。数据是由我们评估和收集的行为创造出来的！我们的经验是一口大锅，里面装满了痕迹模式——或者说数据，我们根据自己的兴趣对其进行分类。这就是为什么历史学家说历史里没有什么教训——因为历史里有所有的教训！对于一场教训为 X 的战役，几乎会有一场完全相同的战役能得出 X 的反面。因此历史就是一个故事，人们通过对它的讲述来理解他们选择的或者重视的痕迹。当人们对事物的评价不同，会讲述不同的故事。他们有不同版本的历史。

如果我们谈论的是小镇图书管理员，将不得不决定需要概括出哪方面的模式。例如，我们必须决定要多小才算是一个小镇；还必须考虑什么人算是图书管理员——是只考虑职业为图书管理员的人，还是所有在图书馆工作的人。或许我们应该让我们的模式仅限于金发的图书管理员或者 1.8 米高、俄罗斯口音的秃顶图书管理员。我们如何确定头发、身高、体重以及图书管理员可能拥有的任何特征与我们的普遍化或其他值得普遍化的模式相关？比方说，没准儿我们的重点应该是住在大城市的秃顶图书管理员的生活。为什么偏要挑出居住在小镇这一特征？很明显，聚焦于"哪个过去"的特征是由我们决定的，取决于我们的兴趣，取决于我们看重的东西以及我们面对这些经历时具备的背景知识。例如，我们的背景知识告诉我们，头发颜色或身高与一个人生活的有趣程度关系不大，而住在小镇上常常会排除某些可能使生活更有趣和令人兴奋的活动。对于背景信息在帮助我们决定普遍化"哪个过去"方面的重要性，怎么强调也不为过。

背景知识是这里的关键，但还有一些非常具体的使用背景知识的方法可以用来确定何时普遍化、普遍化什么。当我们进行普遍化时，是将样本总体或观察到的一定数量案例的特征投射到一个更庞大的整体。这一样本总体需要满足某些标准才能为我们的预测提供支持。首先，它必须是随机的或有代表性的。其次，它的样本量必须足够大。

说样本必须是随机的，意思是，严格来说，目标群体的任一成员都可以成为我们的样本。目标群体就是我们对其未来情况感兴趣的群体，比如所有小镇图书管理员或所有鲸鱼。举例来说，如果你给目标群体中的所有事物、人或者事件各起一个名字，把所有名字都放在一顶帽子里，然后从帽子里抓取名字，那么由此得到的目标群体样本就是一个随机样本。当然，这通常是不可能的，或者会非常耗时，因此，我们做出妥协，采取在列表（电话号码簿或班级花名册等）中每十个人选一个之类的方法。

真正随机的样本很难获得，所以我们经常选择有代表性的样本。代表性样本是对目标群体精心挑选的结果，其中包含的个体（事物、人或事件）特定特征的范围接近目标群体特定特征的范围且比例相同，这样这一代表性样本就可以模拟一个随机样本。选择哪些特定特征来制作代表性样本，同样取决于背景信息。如果我们的目标群体是美国的小镇图书管理员，我们的样本总体必须代表整个美国，它不能只包括来自佛蒙特州或拉斯维加斯郊区的图书管理员。正确选择代表样本可以让大选民意测验机构根据小到1500个回复的样本预测全国选举结果！上面这句话提出了样本量级的问题。1500人的样本似乎不足以预测全国大选，但民意测验机构根据他们的背景知识，也就是他们过去的成功和失败，知道代表性样本应该有多大的数量。一般来说，样本越大，我们对未来的预测就越有效。我们可以举出很多例子，由于样本量相对于目标群体来说太小，做出的普遍化或预测都是不可靠的。（例如，"我不喜欢上州立大学的人。我遇到过一个从那里毕业的人，他极其自命不凡"。）

你将要读到的《文学文摘》（一本在20世纪30年代非常流行的美国杂志）关于阿尔夫·兰登会在1936年总统大选中获胜的预测是违反其中一条指导原则的经典事例。考虑到目标群体的规模，《文学文摘》发出了大量调查表。他们使用的大选选民抽样方法过去也有良好记录。但除开其他的不足，《文学文摘》的调查还不得不依赖被调查者交回调查表。因此它的样本不是随机的，而是由受访者自己选择的。显然，交回调查表的共和党人比民主党人多。尽管《文学文摘》可能并不偏向两位候选人中的哪一位，但它的非正式投票程序有偏向！

从《文学文摘》的例子中我们可以看出，样本的数量只是故事的一部分。事实上，有些时候一个例子就足以让我们心安理得地得出一个概括性的结论，而有些时候，不管有多少例子，我们都不愿意把这种模式投射到未来[112]。总的来说，做出的普遍化与我们认为有根据的其他信念越契合，支持做出该普遍化所需的样本量就越小，反之亦然。亦即，一项普遍化与我们持有的其他信念之间越抵触，它要成为有根据的普遍化所需的样本量就越大。

从上面的讨论和我们看过的例子可以清楚地看出，我们的归纳推理做得好不好，背景知识起着重要作用。正如我们在第七章中读到的，背景知识不仅帮助我们看到痕迹和痕迹的模式，还帮助我们判断是否要将这些模式投射到未来，并确定在普遍化或投射的过程中应用哪种指导原则。

请记住，我们的普遍化是有根据的，也就是说，我们可以合理地将已观察到的案例样本投射到未来未观察到的案例上，但不能保证结果必定和预测的一样。当我们预测未来时，使用的总是归纳推理而不是演绎推理。

然而，我们可以做一些事情来避免失望和不愉快的意外，这对于做出有根据的普遍化至关重要。那就是我们必须始终用新信息更新我们的背景知识储备。我们的背景知识储备不是固定不变的，每一个新出现的案例、每一项新的错误普遍化都会进入我们观察到的案例的集合，并改变预测未来时参照的依据。优秀的批判性思考者是那些对越来越多的相关案例持开放态度并且不会执着于他的特定背景知识和拒绝改变信念的人。

作为个体的人，我们的背景知识在不断增长。我们还是孩子的时候，它以指数方式增长。随着我们长大，它的增长速度会变慢。有时随着年龄增长，我们会变得固执，于是它可能完全不会增长了，我们作为批判性思考者的能力会退化，由此，我们推动和影响世界的能力也会退化。即使是有根据的普遍化，也无法保证未来不会让我们失望。我们能做的是让自己不会因一成不变的对未来的预测而失望。要做到这一点，我们需要不断更新我们的背景知识，并由此修改我们投射的痕迹模式。

我们一直在按照我们注意到的模式进行这些调整。被狗咬过一次，我们下次遇到不熟悉的犬类就会更小心；发现自己对史密斯博士的考试准备不足，下次考试前我们就会更加努力复习；如果乔爱玩恶作剧，喜欢在别人坐下时把椅子抽走，那么有乔在旁边，我们就会慢慢坐下。但有时我们会变得懒惰甚至固执，拒绝或者无法按照新经验来修正我们的普遍化，许多烟民就是这样。他们拒绝根据美国卫生局局长的警告修正他们的背景知识，并倾向于举一些吸烟但仍然活到90岁自然老死的熟人作为例子。我们很幸运，我们的背景知识在不断增长。作为批判性思维者，我们必须相应地成长并不断调整我们的思维。

在阅读1936年发生的这一经典的错误普遍化事例之前，让我们回顾一下本节中提到的可以帮助我们正确推理的指导原则。这些指导原则是通用的，适用于所有形式的或然性推理。对于这种推理，统计学和概率论是更为具体的指导来源，也是物理学家和社会学家的有用工具。

做好普遍化推理的指导原则：

1. 谨慎行事。请记住，人们无法保证未来会像过去一样。

2. 对周围的世界保持开放的心态。寻找痕迹和痕迹的模式。你引入推理过程的背景知识储备对你的预测成功至关重要。

3. 你的预测必须基于适当的样本。一般来说，这意味着它必须要么是随机的，要么是有代表性的，而且相对于目标群体的规模，它的数量必须足够大。

4. 根据你不断增长的背景知识储备，不断修正你的预测（普遍化），特别要留意过去的错误。

当你阅读这组来自《文学文摘》的文章节选时，请想一想这些指导原则。它显示了一种普遍化的常见用途：预测选举中的胜利者，或者至少尝试预测胜利者。在阅读这一选举民意测验失误的经典案例时，想一想为什么《文学文摘》预测阿尔夫·兰登将在1936年总统大选中战胜富兰克林·罗斯福不是一个很好的普遍化。当然，今天的民意测验机构比《文学文摘》表现得更好，不过，我们仍然可以从它的错误中学到很多东西。

《文学文摘》预测兰登胜利，1936年《文学文摘》民调机器马力全开 [113]
大选民调第一批数据将于下周公布

《文学文摘》庞大的1936年大选民意调查机器正在加大马力，稳定、坚决、越来越快地运转，并将在选举日之前抵达震撼全国的巅峰。

谁会赢——罗斯福还是兰登？这个国家会否决新政还是给予其领导人4年一届的新任期？到今天为止，还没有人知道。但《文学文摘》正在寻求答案——采用的方法曾让它一次又一次告诉全国，当选民去投票时会发生什么。

从上周起，关于选民今年会怎么做的线索陆续涌入《文学文摘》的民调总部。本周的数量有所增加。下周返回的调查表数量将会更多——下周的期刊将公布第一批汇总数据。此后，返回的调查表数量将稳步上升到雪崩般的程度，每周数以万计。

数据

到最后，发放至每一个州、县、市镇和村庄的超过1000万张无记名调查表将全部被寄出；最末一张填好的调查表将被寄回、检查和统计。

在代表每个阶层、阶级、年龄和职业意见的大量明信片调查表中，将找到关于富兰克林·D. 罗斯福、阿尔弗雷德·M. 兰登、威廉·莱姆克、厄尔·布劳德和诺曼·托马斯的政治命运的答案。

众所周知，在一届又一届选举中，《文学文摘》早在选举日前就已经预测到了结果。由于这项新闻壮举和公共服务，多年来它收获了成千上万的赞誉。时至今日，对它的赞美仍在继续。例如，编辑珀西·B.斯科特在《美国新闻》9月号上的《一本报纸制作者的杂志》中写道：

随着大选竞选活动的到来，《文学文摘》的民意调查开始了——仿佛神谕一般，自1920年以来，它以近乎不可思议的准确性预言了全国选民的选择……

不允许任何可能被理解为偏向的东西掺杂到调查的叙事和操作中。无论返回的调查表是什么结果，这些结果都必须无条件、无褒贬地提供给公众。

政治人物们赞扬或抨击这项民意调查——取决于它是否与他们的希望和祈祷相符——然而它一直像小溪般快乐地奔涌向前，挫败它的批评者，准确预测着迄今无法预测的事情。

怒火

没错。没有哪次《文学文摘》的民调不受到尖锐的批评。经常有人指责它向这个、那个或别的利益集团"出卖"了自己。随着竞选活动越来越激烈，这个或那个阵营看到形势对他们不利时，会压不住怒火，这样的批评可能会再次出现。

但《文学文摘》想提前指出，此类批评在1936年就像在过去每一次民意调查中一样毫无根据。我们的大多数读者都知道组织一次民意调查需要耗费巨资。但《文学文摘》相信它正在提供一项伟大的公共服务——对于能提供这种服务的机构，谁也出不起收买的价格。

第一次对总统大选的大型民意调查于1924年进行。柯立芝、戴维斯和拉福莱特是候选人。那次民意调查预测选举人票的误差在3票之内，准确率超过99%；柯立芝所获普选票的误差在1%以内，准确率99%。

这一非凡的表现引起了世界媒体的关注。对许多报纸来说，这是"惊人的"。《辛辛那提邮报》表示："这是一种节俭和舒适的选举方式。"但它的精确性使民意调查机制成为政治投机商的目标。从那以后，每一次民意调查都受到细致审视以免出现哪怕一丝一毫的错误。

1928年，《文学文摘》民调遭遇了也许是迄今为止的最大考验。当寄回的调查表开始涌入时，一些民调观察员出现了轻微的不安。民调显示胡佛[114]的共和党人赢得了肯塔基、田纳西和西弗吉尼亚等州的选票，这并不令人吃惊，因为这些地方被认为是边境州。但当选民们开始坚定地表态，阿尔弗雷德·E.史密斯不会赢得弗吉尼亚、得克萨斯、北卡罗来纳和佛罗里达等"稳固的南方"州，甚至赢不了他自己的家乡纽约州时，专家们开始怀疑民意调查的准确性。

但那届选举结果显示，民意调查对普选票的预测误差仅为4.4%，并预测了自南北战争以来"稳固的南方"的第一次分裂。

在早期的几次大选民调中，民主党人一直抨击他们，因为他们预测共和党获胜。1932年形势发生逆转，共和党人变得挑剔不满。这一年的民意调查显示，罗斯福将以压倒性的优势获胜，最后的选举结果显示民调的准确率超过了99%。

到1934年春天，对新政的不同意见似乎出现了尖锐的对立。《文学文摘》向选民征询他们对罗斯福的举措和政策的总体看法，回复显示大约61%的人支持新政。

1935年秋天，当批评新政的声音越来越大时，《文学文摘》使用几乎相同的调查表再次发出了1000万张调查表，以了解这个国家人民当时的想法。许多读者记得，民意调查显示返回的调查表中超过63%反对政府的举措和政策。

在旁观者看来，这可能意味着今年秋天共和党将赢得压倒性的胜利。但必须记住，那次民意调查针对的是政策而非人选。

因此，巨大的问题仍然存在：谁将赢得接下来的11月大选？重复一遍：到今天为止，还没有人知道。但《文学文摘》正在寻求答案——采用的方法曾让它一次又一次告诉全国，当选民去投票时会发生什么。

《文学文摘》1000万选民最终调查结果
兰登，1,293,669：罗斯福，972,897

　　好了，来自联邦48个州1000万选民的民意调查表回收大作战现已结束……我们（记录下了）……截至发稿前收到的数据。

　　这些数据正是从我国超过五分之一的选民那里得到的——它们没有经过加权、调整和解读。

　　在超过四分之一个世纪的民调经验中，我们从未收到过这么多莫衷一是的评论——有很多人的赞美，同样有很多人的谴责——然而就类型来说，与我们这些年里每次民调时都会收到的东西别无二致。

　　加州一家报纸发来的电报问："赫斯特先生买下《文学文摘》的事是真的吗？"就在写下这几行字的前一天，有一条电话留言："共和党全国委员会是否收买了《文学文摘》？"此外还有形形色色的花样，包括"犹太人买下了《文学文摘》吗""罗马教皇是不是《文学文摘》的股东"，诸如此类。所有留言都是同样的荒唐可笑。我们可以在这个列表里添加更多的疑问，然而近些天来所有此类质疑都是我们从第一次民意调查以来的许多年里反复听过的陈词滥调。

问题

　　那么，这次民意调查的数据是否正确？为回答这个问题，我们将简单地引用前几天我们给马萨诸塞州的一位年轻人发的电报，该电报是为了回应他向我们提出的挑战：为我们的民意调查的准确性下注10万美元。我们给他的电报内容如下：

　　"近四分之一个世纪以来，我们一直在对48个州的选民进行民意调查，尤其是在大选年；我们总是只邮寄调查表，计算和记录那些寄回的调查表，让全国人民对我们的准确性做出结论。到目前为止，我们的每次民调结果都是正确的。我们当前这次民意调查会是正确的吗？正如罗斯福夫人在谈到总统连任时所说的，'成败乃是天意'。

"我们从不在选举前提出任何主张，但恭敬地向您推荐当今被引用最多的公民之一、民主党全国委员会主席詹姆斯·A.法利阁下的意见。这是法利先生在1932年10月14日所说的：'任何理智健全的人都无法回避《文学文摘》非正式投票中如此庞大的民众意见样本所体现的结果。我认为这是这个国家的人民希望全国政府更替的确凿证据。《文学文摘》的民意调查是一个不小的成就。这是一次组织得公平而良好的民意调查。'"

这次民意调查出了什么问题？
没有哪次非正式投票能得到完全正确的答案——为什么？[115]

在1920年、1924年、1928年和1932年，《文学文摘》的民意调查都是正确的。不仅是在找出获胜者的意义上正确，而且预测的普选票结果误差如此之小（1932年不到1%），以至于各地的报纸和个人都把"不可思议地精准"和"令人惊奇地正确"之类赞誉加诸我们身上。

4年之前，当民意调查如期进行时，我们的好朋友吉姆[116]·法利曾说过，"任何理智健全的人都无法回避""组织得公平而良好"的抽样体现的结果。

好吧，今年我们使用的方法与前4次正中靶心的方法完全相同，而我们远远算不上正确。为什么？我们真诚地发问，因为我们*想要知道*。

"原因"

哦，我们已经被"原因"淹没了。很多人觉得他们在几个月里学到的关于民意调查的知识比我们几十年来知道的还多，于是来告诉我们究竟在哪里犯了错。几百号精明老练的"事后大明白"通过电话、信件、报纸向我们保证，我们犯错的原因是"显而易见的"。真的吗？

不妨认为我们已经检查过其中一些"显而易见的原因"。

最常听到的一种说法是这样："这次选举与过去不同。政党路线被抹杀了。一个多世纪以来第一次，所有的'穷人'都站在了一边。《文学文摘》从电话号码簿和车主名单中抽取人名进行调查，根本就没有触及更低的阶层。"如此等等。

"穷人"

好吧，首先，让罗斯福先生再度当选的不是"穷人"。他们为他惊人的票数优势做出了贡献，这点毫无疑问。但事实是，大多数农场主、医生、杂货商和烛台制造商也投票给了现任总统。正如多萝西·汤普森在《纽约先驱论坛报》上所说的，你可以取消直接劳工票、救济金群体票和黑人票，罗斯福先生仍会赢得多数。

所以这个"理由"似乎站不住脚。

除此之外，我们*确实*接触了这些所谓的"穷人"阶层。例如在芝加哥市，我们对三分之一的登记选民进行了调查。在宾夕法尼亚州的斯克兰顿市，我们对三分之二的登记选民进行了调查。而在宾夕法尼亚州的阿伦敦，还有别的一些城市，我们调查了*每一个*登记选民。

是这样吗？评论家们齐声附和，无疑有点儿害羞。行，他们又来了：无论如何，你们一定在那些城镇得到了正确的答案。

呃，我们没有。事实是，我们在那些地方的表现和在全国范围内的表现一样糟糕。

城市

举例来说，在阿伦敦，30,811名被调查者中有10,753人寄回调查表给我们，显示支持率为53.32%：44.67%，兰登先生领先。实际结果如何？ 56.93%支持罗斯福先生，41.17%支持堪萨斯人。

在芝加哥，寄回调查表的 100,929 名选民中支持率为 48.63% ∶ 47.56%，兰登先生领先。实际选举投票的 1,672,175 人中，现任总统的支持率为 65.24%，共和党候选人的支持率为 32.26%。

发生了什么？为什么收到《文学文摘》调查表的芝加哥选民中只有五分之一的人会不怕麻烦地回复？为什么在这回复的五分之一中共和党人占了多数？你和我们一样不知道答案。综上所述，重要的是，所有关于我们"未接触某些阶层"的臆测根本站不住脚。

胡佛选民[117]

现在灌进我们耳朵的是另一种"解释"："你的样本中胡佛选民太多了。"

好吧，事实是我们的共和党选民样本量总是太大。

1920 年、1924 年、1928 年是如此，甚至在我们将罗斯福的普选票高估了 0.75% 的 1932 年也是如此。

1928 年在芝加哥，我们低估民主党得票数的幅度略多于 5%，并相应地高估了共和党得票数。

无论是当时、之前还是从那以后，我们一直想知道，为什么在这件我们认为是公共服务的事务中，共和党人会比民主党人更积极地与我们合作。共和党人住得离邮箱近？民主党人普遍不赞成非正式投票？

我们不知道答案。我们知道的是，在 1932 年，当大势看起来正在离胡佛而去时，我们对我们的样本中共和党选民比例过高感到不安。全国各地共和党和民主党的领导日复一日地打来电话，听取我们被民主党人称为"组织良好"的机制的报告。然后结果出来了，它是如此正确，我们倾向于认为我们一直在毫无理由地担心。而今年，假设现任总统得票会减少似乎是合乎逻辑的，即使他能赢（这难道不是 100 多年来连任选举的规律吗？），我们也决定不去担忧。

数据

因此，统计学家在这一点上替我们操碎了心，他们在某些情况下使用所谓的"补偿比率"，在另一些情况下使用"转换因子"，想要解决这个问题。照一些数据专家的说法，这两种方法都没什么用，用他们的做法处理我们手上来自 2,376,523 名选民的数据，结果仍然是兰登。于是，别的统计学家拿着我们的数据，一通加权、补偿、平衡、调整和解释，好让结果显示为罗斯福。

我们没有试图解释这些数字，除了因为希望保持我们因记账一丝不苟而获得的良好声誉之外，还因为无论结果如何都与我们无关。因此，与过去一样，我们寄出了1000多万张调查表。我们不知道在它们当中，有多大比例寄给了1932年投罗斯福的人，又有多大比例到了投胡佛的人的手上，因为我们的调查始终是不记名的，调查表返回时没有签名，除了邮戳，没有任何识别特征。

依据

然而，既然1936年邮寄名单的依据是1932年的邮寄名单，而1932年答复我们民意调查的人绝大多数都投了罗斯福先生的票，因此，似乎完全有理由认为，我们今年的大多数调查表给了在1932年投罗斯福先生的人。《文学文摘》根本没有办法向自己或公众保证，填好的调查表寄回时也会保持同样的比例。我们不可能向无动于衷的民主党人重复发送调查表，也不可能向他们发送私人信件，促请他们行动起来，因为我们不知道哪些是民主党人、哪些是共和党人，更不要说哪些会投给罗斯福、哪些会投给兰登了。

如果在数百名提出善意建议和批评的人中，有人能告诉我们如何让选民按比例做出反应，同时仍然保持投票的无记名性——我们认为它应该永远保持这一点——那么我们衷心希望这些批评者能站出来发言。我们希望他们提出更有说服力的论据，而不只是说那些我们没有接触"社会底层"和"样本中共和党人太多"的滥调。因为这两种理论无法解释任何问题，它们只是制造了花样翻新、让人头昏的废话。

太多

还有一种"解释",如果你仔细研究,它似乎也不能成立。该解释主张我们调查的选民太多了,并引用了另一项调查的经验,那项调查发出的调查表数量不到我们的四分之一,却更接近正确结果。对此的回答是,《巴尔的摩太阳报》在马里兰州的每平方英里调查人数高于我们在城市以外所有区域的每平方英里调查人数,而《太阳报》对马里兰州的预测比这个"模范民意调查"更接近正确。另外,比所有民调加起来都正确的人是吉姆·法利,而吉姆的预测是基于全国每个城市、城镇和村庄的数万名选区负责人的报告。

所以——那又怎样?

所以我们错了,尽管我们做了所知的一切操作来确保自己不犯错。

我们如过去一样进行民意调查,报告了我们的发现,没有任何托词。我们没有从我们的数据中得到特别的利益,也没有从中得出任何结论。结果是令人失望的,因为它对我们的数据弃之不顾,甚至不给一个让我们心服口服的理由。

未来

对于最近的未来,《文学文摘》认为,事实上"这个国家已经表态了"。《文学文摘》为一位伟大的总统欢呼,从未对他做过基于党派立场的抨击。《文学文摘》不能像报纸在社论里支持总统那样支持他,因为《文学文摘》不发表社论。但它可以从这样的认识中获得真正的满足:作为美国公民,它的几位编辑以及它的数百万读者,将会是第一公民的坚实后盾。

谈到总统,有一点让我们感到欣慰的是,他自己在选举人票数估计上也有相当大的偏差,而他以他典型的和蔼风度"一笑而过"。他最后的猜测是360票对兰登先生的171票(6月5日,他估计自己的优势是315票对216票)。[118]

至于更遥远的未来,问题已经提出:《文学文摘》是否会再进行一次民意调查?它是否会改变它的调查方法?

对第一个问题的回答，我们在别的地方表述过：1924年的民主党跌到了现代史上权力和信心的低谷，它是否应该在那时放弃，而不是继续迈向其历史上最辉煌的胜利？共和党是否应该在1912年放弃，当时它只赢得了两个州？拥有现代橄榄球最伟大纪录的明尼苏达大学是否应该放弃这项运动，因为它在取得21场连胜之后，终于输掉了一场比赛？

对第二个问题的回答是，车到山前必有路。

思考题

1. 1936年的美国人在总统大选后第二天醒来，发现获胜的是罗斯福而不是兰登，大吃一惊。为什么说他们本不该如此惊讶？根据你学到的关于做出有根据的普遍化的知识，你会对《文学文摘》此后的选举预测提出什么建议？
2. 《文学文摘》在其非正式投票中得到了大量回复，比现在的民调机构用来预测选举结果的回复要多得多。为什么这没能让它避免在选举结果预测上颜面扫地？请具体回答。
3. 1936年是大萧条的高峰期，有数百万美国人失业。这可能是导致《文学文摘》预测失败的一个因素吗？对于背景知识，这给出了什么启示？

类比

类比是归纳推理的重要形式。使用类比进行推理总是"很棘手"。因为世界上没有两样东西是完全相同的，对于我们在世界上看到的每一种相近或相仿的情况，总是存在不相近或不相仿的地方。换句话说，无论两个（或更多）个体（事物）有多么相似，它们总有一些不相似的地方。以同卵双胞胎为例，无论他们有多像，熟悉他们的人通常都能找到可以用来区分他们的特征。或者，请想象两辆刚下装配线的同款汽车：如果没有其他区别，至少它们占据了不同的空间。因此，我们利用类比或相似性进行的推理总是归纳推理，而不是演绎推理。

我们在第四章谈到了类比论证，在那个论证中，麦启士德将世界三大宗教和三枚戒指进行了类比。这里的基本规则与那个论证的相同。规则是，如果两个事物有一些共同的特征，那么可以合理假设它们也有其他共同的属性。你可以看到，类比就像普遍化一样，也是一种模式的投射。在这里，我们从一组已观察到拥有某种属性模式的案例投射到别的尚未观察到的拥有部分属性的案例。当我们用类比法推理时，假设在已经观察到属性模式的案例和仅观察到部分模式的案例中，属性模式都是一样的。例如，如果史密斯教授过去每次突击测验前都会敦促全班同学"一定要做作业"，那么你可以假设，因为史密斯先生今天提醒了全班同学不要忘记做作业，明天可能会有突击测验。

使用类比进行推理的模式一般是这样：

如果案例 A 具有属性 P1、P2、P3、P4、P5

如果案例 B 具有属性 P1、P2、P3、P4

那么案例 B 可能也具有 P5 的属性。

已观察到案例 A 拥有一组特定的属性，其中包括在案例 B 中尚未观察到的一个或多个属性，像 A 这样的案例越多，案例 B 就越有可能具有那个或那些尚未被观察到的属性。此外，案例 A 与案例 B 共同属性的数量越多（P1 ~ Pn），案例 B 就越有可能具有那个或那些尚未被观察到的属性。举个例子，假设你想买一些罗勒，在商店里发现了一个货架，上面放着标签为"罗勒"的植物。过了一会儿你又看到另一个货架上的植物，这些植物看起来和贴有罗勒标签的植物很像，却没有标签。你更愿意购买没有标签的货架上的植物，因为它们看起来更新鲜，但不确定它们是不是罗勒。你可以为自己构建一个小小的类比论证，可以看看那些有标签的植物与这些没标签的植物有多少共同的属性——颜色、叶子的形状和大小，以及气味！你得出结论，如果它闻起来像罗勒，它就一定是罗勒。也就是说，尽管第二个货架上的植物没有"罗勒"标签这个被观察到的属性，你认为它们也应该被贴上这个标签。

这是一种非常常见的推理形式。在医学领域，医生根据一组症状进行诊断时就经常用到它，同时它在其他地方也大显身手：法律领域里对类似案例的同等处理，对考试、论文或产品的评分，以及新药的有效性测试——我们从对大鼠的有效性推理到对人类的有效性。还有一个著名的神学论证实例，它利用类比推理来支持上帝存在的说法。18世纪的英国神学家威廉·佩利在他的《自然神学》一书中提出了这种论证的一个版本。他在书中主张，宇宙就像一块巨大的手表，充满了精心的设计和秩序。如同手表必须由钟表匠制作一样，宇宙也必须由一个超级钟表匠来创造，那就是上帝。[119]

和普遍化一样，类比推理也给我们带来了一些相同的推理难题。我们已经谈到了模式，以及一些人如何看到别人看不到的模式。这就提出了一个问题，即在处理类比时，是要关注相似的特征，还是要关注那些不相似的点。在大鼠身上测试药物（和其他产品）以了解药物对人类是否安全，就是这个问题的一个很好的例子。这样的测试有多大意义，取决于大鼠和人类的身体是否有足够的相似性，以至于能合理推断两者对同一产品有相似的反应。[120]

关注相似性还是差异性，取决于我们的兴趣所在或者我们当时重视什么。这就像双胞胎的情况。有时，你专注于他们相似的地方。其他时候，或许为了识别，你注意到他们的不同之处。两种关注不存在优劣之分，只取决于你的目标。再强调一次，背景知识很重要。背景知识告诉我们，鉴于我们的兴趣，我们应该聚焦于哪些特征。就像运用普遍化推理一样，我们需要牢记类比推理的指导原则，以防我们的生活中出现太多的惊讶和失望。

做好类比推理的指导原则：

1. 始终牢记使用类比来推理总是或然性的，而非必然性的。

2. 记住，类比推理取决于背景知识以及推理与背景知识的契合程度。

3. 随着案例数量的增加，这一推理变得更有根据。也就是说，具有属性P1～P5的案例A越多，具有属性P1～P4的案例B也有属性P5的可能性就越大。此外，A和B的共同属性越多，它们越有可能还存在别的尚不明朗的共同属性。（它们的共同点可以超过5个！）

4. 当我们遇到越来越多的案例并将其添加到背景知识储备中，也必须不断修正在类比基础上得出的结论。

接下来的阅读材料是关于美国种族和族裔偏见的持续对话的一部分。马尔科姆·格拉德威尔是《纽约客》杂志的常驻撰稿人，也是几本关于我们如何思考当前问题的畅销书的作者。这是他的一篇文章的节选，他在其中将人们对比特犬的偏见与导致种族定性的偏见进行了类比。他认为，正如我们因为少数比特犬的不良行为（它们往往被虐待或饲养不当）而错误地指控所有比特犬一样，我们也经常放纵自己沉溺于种族定性，认为某个特定族群的所有成员都可能是恐怖分子或毒贩，诸如此类。因此他主张，正如对比特犬的偏见是被误导的，大众对少数族裔的不信任同样是错误的，群体中一小撮成员的行为导致了对他们的刻板印象。这是一个明确基于类比的论证（注意这里的"正如"一词）。除了为我们提供这个类比论证的好例子外，格拉德威尔还提出了一个问题：什么时候一项普遍化会变成一个刻板印象？这实际上也是一个类比论证。换句话说，如果群体 X 的成员具有 P1、P2、P3、P4 和 P5 的属性，其中 P5 是"实施恐怖主义行为"，那么某个与该群体成员相似的人如果具有 P1、P2、P3、P4 的属性，是否也具备 P5 的属性？这是一个很难回答的问题，你必须密切关注格拉德威尔举的例子来评估他的论证。这就像对小镇图书管理员进行归纳：什么是能决定一项普遍化有根据或者无根据的重要特征（这里的一系列 P）？对这种批判性思维能力怎么重视都不过分：虽然我们不想不公平地对人（或狗的品种）进行分类，但也确实想找到潜在恐怖分子的相关特征。

麻烦制造者：关于偏见，比特犬能教我们什么[121]
马尔科姆·格拉德威尔

去年 2 月的一个下午，盖伊·克莱鲁把他两岁半的儿子杰登从托儿所接了出来，带着他走回他们位于安大略省渥太华西区的家。他们就快到了。杰登落在后面，当他父亲背过身,一只比特犬跳过后院的栅栏,向杰登扑来。"那条狗把他的头咬在嘴里甩动。"克莱鲁的妻子乔安·哈特利后来说。当她惊恐地看着这个场面,又有两只比特犬跳过栅栏加入了攻击的行列。她和克莱鲁跑过去,他用拳头击打第一只狗的头部,直到它放开杰登,然后他把男孩抛向他的母亲。乔安扑在她儿子身上,用她的身体保护他。"乔安!"克莱鲁大喊,这时三条狗都扑向他的妻子。"保护你的脖子,保护你的脖子。"一个坐在自家窗口边的邻居尖叫着,她的伴侣和一个叫马里奥·高迪尔的朋友跑到室外。住在附近的一个男孩抓起他的冰球棒扔给高迪尔。他开始猛击其中一条狗的头部,直到球棒断裂。"它们不会停。"高迪尔说,"你一停下来,它们就再次攻击。我从没见过这么疯的狗。它们就像塔斯马尼亚的恶魔。"警察来了。这些狗被拉走了,克莱鲁夫妇和一名施以援手的人被送往医院。五天后,安大略省立法机构禁止饲养比特犬。"就像我们不会让大白鲨进入游泳池一样,"该省总检察长迈克尔·布莱恩特说,"或许我们也不应该让这些动物出现在文明地区的街道上。"

比特犬是19世纪用于斗牛和斗狗的斗牛犬的后代,它们被培育出"战斗精神",因此对攻击性的抑制能力较低。对于大多数狗,打斗都是在瞪眼和咆哮失败的情况下采取的最后手段,而比特犬会在很少或没有刺激因素的情况下战斗。比特犬似乎对疼痛有很高的耐受度,这使得它们有可能战斗到体力耗尽的程度。像德国牧羊犬这样的护卫犬通常通过咬和扑来试图限制被它们视为威胁的人,比特犬则尽力对对手造成最大程度的伤害。它们又咬、又扑、又甩、又撕。它们不会咆哮或做出攻击性的面部表情以示警告。它们只是攻击。"它们时常对一般能阻止攻击的行为不敏感,"一份关于该犬种的科学评论指出,"例如,不是为战斗饲养的狗通常通过翻身并暴露出浅色的肚皮来表示在战斗中认输。据报道,比特犬曾多次将发出这种投降信号的狗开膛破肚。"在狗咬人的流行病学研究中,比特犬在已知严重伤害或杀死人类的案例中占比畸高,因此,比特犬在一些西欧国家、中国以及北美的许多城市和自治市被禁止或限制饲养。比特犬是危险的。

当然,并非所有比特犬都是危险的。它们中的大多数不会咬人。与此同时,杜宾犬、大丹犬、德国牧羊犬和罗威纳犬也经常咬人。而最近把一位法国女性咬得很惨、让她做了世界上第一起面部移植手术的狗,是一只拉布拉多猎犬。当我们说比特犬很危险时，是在以偏概全，就像保险公司向年轻人收取比其他人更高的汽车保险费（尽管许多年轻人是非常好的司机），医生叫超重的中年男子去检查胆固醇（尽管许多超重的中年男子不会遇到心脏问题）。因为我们不知道哪条狗会咬人，谁会心脏病发作，哪些司机会出车祸，所以只能通过普遍化来进行预测。正如法律学者弗雷德里克·肖尔所指出的，"用粗笔画画"是"我们的决策活动中时常不可避免也往往有其必要的一个层面"。

不过，"普遍化"的另一种说法叫"刻板印象"，而刻板印象通常被认为不是我们决策活动的理想层面。从具体推到一般的过程既是必要的，也是危险的。医生可以在一些统计数据的支持下，对一定年龄和体重的男性进行普遍化。但是，如果根据其他特征（如高血压、家族史和吸烟）进行普遍化可以挽救更多的生命呢？在每一项普遍化背后都有一个选择的过程，哪些因素要留下，哪些因素要排除，而这些选择可能复杂得令人惊讶。在杰登·克莱鲁被袭击后，安大略省政府选择了对比特犬进行普遍化。但是，它也可以选择针对猛犬进行普遍化，或者针对拥有猛犬的人的类型，或者针对幼童，或者针对后院的栅栏，或者……事实上，可以针对一切与狗、人和场所有关的事物进行普遍化。我们怎么知道我们做的普遍化是正确的？

去年7月伦敦发生交通爆炸案后，纽约市警察局宣布，将派警察进入地铁，对乘客的背包进行随机搜查。从表面上看，在追捕恐怖分子的过程中进行随机搜查——而不是以普遍化为指导——似乎是一个愚蠢的想法。《纽约》杂志的一位专栏作家当时写道："不是'大多数'，而是几乎所有袭击西欧或美国目标的圣战分子都是年轻的阿拉伯人或巴基斯坦人。换句话说，您可以相当确定地预测基地组织恐怖分子的长相。就像我们一直都知道黑手党长什么样——即使我们知道只有极少数意大利裔美国人是该匪帮的成员。"

但等一等：我们真的知道黑手党长什么样吗？我们大多数人对黑手党的了解都来自电影《教父》，片中柯里昂家族的男性成员由爱尔兰和法国血统的马龙·白兰度、犹太人詹姆斯·凯恩、两名意大利裔美国人阿尔·帕西诺和约翰·卡扎尔扮演。以《教父》为依据，黑手党看起来就像欧洲血统的白人，这可算不上很有帮助的普遍化。弄清恐怖分子的模样并不比这容易。他们不会穿上可识别的服装。他们也不像篮球运动员,没有可预测的体形和身高。

"我们有一项反对种族定性的政策。"纽约市警察局局长雷蒙德·凯利告诉我,"我在上任第一年的3月就推出了。那种做法是错误的,也是无效的。如果你去看伦敦爆炸案,会看到3名巴基斯坦裔英国公民。你也会看到杰曼·林赛,他是牙买加人。你发现7月21日出现了一个新团伙,他们是东非人。你还知道2004年年初有一名车臣妇女在莫斯科地铁站自爆。那么你要给谁定性?看看纽约市,40%的纽约人在国外出生。看看这个地方的多样性。我应该防着谁好呢?"

凯利指出了所谓定性的"分类问题"。普遍化涉及将一类人与行为或特征相匹配——超重的中年男性与心脏病发作风险,年轻男性与不良驾驶行为。但是,要使该过程起作用,你必须能够定义和识别要普遍化的类别。"你认为恐怖分子不知道找种族特征多么容易?"凯利继续说道,"看看'9·11'劫机者。他们来到这里。他们刮了胡子。他们去了无上装酒吧。他们想要融入社会。他们想让自己看起来像是'美国梦'的一部分。这些人不是傻子。恐怖分子可以打扮成哈西德派犹太人走进地铁以避免被盯上吗?当然。我认为给族群定性这事简直是疯了。"

比特犬禁令也涉及分类问题,因为比特犬碰巧不是单一品种。这个名字指的是一系列相关品种的狗,例如美国斯塔福郡㹴犬、斯塔福郡斗牛犬和美国比特㹴犬——它们都有一个粗壮方正、肌肉发达的身体,一只短鼻子和一身光滑油亮的短毛。因此,安大略省的禁令不仅禁止这三个品种,还禁止任何"外观和身体特征与它们基本相似的狗",并艺术地称其为"比特型"狗。但是,这是什么意思?美国比特㹴犬和金毛猎犬的杂交品种是比特犬还是金毛犬?如果将肌肉型㹴犬视为比特犬是一种普遍化,那么将危险的狗视为"与比特犬基本相似"就是对普遍化的普遍化。宾夕法尼亚州的犬舍经理劳拉·布拉希尔斯说:"这类法规很多都是这种写法,对于'比特犬'这个概念,说是什么就是什么。对大多数人来说,这个词只是意味着讨厌又可怕的会咬人的大狗。"

…………

那么惹麻烦的比特犬又是哪些呢?"立法针对的是那些具有攻击性倾向的狗,这种倾向要么由饲养者培育,要么由训狗师训练,要么由主人强化。"赫克斯特罗特说。

一条凶恶的比特犬是被塑造出来的，方法包括选择性育种，与体形更大且具有攻击人类倾向的品种如德国牧羊犬或罗威纳犬等杂交，或者以某种方式训练，让它开始表达对人类的敌意。那么，比特犬对人类的危险性并不在于它展现出了比特犬的本性，而在于它偏离了这种本性。比特犬禁令是对某种特性的普遍化的普遍化，而该特性并不普遍。这是一个分类问题。

…………

凯利在成为纽约市警察局局长之前曾担任美国海关总署署长，任职期间，他全面修订了边境管理人员用来识别和搜查涉嫌走私者的标准。原本的清单上有43个可疑特征，他用包括6大标准的清单取而代之：他们的外表有什么可疑之处吗？他们紧张吗？是否有针对此人的特定情报？缉毒犬有没有发出警报？他们填写的文件或解释有什么问题吗？是否发现牵涉到此人的违禁物品？

你会发现这里没有关于种族、性别或民族的内容，也不涉及昂贵的珠宝或者是从机身中部还是尾部的舱门下飞机，走路的方式是步伐轻快还是漫无目的。凯利删除了所有不稳定的普遍化，迫使海关关员对那些日复一日、月复一月都不会改变的事情做出普遍化。有一定比例的走私者总是很紧张，总是讲错他们的故事，并总是被警犬抓住。这就是为什么这些类型的推断比基于走私者是白人还是黑人、携带一个包还是两个包的推断更可靠。在凯利的改革之后，海关总署进行的搜查数量下降了约75%，但成功缉获的次数却提高了25%。关员们对走私者的判断从相当糟变成了相当好。凯利说：“我们让他们能更有效率也更有效果地完成他们的工作。”

比特犬的威胁这一概念是建立在稳定的还是不稳定的普遍化上？我们拥有的关于犬种危险性的最佳数据是狗咬死人的统计，这可以作为体现特定种类的狗造成了多大危害的有用指标。在20世纪70年代末和20世纪90年代末之间，美国有超过25个品种的狗涉及致命攻击事件。属于比特犬品种的狗居多，但每年变化幅度很大。例如在1981年至1982年，致人死亡的有5只比特犬、3只混种犬、2只圣伯纳犬、2只混种德国牧羊犬、1只纯种德国牧羊犬、1只哈士奇型犬、1只杜宾犬、1只松狮犬、1只大丹犬、1只狼和狗的混种犬、1只混种哈士奇犬和1只混种比特犬——但没有罗威纳犬。在1995年和1996年，名单上有10只罗威纳犬、4只比特犬、2只德国牧羊犬、2只哈士奇、2只松狮犬、2只狼和狗的混种犬、2只混种牧羊犬、1只混种罗威纳犬、1只混种犬、1只混种松狮犬和1只大丹犬。咬死人的狗的品种随着时间推移而变化，因为特定品种的受欢迎程度在变化，不变的是被狗杀死的总人数。当我们发现了更多的比特犬问题时，这不一定是比特犬比其他狗更危险的标志，它可能只是比特犬数量增多的标志。

思考题

1. 格拉德威尔为比特犬的刻板印象辩护，他是如何论证的？批判性地评价这些论证。
2. 犬类特征定性和人类特征定性之间有什么相似的地方，有什么不相似的地方？
3. 背景知识是如何在人们对狗的普遍化中发挥作用的？在对族群的普遍化上呢？

归因

有一种我们观察到并加以利用的模式是相关性模式。如果两个事件或属性经常甚至恒定地一起出现，我们就说它们之间存在着相关性。例如，拥有10个脚趾的属性与作为人类的属性高度相关。这种相关性可能不是恒定的，因为人们确实会因为受伤或基因异常失去脚趾，但两者确实高度相关。相反，作为人类的属性和身高超过1.8米的属性并不高度相关。因此，如果你从世界人口中随机挑选一个人，这个人只有很小的可能会超过1.8米高，但他有10个脚趾的可能性非常大。对于我们来说，要注意到事件或属性之间的相关性，它们通常除了时间上的接近性之外还具有空间上的接近性，但这也不绝对。众所周知，潮汐的运动和月亮的位置是高度相关的，尽管它们在空间上有距离。统计学家研究相关性，并利用它们来预测事件和属性在未来的相关性。

有些相关性被认为是巧合，也就是说，这些事件或属性一起发生是偶然的或意外的。"一辆跑车"和"红色"是一种巧合的相关性。虽然"一辆跑车"和"红色"之间的相关性可能很高，但如果我们是在描述一辆跑车，它并不必然是红色的。除此之外的相关性，我们相信其本质上是因果关系。比方说，大多数人认为，如果你把一只玻璃杯掉到大理石地板上，紧接着这个事件而来的必然是玻璃杯破碎的事件。尽管杯子掉落可能是个意外，但杯子掉落和杯子破碎之间的关系不是一个巧合，而是我们认为必定发生的事。我们的经验告诉我们，这两个事件的相关性高到能稳定地联结在一起，一个事件发生，另一个事件不可能不随之发生。因此，我们声称第一个事件导致第二个事件。我们相信它们必定以紧密相伴的方式发生。

因果关系让我们有很大兴趣，因为它们帮助我们预测和掌控我们生活中将会发生的事件。就像有理由和无理由的普遍化一样，我们通常非常善于区分巧合的相关性和因果关系。然而同样的问题仍然存在，我们没有完美的规则来确切区分巧合的相关性和因果关系，仍然还是那个原因，因为我们是根据观察到的事件做出判断，并投射到未观察到的事件上。因此，我们只能以一些指导原则来帮助我们区分有理由的归因和无理由的归因。

比如吸烟和肺癌发病率之间的相关性这个著名的例子。众所周知，这两者之间存在着显著的相关性。抽烟的人最终患肺癌的比例大大高于总人口或不抽烟的人中的这个比例。这只是一个巧合吗？吸烟者只是运气不好？他们是否倾向于生活在有其他导致肺癌的污染物的环境中？或者，这种相关性是否意味着一种因果关系？毕竟，不是所有的吸烟者都会患肺癌。如你所知，烟草行业多年来拒绝承认这种高于预期的相关性是因果关系的体现。我们将在下文中再次讨论这个问题。

让我们思考另外两个没有什么分歧的相关性案例。如果你在半空中放开你的铅笔，它就会掉到地上。每一次你放开它，它都会掉到地上。放手和落地是如此高度相关，让你确定无疑地相信其中存在因果关系。反之，假设你每次伸手到口袋里掏硬币，掏出来的都是一分钱。即使这种情况发生了一次又一次，你也绝不会相信，如果你口袋里有一枚硬币，它必定是一分钱。你观察到稳定的联结，但拒绝归结为因果关系！这就是因果推理的难题：如果我们只能依靠我们对世界的经验，亦即我们对稳定联结的经验，如何将因果关系和单纯的相关性区分开来？

哲学家休谟指出，当涉及因果关系时，我们的经验和我们根据这种经验所相信的东西之间存在着一道鸿沟。我们经历的是稳定的联结。放开铅笔与铅笔掉在地上是稳定联结在一起的。闪电之后总是伴随着雷声。投入水中的盐总是会被溶解。这种稳定联结的事件让我们预期,如果未来第一个事件发生了,第二个事件就会随之发生。事实上,我们会说第二个事件必定发生。它让我们相信,事件之间存在一种必然性的联系,因为第一个事件会导致第二个事件。请注意,这种必然性的联系不是我们观察到的东西(它看起来像什么),而是我们总结出来的经验。当我们谈论因果关系时,我们经历的事和我们对它的说法之间总是存在着一道鸿沟。

有时我们使用技术性描述来填补这道缺口,于是缺口看似被填平了。然而,这种填补永远是不完全的。发生的情况是,大的缺口被划分为较小的部分,而这些部分中又有缺口,缺口仍然存在。例如,对于普通人来说,踩下刹车踏板会让汽车停下来。修理工可以用一些机械上的关联来填补这个因果缺口,但修理工的因果链中每一个因果关系都包含一个缺口。与此相近,说地球引力导致铅笔掉落并不能消除我们的经历和我们的说法之间的缺口。引入引力因素在许多方面让缺口变得更大,因为引力不过是一种力的名称,和原因一样,它也是我们没有观察到的东西,却又是我们对世界描述的一部分。

换句话说,经验之上没有任何标记,亦即经验本身没有任何规律出现的特征可以告诉我们,事件之间的关联是巧合(低概率或"偶然")还是必然(高概率或"因果")。[122] 不知何故,我们知道落在大理石地板上的玻璃杯必定会碎,但没有看到或以任何方式感觉到一个可以称为"必定破碎"的属性或标记。因此,我们有时会犯错误,在没有因果关系的地方归结出因果关系(比如"那个老师给我打了低分,因为他不喜欢我");有时则在应该看到因果关系的地方没有看到(比如"我不知道为什么没看到红灯。我只喝了几瓶啤酒……")。真正令人惊讶和幸运的是,在有因果关系的地方,我们在归因方面犯的错误相对比较少。也就是说,我们对事件之间必然性联系的预期通常产生于实践当中,所以一般不会感到失望。而且我们非常善于利用这些预期——至少在某种程度上——掌控我们的环境。

既然我们对因果关系的体验没有任何标记,没有什么方法可以确认我们在必然性联系和偶然性联系之间所做的区分。我们唯一体验到的差异是,我们对于我们认为的必然性联系有一个预期的心理过程，而对于我们心中的偶然性联系（相关性）没有这种预期。我们无法制定任何规则来保证我们的预期永远正确。在这种情况下，我们最多只能根据必要条件和充分条件的逻辑概念，为因果推理提出一些指导原则。在我们对"原因"一词的普通用法中，有时指充分条件，有时指必要条件，有时指必要条件和充分条件的结合。必要条件和充分条件是我们施加在稳定联结和心理预期的经验上的逻辑模式，从而使这种经验更加有序。

用 X 和 Y 分别代表两个事件。那么我们可以说，如果每次 X 发生，Y 就发生，那么 X 就是 Y 的充分条件。也就是说，X 后面总是跟随着 Y（或与 Y 同时发生）。举个例子，如果你把盐投入水中，它就会溶解。盐被投入水中（事件 X）是盐溶解（事件 Y）的*充分条件*。把盐投入水中会导致它溶解。

但我们也可以说，是水导致了盐的溶解。水——换个说法，水或某些尚未饱和的液体——是盐溶解的一个必要条件。如果无论何时 X 发生，Y 就发生，或者没有 Y，X 就不可能发生，那么 Y 是 X 的*必要条件*（关于这些形式逻辑关系的讨论见第六章）。而在某些情况下，将一个事件的必要条件和充分条件都列为其原因是合适的做法：将盐投入普通的水中会导致其溶解。

为了弄清楚这一点，再举一个例子。你划了一根火柴，火柴燃烧起来。是什么让火柴燃烧？划它导致它燃烧。在这种情况下，划火柴就是让它燃烧的充分条件。但划火柴并不是火柴燃烧的必要条件。火柴可以通过与另一个火焰接触、用放大镜聚焦太阳光等方式点燃。另外，我们知道，还有其他对火柴燃烧必要的条件：火柴不能是湿的，周围必须有氧气，必须有一个摩擦垫来产生摩擦……如果我们要说出让火柴燃烧的所有必要和充分条件，会有一个相当长的清单（事实上，这个清单可以一直列下去，我们只是对整条因果链不感兴趣）。最常见的做法是，我们将一系列足以带来结果（火柴燃烧）的条件中最后一个事件（划火柴）说成是原因。背景知识开始发挥作用。正是我们的背景知识和对环境的了解，让我们能够从一个事件的一系列必要和充分条件中选出一个条件，称为该事件的*原因*。

19 世纪的英国哲学家约翰·斯图尔特·穆勒在他的《逻辑体系》中提出了一些确定事件原因的指导原则。这些指导原则被称为*穆勒的方法*。这些方法是基于常识提出的。你自己很可能时不时地也会使用这些方法，试图找出你经历的某一事件的原因。穆勒本人提出了 5 种不同的方法来确定原因。穆勒之后的哲学家们对这些方法进行了批评和修正，但仍然在参考这些方法，因为它们是日常生活中经常会用到的。我们将在这里谈到其中的 3 种方法。

第一种被称为求同法。你很可能已经多次使用这种方法来寻找原因。比如说，你可能想弄清楚你的脸为什么在这次的盛大舞会前发疹子发得如此严重。你可能会回想你过去的类似经历来确定原因，寻找所有案例中都存在的某些共同因素。这个共同因素也许是压力、新的面霜，或者你吃了什么东西。你能否成功找到原因将取决于你检查了多少个案例以及你对共同因素的搜寻有多全面、彻底，同时还要放弃那些只出现在部分案例中的因素。假设你确定所有这些事件的共同因素是在头一天吃了花生酱，那么，就会把花生酱当作引发你皮肤危机的原因。因为你已经确定，除了吃花生酱的

"有没有人想过，如果不穿这些该死的裙子，我们就用不着每隔 5 分钟操练一圈来展示男子气概？"

或许相关的共同因素是穿了苏格兰短裙。
©《纽约客》系列 1995，杰克·齐格勒，来自 cartoonbank.com。保留所有权利。

时候之外，你没有出现过这种皮肤问题，所以花生酱是你的脸暴发皮疹的必要条件。反之，如果你的研究表明，除了吃过花生酱的时候，你的脸在别的时候也会发皮疹，而每次吃了花生酱你一定会发皮疹，那么花生酱就是你皮肤问题的充分条件而不是必要条件。这就是穆勒的求同法：在你关注的所有案例中都存在某种单一条件。

对于穆勒的求异法，可以用以下这个非常普遍的经历来说明：你想要弄清楚为什么电脑弄丢了你的历史论文。你会试图确定，这次使用电脑时做了什么事，是过去电脑一切正常时没做过的。换言之，你想要找到这回出的岔子与过去多次使用电脑准备论文的成功经历之间的某些差异。你可能按错了一个键，不小心把论文删掉了，可能出现了一次电涌把论文抹掉了，或者有人递给你一个高磁化的物体，干扰了电脑的电路。在这种情况下，要想找到正确原因，你不能太快卜结论。叮能会存在好儿个明显的差异，而你也许必须排除这些可能性，同时必须谨慎地只考虑有相关性的差异。你第一次穿上那件蓝色的新毛衣是不相关的。你戴着一只碍手碍脚的手镯，它卡在了键盘上，这可能是相关的。在这种情况下，你的手镯可能是电脑毁掉你的历史论文的充分条件。

穆勒的第三种确定原因的方法是共变法。在这种方法中，一个条件的变化与另一个条件的变化相匹配（无论是积极的还是消极的）。让我们回到你皮肤问题的原因上来。一种可能性是，你皮肤的状态受到了你感觉到的压力大小的影响。没有压力的日子里，你的皮肤状态完美。中等压力的日子——例如，只有一场考试——你的皮肤有中等程度的瑕疵。而在压力大的日子里，你的脸就会变得一团糟！那么，人们可能会得出结论，压力是造成你皮肤问题的原因之一，因为压力的变化与你皮肤的变化相关。在这里我们必须小心，确保没有第三种情况，它既是你压力的原因，也是你皮肤问题的原因。例如，假设你患有某种疾病，这种疾病既造成了压力，也导致你皮肤状态不佳。

仅仅是两种情况彼此高度相关，并不一定意味着它们之间有因果关系。其中一种情况必须以某种方式影响另一种。曼哈顿的人口增长和上海的人口增长之间可能高度相关，但这并不意味着前者是后者的原因。这只是一种偶然的相关性。这两种情况之间不可能相互影响。没有已知的机制将这两个城市的人口联系起来。这种偶然的相关性和必然性联系之间的区别是本章第三篇阅读材料的主题。这是一篇对香烟致癌作用的争议的评述。长期以来，科学家们一直声称，吸烟和肺癌之间的高度相关性表明了一种因果关系，也就是一种必然性联系。相反，烟草行业长年坚持这种关联是偶然的，不是必然的。

提出因果关系的陈述非常像做普遍化的陈述。我们做得对不对，很大程度上取决于我们的背景知识。例如，在对上面例子的讨论中，没有办法删掉"相关"这个词，也无法以一种非循环的方式来描述它的特点，好让我们避免所有的错误。我们的背景知识让我们不至于犯太多错。它使我们有能力选择构成因果关系的因素。我们的背景知识告诉我们，衣服的颜色与电脑的运行无关。它还告诉我们，电脑对我们在键盘上敲击的按键有直接的反应。如果我们按错了键，会得到自己按键的结果。

我们的背景知识实际上是相当复杂的，因为一个人的背景知识不是整齐划一的。对于我们观察世界的方式，我们背景知识中的某些部分比其他部分要更基本、更重要。用哲学家纳尔逊·古德曼[123]的话说，构成我们背景知识的一些信念比其他信念更为固化[124]。对于古德曼的表述，简单的理解是，这些信念在我们的信念网络中比其他信念扎根更深、位置更核心，如果我们试图修改它们或将它们从信念网络中移除，就会扰乱别的许多与它们相连的信念。因此，一个信念越是根深蒂固，我们就越不愿意放弃它，因为放弃它意味着也要放弃很多其他信念。有些信念是很容易放弃的。比如说，假设你相信外面很冷，然后你走出门，发现天气很暖和。但还有一些信念，想要放弃它们就难得多了。你对在半空中放开铅笔会发生什么的信念是非常根深蒂固的。试想一下，如果你放开铅笔，它就这样停在那里，莫名其妙地悬浮在空气中，你会有多震惊！我们并没有意识到我们这种信念的固化模式，直到其中一个信念受到挑战。但它在那里，一直存在。每个人固化的模式都不一样，但相似的模式时常体现出不同群体的特点，比如家庭成员、美国人、亚洲人等等。

在我们区分偶然的相关性与必然性联系或称因果关系方面，固化是一个极其重要的因素。为了理解固化在因果推理中的作用，让我们回到前文口袋里的硬币那个例子。尽管你可能已经从口袋里掏出过100个（甚至200个！）一分钱硬币，但仍然会认定，"一分钱"与"在你口袋里"的相关性是偶然的而非必然的。尽管你正经历着这两个事件之间的稳定联结，但在你过去的经验或背景知识中，再没有别的依据支持"在你口袋里"和"一分钱"之间的因果关系。你有一个根深蒂固的信念：硬币不会因为在某个地方而改变其面值。这个信念与其他关于金属、口袋的性质等根深蒂固的信念有关，所有这些信念都必须改变才能与"在你口袋里"和"一分钱"之间存在因果关系的新信念相适应。

如果你放开铅笔而它悬浮在半空中，你会怀疑有什么意料之外的因果关系。也许是魔术师的绳子，或者下面有一股气流把它吹起来了。你对于放开铅笔和铅笔掉落之间存在必然性联系的信念是如此坚固，让你在听见铅笔落地的声音之前就在期待着它了！因此可以看出，关于因果关系的背景知识和固化的信念让我们在大多数时候能够区分偶然的相关性和必然性联系。然而，重要的是必须记住，即使是我们根深蒂固的信念，也只是基于对稳定联结的经验罢了。

固化不仅可以帮我们区分偶然的相关关系和因果关系，还有助于我们避免因果推理的一个常见错误，即"在此之后，所以因此"[125]谬误。这种谬误认为，仅仅因为 X 后面跟着 Y，X 就导致了 Y。虽然原因确实总是先于结果，但这并不意味着发生在事件之前的就是该事件的*原因*。仅仅因为在电脑丢失论文之前你做的最后一件事是吃了一块糖，就把论文的丢失归因于吃了一块糖，这是很糟糕的因果推理。它不符合你关于计算机本质的根深蒂固的信念——当然，除非你在试图打印论文之前，碰巧掉了一点儿糖果在你闪存盘的末端。人们在推理中很容易犯*后此*谬误，同样是因为经验中没有任何标记或区别特征可以区分必然和偶然的联系。虽然发生在结果之前是成为原因的*必要条件*，但它不是成为原因的*充分条件*。

本节关于归因的第一篇阅读材料回顾了关于香烟和癌症之间联系的旷日持久的争论。本节第二篇阅读材料来自一位当代哲学家希拉里·普特南。在这篇简短的节选中，普特南担心我们该如何教计算机思考，尤其是我们怎样才能教它们处理会导致信念相互抵触的各种证据。普特南惊叹于人类整理相互抵触的归纳假设的能力，而采用的方法似乎并不总是仅仅用经验就可以解释的。也就是说，哪怕我们从背景知识中知道某件事情在过去总是以某种方式发生，隐藏在我们信念网络更深处的其他信念也会让我们相信甚至迫使我们接受一个与该背景知识相矛盾的信念。我们的信念网络太过复杂，很难想象要如何将它们之间的诸多关系传达给一个人工智能。

通过对因果推理的讨论，我们应该清楚了，因果推理的指导原则与其他形式的归纳推理差不多。背景信息的重要性也再次凸显。如果不了解我们周围的世界，我们就无法成为优秀的批判性思考者。这就是为什么我们必须保持心态开放并愿意观察和倾听这个世界。

做好因果推理的指导原则：

1. 谨慎行事。记住，我们的经验只是稳定的联结，而不是必然的联系，所以在推理因果时很容易犯错。

2. 既然有可能犯错，我们应该随时准备修改我们的归因。（即使是科学的、经过实验室验证的归因主张也是如此，下一章将会说明这点。）

3. 对我们的归因，必须始终用它们与我们的经验所带来的背景知识的契合程度来评估。当我们的因果信念互相抵触或者不确定时，我们应该求助于我们最根深蒂固的信念，并寻找与这些信念的最佳契合点。既然在经验上没有任何标记可以让我们区分必然的联系和偶然的相关，这种与我们根深蒂固的信念的契合就是我们在因果推理中的最佳指南。

4. 出现多个类似的情况时，我们应该寻找相关的共同因素。出现一个独特的案例（或不寻常的关联）时，我们应该寻找该案例中相关的特定差异。当两个相关事件发生同步变化时，我们应该寻找它们之间可能存在的因果关系或者可能导致这种共变现象的第三因素。

所以，吸烟导致癌症：这是新闻吗？[126]
丹尼斯·格雷迪

一个多星期前，头条新闻宣称吸烟导致肺癌——真的有人觉得这是新闻吗？

在这些新闻背后是一个科学家小组的发现，他们的报告显示香烟烟雾中的一种化学物质苯并芘会导致肺部细胞发生基因突变，这种突变与许多肺癌患者身上的突变相同。

这一不足为奇的发现引起如此大的轰动，印证了一个古怪的反直觉观点：涉及证据时，有时科学家比普通人更容易被取悦。

苯并芘被视为致癌物已有 20 年，但它的确切机制过去尚不清楚。烟草行业最大程度地利用了这颗怀疑的种子，声称尽管科学家已经证明了吸烟和癌症相关，但并没有证明有因果关系。这项新研究被认为是能让烟草行业无言以对的证据。这是在细胞和分子水平上首次证实，烟雾中的一种化学物质可能以最终导致癌症的方式损害肺部细胞。但谁真的会被这项研究动摇呢？

"从科学家、医生以及许多受过一定医学教育的人的角度来看，这一发现几乎不会产生任何影响。"乔治敦大学法学教授、反吸烟组织"吸烟与健康行动"负责人约翰·班扎夫说。

"有过那么多不同种类的不同研究，它们就像医学上我们所知的其他研究一样，确凿表明了吸烟会导致人类的癌症，然而并没有多大帮助。"班扎夫先生说，"我们已经有了 50,000 项研究，为什么还需要第 50,001 项？"

与不确定性一起生活

这一份最后的证据是针对普通人的。班扎夫先生说，科学家和普通人对什么东西能成为证据有不同的想法。学习处理不确定性是科学训练的一部分。

如果统计分析显示，两个事件——比如说，吸烟和癌症——联系在一起，仅有5%或更小的概率纯属巧合，那么即使这种联系的性质还没完全弄清楚，大多数科学家都会接受这样的观点：它们之间的联系至少有95%的概率是真实的，并有可能重复发生。

但不是科学家的人对统计学不熟悉，可能放不下那5%以及缺乏解释的状况。他们可能坚持认为，在排除所有竞争性可能之前，证据并不存在。他们对刑事案件中的"合理怀疑"或民事法庭所要求的"优势证据"[127]的理解，可能会被他们对不确定性的不适应影响。

这个导致那个

明确一种机制——让人能够断言，是这个分子导致这个细胞发生这种变化，而已知这将导致癌症——消除了一些不确定性。人们更倾向于相信他们能够理解的事物。

但有些人可能永远不会被说服。烟草研究所说还没有准备好发表评论。卷烟生产商纳贝斯克称这项研究是"初步的而非结论性的"。菲利普·莫里斯公司说"非常有趣，值得仔细审查"。

有一个令人困扰的问题，也是香烟的辩护者们最喜欢的问题，就是，为什么不是所有吸烟者都会得肺癌？了解这一机制可能有助于提供一个答案。该研究的作者之一、加州杜阿尔特市希望城的贝克曼研究所副教授格尔德·普法伊弗博士说，或许有一天科学家们能够证实，在人体细胞将苯并芘转化为高度致癌形式的倾向或者修复该化学品造成的基因损害的能力方面，人与人之间存在个体差异。

有了一个解释，让吸烟和癌症之间的联系对一些人来说不再是一个抽象概念。一个月前戒烟的费城法官伊迪·福克斯说："这份报告对我这个吸烟者来说真的很有意义。我一直觉得，不是每个吸烟的人都会得癌症，他们并不真正了解它，所以它也许不会发生在我身上。这个研究解释了它的原理，使它更加真实。"

想合理化吸烟的人现在可能不得不转向哲学寻求安慰。

"理论上讲，你永远无法证明任何事情。"约翰·霍普金斯大学的癌症遗传学专家伯特·沃格尔斯坦因博士说，"没人能够证明吸烟会导致癌症，或者任何东西会导致任何东西。"

重建哲学[128]
希拉里·普特南

有一个巨大的问题，可以被描述为存在*相互抵触*的归纳。举一个来自纳尔逊·古德曼的例子：据我所知，没有一个进入哈佛大学爱默生大厅的人会说因纽特语。从形式上思考，这意味着，如果任意一个人 X 进入爱默生大厅，那么 X 一定不会说因纽特语。假设乌库克是阿拉斯加的一个因纽特人，他会说因纽特语。我是否可以预测，一旦乌库克进入爱默生大厅，将再也不会说因纽特语？显然不能，但前面的归纳有什么问题呢？

古德曼回答说，这个推论的错误在于它与"更根深蒂固"的归纳相冲突，即人们在进入一个新场所时不会失去说某种语言的能力。但我怎么知道这条规则*确实*比进入爱默生大厅的人都不说因纽特语的规律有更多的实证事例？又是背景知识？

说真的，如果我是一个孩子，我不认为对这个例子中相互抵触的两条规律（抵触在于，如果乌库克进入爱默生大厅，其中一条必然被打破）各自得到证实的次数会有任何了解，但我所知的仍足以让我不做出"愚蠢"的归纳：乌库克如果进入一个没有人会说因纽特语的建筑（或国家），就不会说因纽特语了。同样不清楚的是，一个人不会就这样失去一种语言能力的知识是否真的是归纳法的产物——也许我们有一种固有天性要我们去相信，或者，如果前面的说法不合理，那就是我们有某种固有天性让我们只基于一点点经验就得出结论。不会消失的问题是，*我们所谓的"智力"在多大程度上是以人类天性中其余的部分作为前提的。*

此外，如果真正重要的是"固化"（实证事例的数量和种类），且我的背景知识中有这么一条信息——"人在进入新场所时不会失去说一种语言的能力"的一般性陈述比"进入爱默生大厅的人都不会说因纽特语"的一般性陈述更为根深蒂固，但我仍然不清楚它是怎么来的。或许这种信息隐含在人们谈论语言能力的方式中，但那么一来，又面临着人是如何"解码"所听到的话语的隐含信息问题了。

即使我们把注意力限制在最简单的归纳推理上，归纳相互抵触的问题也是无处不在的。如果解决方案真的只是给系统提供更多的背景知识，对人工智能会有什么影响？这很难说，因为我们所知的人工智能根本没有真的尝试模拟智能；模拟智能只是名义上的活动，其真正的活动只是为执行各种任务编写聪明的程序。这是一项重要而有用的工作，当然它听起来并不像"模拟人类智能"或"制造人工智能"那样激动人心。但是，如果人工智能作为一种真实的而非名义上的研究活动存在，那么面对背景知识的问题，从业者可以采取两种替代策略。

（1）人们可以简单地尝试将一个老于世故的人类归纳法裁判官所拥有的所有信息（包括隐含信息）编入机器。这至少需要几代人的研究来使这些信息正规化（可能根本做不到，因为涉及的信息量太大了），而且不清楚其结果是否会比一个巨大的"专家系统"还大。没人会觉得这事多有意思，而且这样的"智能"会极度缺乏想象力，无法意识到在许多情况下，需要放弃的正是背景知识。

（2）人们可以承担更令人兴奋和雄心勃勃的任务，制造一个可以通过与人互动来学习背景知识的设备，让它就像在人类社会中成长的孩子那样学习随之而来的语言和所有文化信息，无论是明确的还是隐含的。

思考题

1. 你会如何反驳烟草公司发言人的说法——"吸烟会增加患肺癌的风险因素，但没有证据表明吸烟导致肺癌"？
2. 普特南——或者其他任何一个人，或电脑——出于什么原因会相信，如果乌库克进入爱默生大厅，他将不再会说因纽特语？有哪些更根深蒂固的信念与这种信念相抵触？这些相互抵触的信念各有什么证据？
3. 你有哪些固化的因果信念？
4. 为什么有些人不相信是他们在聚会时喝的6瓶啤酒导致了他们的宿醉？

小结

最后两篇阅读材料非常有用，因为它们让我们注意到归纳推理或或然性推理中两个最有趣的谜题。来回顾一下：归纳是基于过去的经验对未来的预测，它是从观察到的案例推理到未观察到的案例。如果有人为了进行归纳推理而给计算机编程，要为它制定什么样的普遍化规则？思考一下普特南提出的案例。过去有成千上万的人进入爱默生大厅，其中没有一个人会说因纽特语。我们是否应该得出结论，未来任何进入爱默生大厅的人，包括乌库克，都不会说因纽特语？如果仅仅根据过去的经验，那么鉴于许多进入爱默生大厅的人都不会说因纽特语，一台被编程为基于过去的证据进行普遍化的计算机就会得出这样的结论。然而普特南相信计算机得出这样的结论是错误的。原因何在？因为他相信，如果一个会讲因纽特语的人进入爱默生大厅，这个人仍会保留他的因纽特语能力。换言之，在他的信念网络中存在有关人们无论进入什么建筑都会保留各自语言能力的信念。这些未阐明的、根深蒂固的信念对我们做好归纳推理非常重要，它们必须被以某种方式传达给计算机，尽管它们似乎与当前要做的普遍化没有任何关系。

现在我们可以看到人类的归纳推理是多么神奇和复杂！人类非常善于知道什么时候大量的案例不足以支持某种普遍化对未来的预测，因为这样做会与某些信念不一致，而那些信念在我们的信念网络中扎根更深。然而，我们一般不会意识到我们拥有多少背景知识，在我们日常对未来的预测中又用到了多少。而且，我们通常不会意识到我们的信念有多牢固，直到发现我们持有相互抵触的信念或受到相互抵触的信念的威胁。这就是第一道谜题：为什么人类如此善于归纳推理？

许多烟民和烟草行业从业者都是面临相互抵触的信念的实例。比如，吸烟者可能相信：第一，因为许多死于肺癌的人都是重度吸烟者，所以烟草和癌症之间存在因果关系；第二，既然乔叔叔每天抽两包烟，在90岁时死于心脏衰竭，那么他也会像乔叔叔一样活到90岁，或者至少死于其他疾病。吸烟者之所以能够保持这些近乎矛盾的信念，往往是基于对因果关系的错误理解。换句话说，他们能够持有这两个信念，是因为他们对因果关系的性质持有第三个信念。他们错误地认为，要证明香烟致癌，必须存在一种机制能完全弥合我们体验到的原因和结果*之间的缺口*，并且认为这种机制必须是肺癌的必要条件或者充分条件。当然，众所周知，吸烟既不是肺癌的必要条件也不是充分条件。从未吸烟的人确实会得肺癌，许多吸烟的人不会得肺癌（在他们去世之前）。这两点都误解了因果的本质。

我们必须回到哲学家大卫·休谟提出的观点，即我们体验到的因果关系总是对稳定联结的经验，而不是对原因和结果之间存在必然性联系的经验。无论我们如何补充吸入香烟烟雾导致的化学过程的细节，它如何损害了身体细胞和分子结构，我们体验到的事件和我们归结的因果关系之间仍然会有一道缺口。我们的经验中有细胞与苯并芘的接触（正如科学家们现在声称的那样），然后有细胞的突变（癌症）。我们看不到苯并芘带来了癌症。我们只能看到癌症的发展。

此外，并非所有吸烟的人都死于肺癌，这并不意味着吸烟不是肺癌的充分原因。枪伤可能是死亡的充分原因，但并非所有枪伤都会导致死亡，甚至不是所有心脏上的枪伤都是致命的。人体是一个非常复杂的有机体，有许多难以解释的变量。有些人的身体能够抵抗同样的因果力量，而其他人体不能。香烟的情况也是如此。有些人的身体能够抵抗尼古丁烟雾的因果作用，而其他人很容易一败涂地。还有些人抵抗了足够长的时间而死于其他疾病。

这种情况类似于划燃火柴。划火柴并不总能让它燃起来——火柴可能受潮了，摩擦垫过度磨损，风太大了，诸如此类。然而没有人会说：划火柴导致它燃烧，此事尚未得到证实。同样的道理，当一项又一项的研究揭示吸烟和肺癌（以及其他严重疾病）之间的高度相关性时，一个有理性的人不能再声称这些高度相关性是偶然的。香烟和癌症之间的联系必定是一种必然性联系。这种必然性联系就像所有的因果关系一样，永远无法被证明，但它被很好地证实了。这就是第二道谜题！

综上，从确定因果关系的指导原则和前面为其他形式的归纳推理制定的指导原则中，我们看到，如果我们的预测是有效的，我们的预测就是有根据的。同样的道理，如果我们的预测是有根据的，那么它们就是有效的。我们对归纳推理没有任何非循环论证的依据。然而，如果我们继续增加我们的背景知识并根据新的经验调整我们的预测，就可以避免恶性循环。为了让我们自己的经验和别人报告的经验有意义，我们必须不断地用未来的经验来检验我们的推理，并根据这些检验的结果来调整我们的背景知识和预测内容。

练习题

8-I

1. 用你在本章学到的概念解释一下什么是对某种事物的恐惧症。恐惧症如何被看作归纳推理的失败？

2. 为什么电话号码簿不是随机样本的好来源？

3. 你可能听过"每个人都是为了自己的利益而行动"这句话。你将如何论证这一普遍化正确与否？这里的论证方式有好坏之分吗？

4. 从本章讲述的 3 种归纳推理形式中挑选一种，解释"成功在于细节"。

8-II

1. 解释为什么一个偏执的人不是好的批判性思考者。

2. 什么时候更适合使用随机样本而不是有代表性的样本？什么时候更适合使用有代表性的样本而不是随机样本？

3. 批判性地评价香烟包装上的警告。

4.《文学文摘》的文章谈了很多人们分析其组织的非正式投票时可能想到的失败原因。有没有什么他们已提出或未提出的原因，可以让他们免于尴尬的结果？

5. 区分两个事件之间的必然性联系与一个事件的必要条件。

6. 你知道什么是"似曾相识"[129]的体验吗？（如果不知道，请在词典中查找。）如何将"似曾相识"视为类比推理的一个例子？

7. 解释伯特兰·罗素的这句话："世界的全部问题在于，傻瓜和狂热者总是如此相信自己，明智的人却充满了怀疑。"

第九章 谬误

谬误的本质

我们在推理中犯错的频率比我们愿意相信的更高。这些错误妨碍了我们的日常活动,往往让我们无法充分享受生活,有时它们甚至威胁到生命本身。避免推理错误的方法之一是,学习和理解什么是好的推理,并在日常活动中练习使用正确的推理技巧。这种学习和理解是本书前几章的重点。另一个避免推理错误的方法是,熟悉人们在推理中常犯的一些错误。通过认识它们,我们可以避免犯这些错误,也不会被别人的错误误导。

错误的推理通常被称为谬误推理。和明知可靠、有说服力的推理一样,谬误推理也是有模式的。这些谬误推理模式被简称为谬误。有一种批判性思维的方法注重识别谬误,能够说出它们的名字,并对它们做出区分。人们可能会遇到大量的谬误推理模式,良好的批判性思维并不要求你识别和指明其中每一种。然而,熟悉一些常见的模式是很有帮助的,这样你就可以在自己和别人的推理中认出它们,并避免被误导。

中世纪的哲学家们花了很多时间来识别和命名谬误推理的模式,许多谬误现在还用着那个时代的拉丁文名称。谬误给我们带来麻烦,并不是因为它们有难以记住的拉丁文名称,而是因为它们往往看起来像是正确的推理,这让我们倾向于接受它们,并对其意图支持的结论给予本不应当的认同。

哲学家们通常将谬误分为两种，形式谬误和非形式谬误。形式谬误是演绎推理中的错误，第六章已经介绍了其中的一些，这里就不多说了。非形式谬误是归纳推理中的错误，也就是或然性推理的错误。在本章中，我们将展示一些比较常见的非形式谬误，以使你在遇到这些谬误时能认出它们。

所有人出现谬误的时候都这样。
《加尔文与霍布斯》©1988 沃特森。经环球传媒集团许可转载。保留所有权利。

就本章的宗旨而言，谬误是一种制造错误印象的归纳推理，这种错误印象让人对其结论成立可能性的估计超过了证据所支持的程度。换一种表达就是，作为证据提供的这种信息只是*貌似*增加了结论成立的可能性；当我们仔细审查所提供的证据时，基于该证据得出的结论那看似真实的可能性就会降低乃至消失。

谬误是很难对付的，因为它们给人的感觉是正确的推理，我们应该将其提供的信息（痕迹）看作足够支持结论的证据。然而如果我们使用背景知识，很快就会发现，并不存在足以将这些信息与结论联系起来的故事。因此，这些信息不应被视为结论的有力证据，甚至都算不上对结论的支持。比如有人申请一份工作，当被问及资质时，以他有妻子和 6 个缺衣少食的孩子作为雇用他的理由。根据我们的背景知识，我们知道这并不是雇主所指的*工作资质*。尽管可能会有人出于帮助穷人的想法给他一份工作，但他是否有资格做这份工作的问题仍然悬而未决。

幸运的是，大多数谬误都可分为 3 个主要类别，这使我们更容易学习和记住它们。了解每个类别的一般特征将帮助你识别属于该类别的谬误。有时候谬误非常相似，以至于很难区分每个特定谬误的实例。对有志成为优秀的批判性思考者的人而言，能区分彼此非常相似的谬误并不像能识别出谬误推理那么重要。有一个记住每种谬误的好方法：聚焦于这些谬误模式的一个明确的例子，然后把这个例子作为模型，利用它来认出未来事例中的谬误。我们将在这一章里为你提供相关谬误的明确例子作为模型，帮助你做到这一点。

不相关的谬误

谬误推理有一种常见的形式是提供不相关的材料作为结论的证据。在第七章中，我们强调了识别痕迹和痕迹模式的重要性。要做到这一点，拥有大量背景知识是有帮助的，它可以让我们看到联系和模式。我们在第七章中还看到，痕迹和证据之间是有区别的，因此并非所有的信息或痕迹都能为结论提供证据。不相关的谬误就是后面这种情况的例子。它们在没有联系的地方提示有联系存在。它们提出一些看似结论的证据而实际上并非如此的因素，从而让我们相信该结论是有根据的。若将这些考虑因素与我们的背景知识放在一起权衡，往往会发现这些信息与涉及的结论无关[130]。通过了解这些使用不相关证据的常见模式，我们的批判性思维的技巧还可以更上一层楼。

诉诸同情

我们在前面的例子中已经介绍了一种常见的模式，中世纪的哲学家称之为 *ad misericordiam*，诉诸同情或怜悯的模式。虽然某人可能确实需要一份工作、一个好成绩或者宽恕开恩等等，但在这些情况下，他的需求并不是判断的适当标准。它不是雇用、评分或法律裁决针对的相关特质。因此，当有人在特定情形下诉诸你的同情心时，应当有一面小红旗升起发出警告，你应该仔细审视这种请求与当前问题的相关性。

人身攻击

人身攻击是另一种常见模式，即提供不相关的信息作为结论的证据。犯了"人身攻击"谬误的人提供有关他人人身特征的信息作为反对他人思想或观点内容的证据。例如，如果一个政治家正在表达某一问题上的特定立场，他的对手却在讨论中对演讲者的家庭生活提出了不相关的评论，那么对手就犯了"人身攻击"谬误。这种模式在政治领域经常出现。当然，有时候性格、品行是很重要的。比如对于总统、教师和警察等引领者来说，这些方面很关键。然而在人身攻击的论证中，人身特征作为证据与所讨论或争议的话题无关。试想棒球裁判说"你出局了"，而你问他为什么，他说"因为我不喜欢你的脸"或"我不喜欢你们球队的制服"，那么他就犯了人身攻击的谬误。（在经典之作《花生漫画》中，露西眼看辩论不过查理·布朗，她就使了这么一招！）

证人席上的证人品行如何与陪审团是否将证人的话作为证据是相关的，但证人的祖母穿着军靴这一陈述与此毫不相关。如果你和一个朋友争论上帝是否存在，你的朋友正在为他的立场提供理由，那么用攻击他的性格、祖先或外貌的方式来回应就是人身攻击谬误，比如这样的话："你就是那种什么都相信／怀疑的人。"

你可能还记得什么时候听到或读到过一个人身攻击的论证。你可能也还记得自己什么时候说过这种话。（"你要投票选乔做学生会主席？你就是个马屁精。"）用人身攻击来论证非常常见，但这并没有多大用处。此类话语将讨论的焦点从支持结论的理由转移到无关紧要的信息上，从而避免或消除了对该话题应有的批判性思考。它们还经常诉诸偏见和成见。因此，在讨论或对话中应该避免使用这些话语，而且你应该警惕，不要被它们裹挟。如果你与一个使用人身攻击论证的人辩论，正确的做法通常是向对方指出这不是一种好的推理方式，而且这些不相关的信息无法作为结论的证据。在这里请记住一个简单的人身攻击模型：裁判说"你出局了，因为我不喜欢你的脸"。

诉诸虚假权威

说到不相关的谬误，商业广告是一个富矿。广告商最常玩弄的谬误就是诉诸虚假权威。时常被广告商引用的权威是一位体育明星，却被捧为内衣、麦片或汽车等领域的专家。诉诸虚假权威也发生在其他情况下。两个在操场上争吵的小孩可能会试图诉诸他们父母之一的权威来解决他们的分歧。比方说，一个孩子可能声称威利·梅斯是有史以来最好的棒球运动员，另一个孩子可能主张，这一荣誉属于贝比·鲁斯。"哦是吗？谁说的？""我爸爸，怎么样！"一般说来，当我们把在一个领域（如棒球）有专长的人毫无理由地当作另一个领域（如汽车质量）的专家，就会发生诉诸虚假权威的谬误。

要判断谁在某个领域有专长而谁没有，这往往是非常困难的。在我们这个科技时代，许多法庭案件都依赖专家证词的可信度，而且经常会出现相互矛盾的专家证词。关于谁的专业知识最渊博并因此在特定情况下应该拥有最高权威，即使在专家之间也可能莫衷一是。你将不得不运用你的背景知识来做出这种判断。无论如何，在识别诉诸虚假权威的谬误时要记住的关键点是，权威的来源是专业知识，而不是某个人其他不相关的特征，如漂亮的外表、名气或身体力量。

滑坡论证

不相关的谬误中，还有一个你肯定遇到过的是被称为滑坡论证的谬误。政治辩论常常采用这种形式。举个例子："某些政客想要禁烟。接下来会禁酒吗？再往下是咖啡因吗？然后会轮到高脂肪食品吗？"滑坡论证一般有两种类型。按照其中一种的说法，一旦你在斜坡上迈出一步——不管斜坡是什么——你就只好继续走下去，直到抵达它的终点。只要你出发了，路上就没有明显的休息区，也没有办法停下来，你只好让自己享受这趟旅程。这一论证的另一个类型是，既然在到达底部之前没有明显的停止点，你就不应该迈出下坡的第一步。

犯了滑坡谬误的人使用一种被普遍接受的说法——在两个条件或属性之间没有明

显或固定的位置可以画出分界线——来进一步宣称不可能合理地画界。节食者对这两种版本的滑坡论证都很喜欢。"宽松节食"版本："既然吃了一块蛋糕，我索性破了戒，再吃第二块。"或者是在同一主题上"严格节食"的变奏："我一颗花生都不会吃，因为只要吃了一颗，就会吃掉整碗。"隐含的意思是，一旦我们开始往坡下走，就没有地方可以停下来。但斜坡上有很多地方可以停下来，良好的推理会帮助我们确定哪个位置对我们来说是最理想的。啤酒以6瓶装的样式出售并不意味着人们必须一个晚上喝完6瓶啤酒。有6个明显的停止点，取决于某人是否在开车、聚会或者口渴等等，人们可以随意创造别的停止点[131]。

这种滑坡推理表面上的有效性部分来自语言的本质。许多词在其本身和其反面之间没有明显的分界线或分界点。这导致犯错的推埋者得出结论：两个极端之间没有区别。例如，一个人什么时候变成秃头显然是不明确的，在秃与没秃之间没有清晰的分界线，再掉两根头发会成为决定性因素吗？还是三根？尽管我们说不清约翰要再掉多少根头发才会被我们认为秃了，但我们确实知道其中的区别，而且通常能区分秃和没秃。许多对立面之间没有固定的分界，例如，一个人怎样才算富了、穷了、头发白了、老了、长高了。

在很多情况下我们必须做出决定，说这个人是富人，那个人是穷人，如此等等。这种区分总是含有主观因素，但这并不意味着不能合理地画定分界线。要确定画界的最佳位置，公开的苏格拉底式对话是最好的方法。富有和贫穷之间终归是有区别的，而且我们都知道愿意要哪一个。边界问题总是很麻烦，尤其是有其他东西或利益由画界的位置决定时。例如，如果低于某一收入水平的人有权享受政府的支持计划，那么贫困和非贫困之间的分界线画在哪儿就变得相当重要。因为这条分界线是主观画出的，它允许理性的讨论和可能的调整，但这并不意味着不能画界，也不意味着画下的分界线就没有意义。

围绕堕胎的辩论是一个经常出现滑坡论证的领域——这个话题的双方阵营都未能幸免。反堕胎一方有时会争辩说，既然没有办法说清楚胎儿何时成为人，亦即在胎儿这一存在和人这一存在之间没有客观的分界，那么我们必须接受生命始于受孕的观点。(这个论证可能会采取这样的形式："如果你想要堕掉有缺陷的胎儿，那有什么可以阻止你杀死有缺陷的婴儿呢？"）支持堕胎一方有时也会用同样的方式辩论：既然在胎儿出生之前，找不到胎儿成为人的明确时间点，那么母亲应该总是有选择的自由，可以在怀孕期间的任何时候选择堕胎。这两个论证都出现了滑坡论证的谬误。关于堕胎道德正当性的对话受到这种糟糕的推理模式干扰，常常陷入僵局，有时甚至导致使用武力来表达信念。

尽管滑坡论证很诱人，但我们在与他人以及自己对话时应当予以避免。没有不主观的画界方式，并不意味着两个相反的属性之间没有界线或者区别。请记住那些永远减不了肥的节食者的模式，他们认为进食和暴饮暴食之间没有区别，一块蛋糕和两块蛋糕之间没有区别！

虚假二分法

虚假二分法（也被称为虚假备选谬误或虚假分叉谬误）是另一种不相关的谬误——也许称之为"相关性缺失的谬误"更好。犯这种谬误的辩论者在有两个以上相关选择的时候，提出一个非此即彼的假设或情况，然后反对其中一个可能选项，留下他更喜欢的那个。举例来说，年轻的恋人可能会威胁："要么我们去跳舞，要么你不爱我。"有一个非常常见的使用虚假二分法表达观点的例子，某人说："杰森会赢得选举，否则我就吃掉我的帽子。"既然我们知道说话者不会吃他的帽子，我们就只好相信说话者坚信杰森会赢。或者考虑一下政治领域经常提出的政策，"要么你支持我们，要么你反对我们"。再说一次，我们能想到其他选择，希望我们的政治家也能。

转移话题[132]

有时候，辩论者会试图用一个不切题的论证或主张来转移辩论对手的注意力，然后根据这个主张得出一些结论。这种引开注意力的努力被称为转移话题。政治家们经常想用转移话题的论证来逃避问题。如果对手批评某政治家的医疗保健政策，相比回应批评，该政治家更可能会引用某个可怜人的逸事，说他在对手的政策下得到的是糟糕的服务。或者想想最近一些年国情咨文发布时的做法：总统邀请近期的英雄人物坐在总统包厢里，在演讲中对他们表示感谢，好像他们为他的政府及政策争了光添了彩。虽然向英雄致谢是好事，但他们的英雄主义很少是现任总统所做的事情的结果，总统拿他们来邀功就是在转移话题。

窃取论题 [133]

讨论中的一个常见错误是，提出一个窃取论题的论证。犯窃取论题谬误的人不是像转移话题论证那样把读者或听众的注意力引向不相关的地方，而是先假设他声称要证明的东西成立，然后声称已经证明了它。有时这可能是无心之失，尤其是在不同的词汇掩盖了有问题的前提和结论之间相似性的时候。例如，假设有人说："新总统的政府将迎来一个新的世界。"被问及原因，他回答说："因为这是一个新的政府。"这个人是在窃取论题，而没有回答它。这就好像他在说："这是一个新世界，因为这是一个新世界。"这就是为什么这种谬误经常被称为循环论证。我们都会时不时地犯这样的错误，而且有些推理谜题很难避免循环论证。我们讨论过的归纳问题就是其中一个谜题。

一个很好的窃取论题的例子是采访者（如第二章的内容）在评论花样滑冰时说："第二个滑冰选手显然没有第一个滑得好。"当别人问他为什么认为她滑得不好时，他回答说："她从裁判那里得到的分数比较低。她一定是犯了一些错。如果她没有犯错，她的分数会更高。"所以观众还是不知道，这个滑冰运动员到底做错了什么。这种窃取论题的例子让人沮丧，印证了我们先前的观点，即陈述是无法自我论证的，哪怕通过多次重复或以不同的语言重复造成论证的假象也不行。

虚拟谬误

我们在这里要提到的最后一个不相关的谬误是虚拟谬误（或者叫与事实相悖的假说）。这些谬误通常以"如果"或"要是"开头。例如，"要是当初多练练反手，我本来会赢得锦标赛的"。多练反手或许能让一个人成为更好的球员,但肯定不能保证他在赛事中夺冠。或者是大家都熟悉的:"如果我像玛丽那样努力学习,也能取得好成绩。"许多学生都这么说,包括一些因为担心自己最终会失败而不敢付出努力的人。或许你认识一些这样的人。在本节之后的阅读材料中,幽默作家罗素·贝克尔清楚展示了这种论证的一个常见例子的谬误本质。虽然我们无法像贝克尔那么聪明,但他阐明谬误的技巧是可以学习的。他的做法是构建一个与该论证形式相同的论证,从中得出一些可笑的结论,从而清楚表明这种推理模式是荒谬的。

不相关的谬误还有很多别的种类。此处我们谈到的这 8 种是十分常见的,而且了解起来各有各的乐趣。将不相关的谬误这个大类以及其下的各个小类牢记在心,能让我们受益匪浅。

失落的天才[134]

罗素·贝克尔

你是否曾为所有可能存在于世但未能存在的天才感到难过?

当然没有,而且要不是反堕胎者一直在谈论贝多芬,我本来也不会。他们反对堕胎的最具煽动性的论证之一是,如果贝多芬母亲所在的时代可以堕胎,贝多芬或许永远不会出生。

他们指出,贝多芬的家族和贝多芬本人的经济和健康状况,以美满人生为标准衡量显然前景惨淡,在今天这样的状况时常被用来为堕胎辩护。如果获得了堕胎的便利,贝多芬母亲会不会在路德维希出生前就结束妊娠?

有可能,而且这种可能性让人一想就难过。想想看,如果没有贝多芬的《第六交响曲》和《第四钢琴协奏曲》,这个世界将会变得多么沉闷。再想想那些绝妙的四重奏。

好吧,幸运的是,贝多芬母亲所在的时代是不鼓励堕胎的,贝多芬就这样出生了。但我仍然感到难过，因为反堕胎者打开了我的思路，让我想到了这个世界在不知不觉中失落的所有别的天才。

比方说，我有理由确定，尽管贝多芬很出色，但欧洲 19 世纪初本来要诞生一位远比他伟大得多的作曲家。"有理由确定？"你问，"什么理由？"我的回答是，更好的人总会出现。首要问题是如何让他出现。

如我们所知，注定要超越贝多芬的作曲家没有出现。他怎么了？他的母亲不太可能用一趟堕胎之旅来阻止他的天才横空出世。正如我们从贝多芬的例子中知道的，堕胎在 18 世纪末是比较罕见的，到我们这位新的音乐天才本该出生的 19 世纪初，堕胎也没有变得更加普遍。

我怀疑这位母亲要么感染了天花，要么是在怀孕期间被卷入拿破仑战争的一场小规模冲突中死亡。

当然，你无法确凿地证明如果他的母亲没被火枪打死，这位非凡的天才就会让贝多芬黯然失色。但是，如果贝多芬的母亲堕胎了，我们同样无法证明堕胎医生从这个世界夺走了《第六交响曲》。

对于贝多芬的案例，更糟糕的是我们根本不会在乎。如果贝多芬不存在，今天会有多少人坐在那里说："这个世界没有贝多芬的《第六交响曲》，这不是很悲哀吗？"

这事的愚蠢之处就像很多人坐在那里说："一个可怜的女人在 1809 年一场小型火枪冲突中死亡，使我们失去了宏伟的《图特尔金德协奏曲》，这真是太可惜了。"

好吧，为这个世界将永远听不到《图特尔金德协奏曲》这一事实痛心并不愚蠢，那可是前所未有的最动人的音乐。由于天才在子宫里消逝，这个世界又更贫瘠了一点儿。

让我感到特别沮丧的，是所有未能存在于我们这个世纪的天才。我们现在非常需要天才，得到的却顶多是些技工。

这是因为我们的天才都被一个对自身命运漠不关心的社会堕胎了吗？我很怀疑。哦，也许我们因为堕胎失去了半打左右的天才，诚然，这是一个可怕的损失。但我怀疑与我们因战争和交通事故失去的大批天才相比，这可以忽略不计。

我想到了 20 多位杰出的欧洲政治人物，他们的才华将整个欧洲从莫斯科到大西洋团结起来，塑造成从 1919 年延续至今的一个和平安定、富有成效的伟大政治体系。这些天才的名字将永远不为人所知。

他们中的第一代人年纪轻轻就全体死于第一次世界大战的战壕，把欧洲留给那些平庸的政治家，后者除了接着打第二次世界大战，什么都做不了。

至于第二代人，本来到现在应该已经把欧洲变成一个灿烂夺目的文明典范了，结果不仅没有出生，甚至没有被怀上。对他们的存在至关重要的父亲们都在第一次世界大战中死去了。

总之，我们生活在一个被夺走了应有的天才的世界，我们那么肆意地挥霍他们，这是何等悲哀。很高兴有反堕胎者提醒我们，我们是多么傲慢地忽视了天才的短缺。

我很遗憾他们不能突破贝多芬的例子，说服人们为所有那些伟大的作曲家、作家、艺术家和政治家哀悼。他们本可以使世界变得更美丽、更明智，但由于他们的母亲或可能的父亲突然被子弹、炸弹和刺刀终结，我们永远不会知道他们的名字。

同样，沿着这些思路苦思冥想会导致道德上的两难。如果堕胎让贝多芬的母亲夺走了我们的贝多芬，这当然是很可悲的。但要是希特勒的母亲夺走了我们的阿道夫呢？天才，唉，也有其黑暗的一面。

思考题

1. 构建贝克尔心目中关于贝多芬的论证，写出前提和结论。
2. 构建一个属于你自己的貌似合理的虚拟论证，然后通过构建另一个同样形式的明显谬误的论证来表明前一个论证是谬误的。

错误普遍化的谬误

另一种经常犯的谬误是普遍化的谬误。我们已经看到，普遍化是归纳推理的常见形式之一，因此，有一些常见的劣质推理模式与这种推理有关也就不足为奇了。

轻率普遍化

轻率普遍化是经常发生的普遍化谬误之一。犯这种谬误的人做出一个普遍化时所依据的样本量太小。我们在第八章中看到，如果不参考背景知识是无法确定适当的样本量的。怎样算是过于轻率地进行普遍化，没有一般性的规则可以确定。因此，轻率普遍化的错误是我们必须深刻认识并注意避免的。

举例来说，在一家餐馆吃了一顿糟糕的饭菜就决定再也不去那家餐馆，或者拥有一辆经常需要修理的汽车就决定再也不买那个品牌的汽车，这是相当普遍的情况。我们人类经常"跳到结论"。一个需要牢记的轻率普遍化的标准模型是，"我不喜欢上州立大学的人。我遇到过一个从那里毕业的人，他非常自命不凡"。但过去有多少次你对一个人的最初印象是负面的，却在之后的接触中，你发现真的喜欢上了这个人！而且一个学生就能代表州立大学的所有学生吗？

就像我们在《文学文摘》对 1936 年总统大选的错误预测中看到的，轻率普遍化可能是相当复杂的错误。《文学文摘》对如何从其样本结果中普遍化出全国范围内的选举结果进行了长时间的认真思考。由于之前 4 次预测都是准确的，它认为 1936 年的预测也会是准确的。不幸的是，我们有时没法知道我们的普遍化是轻率的，直到它被检验出来。

样本不具代表性

《文学文摘》所犯的错误也可被称为样本不具代表性的谬误。人们可以在谬误和它们的标签之间做出比我们更精细的区分，但这对成为一个更好的批判性思维者并无帮助。样本量太小、样本不具代表性或者样本非随机之间的区分有时是一个很难判断的问题，最好留给专家处理。重要的是你要认识到，尽管主观上绝对不想草率从事，也会发生抽样错误。

有时我们使用错误的普遍化是故意为之，明知我们的推理很薄弱，仍然希望能说服别人相信我们的观点。商业广告在这点上臭名昭著。"试试吧，你会喜欢的。""医生建议……"避免犯轻率普遍化和样本不具代表性的谬误以及避免被它们迷惑的最好方法是，建立良好的背景知识储备。你所得出和接受的普遍化应当与你持有的其他信念特别是那些比较基本的或根深蒂固的信念相契合。

轶事证据

轻率普遍化有一个变种值得特别提及，就是被称为轶事证据或生动数据的谬误。当我们允许我们最新或最生动的经验凌驾于过去所有经验之上，就犯了这种谬误。我们不再看全面的证据，而是只专注于其中一小部分。由此，我们将错误的结论投射到未来。这种推理的一个相当常见的例子是，有人乘飞机的经历很糟糕，于是坚持开车去任何目的地，要么就待在家里。虽然我们会同情这个人的恐惧感受，但在长途旅行的总体安全记录方面，飞机比汽车要好得多。这个人把他生动的经历看得太重，而对不太生动但有压倒性优势的证据——长途飞行比长途驾驶更安全——却未给予足够的重视。

这并不是说，一个人在有了不好的经历之后对某件事情保持警惕是不合理的。不幸的是，我们的世界里有很多东西值得恐惧。但基于孤立的个人经验的恐惧需要用更全面的眼光来看待，这样才能在未来做出合理的判断。同样，一个人不应该让最新或最生动的经验凌驾于过去所有经验之上，无论是他自己的经验还是更大群体的集体经验。

这3个谬误——轻率普遍化、样本不具代表性和轶事证据——彼此之间密切相关。实际上，样本不具代表性和轶事证据都是轻率普遍化的具体类型。你需要检查谬误推理的背景，以便做出最正确的区分和认定。

含糊不清

有时人们得出错误的普遍化是因为在使用一个词时含糊其词，从而把更多的个体归入他们的普遍化范围。含糊不清也会让争论难以解决，因为讨论者可能使用的是同一个词,但每一方都赋予这个词不同的含义,所以他们最终谈论的是两件不同的事情。含糊不清的谬误在政治辩论中相当常见。例如,"民主"一词在使用中经常语义含糊。它对一个美国人来说是一种意思,对一个当选的独裁者来说则是另一种意思。一个人也可以含糊其词地使用某个词,引向一个错误的结论。例如,假设一个青少年正在与父母争论是否允许他晚上开车出去,父母回答说:"你还没有长大到可以在这个点开车出去。"然后这个青少年提醒父母,他的哥哥汤米在他这个年纪就可以在晚上把车开出去。父母回答说:"嗯,汤米在你这个年纪要更成熟。"在这场争论中,父母对"长大"这个词的使用含糊不清:"长大"既用来指自然年龄,又用来指心理上的成熟。

定义谬误

一个有点儿类似的谬误是定义谬误。人们在普遍化的基础上提出主张,然后把普遍化变成定义,好让他们的主张显得无可辩驳,这时就犯了这种谬误。例如,"税收是偷窃,因此征税应该是非法的"。通过将税收定义为偷窃,这个争论者排除了任何关于税收公平与不公平的进一步讨论,从而"赢得"了这场争论。像这样的争论建立在经验性普遍化和定义之间的混淆上,它们的语法结构看起来往往很相似。这种混淆在第八章中讨论过。"所有的鲸鱼都是哺乳动物"可以被认为是一个经验性普遍化,也可以被认为是一个定义。然而,通常情况下,当我们为一个具体的实例争论时,不是在争论定义。关于定义的争论,我们会求助于词典。定义谬误的一个很常见的例子出现在关于人类是有能力做出无私的行为还是永远为自己的利益行动的争论中。持后一种观点的人通常会对自我利益下定义,将一切行为都变成出于自我利益的行为,从而赢得这场辩论。这样的话,这场辩论涉及的假说就不再是一个经验性普遍化,也就不再有趣了。

后此谬误

另一个对普遍化过度热衷的重要领域是因果谬误，也就是说，将仅仅是巧合的关系归结为因果关系的谬误。这些谬误中最常见的是第八章中提到的"在此之后，所以因此"谬误，简称后此谬误。这种谬误仅仅因为 X 后面跟着 Y，就认为 X 导致了 Y。例如，许多人在乘飞机时买了保险，就把他们的安全抵达归功于事先购买保险的行为。与此类似，你肯定听过有人说他带着伞是为了确保不会下雨。

我们偶尔都会犯*后此推理*的谬误。就像在普遍化推理时一样，我们能够保护自己免受*后此谬误*影响的唯一方法是，利用我们的背景知识，依靠那些根深蒂固的信念来指导我们区分因果关系和偶然联系。如果这种稳固的信念体现了在此问题上公认的专家的信念网络特征，那么这种信念会更加可靠。专家就是那些用穆勒的方法来检验稳定联结的人。比如说，关于普通感冒的原因，有许多源远流长的"老太太的神话故事"。然而医生告诉我们，感冒和其他许多疾病一样是由病毒引起的，而不是因为没穿雨衣被雨淋到，或者在春天过早地赤脚，等等。

情感操纵的谬误

这些谬误用语言激发情感，鼓励我们用情感反应代替理性。这并不是说情绪对批判性思维是不允许或不重要的。要表达你对某件事情有强烈的感受，这完全没有问题。有问题的是使用情绪化的语言来操纵他人——阻止他们使用理智力量——或者完全排除理性讨论。从情绪化地操纵讨论以排除理性思考，到用拳头威胁别人以达到自己的目的，中间只差一小步而已。

井里投毒

井里投毒的谬误是一种操纵情绪的常见方法。"井里投毒"的人在讨论还没有开始时就说了一些贬损对手的话。这会起到排除进一步讨论的效果，而公开的理性讨论是批判性思维中最重要的成分。比如在讨论开始之前就称你的对手为骗子，这会让他此后说什么都显得可疑，不管他讲得多么有说服力、多么有道理。骂人、族群和种族侮辱以及贬损性评论都会限制甚至排除对一个人说过或将要说的话的可取之处的讨论。它们影响了我们对所讲内容的思考，却没有适当的根据。

语言过度情绪化

一般来说，过度情绪化的语言排除了讨论。当一个作者使用过度情绪化的语言时，并不希望你和他争论，他只想让你相信他，他只想让你接受他的话。这就是它为什么是一种谬误推理的形式。它打着理性对话的幌子，主要的目标却是排除理性对话。这不是说不应该允许人们使用情绪化的语言或表达强烈的情感——只要这种表达对他人没有危险。但是，这种充满感情色彩的语言不应该被当作理性对话，也不应该被当作对有争议的难题进行批判性思考的替代物。如果走向极端，就会变成教条主义，也就是伪理性。关于教条主义，我们将在后面的章节中进一步阐述。

政治运动和政治候选人经常试图诉诸感情而非提出他们所需的更复杂的论证来支持他们的立场。虽然政治中总会有一定的情感诉求，但当政客们用"隽言妙语"来中止讨论时，批判性思维就被抛弃了。来自明尼苏达州的女议员米歇尔·巴赫曼在竞争共和党 2012 年美国总统候选人提名时，经常使用煽情的语言来劝说人们支持她的候选资格。她使用这种策略的一个例子体现在下面这篇关于竞选活动的新闻报道中。当你阅读这篇报道节选时，请注意她的信息来源和她举的例子的力量。还请注意，她没有提供任何科学数据，也没有引用任何研究来支持她的主张。

巴赫曼利用HPV争议做文章[135]

特里普·加布里埃尔

众议员米歇尔·巴赫曼似乎已经找到了她认为能让她在与里克·佩里州长的共和党总统候选人提名竞争中脱颖而出的议题——一种为年轻女孩接种的防止性传播感染的疫苗。

在周一晚上的辩论中，巴赫曼夫人抓住佩里先生发布的一项要求得克萨斯州6年级女孩接种HPV（人类乳头瘤病毒）疫苗的行政令，批评他在一个应该留给父母做决定的事情上过度行使了国家权力。

周二，她扩大了批评范围，认为佩里先生在强制"注射一种可能非常危险的药物"，有可能将年轻女孩们置于危险之中。

巴赫曼女士周二在美国全国广播公司的《今日》节目中说，周一晚上在佛罗里达州坦帕市举行的辩论结束后，一位流泪的母亲找到她，说她的女儿在接种HPV疫苗后出现了"智力缺陷"。巴赫曼夫人说："它可能会产生非常危险的副作用。"

巴赫曼夫人的发言将她自己与这一议题联系在一起。该议题集中了社会保守派最为敏感的几个方面：行政权力滥用、对性教育导致滥交的怀疑，以及认为儿童接种疫苗会造成心智障碍——这点已被科学驳斥。

思考题

1. 使用互联网查找科学家们对疫苗接种和智力缺陷之间关系的看法。
2. 巴赫曼的例子为什么很吸引人？它触动了哪些情绪按钮？

小结

这一章讨论的谬误只是众多谬误的一部分，哲学家们将各种谬误分门别类并命名，作为错误推理的范例。识别谬误有助于提高你的推理能力。为了更容易地识别谬误，我们把它们分成三类，这样更方便记忆。这些类别是不相关的谬误、错误普遍化的谬误以及情感操纵的谬误。如果你记住具体的谬误有困难，记住这些一般类别可以帮助你检查有关的推理，看证据是否相关，普遍化是否合理，语言是否具有情感操纵性。

本章已经讨论了 16 个具体的谬误。我们还可以列出更多。大多数谬误都有一个以上的名称，通常有一个是拉丁义，然后是这个拉丁义名称的几个译名。不要因此感到困惑。要检查推理过程，而不是名称。有些谬误非常相似，因此不同的人可能会对推理做不同的分析，为谬误贴上不同的标签。重要的是，当你看到谬误推理时，能认出它。能指出它的种类会让你更有自信，明白你的分析是正确的。记住这些谬误最好的方法是，把每种谬误的模型记在心里。然后，当你遇到一个与该模型相似的推理时，一面小红旗就会升起，告诉你这个推理看起来很可疑，你应该仔细检查，确保没有谬误。下面是一份我们讨论过的谬误的清单，附上每种谬误的简单模型，方便你记住该模式和它的名称。

不相关的谬误

诉诸同情——"我认为那篇论文应该得 A。我想进医学院，需要好多 A 才能进去。"

人身攻击——露西："你错了，查理·布朗。一个人长了一张你这样的脸就不可能对。"

诉诸虚假权威——小男孩："道奇队是棒球界最好的球队。我爸爸这么说的。"

滑坡论证——"既然我已经打开了这袋薯片，就应该把它吃完。"

虚假二分法——"你不支持我，那就是反对我。"

转移话题——"不要投票给那个总统候选人。总统是武装部队的指挥官和总司令。

那个人甚至从来没参过军。"

窃取论题——学生A："我病了。"学生B："你怎么了？"学生A："我感觉不舒服。"

虚拟谬误——"要是当初多练练反手，我本来会赢得锦标赛的。"

错误普遍化的谬误

轻率普遍化——"我在食堂吃过一次饭，汉堡包吃起来像皮鞋，那里的食物很差劲。"

样本不具代表性——"我想看看州立大学的学生对这个问题的看法，所以调查了我所在的兄弟会[136]的人。州立大学的学生反对取消兄弟会。"

轶事证据——"我过去很喜欢那家比萨店，但上次在那里吃过之后就生病了。我不会再去那里吃饭了。"

含糊不清——"他不矮。他只是在垂直方向上有欠缺。"

定义谬误——"谋杀是无人性的。如果有人杀了人，那就不是人。"

后此谬误——"每次我计划要野餐，天都会下雨。我暂时不会计划任何野餐了。我们的雨水够多了。"

情感操纵的谬误

井里投毒——"你喜欢比尔？那个大耳朵、戴厚眼镜的滑稽小孩？"

语言过度情绪化——"不要被我的对手虚张声势、夸大其词的高谈阔论误导。"

练习题

9-1

1. 请指出以下每一项的谬误。注意：如果有几个可能的选择，挑选你认为最恰当的一个。

    a. 我不尊重比尔·克林顿，他萨克斯风吹得很糟。

b. 你知道猫王还活着吗？是真的。最新一期的《国家之星》封面上有一张他的新照片，我在超市结账的时候看到的。

c. 不要买那个牌子的车，我们有过一辆，老是坏。那家公司制造的汽车真的很差劲。

d. 如果我们允许 18 岁的人喝酒，也能让 16 岁的人喝酒。如果我们让 16 岁的孩子喝酒，没等你反应过来，14 岁的孩子也会喝酒了。而这会使 12 岁的孩子也想喝酒。但 12 岁的小孩喝酒这事太疯狂了。因此，我们不妨将饮酒年龄保持在 21 岁。

e. 解雇我是不对的。我刚刚买了一套新房子，剩下的积蓄全花在了度假上，没有工作活不过两个星期。

f. 让我们一起决定今晚看哪部电影。当然，你可能想去看那部在丽池上映的愚蠢的蝙蝠侠新片。

g. 这是我在法国的第一周，所有老师只讲法语。三堂课下来，我一个词也没听懂。我永远也学不会法语。

h. 大多数大学生喝酒喝得太多了。《三叉》兄弟会期刊上报道的一项最新调查发现，80% 的受访者在大学里每个周末都会喝醉。

i. 我上周打了一场完美的保龄球赛！我穿着紫色的新袜子。这周我又要穿上它们参加双打比赛！

j. 攻击性武器禁令只是政府努力解除美国人民武装并最终奴役人民的又一个例子。

2. 从纸质媒体（报纸、期刊、图书、印刷广告等）上收集 5 个谬误的例子。

3. 假设你的朋友正在为马拉松赛进行训练。她是一个狂热的跑步爱好者，每天跑 12 英里，然而她的膝盖疼痛，成绩也越来越差。你会建议她怎么做？你会如何论证你的观点？

4. 你可能听过有人以这种方式辩论："我从不系安全带。我的一个朋友出了车祸，幸运的是他在车滚下悬崖前被甩了出去。如果系了安全带，他就死定了。"这则推理有什么问题？

5. 法庭上的某名妇女起诉雇主要求赔偿她所受的疼痛和折磨，因为工作期间有一块天花板瓦片掉在她的头上，之后她就得了阑尾炎。作为对方律师，你怎么与她辩论？

6. 在克拉伦斯·托马斯大法官的任职听证会上，至少有一名证人指控他有性骚扰行为。这算不算是一种人身攻击？为你的回答辩护。

9-II

请找出以下来自报纸和其他常见来源的推理中可能存在的谬误。其中的某些例子可能有一个以上的谬误，而某些例子可能有一个以上的方式来描述所犯的谬误。有的例子里作者不是罪魁祸首，而是在指责别人犯了谬误。请说出你认为最符合该错误推理的一个或多个谬误名称，准备好为你的答案辩护。

1. "当镜头对准鲜花、蜡烛和老照片，当感伤和悲痛如水流淌，对小约翰·肯尼迪的批评却在窃窃私语中传递。一种低声的指责是，'他冒了太多的风险'。"

——詹娜·马拉穆德·史密斯，《纽约时报》

2. "希望您收到此信时一切安好！我本打算早点儿给您写信，但当时我病得很重，需要手术。……写这封信的目的是传达我在您的课上仅得到 B 的崩溃心情。我希望您能体谅我的心情，重新考虑一下。这个 B 将使我无法以优异成绩毕业，让我的 GPA 成绩变成 3.734 而不是规定的 3.75。

"我明白您还不知道我是在国外出生的，英语是我的第二语言。为了接受教育，我不得不做出许多牺牲。

"……我恳请您重新考虑我的成绩，让我能够以优异成绩毕业。"

——摘自一封学生给教授的信

3. "候选人的战争服役记录很重要，不仅仅是他们是否服役，还包括他们如何服役。他们是在美国从事文职工作，还是在国外从事受到充分保护的后方工作？武装部队指挥官和总司令职位的候选人应当担任过领导职务，最好是在前线——如果当时有战争正在进行的话。"

——致编辑的信

4. "对于生活在郊区的婴儿潮[137]一代的孩子来说，这项运动就是橄榄球。当我们这些父亲帮儿子捆上护胫时，想象着一只瘦弱的小鸟在鸟巢外冒险，勇敢地拍打着翅膀停留在空中。但这个画面到此为止。没有哪个父亲希望他儿子为一个名叫知更鸟的球队打球。

"……当赛季开始时，我没有让查理知道他聪明的爸爸知道的：一个糟糕的名字意味着一个糟糕的赛季。事实证明我是对的。知更鸟队连输10场。在9月到11月的连续几个周末，知更鸟队只进了一个球。"

——威廉·索伦森，《纽约时报》

5. "……如果我们今天允许父母选择孩子的性别，离他们定制眼睛颜色、头发颜色、性格特征和智商还有多久？"

——丽莎·内尔金，《纽约时报》

6. "在伦纳德·罗尔巴赫给编辑的信中，他想说宗教和善行之间没有关系。换句话说，一个基督徒会做的事情和一个不信上帝的异教徒会做的事情之间没有真正的区别。为了举例，罗尔巴赫先生声称，希特勒总说他是一个基督徒。好吧，希特勒可能自称基督徒，但他的行为清楚地表明不是这样的。一个基督徒怎么可能杀害或下令杀害数百万无辜的人呢？答案是显而易见的。不，罗尔巴赫先生。希特勒不可能是一个基督徒。宗教对人们的行为是有影响的。"

——改编自一封致编辑的信

7. "迪克森夫人对调查行业的批评可能并不代表其他美国人对这一工作的看法。1998年我与罗珀斯塔奇环球机构的 W. 布拉德福德·费共同撰写的一篇论文发现，绝大多数美国人认为民意调查是为了公众的最大利益，受访者在访问中一般都很诚实，而且民意调查在社会中很有影响力。"

——致编辑的信

8. "1999年，法学教授约翰·J. 多诺霍和史蒂文·D. 利维特表示，他们已经证明了堕胎合法化和犯罪率降低之间的统计联系。他们说在20世纪70年代，有5个州比全国其他地区更早允许堕胎，它们的犯罪率也比全国更早下降。……他们的解释是，更多的堕胎减少了'不想要的'孩子，而父母'不想要'是孩子成为罪犯的一个风险因素。"

——《费城问询报》

9. "连环杀手（根据联邦调查局特工约翰·道格拉斯和罗伯特·雷斯勒的说法）属于两个类型之一。一些犯罪现场显示出逻辑和计划的证据。道格拉斯和雷斯勒称这种犯罪是'有条理'的。在'无条理'的犯罪中，受害者的选择不符合逻辑。她似乎是被随机挑上的。……该主张认为，每种风格都对应着一种人格类型。有条理的杀手是聪明的、能言善道的，觉得自己比周围的人优越。无条理的杀手没有吸引力，自我形象不佳。……不久前，利物浦大学的一组心理学家决定检验联邦调查局的这一假设。……然而，当他们看完包含100宗连环犯罪的样本后，找不到任何支持联邦调查局的分类的证据。这些罪案既不属于这个阵营也不属于那个阵营。"

——马尔科姆·格拉德威尔，《纽约客》

10. "你就是想吃也吃不到。"王后说，"规则是，明天有果酱，昨天有果酱，但今天永远没有果酱。"

"但总得有个时候是今天有果酱。"爱丽丝反驳。

"不，那不会。"王后说，"隔天才有果酱。今天又不是'隔天'，你知道的。"

——刘易斯·卡罗尔，《爱丽丝镜中奇遇》

9-III

1. 如果有人证明了你珍视的信念之一是基于错误的推理，你会放弃它吗？
2. 你倾向于用黑白分明（非此即彼）的态度来看待什么问题吗？
3. 你是否持有一些你认为互相之间不一致的信念？举几个例子。

第十章　科学推理

科学与良好的推理

想要成为一个更好的批判性思维者，仔细观察科学推理是有意义的，因为科学在预测和掌控我们周围的世界方面有着当之无愧的声誉，它让我们能够生存和繁荣。因此，科学常常被视为良好推理的典范。事实上，其他学科也试图复制所理解的科学推理模式，乃至将自己称为"科学"（例如"社会科学"）。据说科学推理在某种程度上是更好的方法，能产生对世界的准确描述，而其他形式的良好推理被认为易受臆测和人类偏见扭曲，因此结果不太准确。

然而，科学推理与其他形式的良好推理并没有本质区别。科学家做出理论决策与优秀的历史学家选择对过去事件的最佳描述或精明的消费者决定要买什么，使用的是同一种方式。这种相似性可以在科学史上看到——这是一部经常被科学家和历史学家忽视的历史。科学史也可以让我们更清楚地了解科学领域实际运用的方法。这些方法与《科学》教科书中经常说的"科学方法"有些不同。事实上，科学史揭示了科学在使用假设和依赖背景信息方面的表现与其他学科以及其他形式的推理十分相似。这是因为科学推理只是归纳推理的一个分支。科学也依赖于我们在第八章中讨论的一般原则，即未来会与过去相似的原则（归纳原则）。所以，科学也受制于我们探讨过的或然性推理的所有不确定性。

哥白尼与开普勒

你对我们的太阳系和行星围绕太阳公转这件事很熟悉，所以哥白尼的成就可能看起来有点儿老掉牙了。当然，太阳是太阳系的中心——事实如此！地球绕着太阳转。每个人都知道这一点！你还看过太阳系的图片或模型，它们显示了行星与太阳以及彼此之间的距离。然而，我们很难意识到，这幅图并不实际存在——除了作为书中的图画展示。换句话说，太空中不存在一个"正确"的、只要抵达那里就能拍下我们这张太阳系"精准无误"的照片的点。

花一分钟想想这个问题。在科学老师和科学书籍的鼓励下，我们天真地认为，在宇宙中存在着某个得天独厚的位置，挂着"站在此处"的牌子，在那个地方我们可以看到我们的太阳系，太阳在中心，九大行星（如果算上冥王星）围绕它旋转。但如果没有这样的标记，我们怎么会知道呢？什么东西能告诉我们拍照的正确位置呢？宇宙中没有标记，也没有人告诉我们要"站在此处"。某一特定的地点凭什么就该是*那个*点？是什么让在太空中某一点看到的景象比在其他地点看到的更"正确"？就像我们意识到地球表面没有哪个位置比其他位置更特殊一样，通常在宇宙里也没有什么与众不同的点。比方说，如果你在宇宙中相对于地球保持静止不动，那么地球是运动的参照物。然而，如果你在宇宙中相对于金星保持静止不动，那么金星将是运动的参照物。当然，我们人类都是从我们在地球上的位置往外看的。从我们的位置，我们看到星星在移动。它们随着时间的推移而改变位置。这可能是因为它们在移动，也可能是因为我们在移动（科学家认为我们都在移动）。

哥白尼所做的事使他意识到，如果他假设宇宙中任何位置包括他在地球上的位置都没有特殊性，那么他那个时代的科学家所使用的天体运动图就可以大为简化。也就是说，如果宇宙中的任何位置都不比其他位置更特殊，那么他完全可以假设太阳是天体运动系统的中心，而不是像以前那样假设地球是中心。这种假设产生了天体运动的一幅图景或一种模式，它没有那么复杂，也让计算恒星位置的难度降低了很多。

在哥白尼之前，用于计算天体位置的以地球为中心的托勒密理论是复杂的，但并非不准确。它需要 77 个本轮[138]来解释行星的运动。本轮是一个圆圈，圆心位于另一

"有头怪牛走过去了。"

就连牛也避免不了归纳问题。
©《纽约客》杂志社 1997 合集，彼得·斯坦纳，来自 cartoonbank.com。保留所有权利。

个圆圈或圆环上。这些本轮是必要的，因为有时行星或恒星看上去在倒退着运行，本轮能够体现这种逆行运动。哥白尼发现，通过将太阳置于中心而地球围绕这个中心运动，可以将本轮的数量减少到 34 个。然而，在他的图景中仍然需要本轮，因为他假设行星在做圆周运动。

重要的是要看到，哥白尼的图景并不比托勒密的图景更准确。在那个时代，它们都精准地预测了天体过去和未来的运动。对天体的观测结果无法告诉观测者其中哪个理论是正确的，哪个是错误的。然而，对日常现象的大量观察表明哥白尼的观点是错误的，比如说，从人类经验的日常角度来看，所有事情都是在地球静止的情况下发生的！让哥白尼和其他人更倾向于他的观点而不是托勒密体系或称地心说的主要原因是，它更简洁。这种简洁体现在数学上，本轮数量少了，就更容易计算天体未来（或过去）的位置。在哥白尼看来，简洁性意味着神之设计的和谐与对称，这对虔诚信教的他很有吸引力。

追随哥白尼的天文学家开普勒也有类似的推论。他同样坚信一定有某种简洁而优雅的描述行星运动的模式，因为上帝只会设计一个数学上和谐的世界。他发现，如果把太阳当作椭圆的两个焦点之一，就可以将行星围绕太阳的运动描述为椭圆。这样一来，他就完全取消了本轮，也可以解释自哥白尼时代以来收集到的新观测结果。他还发现，行星并不以恒定的速度沿其轨道运动，而是在相等时间内扫过这个椭圆的相等面积。他之所以得出这个（他的第二条）行星运动定律，是因为坚信模式是由上帝创造的，那么其中必定有秩序与和谐。

显然，在得出关于我们这个太阳系的发现时，哥白尼和开普勒都做了许多假设。对他们两人来说，首要的假设是宗教信仰。他们都相信有一个全能的、完全理性的上帝，上帝只会创造一个设计合理的世界。于是他们着手寻找这种设计或模式。他们还对什么是合理的设计做出了假设。在这里，他们转向了简洁、和谐、对称和秩序这些价值。我们将这些称为美学价值，即与我们的美感有关的价值。

在当代科学家的基本假设中，我们可以看到与哥白尼和开普勒相同的美学价值。例如现代生物学的英雄之一詹姆斯·沃森，他与弗朗西斯·克里克因发现DNA结构获得诺贝尔生理学或医学奖。据说在总结他的DNA模型要点时，他凝视着模型说："太美了，你看，太美了。"[139]还有保罗·狄拉克，诺贝尔物理学奖得主，因坚信数学美感和物理规律之间的联系而闻名。"一个具有数学美感的理论，"狄拉克说，"比一个符合某些实验数据的丑陋理论更有可能是正确的。"[140]

不难看出，为什么科学与美、简洁、和谐、对称等价值密切相关。科学家努力从经验中总结秩序。如果宇宙中没有秩序，我们就无法预测未来事件的进程，也就很难掌控周围的世界。（试想一下，如果所有事情都是偶然或意外发生的，那会是什么样子。）从明显的无序中找到秩序，意味着让事情变得更简洁。它意味着用可以记忆并可为未来提供参考的模式来解释事件。一般来说，科学家试图用数学语言来描述这些模式，而数学确确实实是一种语言。数学是一种非常有用的语言，因为它允许我们用符号来代表一系列的个体（数字、人、事物），这样我们就不必写出所有这些个体。

也就是说，即使就其本质而言，数学也是简洁的。所以科学家和数学家分享了类似的价值观，这是他们各自事业的根本。这些价值是美感价值，包括简洁、和谐、对称和优雅。

科学家也会做出其他假设。例如，科学家必须假设他在宇宙中并未占据独特的位置。自然规律在中国、在月球、在美国都一样成立，一个实验室中发现的规律应该可以在其他所有实验室中重复。为了有个起点，科学家必须"无条件相信"某些无法证明的自然规律，例如物质守恒定律。科学家们永远无法完全确定地证明这一定律，因为会陷入一个恶性循环，即必须先假设他们用于测试物质守恒的仪器本身的构成物质是守恒的。

因此，科学不是"价值中立的"，也不是完全依靠观测的。科学家们确实做出了他们无法通过实验证明的假设。其中一些假设对于收集实验数据的整个工作是必不可少的。科学最基本的假设具有美学性质，表现为每位科学家在工作中持有的简洁等价值取向。

本章所选的阅读材料表明，科学对我们世界上什么东西是真实的有很多争议。你很可能从未听说过鞭尾蜥，对它们的性生活也不是那么关心。但有些科学家毕生都在研究动物的行为，并进行归纳总结。这篇阅读材料除了表明科学家之间存在争论、并非总是一致，还表明观察本身受观察者的预期影响，这一点在前面第二章探讨过，值得我们再三注意。在这里，科学家并没有"看到"同样的东西，他们也没有一边倒地接受同一种模式的推理。这篇阅读材料还表明，科学家可能会受到他们周围的偏见和争论的影响。在美国有很多关于人类同性恋以及性取向是后天选择还是天生倾向的讨论。因此，有些人急于从其他物种的行为中找到这个问题的答案。

鞭尾蜥的性生活[141]

哈里·柯林斯　　特雷弗·平齐

简介

得克萨斯大学的动物学和心理学教授大卫·克鲁斯或许会被人认为有偷窥癖。这是因为他花了很多时间观察蜥蜴和蛇等爬行动物的奇异性生活。他的工作引起了生物学家的极大兴趣。有时它是有争议的。本章的重点是克鲁斯对某种鞭尾蜥交配行为的一系列特别观察。不过，为了介绍克鲁斯研究的爬行动物性爱世界，我们先看看他关于红边束带蛇的争议较少的研究。

加拿大西部北极圈也许是地球上的脊椎动物所能遇到的最严酷的生存环境。红边束带蛇就生活在这里。为了活过北极漫长的严冬，蛇们学会了低温生存的技巧，它们的血液变得极其黏稠，身体关键器官几乎完全停止工作，活动水平近乎无法察觉。然而当春天到来时，它们会迅速转换状态，为交配做好准备。

交配期短暂而紧张。雄蛇率先从漫长的冬季冰冻状态中醒来，花3天到3周的时间在巢穴入口附近晒太阳。当雌蛇出现时，无论是单独还是小群行动，雄蛇都会被它们背上的费洛蒙（一种信息素）吸引。多达100条雄蛇聚集在一起，形成一个"交配球"。一旦一条雄蛇交配成功，其他雄蛇会立即散开。由于从交配的雄蛇那里得到了信息素，交配后的雌蛇对其他雄蛇失去了吸引力，会离开这个地方。雄蛇重新聚集成群，在巢穴入口处等待其他雌蛇的出现，以便进行交配。

为什么生物学家会对这样一个奇异的仪式感兴趣？克鲁斯是一位行为学神经内分泌学家。他研究人体中控制生殖和性行为的系统的进化。他使用多种技术，包括对行为的观测、对器官的检查和对血液物质的分析，还会与其他物种进行比较。克鲁斯对束带蛇特别感兴趣，因为它的性行为和生理机制与环境的要求是同步的。这种蛇的性活动在我们看来可能很奇怪，但它们已经完全适应了它们生活的极端环境。对克鲁斯来说，束带蛇的行为特别有力地体现了环境因素如何影响生殖活动各个方面的进化和发展。通过强调环境的作用，可以说克鲁斯已经在生物学最古老的辩论之一——是天生还是养成中选边站了。

克鲁斯对生殖生理学的兴趣与爬行动物研究的传统领域有些不一致。他的研究介于从自然历史角度研究蛇和蜥蜴的爬虫学家和比较各种激素控制系统的神经内分泌学家之间，后者的工作不一定与物种的性行为有关。由于对进化和跨物种比较的兴趣，克鲁斯在进化理论学家、比较生物学家、动物学家和心理学家中找到了对他的工作有兴趣的听众。就像许多科学开拓者一样，克鲁斯融会贯通了传统上各行其是的多个领域的方法。这样做的部分原因是，他的研究带有争议性。通过在已被充分研究过的物种行为和生理方面提出新问题，克鲁斯对功成名就的专家们提出了挑战。

当然，仅仅因为一个科学家的研究挑战了他的同事，并不意味着这必然会引起争议。在科学领域，许多有争议的发现或方法被直接无视了。举例来说，已经有很多挑战量子力学或相对论基础的论文发表，但这些论文在物理学的水面上几乎没有引起任何涟漪。对于潜在的麻烦想法，视而不见是最干净利落的处理方式。事实上，令一种思想获得有争议的地位，使其他科学家感到不得不以明确的方式否定它，这本身就是一个实质性的成就。

当克鲁斯完成他关于鞭尾蜥的有争议的研究时，他已经是一个不容忽视的重要人物。他早期在哈佛大学的工作并没有任何即将引发争议的迹象。他的方法和发现并未挑战他所在领域的基本原理。当他搬到得克萨斯大学时（在哈佛大学工作7年后），已经是一位备受尊敬、引人注目、交游广阔的科学家。直到此时，在确立了自己的地位之后，他才开始展露自己思想的激进性。克鲁斯被卷入的最尖锐的争议并不集中在进化论的宏大问题上，而是在他对鞭尾蜥性行为提出的一些相当具体的主张上。正是他对这种脊椎动物的观察及其引发的反应构成了我们故事的主干。

在接下来的内容中，我们将特别关注这一场科学争论的曲折发展。讨论到如此细节的程度可能显得有些不妥，然而，我们要提醒读者，正是在对细节的争论中，我们发现了科学未经雕琢的钻石。

跳跃的女同性恋蜥蜴[142]

这是《时代》杂志介绍克鲁斯对鞭尾蜥性习惯的观察成果时所用的文章标题。鞭尾蜥在爬行动物世界中很不寻常，因为它是"孤雌生殖"。也就是说，它可以仅通过雌性的卵细胞进行生殖，不需要雄性使其受精。这使得该物种成为研究性行为进化的理想选择，因为在一般有性生殖的物种中，由于雄性遗传的复杂因素始终存在，某些方面是无法进行分离和分析的。

克鲁斯一开始研究鞭尾蜥，就注意到一种乍一看非常古怪的行为模式。这些无性生殖的蜥蜴不需要交配，有时却会互相骑乘，行为就像是其他有性生殖的蜥蜴。正是这个以前的研究人员忽视或选择忽视的观察结果成了争议的核心所在。

一只活跃的雌性爬到另一只被动的雌性背上，用尾巴绕过对方的身体，使它们的性器官互相接触，触摸对方的脖子和背部，然后骑在对方身上1～5分钟。所有生物学家都同意确有此事。他们的分歧在于赋予该观察结果何种意义。

对于克鲁斯和他的同事菲兹杰拉德来说，蜥蜴的奇怪行为（在不同蜥蜴身上反复观察到）显然与性有关。事实上，他们认为看到的现象如此重要，值得作为孤雌生殖物种一项重要的科学新发现来提出。交配行为前的求爱程序似乎与克鲁斯在亲缘相近的有性生殖物种中观察到的普通交配非常相似。除此之外，对蜥蜴的解剖和触诊（通过触摸进行检查）揭示了其性意义。被追求的一方似乎处于生殖活跃期，"其卵巢含有大的、排卵前期的卵泡，而追求的一方要么生殖不活跃，要么在排卵后，其卵巢只含有未发育的小卵泡"。这种差异引出了伪交配行为在性方面有何作用的一般问题，比如说它可能有激发生殖机制的功能等。

虽然克鲁斯认为有了一个重大发现，其他生物学家却不那么肯定。其中有些人是彻头彻尾的怀疑论者。两位研究该属蜥蜴的最知名研究人员很快对克鲁斯的说法提出了异议，他们是犹他大学的奥兰多·奎利亚尔和美国自然历史博物馆的C.J.科尔，前者在20世纪70年代初发现了孤雌生殖的染色体机制，后者是该属蜥蜴生理学研究的先驱。这些科学家已经研究鞭尾蜥多年，尤其懂得如何在人工圈养环境中照顾它们。对他们来说，克鲁斯只是一个没有经验的新秀。在他们看来，克鲁斯没有对蜥蜴进行长时间的仔细观察，而是立即抓住了在极少数动物身上发现的一种奇特行为并哗众取宠地夸大。奎利亚尔和科尔可能对《时代》杂志刊载这个故事感到特别生气：蜥蜴的性行为成了引人注目的媒体报道。

奎利亚尔和科尔的第一反应是试图淡化这些异常的行为。他们声称，发生的事情并没有什么特别新颖或令人惊讶的地方，因为其他人（包括他们自己）以前也曾观察到蜥蜴之间有这种现象。克鲁斯声称，认为这对孤雌生殖物种的研究有任何普遍意义也是完全错误的。他观察到的这种行为微不足道：它是不自然的，是圈养的结果。除此之外，一位更有经验的研究者不会被带入歧途，会选择忽略它，因为它无疑是一种人为因素导致的现象。于是关键的问题来了：这种蜥蜴的行为是如批评者断言的那样，由过度拥挤的圈养条件产生的人为现象，还是以前被忽视的生殖行为的一个基本部分？

科学争论的一个特点是，它使主角们的能力成为引人注目的焦点。在科学领域，参与者的能力通常被认为是有保证的。然而在争论中，涉及的具体科学问题和相关科学家的能力问题难以分割。在克鲁斯和他的批评者之间接踵而至的辩论中，所有研究者都需要自证其专业技能的水准，这一点变得尤其重要。

大部分争论都发生在已发表的科学文献中，双方越来越重视展示自己的研究能力，这一点的迹象是论文中通常很简短的方法说明部分变得越来越长。在克鲁斯和菲兹杰拉德的原始论文中，方法部分只有简单的几句话配上蜥蜴的照片。而到了5年后，他们在反驳批评者时，对蜥蜴的饲养方案、遵循的观察程序等都提供了数量可观的细节。随着争论的发展，进行这类观察所需的技术和能力也成为一个议题。例如，奥兰多·奎利亚尔在发表的抨击克鲁斯的文章中，提到自己观察圈养鞭尾蜥产卵的长期经验（超过10年），以及他对生殖周期的"精确知识"。他说，虽然他在实验室里断断续续看到克鲁斯观察到的那种偶发行为长达15年之久，但那并无多少意义。

以同样的方式，科尔和汤森德在反驳克鲁斯和菲兹杰拉德时，强调了自己作为观察者的技能，尤其是他们观察的细节和持续时间（与克鲁斯和菲兹杰拉德短暂的研究时间形成对比），以及他们的行为分类系统的精细程度。他们甚至提到了蜥蜴的饲养地点（在他们的办公室）以及他们是如何亲手照顾这些动物的。这些细节一般也不会出现在常规研究报告中。

然而，这种诉诸科学家个人技能的辩论方式和对实验室日常工作细节的重构，产生了一种意想不到的效果。它们使科学研究看起来更像别的领域那些在办公室的庸常世界中进行的严重依赖于技术的活动。

常规的科学论文淡化了这些因素，这不是偶然现象。正是这些讨论的缺失，使科学看起来像某种特殊活动，其实科学家仅仅是自然界的传信者或被动观察者。随着技术和能力的展示在争论中越来越重要，我们开始更加清楚地目睹了科学的形成过程。通常被隐藏起来的过程变得清晰可见了。

具有讽刺意味的是，克鲁斯及其同事对奎利亚尔的回应利用了他对自己的勤奋和经验的标榜来反击他。既然奎利亚尔承认确实看到过伪交配行为，他们认为这是对他们观察结果的确认。接下来，他们认为奎利亚尔未能意识到这种现象的重要性是因为他自己先入为主的成见。这是克鲁斯用来对付批评者的一贯策略，将他们描绘成墨守成规、囿于范式、深陷旧传统而对眼前的东西视而不见的人。这种"少壮派"策略在科学争论中并不陌生。

关于专业能力的辩论一部分集中在观察者的严谨程度上。在这方面，批评者声称克鲁斯和菲兹杰拉德的观察根本不够仔细。然而，关于严谨与否的辩论，就像这场争论中的大多数辩论一样，可以是把双刃剑。克鲁斯和他的小组在对科尔和汤森德的回应中采取了这一思路：他们挑剔对方采用的方法明显不够严谨。他们指出，科尔和汤森德通过对腹部膨胀的视觉检查来评估蜥蜴的生殖状态，这种做法是不完善的，因为众所周知，触诊也是需要的。实际上，他们巧妙引用了克鲁斯另一个批评者奎利亚尔的话作为这一要求的论据。

指责对手粗心大意解决不了争端，因为会变成循环论证。大家都知道细心的科学家会找到"真相"，粗心的观察者会弄错。但到底要找什么，这才是问题的关键所在。如果你相信伪交配是一种有价值的现象，那么克鲁斯显然一直很细心，而他的批评者很粗心；反之，如果伪交配被认定是一种人为的假象，那么批评者一直很严谨，粗心大意的是克鲁斯。是否严谨这件事本身，就像争论中的大多数此类因素一样，无法提供独立的手段来解决争议。我们又陷入了"实验者回归"，而且情况更棘手。

如果比较技术和能力的水平不能解决争议，那么事实问题又如何呢？正如我们在前面论证过的，事实问题与科学家发掘事实的技能是不可分割的。因此，当批评者提出一个具体的主张试图反驳克鲁斯时，不出意料地，能力问题再度浮现出来。奎利亚尔以及科尔和汤森德声称蜥蜴类似交配的行为缘于过度拥挤的环境，这是争论的核心所在。克鲁斯以如下方式做出回应。在他后来的文章中，如前所述，他对他的方法进行了详细的介绍，精确给出了饲养蜥蜴的条件。在这样做了之后，他就能转守为攻，声称批评者自己没有提供具体数据来说明拥挤的环境会导致伪交配（引自迈尔斯的有关文章，1990，第125页）。通过这一举动，克鲁斯在批评者选择攻击的领域里表现得一丝不苟。与此同时，批评者的指责却显得很轻率。

发生在生物学领域的这场争论与本书所探讨的物理学争论的一个不同之处在于，争论过程中产生的新数据很少。在试图为过去的观察结果找到正确解释的过程中，辩论的基础似乎在不停转换。在物理学中，实验是将辩论聚焦的一种方式。在生物学这个领域，实验很少能做到这点。相反，人们的注意力不断被吸引到对方立场所缺少的证据上——例如克鲁斯在回应科尔和汤森德时提到的，缺少关于拥挤环境导致伪交配的证据。

在整个辩论中，最突出的负面证据就是没有人，包括克鲁斯和菲兹杰拉德，曾经在野外看到过蜥蜴的伪交配。科尔和汤森德在这一点上大做文章，指出在对野生鞭尾蜥最全面彻底的研究中并未发现这种现象。可以预料，克鲁斯及其小组的回应毫不示弱。他们又一次扭转局面，将矛头指向批评者。他们指出这种行为很可能发生，但野外观察的结果是否能被记录下来？众所周知，鞭尾蜥是一个非常害羞的物种，即使普通的有性生殖蜥蜴的交配也不是经常能被观察到。因此，要观察这种微妙的现象，没有什么地方比人工圈养环境更好！

爱的啃咬和挥爪致意

在科学论战的过程中，以前被忽视的细枝末节往往会变得非常关键，引发激烈的争论。双方都意图质疑对方的论证，引入了越来越多的附加证据。在这个案例中，蜥蜴经历的"爱的啃咬"的数量以及它们是否挥舞双前爪作为性服从的标志都变得相当重要。

奎利亚尔认为,他在野外收集的该物种中很少看到"交配咬痕",如果伪交配是常规现象,应该会有更多这种咬痕才对。克鲁斯及其小组的回答再次扭转了辩论形势,他们指出,如果奎利亚尔的说法是对的,那么普通的有性生殖蜥蜴也没有交配!他们认为,答案在于这种咬痕不是交配的自然印记。为了证实他们的观点,他们检查了 1000 个有性生殖种类的雌性蜥蜴尸体,发现只有 3% 的雌性蜥蜴背部和侧面有痕迹,而且雄性蜥蜴有这种痕迹的概率也相同。靠这一招,克鲁斯成功地用奎利亚尔提供的证据反过来攻击他。大多数此类痕迹肯定是在死蜥蜴身上发现的,但由于雄性蜥蜴身上也发现了,它们很可能是由攻击行为产生的。

科尔和汤森德在对克鲁斯的反驳文章后添加了一篇附言,挥动前爪的行为由此变得意义重大。他们批评克鲁斯"错误地"将蜥蜴举起前爪作为顺从的表现。相反,照他们的说法,这只是蜥蜴在晒太阳的标志。这又是一次对研究人员能力的攻击。一个不能区分晒太阳和挥爪的研究人员存在可信度的问题。尽管克鲁斯似乎没有公开回应这一特别的批评,但从上面的内容来看,读者尽可以推测克鲁斯可能会采取的辩护思路。

光荣的平局

那么这场争论目前是什么情况?当前的共识是,克鲁斯和他的批评者都在为光荣的平局而战。双方都在《科学美国人》上发表文章介绍了对鞭尾蜥的内分泌学研究成果,都继续以大相径庭的方法开展工作。

我们在跟踪这场跌宕起伏的辩论期间所提出的公允观点不太可能得到主角们的认同。他们自己的论证和立场当然是有说服力的,对他们来说确实是不容反驳的。我们不偏不倚地记述实际上冒着让双方都失望的风险。

许多科学家都对卷入争论持谨慎态度,并将其视为劣质科学研究的仓库。这可能意味着否认自己是争议一方本身就是论战的一种策略。我们在有关蜥蜴的争论中也看到了这种情况。在《科学美国人》杂志上撰写文章时,双方完全避免明确提及这场争论。

结束争议的一种方法是重写历史,让争议显得为时过早,突出研究不足的领域中的过度反应。特别是克鲁斯,在他后来的文章中,他认为他的第一篇论文及其引发的反响都具有这一性质。克鲁斯认为这是一场不幸的辩论,其特点是缺乏可靠的实验检测和决定性的证据。通过大唱实验和检测的高调——而他的圈养蜥蜴研究方法非常适合进行实验和检测——克鲁斯似乎找到了一种超越此前争议的方法。这种言论能否落实还有待观察。

有一个问题没有得到解答:鞭尾蜥是否确实表现出与生殖相关的伪交配行为?尽管进行了 5 年的研究和辩论,答案似乎是,我们不知道。根据一组受人尊敬的科学家的说法,它们有;根据另一组科学家的说法,它们没有。一如既往,自然界的事实是在人类的辩论场里确立的。

思考题
1. 你认为实践中的科学方法和教科书上讲的科学方式有何不同?
2. 为什么科学家之间会就鞭尾蜥的行为这类问题争论不休?

假说演绎推理

到目前为止,在这本《思考的方法》中,我们已经多次强调良好的推理和常识之间的密切关系,而且事实上,它们非常接近于一回事。然而,当我们转向科学时,有必要说几句谨慎的话,因为科学描述的世界与我们的常识所体验的世界完全不同。我们生活在一个由中型物体组成的世界,而科学所描述的世界是由微观物理粒子或大型宏观物理系统组成的。许多对世界的科学描述似乎不太符合常识,就像哥白尼对太阳系的描述在他那个时代的人们看来不太符合常识一样。我们必须清楚认识到常识和对世界的感官体验之间的区别:常识可以被认为是从经验中获取意义的最低理论层次;

感官体验常常对我们的经验进行非常天真的描述，然后我们用常识推理加以纠正。例如，你拿一根直的棍子，把它的一部分浸入水中，棍子从水面上看会出现弯曲。如果我们仅凭感官体验来描述这一观察，会说棍子被水折弯了。然而，我们从我们的背景知识中知道，水不会使棍子弯曲，因此我们推理得出结论，这种视觉经验是一种光学幻觉。这意味着，我们使用理性和感官体验一起得出对世界的描述。

与此相仿，科学家也使用理性和感官体验来得出对世界的描述。这种描述往往与我们对事件的日常描述大不一样。我们描述太阳在早晨"升起"，而科学家则谈论地球绕着地轴转动。我们谈论"固体"的桌椅，而科学家可能谈论构成这些物体的原子和分子以及它们内部和它们之间的广大空间。重要的是要看到，科学家对这个世界的描述只是对世界众多可能的描述中的一种。它在某些情况下是适当的描述，而在其他情况下不是。除非有特定的背景，否则它并不比其他描述更好或更正确。比方说，如果有人要求你描述你的另一半，他想要的并不是对其理化特征的描述。与之相反，如果一位医生要求你描述一个病人，他想要的可能正是这样的描述。

对世界的科学描述包含许多无法通过感官经验直接了解的实体，如原子、电子、熵、DNA等等。你可能会问，科学家如何获得这些不可观察的物体组成的世界的信息？这是一个很好的问题，我们在这本书中只能提供部分答案（整本书都在回答这个问题）。首先应该注意的一点是，科学家一般并不遵循《科学》教科书中经常描述的方法，即所谓"科学方法"。按照教科书上的方法，科学家所做的是通过观察世界或者进行实验并观察结果来收集关于这个世界的信息，然后他们将这些信息组织成普遍化的结论。如果这些普遍化基于大量的观察，观察结果能在各种不同的环境下重现，而且这些普遍化——现在是"自然法则"——不与任何已知的观察结果相冲突，那么它们就会得到类似定律的地位。然后，这些普遍化会被用来预测未来将发生的事件，解释过去已发生的事件。

例如，所有金属都导电的普遍化是基于过去对金属特性的观察。按照科学方法，要使这一普遍化被认为接近于定律，这些观察必须在各种各样的环境和条件下，使用许多不同种类的金属来进行。除此之外，还不能出现任何金属不导电的观察结果。在此之后，科学家将用这一定律来预测未来任何特定种类的金属都会导电。

这个版本的科学方法有几个问题，对你来说，其中一些问题在之前的阅读材料以及本章对哥白尼和开普勒的讨论中可能已经很明显了。新的观察行为并不是他们那些科学发现的来源。如果你回顾一下科学史，会发现哥白尼模式才是科学发现的典型模式。其次，在第八章对或然性推理形式的讨论中，我们可以清楚看到背景知识对于有根据的普遍化和有根据的归因是多么重要。然而，科学方法的"流行"版本没有考虑到它的重要性，也不承认归纳问题。

最后，这种对科学方法的描述将观察当作科学事业的核心。但它忽略了我们在第二章中谈到过的观察的不确定性。我们在那里指出，不同的观察者可以用不同方式描述同样的事件，这也发生在鞭尾蜥性生活的案例中。我们对自身经验的描述并不是中立的。在科学领域，观察和实验受到理论指导的程度和在其他领域一样深。要看出这一点，请设想如果不是这样会发生什么情况，科学家会收集哪些观察结果？他将进行哪些实验？他必须先有一个想法，知道什么是重要的，知道要注意什么。如我们在第八章中所言，有太多的痕迹、太多的痕迹模式，我们无法全都予以关注，所以用理论（或故事）来指导我们的信息收集工作。（所以当理论与信息相符时，我们不应该感到惊讶。）因此，科学方法的常规版本对科学家的用处相当有限。

科学家们真正经常使用的一种推理模式，对于日常事务也相当有趣和有用，那就是假说—演绎模式。这种推理模式使科学家能够为他们无法通过直接观察来支持的主张——比如关于电子、力、化学成分、心理情结等的主张——找到证据。当科学家有一个无法直接检验（没有直接的观察证据）的假说时，他从假说中推导出（使用演绎推理而非归纳推理）一个可观察的结果，该结果非常明确具体，因此可以检验。如果观察到的结果与预期一致，科学家就有了支持该假说的证据。如果观察到的结果不符合预期，那么该假说就没有证据支持。重要的是要注意，在这两种情况下，假说都既没有被证明，也没有被否定。让我们看一些例子，仍然是来自科学史。

18世纪末，在乳品业地区工作的英国乡村医生爱德华·詹纳发现了第一个针对肆虐英国乡村的祸害——天花的有效接种方法。众所周知，挤奶女工会得牛痘而不是天花，牛痘是一种更温和、危害更小的疾病。詹纳构想出一个假说，即接触牛痘会让人对天花产生免疫力。詹纳推断，如果这一假说是真的，从一个受感染的挤奶女工的牛痘疮中取一些脓液,通过划痕将引发牛痘的微生物接入另一个人的皮肤,使其接触到牛痘,那么这个人其后即使接触了天花也不会感染。1796 年,他说服了邻居家一名年轻男孩的父母(方法是付他们钱),同意他通过划痕将一个挤奶女工的牛痘疮脓液接入男孩的手臂。两个月后,这个男孩被注射了天花病毒,但没有发病。

詹纳得到的结果证实了他的假说,就像后来所有天花疫苗接种的实践一样。今天,大多数美国学龄儿童在上学前必须接种天花疫苗,而天花在美国已经被根除。这些都是可观察到的结果,为一个本身无法直接验证的假说提供了证据。在这一点上,我们可以说这个假说得到了很好的证实,因此,它成为美国儿科医生根深蒂固的信念。然而在詹纳的时代,他却因为声称发现了一种预防天花的方法而饱受嘲笑。他不得不将他的成果推迟两年发表,以免被认为是一个庸医。

假说—演绎的推理方法也在哥白尼世界观的证实和最终被广为接受的过程中发挥了作用。天文学家推断,如果太阳在宇宙的中心(这个假说的真相是无法直接观察到的),那么金星在一年中应该出现大小变化,因为它到地球的距离会时近时远。此外,金星应该表现出相位变化。就像月亮一样,它应该有盈有亏(这两点都是理论的可观察结果)。但在这个案例里,当时的观测结果无法证实这两点!然而,这种假说无法得到证实的情况并没有让哥白尼改变主意,也没有阻止伽利略接受哥白尼的世界观。相反,伽利略受到激励,找到并改进了一种可以观察金星大小和相位变化的仪器——望远镜,从而证实了哥白尼的假说。

最后这个历史事例很有趣,因为它指出了背景知识和信念固化在科学中的作用,而这两者都被通常的"科学方法"讨论忽视。哥白尼和伽利略毫不动摇地相信太阳系的存在。他们同时代的其他人,如安德烈亚斯·奥西安德和第谷·布拉赫,也同样坚定不移地支持托勒密的观点。虽然不可能对这些科学家的背景知识进行严格的比较,但可以看出,对哥白尼和伽利略来说,最重要的是日心说或称太阳中心理论在数学上的吸引力。相反,对奥西安德和布拉赫来说,更重要的是他们所做的物理观察,即他们无论在一年中什么时候看到的金星都是一样的。他们找不到观察证据来证实日心假说,同时还有许多观察结果否定了日心假说。

也就是说,对于哥白尼和伽利略而言,对宇宙简洁和谐、能够用优雅的数学公式来描述这一信念的坚守,使他们对观察结果未能证实哥白尼假说的困境不屑一顾。这种信念比他们对感官体验的信念更加坚定稳固(毕竟,感官经常误导我们)。相反,奥西安德和布拉赫则更多地致力于观察并遵循观察的规则。最终,我们知道,哥白尼假说获得了大量的确认证据,在当代科学家的世界观中成为金科玉律。

假说—演绎法显然是科学家用来为无法直接验证的假说寻找支持的一种方法,也就是说,是在不可能进行直接观察的情况下运用的一种方法。采取这种方法的人使用演绎推理,从假说中推导出一个可以观察到的结果。然后科学家为进行这种观察设置适当的条件并进行测试,看是否得到预期的结果。

从这两个例子中可以看出,假说—演绎法并不能证明或否定一个假说。它所做的是为该假说提供支持或反对的证据。因此,科学家在是否接受一个假说的问题上可能出现分歧。科学家是否接受一项观察结果作为证据(无论是支持还是反对),部分取决于他的背景知识,以及他的哪些信念是更根本性的信念,或者用第八章的话来说,哪些信念扎根更深。这一点在鞭尾蜥的例子中非常明显。两派科学家都对鞭尾蜥持有非常坚定的信念,因此对鞭尾蜥行为的解释也大相径庭。科学家与其他人没什么两样。他们认为可以接受的假说是那些与他们已经持有并在信念网络中根深蒂固的信念非常契合的假说。他们倾向于拒绝那些会扰乱或者要求他们修改任何固化信念的假说。因此,一个假说契合科学家信念网络的程度也是科学家是否接受假说的因素之一。我们已经看到,科学家(至少是他们中的大多数)有推崇简洁和秩序的倾向,因此,他们更喜欢那些有力却精练的假说。在这里我们的意思是,这个假说可以解释大量的观察结果,但其本身却相当简单。例如,牛顿第二运动定律被认为是非常强大的,因为它可以解释所有由外力作用产生的运动,同时它又非常简单:$F=ma$(合外力等于物体质量乘以物体加速度)。

一个科学假说可能会被广泛接受,以至于被称为自然规律,但即使是所谓的自然规律也只是我们对世界的片段性描述,因此只是被证实,而不是被证明。科学史上充斥着被抛弃或被修订的"自然规律",托勒密宇宙学说就是这样一个被抛弃的例子。

小结

通过学习科学史，我们可以深入了解良好推理的技巧和科学的本质。我们只看了历史上的几个例子，就已经发现了科学和科学推理的一些非常重要的特征。尽管我们对科学推理给予了极大肯定，但科学的漫长历史上到处都是失败和被废弃的假说。这些假说随着时间的推移，未能满足检验和证实的要求。此外，我们许多最重要的科学假说涉及无法观察到的实体的行为，只能通过假说—演绎法来检验。价值观在是否接受假说方面也发挥了作用，大多数科学家倾向于那些简洁的、数学上优雅的，同时又具有广泛解释力的假说。

但是，且慢，你可能会说，外面确有一个实实在在的世界，它不是我们创造出来的。难道我们的描述不是越来越接近那个实在的世界、那个"真实"的世界吗？不幸的是，我们和科学家都无法回答这个问题。我们只有我们的经验和我们对这些经验的描述；科学家检查这些痕迹，只对我们讲了一个关于这些痕迹的故事。科学家试图在故事中加入越来越多的细节，同时保持故事的简洁和精练。科学家用假设—演绎法检验这个故事，证实或否定它，并相应地调整这个故事。这个故事没有结局，也无法被证明。现代科学的故事是一个激动人心、开卷有益的故事，但到头来，它也只是一个故事！今天对我们世界的科学描述不会是明天对这个世界的科学描述。

总而言之，现代科学为我们提供了众多方式中的一种来描述我们的经验。这种描述世界的方式对我们很有帮助，使我们能够预测，有时还能够掌控我们生活中发生的事件，通常能使生活更加愉快和富有成效。需要记住的是，这种描述方式是建立在隐含的假设之上的，这一点并不经常得到承认；它也是建立在未曾明言的价值观之上的，尤其是简洁和美的美学价值观以及连贯性和一致性的理性价值观。

练习题

10-1

1. 什么是假说—演绎推理？假说—演绎法在科学中起到什么作用？
2. 讲一个最近的科学发现或科学争论的例子，找出它的隐含假设。

10-II

1. 构建一个无法直接验证的假说，并通过推导出一个可以直接观察到的结果来检验它。收集你的证据。你的假说是被证实了还是被否定了？详细描述你的做法。

2. 为什么说假说—演绎法是一种归纳推理，而不是演绎推理的一种形式，尽管它有"演绎"这个词？

3. 学校通常传授的"科学方法"可以说是很天真的。根据你在本章中获得的见解，你对这种方法作何评论？

4. 据说观察行为中"满载着理论"，你认为这是什么意思？你认为这种说法可以为批判性思维带来什么启示？（提示：你可能想要回顾一下第二章。）

5. 列出你最根深蒂固的 5 个信念，什么样的证据能让你放弃其中一个？

6. 阅读科学史让你对科学的看法产生了什么变化？依你所见，好的推理会产生什么结果？

第十一章 伪科学

区分科学与伪科学

如上一章所述，科学推理是批判性思维非常重要的部分。假说—演绎法是一个主要的科学推理工具，也是我们所有人时不时都会用到的良好推理模式。然而，认识到科学推理的局限性，并看到科学只是描述我们经验的众多方式之一，这也是一种良好的批判性思维。

伪科学是一种推理方式，它有时会作为描述世界的另一种替代选项来争夺我们的注意力。伪科学既不使用批判性思维能力，也不使用科学方法。反之，它要求我们暂时屏蔽常识，放弃我们的批判性思维能力。从事伪科学的人标榜自己是科学家。这就是为什么区分科学和伪科学非常重要。我们不希望被伪科学误导并因此失望。我们希望继续运用正确的常识和我们的批判性思维能力。

你对伪科学已经很熟悉了。占星术是一种常见的伪科学。向报纸提供每日星座运程的占星师声称他所做的预测有充分的理由（他声称这些预测是由恒星和行星的运动提供根据的），并敦促我们在这些预测的基础上做决定。大多数人对占星师的预测半信半疑。然而有些人对他们中意的占星师非常虔诚（里根总统的妻子、前第一夫人南希就是一个著名的信徒），在做决定前会参考他们的星座运程。重要的是要了解为什么这不是一种好的批判性思维，这样你就可以避免给予伪科学不应有的重视。

"霍巴特，这是梅林，我的科学顾问。"

很多人（包括一位前总统的妻子）都有他们的"梅林"。
©《纽约客》1994 合集，达纳·弗拉登，来自 cartoonbank.com。保留所有权利。

  伪科学的特点之一是永远无法被驳倒。伪科学的追随者拒绝承认任何反对其立场的证据。伪科学能够兼容每一种结果和每一次观察发现！

  星座在这方面是一个很好的例子。大多数星座运程都写得相当宽泛，无论你当天发生什么事，预测内容都能套得上。一个典型的例子可能是，"你今天必须小心，因为你会走霉运"。当星座看上去不准的时候——比如它预言了某些事情会发生在你身上，却没有发生（比方说坏运气）——信徒们会否定相反的证据，说因为你被提前警告了，所以你改变了你的行为，避免了等着你的负面结果。预言没有出错，他们说，不如说是你的行为改变了环境。于是事实证明，要驳倒占星术是不可能的。占星术的假说没有任何可被观察到的后果能让它的信徒们认为是一个否定性的证据。其他伪科学也同样建立在无可辩驳的假说之上。

相反，一个科学的假说要被认为是科学的，必须让人能够驳倒。换言之，尽管我们永远无法绝对地证明一个科学理论，但必须有机会驳倒（或"证伪"）它。如果有可能从理论中推导出一个可以观察的结果，而这个结果在实际中被观察到为假就会推翻该理论，那么该理论就是能够被驳倒的。例如，"所有物质在受热时都会膨胀"是可证伪的，而"行星在椭圆轨道上运动是因为上帝更喜欢椭圆"则不能。

除此之外，科学家被期望以某种程度的多疑来看待科学假说，并且必须始终愿意根据新的证据来修改他们的假设。如果我们看看科学史，就会发现它是一部一种理论取代另一种理论的历史，就像我们在上一章讨论的哥白尼理论取代托勒密理论那样。

如果我们更详细地研究那段特定时期的科学史，会发现哥白尼的理论不符合当时所有已知证据。根据该理论，如果行星围绕太阳转，那么金星就应该像我们的月亮一样出现盈亏变化。然而，哥白尼和伽利略并不接受金星外观恒定的观测证据对哥白尼日心宇宙观假说的反驳。他们继续相信日心宇宙观，尽管无法观测到金星的大小变化和相位盈亏。你可能会问，这种情况与占星家拒绝接受反对他们假说的证据有什么不同？这是个好问题。

不同之处在于，对金星大小不变、不盈不亏的观测结果确实算是反对哥白尼假说的证据。这些当然是否定性的观测结果。只是在哥白尼和伽利略的背景知识中，有其他考虑因素比观测证据更重要。如果后来望远镜没有揭示出金星的相位和大小等变化，别的科学家最终会将哥白尼理论放进科学家们收纳其他名誉扫地的科学假说的地方——科学史的垃圾桶里。

天文学家不像占星师，前者总是准备根据新的信息修改他们的假说。这个修正过程有时很慢，但可能性总是存在的。所以科学理论总是可以被驳倒的，而伪科学理论永远驳不倒。（这听起来可能有点儿奇怪。我们通常认为科学才是那些无可辩驳的理论的家园。然而我们的意思是，科学领域的理论是有可能被驳倒但尚未被驳倒的理论。）我们可以从哥白尼假说的发展历程看出这一点。它首先被开普勒修正，他把行星围绕太阳的轨道形状从圆形改为椭圆。然后在20世纪，它又得到了爱因斯坦和他的广义相对论的修正。今天的科学家将行星描述为在弯曲的空间中沿着被称为测地线的最短路径运动。

科学和伪科学之间的另一个重要区别是,一个科学假说必须与其他科学假说相契合。科学讲述的故事中存在普遍联系。这一片与那一片相互契合,所以随着时间推移,连接起来的碎片越来越大,仿佛一幅大的拼图。伪科学彼此之间没有联系,和我们持有的其他信念也没有联系。每个伪科学从业者讲述的故事都是独一无二的。虽然他可能会使用科学的语言,但他的故事无法被纳入更宏观的画面。再次举占星术为例。你的星座运程取决于你出生那一天行星、月亮和恒星的位置。这种因果机制——不管它是什么——如何与我们所相信的重力理论以及人类生物学和心理学相契合?其中的联系何在?

这让我们看到了科学和伪科学之间的第三个主要区别,那就是伪科学总是会诉诸神秘事物或神秘力量。当然,科学中也有力,而力的概念本身也有些神秘,因为我们只能够描述力的效果。但科学家并不真的想在这一点上停下来。他想了解更多,并尽可能地消除神秘感。相反,伪科学从业者则对神秘感心满意足。甚至可以说他以此为荣!他会说:"事情就是这样。"例如,占星家不知道也不屑于知道为什么恒星和行星的位置会对我们的俗世生活产生如此大的影响,他们满足于故事的原貌。

在离开这个话题之前,我们应该再做一个对理解科学和伪科学之间的不同很有帮助的区分,那就是尚待验证的准科学和伪科学的区别。准科学是一个刚开始讲述的新故事,可能与科学家目前讲述的故事不大相符。准科学和伪科学的区别在于所使用的方法。潜在新兴科学的科学家使用批判性思维的方法,并愿意以站稳脚跟的科学家所使用的方式来检验他的假说。有时候,人们很难分辨一项事业是潜在的新科学还是虚假的伪科学,这里的一个例子是超心理学[143]。部分超心理学者采用符合批判性思维的科学技术来研究超感官交流方式的可能性。与之相反,一些超心理学者拒绝承认对其假说的可能的反驳。目前,超心理学领域的伪科学人士比科学家还多。

本章的阅读材料是马丁·加德纳的作品,他曾长期担任《科学美国人》的数学谜题版编辑。在这篇文章中,加德纳驳斥了一个非常流行的伪科学——生物节律。这篇文章说明了为什么生物节律是一门伪科学。

弗里斯、弗洛伊德和生物节律[144]

马丁·加德纳

在奥塞，我知道有一处长满蕨类植物和蘑菇的奇妙树林，你得在那里向我揭示低等动物世界和儿童世界的秘密。我对你要说的话感到前所未有的激动——我希望世界不会先于我听到它，希望你不要只写一篇短文，而是在一年内给我们一本小书，用它揭示生物体 28 和 23 周期的秘密。

西格蒙德·弗洛伊德给威廉·弗里斯的信，1897 年

在数字命理伪科学的历史上，最特别、最荒唐的一幕是一位名叫威廉·弗里斯的柏林外科医生的工作。弗里斯痴迷于数字 23 和 28。他让自己和其他人相信，在所有生命现象的背后，或许还包括在无机自然界中，都存在两个基本的周期：一个是 23 天的男性周期，一个是 28 天的女性周期。通过研究这两个数字的倍数——有时是加法，有时是减法——他能够将他的数字模式套在几乎所有事物上。本世纪初，这项工作在德国引起了很大的轰动。一些信徒接手了这个工程，在书籍、小册子和文章中对其进行阐述和修订。其后的一些年里，这一运动在美国扎下了根。

尽管有些娱乐型的数学家和病理学的学生对弗里斯的数字命理学感兴趣，但要不是因为下面这一几乎令人难以置信的事实，到今天它可能已不为人所知：有长达 10 年的时间，弗里斯是西格蒙德·弗洛伊德最好的朋友和知己。大约从 1890 年到 1900 年，在这一弗洛伊德最具创造力的时期（以 1900 年出版《梦的解析》告终），他和弗里斯纠缠在一种奇怪的神经质关系中，这段关系有——弗洛伊德自己也很清楚——强烈的同性恋倾向暗流涌动。当然，这个故事在精神分析学派早期领袖们的圈子里众所周知，但很少有行外人听说过，直到 1950 年弗洛伊德写给弗里斯的 168 封信件汇集出版，这些信件是从弗里斯悉心保存的总共 284 封信件中选出的（这批信件最初以德语出版。英译本题为《心理分析的起源》，于 1954 年由基本书局发行）。这些信件被

保存下来的消息曾让弗洛伊德大吃一惊，他恳求信件的主人（心理分析师玛丽·波拿巴）不要允许它们出版。在回答她关于弗里斯写的信件的问题时，弗洛伊德说："我当初是销毁了它们（弗里斯的信件）还是把它们巧妙地藏了起来，现在仍然不知道。"人们认为他把信销毁了。欧内斯特·琼斯在他的《弗洛伊德传》中讲述了弗里斯和弗洛伊德之间友谊的完整故事。

1887年，两人在维也纳第一次见面时，弗洛伊德才31岁，相对来说寂寂无名，婚姻美满，在精神病学方面的实践经验还很欠缺。作为一位柏林耳鼻外科医生，弗里斯的执业生涯则要成功得多。他比弗洛伊德年轻两岁，是个单身汉（后来他娶了一位富有的维也纳女人），英俊、虚荣、才华横溢、机智幽默，在医学和科学话题上见识广博。

弗洛伊德以一封恭维吹捧的信开始了他们的通信。弗里斯以一份礼物作为回应，随后弗洛伊德应弗里斯的要求寄去了自己的照片。到了1892年，他们彼此不再使用正式的"您"（Sie），而是使用亲密的"你"（du）。弗洛伊德比弗里斯更频繁地写信。当弗里斯迟迟不回信时，弗洛伊德备感煎熬。当妻子将要生下他们的第五个孩子时，弗洛伊德宣布孩子将被命名为威廉。事实上，他本来想给两个最小的孩子之一起名叫威廉，但正如琼斯所说，"幸运的是她们都是女孩"。

1897年，弗里斯出版了专著《从生物学角度看鼻子和女性性器官之间的关系》，首次向世人展示了他的数字命理学的基础。弗里斯认为，每个人实际上都是雌雄同体的。男性成分具有23天的周期节律，女性成分的周期则是28天（女性周期不能与月经周期相混淆，尽管两者在进化的源头上是相关的）。在正常的男性身上，男性周期占主导地位，女性周期受到压制。在正常的女性身上情况恰好相反。

这两个周期存在于每个生物细胞中，因此在所有生物中发挥着对立统一的作用。在动物和人类当中，两个周期都从出生开始，孩子的性别由首先传导的周期决定。这些周期持续一生，在一个人身体和精神活力的起伏中得到体现，并最终决定一个人的死亡日期。此外，这两个周期都与鼻子黏膜有密切关系。弗里斯认为他已经发现了鼻腔刺激与各种神经质症状以及性失调之间的关系。他通过检查鼻子来诊断这些疾病，并在鼻子内部的"生殖器点"涂抹可卡因来进行治疗。他报告了鼻部麻醉导致流产的案例，还说可以通过治疗鼻子来控制痛经。他对弗洛伊德的鼻子进行了两次手术。在后来的一本书中，他宣称所有左撇子都被异性的周期支配。当弗洛伊德表示怀疑时，他指责弗洛伊德是左撇子而不自知。

弗里斯的周期理论起初被弗洛伊德视为生物学上的一个重大突破。他把自己和家人生活中的23天和28天周期的信息发给弗里斯，并将自己健康的起伏视为这两个周期的波动。他相信他发现的神经衰弱和焦虑性神经症之间的区别可以用这两个周期来解释。1898年，他与一家杂志断绝关系，因为该杂志拒绝撤回对弗里斯一本书的严厉评论。

曾有一段时间，弗洛伊德怀疑性快感是23周期能量的释放，而性的不适感是28周期能量的释放。多年来，他一直预期自己会在51岁时死去，因为这是23加28之和，而弗里斯曾告诉他这将是他最关键的一年。"51岁对男人来说似乎是一个特别危险的年龄，"弗洛伊德在他关于梦的著作中写道，"我认识一些同事，他们在这个年纪突然死亡，其中有一个人经过长时间的拖延，在死前几天才被任命为教授。"

然而对弗里斯来说，弗洛伊德对周期理论的接受还不够热诚。他对哪怕是最轻微的批评都异常敏感，认为自己在弗洛伊德1896年的一封信中发现了一些对其体系的微弱怀疑。这标志着双方潜在的敌意开始慢慢浮现。弗洛伊德早先对弗里斯的态度近乎青春期对导师和父亲角色的依赖。现在他正在发展自己关于神经官能症起源和治疗方法的理论。弗里斯对此不以为然。他认为弗洛伊德想象中的治愈不过是精神疾病遵循男性和女性节奏的波动。这两个人明显处于一种冲突的状态。

从早期的信件就可以预料到，首先抽身而去的是弗里斯。越来越大的裂痕让弗洛伊德患上了严重的神经症，经过多年痛苦的自我分析，他才摆脱了这种状况。这两个人保持着在维也纳、柏林、罗马和其他地方频繁会面的习惯，弗洛伊德开玩笑地称之为他们的"研讨会"。迟至1900年，当双方的裂痕无法修复时，我们发现弗洛伊德仍写道："在这长达6个月的时间里，我从未如此渴望与你和你的家人重聚……你关于在复活节见面的建议极大地激励了我……这不仅仅出于我对春天和更多美丽风景的近乎孩子般的渴望；我愿意牺牲它们，换取你陪在我身边三天的满足……我们应该理性而科学地交谈，你那优美而确定的生物学发现会唤起我最深切的——虽然是不带个人色彩的——嫉妒。"

但弗洛伊德还是拒绝了这一邀请，两个人直到当年夏末才见面。那是他们最后一次会面。弗里斯后来写道，弗洛伊德无缘无故地向他发起粗暴的语言攻击。在接下来的两年里，弗洛伊德试图弥合这一裂痕。他提议他们合写一本关于双性恋的书，又提议在1902年再次见面。弗里斯拒绝了这两个提议。1904年，弗里斯发表了愤怒的指责，说弗洛伊德把他的一些想法泄露给一个年轻病人赫尔曼·斯沃博达，后者又将其作为自己的观点发表。

最后的争吵似乎发生在慕尼黑公园酒店的一间餐厅里。后来弗洛伊德在这间餐厅里参加精神分析学派的会议时经历了两次严重的焦虑症发作。琼斯回忆发生在1912年的那一次，他和包括弗洛伊德及荣格在内的一群人在这个房间里吃午饭。弗洛伊德和荣格之间的分歧正在加深，当两个人发生轻微争执时，弗洛伊德突然晕倒了。荣格把他抱到沙发上。弗洛伊德醒来时说："死亡该是何等甜蜜啊。"后来他向琼斯吐露了他发病的原因。

关于他的周期理论，弗里斯写了许多书和文章，但他的巨著是一卷584页的《生命的节律：精确生物学的基础》，1906年在莱比锡出版（第二版于1923年在维也纳出版）。这是一本日耳曼式狂人的代表作。弗里斯的基本公式可以写成 $23x+28y$，其中 x 和 y 是正负整数。书中几乎每一页，弗里斯都将这个公式套用在从细胞到太阳系的各种自然现象上。例如，月亮绕地球一周大约需要28天，一个完整的太阳黑子周期差不多是23年。

该书的附录中充斥着诸如365（一年中的天数）的倍数、23的倍数、28的倍数、232的倍数、282的倍数和644（23×28的积）的倍数等等表格。黑体字标明的是某些重要的常数，例如12167（23×23^2）、24334（$2\times23\times23^2$）、36501（$3\times23\times23^2$）、21952（28×28^2）、43904（$2\times28\times28^2$），依此类推。一个表格列出了1～28的数字，每个数字都表示为28和23的倍数之差［比如，13＝（21×28）－（25×23）］。另一个表格将1～51（23＋28）的数字表示为23和28的倍数的和与差［比如，1＝（1/2×28）＋（2×28）－（3×23）］。

弗洛伊德在许多场合承认，自己在所有数学能力方面有无可救药的缺陷。弗里斯懂初级算术，除此之外就没有了。他没有意识到，如果用任意两个没有公约数的正整数来替代他的基本公式中的23和28，可以得出任何正整数。难怪这个公式可以如此方便地套用在自然现象上！以23和28为例，能够很容易地看出这一点。首先确定哪些x和y的值可以使公式的值为1：它们是$x = 11$，$y = -9$。

$$(23 \times 11) + [28 \times (-9)] = 1$$

现在，要得出任何所需的正整数都是一个简单的问题，只需采用以下方法：

$$[23 \times (11 \times 2)] + [28 \times (-9 \times 2)] = 2$$
$$[23 \times (11 \times 3)] + [28 \times (-9 \times 3)] = 3$$
$$[23 \times (11 \times 4)] + [28 \times (-9 \times 4)] = 4$$

…………

正如罗兰·斯普拉格最近在他的《数学娱乐》（1963年出版）第26题中所指出的那样，即使排除了x和y的负值，仍有可能得出所有大于某个整数的正整数。斯普拉格问道，在*不*能用这个公式表达的正整数的有限集合中，最大的数字是什么？换句话说，如果在$23x + 28y$的公式中用非负整数代替x和y，无法表达的数字集合里最大的一个是什么？答案是：$xy - x - y$。[145]

弗洛伊德最终意识到，弗里斯那貌似令人惊喜的成果不过是数字命理学的一场把戏。1928年弗里斯去世后（注意这个给足面子的28），德国医生J.艾尔比出版了一本书，对弗里斯的谬论进行了彻底驳斥，然而到那个时候，对"23－28"的崇拜已经在德国扎下了根。活到1963年的斯沃博达是这种崇拜中第二重要的人物，作为维也纳大学的一名心理学家，他花了大量时间为弗里斯的周期理论调查、辩护和著书立说。相比之下，他自己的著作也不遑多让，那就是长达576页的《七之年》，在这本书中他报告了对数以百计的家谱的研究结果，用来证明诸如死亡、心脏病和重大疾病的发作往往发生在某些关键的日子，这些日子可以根据一个人的男性和女性周期计算出来。他将周期理论应用于梦境分析，弗洛伊德在他1911年关于梦境的著作的一个脚注中批评了这种应用。斯沃博达还设计了第一个用于确定关键日期的计算尺。如果没有这种工具或精心制作的图表的协助，关键日期的计算是枯燥而麻烦的。

尽管看起来令人难以置信，但直到20世纪60年代，弗里斯系统在德国和瑞士仍有一小群忠实的信徒。瑞士一些医院的医生根据弗里斯的周期来确定手术的吉日。(这种做法可以追溯到弗里斯。1925年，当精神分析学的先驱之一卡尔·亚伯拉罕做胆囊手术时，坚持手术必须在弗里斯计算出的吉日进行。）在男性和女性周期之外，现代的弗里斯派还增加了第三个周期，称为智力周期，其长度为33天。

美国有两本关于瑞士系统的书，都由皇冠出版社出版：1961年的《生物节律》，汉斯·J.韦恩利著，以及1964年的《今天是你的好日子吗？》，作者是乔治·托门。托门是一家公司的总裁，该公司生产用来绘制自己周期的计算器和绘图工具。

这三个周期从出生开始，以绝对规律的方式贯穿一生——虽然它们的振幅会随着年龄的增长而减小。男性周期支配着诸如体力、自信、攻击性和耐力等男性特质，女性周期控制着诸如感情、直觉、创造力、爱、合作、乐观等女性特质，新发现的智力周期控制着两性共有的精神力量：智力、记忆力、专注力以及随机应变的能力。

在周期曲线高于图表水平零线的日子里，该周期所控制的能量正在得到释放。这些日子的活力和效率最高。在周期曲线低于水平零线的日子里，能量正在重新蓄积，这些日子是活力下降的时期。当你的男性周期曲线高而其他周期曲线低时，你可以令人钦佩地完成体力活，但敏感性和精神警觉性低。如果你的女性周期曲线高而男性周期曲线低，这一天适合，比方说，参观艺术博物馆，但你可能很快就感到疲倦。读者可以很容易地猜到其他周期模式在日常生活中其他场景的应用。我省略了关于预测未出生孩子的性别或计算两个人之间的节律"兼容性"的方法的细节。

最危险的日子是周期（尤其是23天或28天的周期）曲线与水平线交叉的日子。周期从一个阶段过渡到另一个阶段的那些日子被称为"转换点日"。一个令人愉快的事实是，对于每个人，28天周期的转换点总是发生在一周里的同一天，因为这个周期正好是4个星期长，例如，如果你28天周期的转换点是在星期二，那么在你的整个人生中，每隔一周的星期二都将是你的女性能量的关键日。

可以想见，如果两个周期的转换点重合，这一天就是"双重关键日"，如果3个周期都重合，那就是"三重关键日"。托门和韦恩利的书中有许多节律图，显示不同家族的成员死于有两个或更多周期同时处于转换点的日子。克拉克·盖博在两个日子里出现了两次心脏病发作，第二次是致命的，那一天正好有两个周期处于转换点。阿迦汗死于一个三重关键日。阿诺德·帕尔默[146]在1962年7月的高峰期赢得了英国高尔夫球公开赛，又在两周后的三重低谷期输掉了职业高尔夫球协会锦标赛。拳击手本尼·帕雷特[147]在一场三重关键日举行的比赛中被击倒后死亡。显然，对弗里斯的信徒们来说，准备一张自己未来周期模式的图表是有好处的，这样就可以在关键的日子里特别小心。

然而由于其他因素的影响，预测不可能完全准确。因为每个周期长度都是以天为单位的整数，所以每个人的节律图都会在相隔 $23 \times 28 \times 33 = 21252$ 天（或略多于58年）后重复其模式。这个时长对每个人来说都是一样的。在每个人出生后的第21252天，所有三个周期将同时在上升过程中穿过零线，他的整个模式将重新开始。两个年龄正好相差21252天的人将经历完全同步的周期模式。由于弗里斯的系统不包括33天的周期，他的周期模式在相隔 $23 \times 28 = 644$ 天后会重复。瑞士的弗里斯信徒称之为"生物节律年"。它对于计算两个人之间的"生物节律兼容性"非常重要，因为任意两个相隔644天出生的人在他们最重要的两个周期上是同步的。

后记

纽约第五大道298号生物节律计算机有限公司总裁乔治·S.托门仍然劲头十足，不时出现在广播和电视谈话节目中宣传他的产品。魔术师詹姆斯·兰迪是20世纪60年代中期一个电台通宵谈话节目的主持人，托门曾两次成为他的嘉宾。兰迪告诉我，在其中一次节目之后，新泽西州的一位女士寄来了她的出生日期，要求提供一份涵盖她未来两年生活的生物节律图表。在给她发送了一份基于不同出生日期的图表之后，兰迪收到这位女士一封热情洋溢的信，说这张图表与她所有状态大起大落的日子完全吻合。兰迪回信为自己弄错她的出生日期而道歉，并附上一份"正确"的图表，实际上和第一份图表一样使用了错误的日期。他很快收到一封信，告诉他新图表甚至比第一份图表更准确。

1966年3月，在大纽约地区安全委员会第36届年会上，托门报告说，内布拉斯加大学和明尼苏达大学正在推进生物节律的研究，东京公共卫生部门的医疗主管田多井博士已经使用托门系统出版了一本书《生物节律与人类生活》。托门说，当1966年2月一架波音727喷气式客机在东京坠毁时，田多井博士迅速绘制了飞行员的图表，并发现坠机发生在飞行员的一个低谷日。

生物节律在日本似乎比在美国更受青睐。据1972年1月10日的《时代》杂志第48页报道，日本近江铁路公司计算了旗下500名公共汽车司机每个人的生物节律。每当司机的"坏"日子来临，他就会收到通知，提醒他要特别小心。近江铁路公司报告说，事故减少了50%。

1975年2月的《命运》杂志第109页至第110页报道了1974年10月在伊利诺伊州埃文斯顿举行的"生物节律、治疗和基尔良摄影术[148]"会议。主办这次会议的迈克尔·泽斯克透露，传统的生物节律曲线实际上是真实曲线的"一阶导数"，所有传统图表都"有几天的误差"。参加会议的客人还听到了来自加利福尼亚的证据，关于存在第四个周期且所有四个周期"可能与荣格的四种人格类型有关"。

1975年1月18日的《科学新闻》第45页刊登了埃德蒙科学公司的大幅广告，介绍他们新推出的生物节律套装（售价11.50美元），其中包括精密的戴尔格拉夫计算器。该广告还承诺提供一份为期12个月的"电脑精确计算的个性化"生物节律图表给寄来自己出生日期和15.95美元的读者。你可能想要知道，埃德蒙公司用的是传统图表（可能偏离3天）还是泽斯克的改良程序。

一本荒唐可笑的书、伯纳德·吉特森的《生物节律：个人化的科学》于1975年由阿考出版公司出版，后来又由韦尔纳图书出版了平装本。袖珍书局以阿比·戴尔的《生物节律》（1976年出版）踊跃加入这一潮流。1977年9月的《读者文摘》通过詹妮弗·波尔奇的无耻文章《生物节律：你状态起伏的关键》给这门"科学"打了一剂强心针。

到1980年，生物节律在轻信的人群中变得如此流行，导致有半打公司在制造机械装置、电子计算机甚至时钟，用来告诉真正的信徒们每天会发生什么。去看看《命运》杂志的广告吧。1980年1月到2月的《科学80》刊登了拉塞尔·肖克的文章

《西格蒙德·弗洛伊德的神话》，其中有一张拍得挺好的弗洛伊德和弗里斯年轻时代的合影。

> 思考题
> 1. 人们为什么会被伪科学吸引？
> 2. 是什么让生物节律有了可信度？换句话说，是什么让它看起来可信？
> 3. 你还能举出哪些伪科学？

小结

很明显，加德纳对生物节律没有耐心。他对生物节律伪科学本质的攻击否定了该理论的合理性，所以我们不需要在此对生物节律进行批判性的评估。然而，我们确实需要清楚了解伪科学的一般特征以及它们与真正的科学的区别，这样就不会被别的虚假"科学"带入期望落空的失望境地。毕竟，伪科学外表很像科学，以至于有些人被误导，以为它们具有与科学相同的权威。

科学家和伪科学从业者都在讲故事，但他们用来得出这个故事的方法不同，因此故事对于我们的价值也不同。科学家使用的是批判性思维的方法。他检验他的故事，并根据他发现的证据来修改他的故事。他有开放的心态，不断与其他科学家对话，倾听他们的故事，并试图使他的假设或故事与他们的故事相符。伪科学人士则被困在自己的故事里，相反的证据被忽略了。故事从不修改，从不追求将故事与更大的世界图景联系起来，对话只在信徒或弟子之间进行，故事总在谜团中结束，排除了进一步的对话和讨论。科学家讲的故事帮助我们预测和掌控生活中的事件。伪科学人士讲的故事主张我们受制于无法理解、只能接受的力量。

练习题

11-I

1. 找到一份近期星座运程。

    a. 这些预测是能够被驳倒的吗?

    b. 假设你认真对待这些预测。要接受这些预测,你必须接受什么样的宇宙观?

2. 描述一下你在生物节律中发现的伪科学的标志。

3. 选择另一种伪科学(对这个问题,平装书架可以给你提供思路),用它的例子来说明它为什么是一种伪科学。

4. 除了超心理学,你还能想到其他的准科学吗?

11-II

1. 你认为哥白尼未经证实的假说和弗里斯未经证实的假说之间有什么不同?

2. 为什么几乎不可能说服占星术的坚定信仰者,使其相信占星师的预测是没有根据的?

3. a. 提出一项论证,说明对 UFO 目击事件的研究是一种伪科学。

    b. 提出一项论证,说明对 UFO 目击事件的研究是一项科学事业。

4. 我们经常从历史上英雄的言行中寻找灵感,以帮助解决自己生活中的问题。前第一夫人希拉里·罗德姆·克林顿聘请新纪元运动[149]的灵媒让·休斯顿为她服务,让她与她的英雄埃莉诺·罗斯福和莫罕达斯·甘地的灵魂对话。根据你所学到的关于伪科学的知识,批判性地评价希拉里·克林顿这种寻找灵感的行为。

第四部分

关于价值观的推理

你可能惊讶地发现，这本批判性思维的书在结尾处有一整个部分是讲道德推理的。但还有什么能比这更重要的呢？"我应该如何生活？"这是一个人能够提出的最重要的问题之一。批判性思维应当帮助人们回答这个问题。

在本书前三部分中，你已经看到我们对世界的信念形成了一个互联的网络。这个网络当然包含了道德信念和无关道德的信念。通过对这个信念网络的了解，你应该很清楚，我们无关道德的信念与道德信念之间有联系，因此，它们也会影响我们道德上的信念和态度。我们无法把它们分开。因此，本书以对道德推理的探讨来结尾是非常恰当的。

我们还看到，对于良好的批判性思维来说，与朋友的对话保持开放是至关重要的，这样就能改善自己对世界的思考，从而避免彼此间拳脚相向。当我们讨论自己的道德信念时，这一点尤其重要！我们对什么是善的、什么是公正的想法往往是我们最封闭的信念，也是最不愿意在与他人的公开理性对话中接受检验的信念。当道德上出现分歧的时候，太多人会画出不妥协的底线或者转头走开。这意味着道德推理尤其能从批判性推理技能的应用和公开对话中获益。我们或许并不总是能达成共识，但希望不要演变为斗争！

在第四部分中，你将学习如何将你学到的批判性思维的概念和技巧用于思考道德问题。它将帮助你回答前面的问题："我应该如何生活？"

第十二章 道德的本质

我们认为有种常见的观点是错误的,即对价值问题特别是对道德价值的推理,不同于对世界无关道德方面的推理。一些持这种观点的人声称,谈论价值观根本就用不到多少推理。他们认为当我们谈论价值观时,我们主要是在表达自己的情感。从这个观点来看,对世界无关道德的特征的讨论会涉及理性,但由于价值是非理性的,关于它们没有什么可说的。他们对道德的看法就像许多人对美的看法一样——认为美完全是因人而异,各花入各眼。他们说,在道德问题上,重要的只是一个人信念的真诚或者投入的程度。

持这种观点的人有时会用涉及道德论证逻辑的论据来支持它。哲学家大卫·休谟经常被引为这一论证的来源。休谟的《人性论》中有段话现在非常著名,他认为,如果不经过没有逻辑正当性的跳跃,人们就无法从关于事物现状的陈述推理(他指的是演绎推理)到关于它应当是怎样的陈述。有些人根据休谟的论证认为,批判性思维在道德价值的讨论中没有用武之地。既然本书这一部分的主题是批判性思维能力在道德论述中的运用,我们有必要仔细研究一下休谟的这段论证:

在我迄今为止遇到的每一种道德体系中,我总是注意到,作者在一段时间里是按普通的推理方式进行的,确定了上帝的存在,或是对人类事务做了一番研究;但突然之间,我惊讶地发现,我遇到的不再是命题中通常的"是"与"不是"等联系词,而是无一个命题不与"应该"或者"不应该"相关。这个变化虽然是在不知不觉中发生的，关系却极其重大。因为这个"应该"或"不应该"既然表示一种新的关系或肯定，必须加以论述和解释；同时对于这种似乎完全不可思议的事情，即这个新关系如何能由完全不同的另外一些关系演绎推导出来，也应当举出理由加以说明。不过作者们既然通常不是这样谨慎从事，我倒要冒昧向读者们指出这点；而且我相信，这样一点点的注意就会推翻一切庸俗的道德学体系，并使我们看到，罪恶与美德的区别不是仅仅建立在客体的关系上，也不是由理性来察知的。[150]

在这段话中，休谟提出了一个非常好的观点：价值陈述（"应该怎样"的陈述）不能从事实陈述（"是怎样"的陈述）中逻辑地推导出来。由此可见，当我们使用对世界无关道德方面的陈述来支持道德主张时，其间并不存在逻辑或演绎的必然性。但这不应该令人惊讶或沮丧。我们已经看到，在我们关于事实问题和科学思维的日常推理中也不存在逻辑或演绎的必然性。

这是因为我们大部分的日常推理都是归纳推理。那么，休谟是否还有这一层意思（如同他有时被人解读的结果）：归纳推理也与道德论述无关？如果我们仔细看这段话，就会发现，休谟并没有说"情况是怎样"的主张与"情况应该是怎样"的主张毫不相关。他只是说，后者在逻辑上并不来自前者（具有必然性）。这并不意味着对世界无关道德的方面的陈述不能被用来为价值主张提供合理支持。

我们即将看到，批判性思维在价值讨论中非常重要，也许比在无关道德事务的讨论中更重要，因为我们在处理价值问题时往往有更多的分歧，而我们能提供的支持我们道德信念的证据却更少。我们的道德对话可以受益于我们在讨论事实问题时使用的同样的批判性思维技巧：对讨论持开放态度，做一个好的听众，拥有庞大的背景知识，能够识别痕迹的模式，能看到一个将这些模式编织成更大模式的故事，认识到证据和证明的局限性，等等。让我们面对现实吧，关于道德信念的理性对话还有一些替代方法，它们都不吸引人，也没有好处：看谁比谁嗓门大，给对方的下巴来一拳，或者像国与国之间发生的那样，开战！[151]

对道德主张的支持

你可能持有一套相当坚定的道德信念，却不确定如何证明它们的正确性。因此，你可能回避了一些道德讨论，要么是为了不激怒别人，要么是因为你不清楚怎样才能成功地论证你的信念。关于价值推理的这几个章节并不论证任何特定的道德观点。它们的目的是帮你厘清关于道德信念如何与对世界的信念相联系的一些困惑，并帮助你为你所持有的信念提供支持。无论是沙坑里的幼童还是职业外交官，我们所有人都需要学习如何在道德争论中更好地支持我们的观点。拳脚和战争都不是吸引人的选择。

至少在一个方面，道德陈述似乎与关于事实问题的陈述不同。道德陈述中有一些特定的词，比如*应当*、*好*、*正确*、*责任*、*应该*。我们在谈论"情况应该是怎样"的时候，所讲的东西与谈论"情况是怎样"的时候不同。这种明显的差异让我们认为，我们必须以不同的方式支持这两类陈述。大多数时候，我们认为我们知道如何支持无关道德的主张，以及如何为它们辩论。我们从经验中找到证据。我们引用其他无关道德的主张。第三部分已经讨论了我们用来推理事实问题的各种方法，包括那些超越现有证据和预测未来的方法。尽管我们通常知道如何支持事实性的主张，但仍然时常提出一些后来不得不修改的论点。

然而，当需要支持或争论道德主张时，我们往往不知道该怎么做。我们要么用无关道德的陈述——这些陈述并不传达或赋予道德价值——来支持或反对道德陈述，要么用其他的道德陈述来论证它们——这意味着循环推理。第一种选择的例子是"你不应该偷东西，因为你可能会被逮捕"。在这里，"应该"的道德力量似乎消失了，它使偷窃听起来就像吃得太多或被雨淋到一样，只是一个会带来不愉快后果的"不小心"的问题。第二种选择的例子是"你不应该偷东西，因为偷东西是错误的"。这就像说你不应该偷东西因为你不应该偷东西，这显然是一种循环论证。

这个论证道德主张的难题并不新鲜。两千多年来，它一直困扰着哲学家们！我们早些时候在《欧悌甫戎篇》的对话中看到了这个问题，苏格拉底问欧悌甫戎诸神为什么喜爱虔敬。（"众神喜爱虔敬的事物是因为它是虔敬的，还是说该事物之所以虔敬，是因为它为众神所喜爱？"）

我们想要的是世上有一些能够确定的客观特征，可以用来作为证据，支持我们关于某人的行为在道德上不正确的信念。这样的客观特征能让我们决定谁是正确的一方。我们可以像解决关于旗杆高度或邻居新车颜色的争议一样，来解决道德争端。

例如，我们可以用"6米高"来描述旗杆的高度，或者说汽车的颜色是"午夜蓝"。这一类的表达方式通常被认为是在描述世界的客观特征。一般来说，我们知道如何正确使用它们。我们知道这一点，是因为对这种表达方式的使用存在共识。当卷尺读数为600厘米时，我们说杆子有6米高。当汽车看起来是几乎接近黑的蓝色时，我们将它描述为午夜蓝。对于这些词的正确用法，有可观察的公开标准。

当然，对词语的使用有时会出现含混不清的情况。我们不确定某辆车是不是蓝色的——没准儿我们看到的是一辆黑色的车。为了避免混淆，我们有时会将世界的定性特征转换成定量特征，比如我们一致同意用米或厘米来确定长度。然而，即使是对"蓝色"或"黑色"正确用法的混淆，背后也是有共识存在的。那意味着人们普遍同意，有时很难区分深蓝色和黑色。语言使用者的普遍共识指导着我们描述经验的"客观特征"，记住这一点是非常重要的。

与此类似，许多哲学家已经为道德术语的正确使用（或对行为或行为主体的适当道德评价）建立了客观标准，其依据是他们声称的道德语言使用者的普遍共识。例如杰里米·边沁认为，人们称一种行为是"正确"的，是指它能为最多的人带来最大的幸福。或许你已经听说过这种观点，它被称为功利主义。在下面的阅读材料中，边沁试图通过将"正确"量化来使这一标准变得非常清晰——就像用卷尺将高度量化一样。他说，幸福意味着快乐，而快乐是可以通过其强度、持续时间等因素来衡量的。因此，人们只需计算从各种行为中可以获得的快乐总量，就能确定哪些行为应该做，哪些行为不应该做。

第一章：关于效用原则[152]

杰里米·边沁

I. 大自然将人类置于两名主宰者的权威之下，即痛苦与快乐。只有它们才能指示我们应当做什么，同时也决定我们将要做什么。一边是正确和错误的标准，另一边是原因和结果的链条，两者都被牢牢系于它们的宝座。我们的所行、所言、所想，无不受它们支配：我们所能做的摆脱被支配地位的一切努力，无非是昭示和确认了这一点。一个人可以在言语上假装逃出它们的王国，但在实际上，仍然每时每刻都是那里的臣民。功利原则承认这种服从，并将其作为旨在用理性和法律之手重建幸福大厦的制度的基础。凡是企图对此提出疑问的理论体系，都是用声音压倒理智，用任性替代理性，用黑暗遮蔽光明。

但譬喻和雄辩已经够多了：道德科学不是依靠这些手段来改进的。

II. 功利原则是本书的基础，因此，最好一开始就清楚明确地说明它的含义。所谓功利原则，是指根据每一项行动看似会增进或减少其利益相关方幸福的倾向，或者换句话说，促进或妨碍这种幸福的倾向，来赞成或反对该行动。我指的是无论什么行动，因此不仅包括私人的每种行为，也包括政府的每项措施。

III. 所谓功利，是指任何物体的一种属性，该属性倾向于给利益相关者带来利益、实惠、快乐、好处或幸福（在这里所有这些词语含义相同），或者防止利益相关者遭受损失、痛苦、祸害或不幸（这些词语含义也相同）。如果利益相关者是一般的共同体，那就是共同体的幸福；如果是特定的个人，则是该个人的幸福。

IV. 共同体的利益是道德用语所能有的最泛化的表达方式之一：难怪它经常失去意义。如果它有意义，如下所述：共同体是一个虚构的主体，由被认为是其成员的个人组成；那么，共同体的利益是什么呢？就是组成共同体的若干成员的利益总和。

V. 如果不了解什么是个人的利益，谈论共同体的利益毫无意义。如果一个事物倾向于增加个人的快乐总量，或者说，倾向于减少个人的痛苦总量，就可以说它促进了个人的利益，或者说是为了个人的利益。

VI.（对整个共同体而言）那么，当一项行动增进共同体幸福的倾向大于减少幸福的倾向时，就可以说它符合功利原则，或者简言之，符合功利。

VII. 同样地，当政府的措施（这也只是一种特定的行动，由一个或多个特定的人执行）增进共同体幸福的倾向大于减少幸福的倾向时，也可以说它是符合或遵循功利原则的。

VIII. 当一项行动，尤其是政府的某项措施，被一个人认为是符合功利原则的时候，为了讨论方便，不妨设想有一种法规或命令，可以被称为功利的法规或命令，并且能把有关的行动说成是符合这种法规或命令的。

IX. 当一个人对任何行动或措施的赞同或不赞同，是由他认为该行动或措施会增进或减少共同体幸福的倾向来决定的，并与其程度成正比，或者换句话说，是与它是否符合功利的法规或命令来决定的，并与其程度成正比，这个人就可以被称为是功利原则的信徒。

X. 对于一项符合功利原则的行动，人们总是可以说，它是应当做的，或者至少可以说它不是不应当做的。人们还可以说，去做是对的；或者至少可以说去做不是错的：它是一项正确的行为，或者至少不是一项错误的行为。当这样解释时，"应当""正确"和"错误"以及其他类似的词就有了意义；如果不这样解释，它们就没有意义。

XI. 这一原则的正确性是否受到过正式的质疑？那些对自己的话都不知所云的人想必对它有过质疑。它是否有任何直接的证据支持？应该是没有：因为用来证明其他一切事物的事物，其本身无法被证明。证据链必须有其开端。提供这样的证据是不可能的，也是没有必要的。

XII. 存在于现在或过去的活生生的人，无论多么愚蠢或堕落，在他生命中的许多时刻，也许是在绝大多数场合，都不得不顺服于它。根据人类身心的自然特性，在生命中的大多数场合，人们都会浑然不觉地接受这一原则：如果不是为了安排他们自己的行动，就是为了评判他们自己的以及别人的行动。与此同时，或许没有多少人，甚至是那些最聪明的人，愿意全心全意、毫无保留地信奉它。甚至没有几个人不曾借这样那样的机会与之争执，要么是由于他们不理解如何应用它，要么是由于一些他们自己害怕加以检验的或不忍心放弃的偏见。因为人的天性就是如此：无论是在原则上还是实践中，在正确的还是错误的轨道上，人类所有品质中最罕见的就是一以贯之。

XIII. 当一个人试图与功利原则做斗争时，他使用的理由是从该原则本身得出的，而他却没有意识到这点。他的论证，如果能证明什么的话，也不是证明这一原则错了，而是证明按照他所设想的对它的应用，它被误用了。一个人有可能移动地球吗？有。但他必须先找到另一个可以供他站立的地球。

XIV. 要靠论证来否定这一原则的正当性是不可能的。但是，出于前面提到过的原因，或者由于对它持有某些混乱或片面的看法，一个人可能碰巧倾向于不喜欢它。在这种情况下，如果他认为值得费神在这样一个问题上确定他的立场，请他采取以下步骤，或许他最终会与它和解。

1. 请他自己决定，是否愿意完全放弃这一原则。如果是这样，让他考虑一下，他的所有推理（尤其是在政治问题上）会变成什么样子。

2. 如果他愿意完全放弃这一原则，那么让他自己确定，是否会在没有任何原则指引的情况下判断和行动，或者是否还有其他据以判断和行动的原则？

3. 如果有的话，请他去彻底检查清楚，确定他认为自己找到的原则是否真是独立的可理解的原则；或者它是否仅仅是一种文字游戏的原则、一种修辞，说到底只是正好表达了他自己毫无根据的情感。也就是说，放在另一个人身上，他可能会称之为任性的东西。

4. 如果他倾向于认为自己的赞同或不赞同是针对一个行为的理念而无须考虑其后果，而这种赞同或不赞同足以构成他判断和行动的基础，让他问问自己，他的情绪是否能成为评判其他每个人的是非标准？或者，每个人的情绪是否有同等的特权成为评判它自身的标准？

5. 如果对第一问他回答"是"，请他扪心自问，他的原则是否独断专制，是否对所有其他人怀有敌意？

6. 如果对第二问他回答"是"，那是否会导致无政府主义的状态，那样的话，是否存在着与人口数量一样多的形形色色的是非标准？甚至对同一个人来说，同一件事今天是正确的，明天是否可能（虽然其性质上没有丝毫改变）成了错误的？同时同地的同一件事是否会变得既对又错？在任何情况下，难道所有的争论不会全都走向终结？当两个人说完"我喜欢"和"我不喜欢"之后，他们（根据这样的原则）还有什么好说的呢？

7. 如果他对自己说，不会如此，因为他提出的那种作为标准的情感必须建立在深思熟虑的基础上，那就让他说说深思熟虑的内容是什么。如果思考针对的是那些与行为的功利有关的特质，那就让他说说：这算不算抛弃了他自己的原则，求助于他的立场所反对的那个原则？或者如果思考针对的不是这些特质，那又是别的什么特质？

8. 如果他赞成调和立场，部分采用他自己的原则，部分采用功利原则，那么请他说说，将在多大程度上采用它。

9. 一旦他确定了采用的程度，让他问问自己，是如何说服自己采用到这个程度是合理的，为什么不在更大的程度上采用它。

10. 就算承认功利原则以外的任何原则是正确的（即一个人遵循该原则的做法是正确的），就算承认"正确"这个词可以有与功利无关的含义（实情并非如此），仍然要让他说说是否存在动机这样的东西，能让一个人遵循该原则的命令。如果有，让他说说这种动机是什么，以及如何将它与那些执行功利命令的动机区分开来；如果没有，那么最后让他说说这种别的原则能有什么好处。

> **思考题**
> 1. 边沁把幸福和快乐联系在一起。你认为它们之间的区别是什么？
> 2. 所有的快乐都是一样的吗？还是说有些快乐比其他快乐"更好"？这对边沁的快乐计算有何意义？

客观主义和主观主义

人们在做价值推理时，经常使用边沁的标准或者它的修改版。比如，经常听到立法者争辩说，某项法案将比其他方案能增进更多人的幸福，或者今天对某人犯罪的严厉惩罚将对未来的罪犯产生威慑作用，从而增进更多人未来的幸福。我们每个人都很可能在某个时候使用过功利主义的推理。然而不像旗杆高度的标准，关于这些标准并不存在同样普遍的共识。哲学家和普通人都对行为是否正确提出了不同的客观标准，这些标准有时与促进幸福的标准并不一致。

其中的一个替代方案是由哲学家伊曼努尔·康德提出的。康德主张，道德律令关键的客观标准是它不自相矛盾。(这点大概是世界的一个客观特征，虽然它不是一个能直接体验的特征。它更是一个逻辑特征，一个所有理性存在者都能认识到的特征。)康德研究了人们使用道德语言的方式，确定我们的共同用法预设了具有理性和道德的人必须按照理性一致的原则行事。他对这一点的解释是，当一个人根据他可以普遍化且不自相矛盾的原则行事时，他的行为就是正确的。就是说，康德认为，我们每个人都必须做我们认为其他理性人在类似情境下应该做的事，不能让自己成为例外。那在逻辑上是不一致的，也辜负了我们作为理性的人类存在的潜力。那么，根据康德的说法，重要的是一个人的行动原则，而不是行动产生的后果和好处（或没有好处），而且该原则必须适用于类似情境下的每个人。

从这些对功利主义和康德伦理学的简要描述中，你可以看到这两种学说使用了不同的客观标准来判断一个行为的正确性。因此，对于哪些行为是正确的，它们的判断并不总是一致。让我们再看看另一种为建立道德主张的客观标准所做的努力，即由宗教信徒（尽管通常不是神学家）经常提出的观点：如果一个行为符合上帝的旨意，那它就是好的。这种关于道德的说法有很多版本。我们已经在《欧悌甫戎篇》中看到了一个。它们指的是某种神性的存在对于有关的行为认可、希望、为之高兴，如此等等。你可能不认为这些观点提出了进行道德判断的客观标准，但它们确实如此。换句话说，这种信仰的持有者认为，一个行为是否符合上帝的旨意是世界的一个客观特征，正如一个行为是否符合你的意愿也是世界的一个客观特征。当你把方向盘转到右边时，你的意愿是汽车向右转。当你遇到路面打滑并向右滑行时，你并不想让汽车向右转。当然，相比知道邻居的意愿，要知道上帝的旨意可能更难，但未必总是如此。从历史来看，宗教团体提供了许多不同的方法——从仰赖受到神启者的话语到运用信徒的自然理性——来确定上帝的旨意。

这三种关于道德本质的客观主义观点——功利主义、康德主义和宗教——吸引了许多追随者，因为它们通常使道德判断变得更加容易。每当出现疑问，人们可以通过计算快乐的总量，或者确定道德原则是否普遍适用，或者咨询宗教里的牧师、神父、拉比、伊玛目，或查阅经书文本，从而找到客观答案。因此，这三者都得到了很多人的支持。然而这些客观主义观点都面临着几个问题。一个明显的问题是，它们没有挑选出共同的现实特征作为道德判断的重要标准。一个着眼于人类经验的特征，一个着眼于人类理性的本质，一个着眼于某种神性的视角。这导致了相互冲突的道德判断——有时甚至导致了斗殴和战争。这也意味着，既然达成的共识太少，或许人们还没有找到相关经验的正确客观特征。

这里还有一个更根本的问题（我们已经遭遇过了），它使得对道德推理的客观表述不像最初看起来那么有吸引力。这是我们在许多经验陈述中会遇到的问题，甚至包括那些无关道德的经验，这个问题就是我们对"客观标准"的陈述并不总是一致。问题不仅是人们选择了不同的客观标准，就像边沁和康德以及各种宗教所做的那样，而且我们体验到的世界的"客观特征"并不总是相同。一个人看到的是浓雾，另一个人看到的是薄雾；一个人把纽约的褐石屋看成"宫殿"，另一个人却觉得它们有难以忍受的丑陋[153]。客观主义的说法似乎假定，我们对我们体验到的特征很确定，而且这种确定可以作为道德信念的确定性的基础。然而，我们已经看到，我们对经验的描述往往各不相同，而我们对经验"客观特征"的看法也可能并不一致。即使是对我们的经验的科学描述，也只是一个很大程度上无法证明的故事的一部分，而这个故事又是建立在一些无法证明的假设之上的。因此，将道德判断建立在我们经验的客观特征上，并不能为道德判断提供一个无可置疑的坚实基础，而且肯定也不像许多这类观点的信徒所希望的那样坚实。所以对于批判性思考者来说，关于道德判断之本质的客观主义观点不能为"谁在道德上是正确的"这一问题提供最终答案。

客观主义的这些弱点导致很多人认为道德判断是主观的。按照主观主义的说法，道德判断是每个独立的主体有意识思考的产物，只要所做的判断是经过理性公正、深思熟虑的过程得出的结果，而不是简单的随意决定，那么对这个主体来说，这个道德判断就是正确的。从这种观点出发，世界上没有任何客观的特征可以作为道德判断的标准，除非某个特定主体决定要以某种特征作为标准。

有一些哲学家主张对道德陈述采取主观主义的观点。17世纪的哲学家斯宾诺莎是主观主义道德观的代表人物。根据斯宾诺莎的说法，世界和上帝是完全等同的，因此发生的一切都必然是上帝本质的产物或者功能。因此，世界既不好也不坏，仅仅是它必然会是的样子。那么，"好"和"坏"只能是人类用来形容自己对世间万事的反应的术语，而不是对世界客观特征的描述。像斯宾诺莎这样的人将世间万事看作是随着规律恒定的自然界的逐步展现而必然发生的，就像是由固定的机械法则所支配的。他们通常对道德陈述持有主观主义的立场。更多当代主观主义的道德描述来自一些哲学观点，认为这个世界根本就没有秩序或固定不变的性质。根据这些说法，世界就是这个样子，人类通过描述它，对它的某些方面做出评价来赋予它形状和样式。像让-保罗·萨特这样的存在主义者就是这种类型的主观主义者。他们主张道德是个人的事情，因为不存在固有的"人类本性"来决定人类应该如何行事。

主观主义的观点有很多值得推荐的地方。首先，它有助于解释为什么我们有如此大的意见分歧，为什么我们会发现在进行道德判断时很难达成一致。既然我们每个人都是独立主体，我们很可能对同样的事件有不同的看法，而且由于纳入判断的因素对我们每个主体来说都是特殊的，所以很难达成普遍一致。主观主义的观点也很吸引人，因为提出了一种解决道德分歧的方法：当争论陷入僵局时，我们就应该"承认存在分歧"。我们应该避免不愉快，不要继续辩论或争吵，因为继续辩论是没有用的。如果两个辩论者是根据经过思考的判断（理性公正、深思熟虑的判断）来辩论的，那么无论哪方持有的观点对他来说都是道德上正确的观点。

与此同时，主观主义在几个重要层面似乎与我们普通人的道德情感背道而驰。例如，大多数人认为故意的残忍行为就算不是在道德上应受谴责的，也是在道德上不正当的，无论一个人的主观信念为何，这似乎都是不可原谅的。然而，从主观主义的角度来看，与故意选择伤害行为的人争论是没有意义的。在主观主义看来，我们告诉那个人我们认为他的行为过于残酷确实是有意义的，因为我们试图影响他的想法。但是，只要这个决定被视为一个经过思考的而非草率的判断，是深思熟虑、全面考量的结果，并且被行为主体认为是公正和正确的，那么说它在道德上是错误的或者让他为一个道德上值得谴责的行为负责就没有意义了。主观主义观点还会引向一个反直觉的观点：即使两个人对同一行为的判断天差地别，他们也都可以在道德上是正确的。一些道德主观主义者试图解决这些问题，声称他们作为共同体，通过共识建立了各主体之间的价值观，共同体的所有成员都必须尊重这些价值观。

　　本章的第二篇阅读材料是从费奥多尔·陀思妥耶夫斯基的《卡拉马佐夫兄弟》中选出的一小段。道德价值观的正当性是这部内容丰富、意义深刻的小说的主题之一。作为对这一主题探索的一部分，陀思妥耶夫斯基在卡拉马佐夫家族的宏大故事中插叙了一个关于将军和农奴男孩的故事。这个故事非常简短，却会让你对道德的本质进行长时间的深入思考。

卡拉马佐夫兄弟[154]

费奥多尔·陀思妥耶夫斯基

　　在那些日子里，有一位将军和贵族沾亲带故，又是广有田产的地主——我相信他属于那种即使在当时也有些例外的人，他们在告老还乡后过着闲适的生活，确信自己已经赢得了对臣民的生杀大权。那时候就是有这样的人。所以我们的将军，在他那有两千多居民的领地上定居下来，过着浮华的生活，对比他穷的邻居们颐指气使，把他们当作食客和小丑。他的狗舍里豢养着几百条猎犬，照料狗的仆人将近百名，一个个都骑着马，穿着制服。有一天，一个农奴家的男孩，才8岁的小孩，在玩耍时扔了一块石头，打伤了将军最喜欢的猎犬的爪子。"我的爱犬为什么瘸了？"有人向他禀报，狗是被这个男孩扔石头打伤的。"原来是你干的。"将军上下打量着这个孩子，"把他带走。"孩子被带走了——从他的母亲那里被抓走，被关了整整一夜。第二天清晨，将军盛装而出，骑着马带着猎犬，他的食客、养狗的仆人和猎人们都骑马簇拥在他身边。全体家奴都被召集起来听训诫，在他们面前站着孩子的母亲。孩子从牢房里被带出来。那是一个阴冷多雾的秋日，一个打猎的好日子。将军下令脱掉孩子的衣服，孩子被剥得精光。他哆嗦着，吓得浑身麻木，哭都不敢哭。……"赶他跑！"将军下令。"跑！快跑！"养狗的仆人们吆喝道。那个男孩跑了。……"追他！"将军吼道，放整群猎狗去追那个孩子。猎狗们咬住他，在他母亲面前把他撕成碎片！

> 思考题
> 1. 这位将军认为他做了一个道德上正确的行为，你同意还是不同意？你会如何与他争论？
> 2. 如果你是将军，将如何论证你的行为在道德上的正确性？
> 3. 这位将军的行为在19世纪的俄国是道德上正确的，但在21世纪的美国就不是了，这样说对吗？注意，重点是行为的道德价值，而不是它的合法性。
> 4. 世界上有道德事实吗？它们是什么样的？
> 5. 道德价值是因人而异的吗？
> 6. 当我们就道德价值进行争论时，为什么不能只是"承认存在分歧"？

道德和推理

大多数人在读到将军因有人伤害他的爱犬而选择的惩罚时，都认为这种选择在道德上是错误的。虽然所有的惩罚都涉及伤害他人，但这里的惩罚对于犯错的性质来说显然过于严重。一个孩子的生命比一只猎犬受伤的爪子更具有道德价值。当然，将军并不这么看。从将军的角度来看，好猎犬很难得，而农奴的孩子很多，所以没有什么价值。此外，所有被集合起来的人都会学到道德上重要的一课，这将有助于避免猎犬和农奴家的孩子在未来遭到伤害。因此将军认为，一个农奴男孩的牺牲与对他的惩罚带来的未来利益相比是值得的。这位将军并不认为自己是个邪恶的人。他相信他在做道德上正确的事情。

我们该对这位将军说些什么呢？或者，我们应该保持沉默吗？有些人会争辩说，考虑到此事发生在19世纪的俄国，将军的行为在道德上是正确的（至少不是邪恶的）。但他们会声称，时代已经改变，今天这样的行为不再是道德上可接受的，而是在道德上应受谴责的。根据这种观点，道德是社会价值或文化规范的一个功能，并会随着时间和地点的变化而变化。这种回答并不令人满意，原因有二。第一，将军的行为极大地冒犯了我们的道德情感，以至于我们很难接受任何说这是道德上可接受的行为的说法。第二，只要发生某种行为的文化共同体内部可以接受，该行为在道德上就无可指责，这种观点等于允许各种暴行的发生；只要相关的社会共同体接受这些暴行，它们就不会受到道德批判。这将把猎首、恐怖主义、酷刑、奴役、烧妻殉葬、人类毒气室等置于道德批判的范畴之外，这又一次触犯了我们普通人的道德情感。

关于道德问题的陈述往往有明显的依据（即使我们想要否认）。
《加尔文与霍布斯》©1988 沃特森。经环球传媒集团许可转载。保留所有权利。

  无论是客观主义者还是主观主义者，在这里似乎都没有为我们提供什么帮助。虽然两者都有一些吸引人的地方，都对道德判断的性质提出了主张，很符合我们处理道德问题的日常经验，但两者也都导致了与我们普通人的道德情感相冲突的后果，而且似乎都不能解决我们的道德分歧。在这一节中，我们将提出另一种进行道德判断的方法，并展示我们在前面几章中形成的良好推理的观念将如何帮助我们支持自己的道德判断，使我们成为更好的道德推理者。

  理解道德判断性质的部分困难来自一种错误的信念，对本章开头那段休谟引文的误解鼓励了这种信念，即：关于事实问题的陈述和关于价值的陈述，这两种不同类型的陈述总是可以区分开来的。如果我们仔细研究，这种区分在审视下将会分崩离析，无法维持。

正如我们在第二章中指出的,事实陈述就是那些人们认为最有根据的陈述。事实陈述很少遭遇质疑,也很少被要求提供依据。然而,"关于事实问题的陈述"这种说法暗示着,"事实问题"在某种程度上与我们对它们的陈述是两回事。虽然世界本身与我们对它的陈述乃至感知不尽相同,但我们已经看到,世界是可以用各种方式描述的,其中没有哪种方式可以说是唯一正确的描述。我们只能说,有些描述比其他描述更有根据,有些描述比其他描述更好。我们用其他陈述来支持某条陈述,来为它提供依据或者表明它比另一种陈述要好。

举个例子,说一个苹果是"红色的"(这通常被称为"事实")和说一个苹果是"好的"(这通常被认为是"价值")差不多是一回事。这两种说法都可以是有根据的,也都可以是无根据的,而且为其提供依据的方式也大致相同。要为"这个苹果是红色的"提供依据,我们一般会将其与其他红色的东西进行比较;要为"这个苹果是好的"提供依据,我们会将其与其他美味或者有营养的东西进行比较。就像法庭上的侦探一样,我们提供证据来支持我们的描述,这也是我们能做的唯一证明。其他人是否接受我们的描述,有时取决于我们用其他陈述支持它的程度,有时取决于它的效果,而大多数时候取决于两者。

需要记住的是,即使科学陈述也不是建立在对经验的中立描述上。科学家和我们其余的人一样,用一种理论或故事将世界上无数的痕迹组织成一种可以被描述和检验的模式。因此,他所选择的描述世界客观特征的陈述基于特定的假设。这些假设有些与归纳推理和归因的效力有关,有些与科学家工作遵循的理论框架的依据有关,有些"承载了价值",比如简洁的理论和数学上优雅的公式比那些复杂和乱糟糟的同类更好。可见即使在科学这个被认为是价值最中立的人类事业中,在描述世界的客观特征时,我们也经常会遇到多种版本(比如围绕鞭尾蜥的性生活发生的事情)。

道德陈述和无关道德的陈述之间的区别是有的,然而并非所有情况都是如此。有些陈述显然是不涉及道德的,例如"猫在垫子上";有些陈述显然是涉及道德的,例如"偷窃是错误的"。然而,还有些陈述并不能清晰地归入这一类或那一类,比如"约翰患有贫血[155]"这一说法。大多数人都会认为贫血是不好的。大多数人不会愿意患上贫血。尽管贫血指向这世界的一个无关道德的特征，即血液中血红蛋白的数量低，但也带有评价性的内容，不是一个价值中立的词。许多被视为描述性的词都像"贫血"一样，既是描述性的又是评价性的。那么，最好将对世界无关道德的特征的陈述和关于价值的陈述视为一个连续统一体。有些陈述显然是在连续统一体的一端，有些显然是在另一端。但在这两端之间也有一个灰色区域，许多关于世界的陈述都属于这个区域。

这意味着，困扰着很多人包括很多哲学家的事实/价值的区分，并不是一个可以明确划定的区分，显然不是每一种情况都适用这种区分，一些关于世界的陈述既有描述性内容又有评价性内容。即使是科学陈述，虽然通常处于连续统一体描述性的一端，但也一定程度上基于价值假设，即美和简洁的美学价值以及连贯性和一致性的理性价值。关于"是"的陈述和关于"应该"的陈述之间虽然存在差异，但当它们之间的差异被看作一个连续统一体时，它可以被看作程度上的差异，而不是种类上的差异。因此，合理的做法是，我们是怎么支持对世界无关道德的特征的陈述，就应该怎么支持道德陈述，换言之，就是用其他陈述来为它们提供依据。除此之外，正如存在一些对世界无关道德的特征的事实陈述，即那些被认为是最有根据、很少被要求提供支持的陈述，同样也存在一些道德上的事实陈述，即那些很少被质疑的道德陈述。

那么，为了支持道德陈述，我们需要为它们提供证据，就像我们用证据支持无关道德的陈述一样。我们使用推理和对我们经验的描述。我们用一个故事（一个理论）来指导对证据的选择，并赋予它一个对我们以及与我们一起推理的人的背景知识有意义的模式。为了支持我们的道德主张，我们提供的一些陈述是对世界无关道德的特征的陈述，另一些则是包含道德内容的陈述。

如果我们进行归纳推理而不是演绎推理，那么（只）提供无关道德的陈述来支持道德陈述就没有逻辑问题。然而，如果我们做演绎推理，我们的前提中必须至少包含一个道德陈述，才能推导出一个道德陈述作为我们的结论。这就是休谟在本章开头那段话中的意思。从形式逻辑的角度来看，我们不可能从一个前提只有"是"的论证中得出一个包含"应该"的陈述作为结论。然而，在前提结合了道德陈述和无关道德的陈述的形式论证中，得出一个道德陈述作为结论，这并没有逻辑错误。比方说，"人们不应该拿别人的财产。玛丽正在拿走保罗的书。因此，玛丽的行为是错误的"。当然，这个论证的第一个前提是一项道德规范，不一定每个人都同意。

　　道德的"事实"比无关道德的"事实"更难找到，因为对于这种约定俗成的陈述，人们达成的共识比较少。人们很难在世界上找到明显的无关道德的特征来支持它们，也没有科学仪器提供定量结果作为证据。但我们必须注意，不要过分夸大对世界无关道德的特征的陈述与道德陈述之间的区别。我们在道德陈述和无关道德的陈述中使用的词汇是否适当，取决于语言使用者对其效力的共识。比如，知道"午夜蓝"这个词的含义就是为了能够在适当的情况下使用它，也就是在其他英语使用者会选择使用这个词的时候。在使用"好"和"正确"这样的道德词语时，情况也是如此。了解这些词的含义是为了能够像同种语言的其他使用者那样使用它们。如果有人告诉你，"正确"是指密西西比河以东的所有行为，"错误"是指密西西比河以西的所有行为，你会说这个人不懂语言，也不知道"正确"和"错误"这两个词的含义。[156]

　　请注意，这并不意味着语言使用者成员的共识是"好"与"坏"、"对"与"错"的决定性特征。正如一群某种语言的使用者有可能就世界无关道德的特征犯错一样，他们也有可能在某一道德判断上犯错。例如，我们已经看到 15 世纪的人是如何认为太阳绕着地球转的。今天我们相信地球绕着太阳转，把他们的信念称作一个错误。与此类似，直到南北战争之前，美国南方的共识是，一个人可以把另一个人当作私有财产。今天的美国人，不管在北方还是南方，都认为奴隶制是不道德的，并称这种过去的观点是一个错误。(关于什么是道德观点的错误，我们将在第十三章有更多的论述。)

　　让我们来看看语言使用者的共识在将军和农奴男孩的例子中是如何发挥作用的。在聚集起来的人群中，农奴显然比将军多，所以人们可以认为，在场的语言使用者的共识是支持母亲的信念，即惩罚太过残酷，由此得出结论，将军的行为在道德上是错误的。然而在一个特定的案例中，正确或错误并不能孤立地确定。相反，我们对正确和错误的判断——就像我们对蓝色和黑色的判断——必须与我们对这个世界持有的其他信念相适应。我们每一个道德宣示都包含了一系列范围很广的关于世界的信念，包括无关道德的信念和道德信念。例如，在上面关于玛丽拿走保罗的书的例子中，要相信玛丽的行为是错误的，至少需要相信存在私人财产这样的东西，而书应当是私人财产之一种。我们可以想象一个情况并非如此的世界。比如说，在一个书籍稀缺的世界里，所有书籍都可能被当作公共财产，为了少数能够阅读的学者的利益而存放在图书馆里——就像在中世纪那样。

在将军和农奴的例子中，对于什么是财产有一个有趣的含混不清之处。进一步地说，将军和他的农奴是否构成一个语言使用者共同体，这点也并不清楚。将军很可能把"他的"农奴视为私有财产，就像他的猎狗一样，并认为他能主宰他们，包括有权按他认为合适的方式处置他们。农奴们鉴于他们的教养和经验，可能会同意将军的观点。也就是说，既然他们在威名赫赫的老将军土地上劳作，可能会认为自己的命该由他摆布。毕竟，他们看着这个男孩被追猎、被撕碎却没有抗议。相反，我们这些读者属于一个不同的语言使用者共同体，不认为农奴男孩是将军的财产。我们的世界观与将军的截然不同，要说服他他的行为是错误的，可能会非常困难，但肯定得试一试。我们能说服他的唯一方法是使用语言，努力在我们的世界观与他的世界观之间建立联系。当然，我们可以使用拳头或武器，但使用这些劝说工具将与我们自己的世界观不一致。在当代美国的语言使用者中，要论证"将军的行为是不公正的"可能相当容易，因为这一判断可能被视为一个道德"事实"。

值得注意的是，所有的语言，不管是道德的还是无关道德的，都存在模棱两可的情况。模棱两可的情况是指不清楚哪种描述是最合适的，精通该语言的人可能也会对如何正确使用它们有不同意见。作为描述性词语，"午夜蓝"这个词就是容易出现模棱两可情况的好例子。汽车是蓝色、黑色还是午夜蓝，并不总是能够确定的。与此类似，在道德语言的使用者中也会出现模棱两可的情况。一群懂得同样的语言、有正常（而非反常）的道德观、有类似世界观的人，在某些情况下仍然可能对道德上的最佳行动方案持不同意见。死刑就是这样一个道德问题。相反，把婴儿煮成肉汤在道德上是错误的，这一道德陈述很少会有人要求提供依据[157]。它可以被看作一个事实性的道德陈述。

小结

对道德价值的推理，就像是对世界无关道德的特征的推理。它们并不是两种不同类型的推理，或对两种不同类型的陈述的推理。虽然有些陈述显然与经验中无关道德的特征相关，但许多描述我们经验的陈述都预设了隐含的价值假设（如科学的基本假设），许多描述世界无关道德的特征的陈述都不是价值中立的（如"贫血"）。这是一个程度的问题，而不是种类的差异。有些陈述属于描述性—规范性连续统一体的一端，例如"猫在垫子上"；而有些陈述属于连续统一体的另一端，例如"偷窃是错误的"。我们所看到的是，所谓的事实/价值的区分并不能反映我们实际的语言使用，因此，无论我们是对道德问题还是对世界无关道德的特征进行推理，都不会改变良好的批判性思维和推理的本质。

大多数陈述，无论是关于世界无关道德的特征还是关于道德价值，都不能自我论证，也不能孤立论证。每一条陈述都是更大的世界观的一部分，并通过提供来自理性或经验的其他陈述而得到支持。有一些道德陈述和无关道德的陈述被认可为事实陈述。这些陈述很少被要求提供依据，也很少受到质疑。所有的陈述，不管是道德的还是无关道德的，都在一个语言使用者的共同体里被讲述，使用者们就是该语言的仲裁者。有时，这个共同体对某一特定用法不能达成一致。或许不存在共同体，或者出现了模棱两可的情况，让有知识的、善意的人们也会发生分歧。还有的时候，共同体会犯错，而后来承认并纠正了这个错误。就像对世界无关道德的特征的信念——通常是归纳推理而非演绎推理的产物——对价值的信念也不是固定不变的，而是随着时间的推移在共同体和个人的层面上发生变化。有些信念比其他信念更基本，就算真的要改变，也会变得更缓慢、更勉强。还有些信念是非常边缘化的，因此很容易被改变。例如，在美国，要改变我们对私有财产不可侵犯的基本信念，需要相当于哥白尼式的革命，而对饮酒是不道德还是无关道德的信念随着时间的推移而波动。

因此，要批判性地评估关于世界无关道德特征的陈述和道德陈述，我们需要的技能是相同的。这些技能让我们能够共同进行推理，从而使我们可以与朋友一起享受生活，拥有愉快的经历，避免在道德问题上出现难以解决的意见分歧。为了能让大家一道进行推理，我们需要对周围的世界保持开放心态，这样就能察觉痕迹，发现模式，并不断增加我们施用于经验的背景知识储备。我们需要意识到支持我们信念的证据的局限性，无论是道德的还是无关道德的，这样就会愿意不断用现在和未来的经验来检验这些信念。最重要的是，为了众人一起进行推理，我们必须付出相应的努力。道德争论甚至比关于经验性质的争论更考验我们的耐心，如果参与者不愿意付出共同进行推理的努力，它们也会导致更多敌对的后果。

练习题

12-I

1. 为什么道德事务和无关道德的事务之间没有明确的分界线？

2. 像"贫血"这样的词被认为描述了世界无关道德的特征，同时一般也被认为承载了价值内容。列出 10 个（或更多）这样的词。

3. 你能想到道德信念发生类似哥白尼式变化的历史例子吗？

4. 在陀思妥耶夫斯基的故事中，要说服将军不要杀害农奴男孩，你可以向他提出哪些论证？提示：他的世界观中是否可能有与他选择的惩罚相冲突的潜在信念？

5. 你认为世界上哪种无关道德的特征对于做出道德判断或道德价值推理最为重要？

12-II

1. 在美国，让堕胎问题如此棘手的基本信念和世界观差异是什么？

2. 一些非常严格的伊斯兰教法庭将被指控通奸的妇女以石刑处死。大多数美国人认为这种惩罚是令人憎恶的、不道德的。是否有可能解决这种道德观的巨大差异？

3. 为什么不能将正确定义为"密西西比河以东的行为"，将错误定义为"密西西比河以西的行为"？

4. 当涉及道德争论时，人们可以容许多大程度的开放心态？

第十三章　关于善恶的推理

做出道德决定

　　需要认识到，当我们做价值推理时，并不是将它们与其他信念割裂开来进行推理的。我们的道德信念就像我们无关道德的信念一样，是我们每个人加之于经验的更大世界观的一部分。在这一世界观中，有一些信念我们认为是真实的——也就是说，我们很少质疑它们；也有一些信念，我们希望能得到更多证据。还有一些信念，我们无法明确地将其归类为道德的或无关道德的，它们既有评价性的内容，也有描述性的内容。然而，我们的任何信念——无论是否真实——都不能孤立存在。即使是你在这一周的某天某时、某个地点正阅读着这篇文字的信念，也是一个更大的信念网络的一部分——网络里还有关于阅读的性质，关于什么是文字，甚至关于你认为自己是谁、自己怎么样的信念。

　　同样地，我们心目中的好、坏、正确、错误、美丽、丑陋都取决于我们持有的其他信念：关于世界上存在什么东西，关于人性，关于我们对这些事物能知道些什么。举个例子，如果你相信花朵被采摘后会感到剧烈的疼痛——就像有人砍掉你的手臂一样，你可能会对摘花的不道德性产生强烈的道德信念。既然大多数人对花没有这样的信念，摘花一般不被认为涉及道德问题。然而，当事关动物的知觉尤其是所谓高阶动物的知觉时，意见就没有那么一致了。这些动物极有可能确实能感受到疼痛（可能还具有人类能感受到的其他情感），因此许多人认为，杀死这些动物供人食用是不道德的。人们基于道德理由选择素食主义是因为他们有某种世界观，其中包含他们认为高阶动物确实有知觉能力的信念。

在第十二章中，我们强调了众人一起进行价值推理的重要性。然而，当我们对价值进行推理时，必须审视一下更宏大的世界观，道德价值只是其中的一部分。一些最激烈、最严重的道德分歧是由于对世界无关道德的特征的信念不同，而不是价值观的差异。如果要众人一起推理出道德价值，我们的道德对话必须涵盖这个更宏大的世界图景。

对于解决我们所有人作为个体面临的道德问题或困惑，我们又能说些什么？从这里提供的关于道德推理的描述中，是否可以得到什么启示？首先应该明确的是，并非所有的道德决定都属于道德问题的范畴。我们的许多道德信念是我们很少甚至从未质疑过的信念。我们认为它们是道德事实。例如，除非出于自卫，杀死另一个人是错误的，这对我们大多数人来说就属于这种信念。我们认为是道德事实的信念是与我们相信的其他事物特别是我们的世界观和背景知识相契合的信念。它们是一个更庞大的故事的一部分，我们通过这个故事讲述作为一个人的意义以及人类在宇宙中的地位。如果受到质疑，我们可以给出一些理由或论证，说明除了自卫之外人不应该杀人，但这种信念在我们的世界观中是如此具有根本性，以至于很少受到质疑。它就像哥白尼关于地球绕着太阳转的观点，我们认为它是事实，不需要进一步论证。然而，重要的是记住我们从前文的科学推理研究中学到的东西：无论一个科学信念多么根深蒂固，它只能被很好地证实，而不能被"证明"，我们不断地用经验来检验这个信念。道德信念也是如此。

举例来说，你可能已经注意到，我们根深蒂固的信念——除非出于自卫，杀死另一个人是错误——随着近来医学的进步，开始受到质疑。由于现代医学已经找到了很多方法将人体的功能至少保持在最低水平，一些人开始问，为结束痛苦和折磨的"仁慈杀人"是否也可以成为禁止杀人的例外？在这种情况下，科技领域的变化带来了我们施用于经验的背景知识的变化。它使我们重新思考死亡本身以及死亡何时降临的意义，甚至可能导致关于"人是什么"的基本信念的改变。

被认为是道德事实的道德信念，在我们试图将其应用于具体案例时也会遇到麻烦。我们往往不大确定这个或那个杀人的案例是否属于自卫。例如一个闯入者在半夜潜入你的房子或公寓，被发现时正在把你的财产往袋子里装，你向其开枪是否正当？你的生命要受到多大的威胁，向闯入者开枪并可能将其杀死才是正当的？

还有更麻烦的事，不幸也是我们的生活中相当常见的道德问题：我们必须在两件明显的好事或两件明显的坏事之间做出选择（"两害相权取其轻"）。许多人相信或者至少希望，如果等上足够长的时间，对一个道德两难进行"更努力"的思考，就会出现一个"完美"的解决方案。这种情况很少发生。生活不会向我们提供完美的解决方案，也不会向我们提供唯一正确的解决方案，一个道德问题可能有几个道德上正当的解决方案。然而，其中一种选择可能比别的更好。而且，生活不允许我们等待。不选择就是一种选择，因为不选择等于选择保持现状。

为了解决这些道德推理的问题，我们需要良好的推理技巧，它们与我们处理无关道德的事务时使用的技巧相同。就像所有好的推理一样，道德推理最好以公开对话的方式进行。这种对话往往只是自言自语，因为伦理问题是私人的、个体的，但它也可以将其他人包括进来。然而，其他人并不对我们的道德决定负责，只有我们自负其责，我们才是决定在多大程度上相信别人建议的人。这种公开的对话需要持续进行，并不仅限于在做道德思考的时候。在某种道德紧急情况下（闯入者到了家门口），可能没有时间讨论。另外应该注意的是，过多的讨论可能也是不做决定的一种形式，亦即选择"不选择"。在实际遭遇之前就思考和谈论可能的道德困境是很有必要的。

背景知识对于做出道德决定也很重要。我们已经看到了背景知识对于做出良好推理的重要性。我们储存的背景知识越多，就越能做出更好的判断。背景知识特别有助于在特定情况下确定正确的行动方式。这是因为我们的决策成功与否，部分取决于我们的普遍化、类比和归因的能力。在预测行动的可能后果方面，我们的背景知识是最大的助力。然而，这并不是说，解决道德问题只需要运用知识，懂得更多并不能使道德问题消失。人们仍然必须做出选择。比如说，对某种情况下风险因素的了解，并不能决定多大程度的风险是道德上可以接受的。

我们依然需要对世界保持开放的态度。我们的道德信念，就像我们不涉及道德的那些信念一样，不能被证明，只能被支持或不被支持。我们需要意识到支持我们信念的证据的局限性，构成我们世界观基础的假设是未经证明的。因此，我们需要做好准备，根据新的信息如现代医学的进步来修正我们的道德信念。而且我们需要做好准备，根据过去成功和失败的决策结果改变我们的行为。我们虽然需要对过去的道德错误负责，但不必重复这些错误。我们不受它们的约束。道德推理，就像无关道德的推理一样，是开放的。我们根据未来的经验检验我们的预期，并相应调整我们的背景知识和道德推理。

无论从客观主义还是主观主义的角度来看，我们在这里描述的那种良好的推理对于道德决策都很有意义。从客观主义的角度来看，良好的推理有助于我们找出正确的道德行为并避免错误。当我们确实犯错时，它可以帮助我们认识到这些错误并加以纠正。坚定的主观主义者认为，只要是经过深思熟虑的判断，我们做出的任何选择都是正确的。对于主观主义者来说，良好推理的重要性在于它能帮助我们协调目标，发展稳定一致的自我。它让我们能够避免那些会阻挠我们实现个人重要目标的选择。无论是从客观主义还是主观主义的角度，推理都能帮助我们继续讲述关于我们是谁、我们认为什么有价值的故事。道德决定是困难的，既因为它们很复杂，也因为在做决定的时候，我们也在决定我们是谁——我们在塑造自己。这是一项艰巨的任务，没人可以替我们完成，它需要付出大量的努力。

合理的客观主义和合理的主观主义

上一章中陀思妥耶夫斯基那段引文，可能让你对如何支持道德信念产生了一些困惑，让你想与将军辩论他行为的道德性。为了帮助你着手构建自己的道德论证，让我们来看看两个成功的道德推理的例子，一个来自伊曼努尔·康德，一个来自让-保罗·萨特。这两篇阅读材料都是道德推理的经典范例。它们清楚地列出了假设或前提，表明如果人们接受这些假设，就会得出某些结论。它们在我们对道德经验的集体理解中具有很大的影响力。在你阅读这些节选时需要注意，这些推理与无关道德的问题的推理在类型上并无不同。

　　选择这两篇阅读材料是为了说明在更宏大的世界观中，道德信念和无关道德的信念的相互联系。第一篇阅读材料来自康德著名的伦理学著作《道德形而上学奠基》。这段简短的节选只能给你提供康德用来支持其道德信念的非常强有力的推理的一小部分。你可能会发现这种推理的风格与你所习惯的有点儿不同。康德试图构建一种道德理论，这种理论可以像数学公式那样适用于所有的道德情境。试着跟随他的推理，而不仅仅是听从他的结论。你会有很大的收获，还可能会发现自己赞同他的观点。

行胜于言？

《加尔文与霍布斯》©1994 沃特森。经环球传媒集团许可转载。保留所有权利。

　　第二篇阅读材料来自法国哲学家萨特，这是他在 1946 年发表的一篇演讲的一部分。萨特的世界观显然与康德的大相径庭。双方的用词和关注的问题都有很大差异。萨特经历了纳粹对法国的入侵，当过战俘，后来积极参加法国抵抗运动。他主要关注的是人类的行动，而不是关于什么是"正确"的探讨。当你阅读这篇关于人类责任的非常有力的文章时，思考一下萨特对道德决策的看法，以及他与康德截然不同的关注点。

道德形而上学奠基[158]

伊曼努尔·康德

在这个世界上，甚而在世界之外，除了善的意愿，根本不可能想象还有任何东西可以被无条件地视为善。智慧、头脑、判断力以及其他任何被称为心灵才能的东西，无疑在许多方面都是好的和可取的，正如勇气、决断、毅力等气质属性一样。但是，如果利用这些自然禀赋、因其特有性状而被称为性格的意愿不是善的，它们也会变得极其恶劣和有害。命运的馈赠也是如此，归于幸福之下的权力、财富、荣誉，甚至健康，以及完全的美满安乐和对自己状况的满足，若非有一个善的意愿来矫正它们对心灵的影响，并由此矫正整个行动的原则，使其普遍地合乎目的，它们都会使人骄傲，甚至变得傲慢。一个人如果没有任何纯粹的和善的意愿，却能够一直发达兴旺，这样的景象永远不会让一个理性和公正的旁观者感到高兴。因此，善的意愿似乎构成了配得上幸福的不可或缺的条件。

有些品质甚至有利于这种善的意愿本身，并能帮助其工作。尽管如此，它们不具备无条件的内在价值。相反，它们总是以善的意愿为前提，这就限制了它们在其他方面受到的合理尊崇，也不允许它们被视为绝对的善。对情绪和激情的节制，自制力强和冷静思虑，不仅在许多方面是好的，甚至似乎构成了一个人内在价值的一部分。但它们远不能无条件地被称为善（无论古人如何无条件地颂扬它们），因为如果没有善的意愿为原则，它们就会变得极其邪恶。一个恶棍的冷静不仅让他更加危险，在我们的眼里也立即显得比他不具有这种冷静时更为可恶。

一个善的意愿是善的，不是因为它产生或完成了什么，也不是因为它适合于达到某个预定的目的，而只是因它的意愿而善。也就是说，它本身就是善的。

一个意愿仅凭其自身就应该受到尊崇，无需进一步的目的就是善的，这个概念现在必须得到发展。这个概念已经存在于自然的健全知性中，不需要被教导，只需要被阐明。在评估我们行为的总体价值时，它总是居于首位，并构成所有其他价值的条件。因此，我们将提出义务的概念，其中包括善的意愿的概念，尽管存在某些主观的限制和阻碍，但它们不仅没有遮蔽善的意愿，使其无法辨认，反而通过对比使其彰显出来，变得更加闪亮。

我在这里省略了所有已经被确认为违背义务的行为，尽管它们可能对这个或那个目的有用。它们甚至与义务相冲突，在这种情况下，根本不存在它们是否可能出于义务的问题。还有一些行为实际上是符合义务要求的，但人们对这些行为并无直接的偏好，如此行事是因为受到别的偏好的驱使，我将这样的行为也搁置一旁。因为在第二种情况下，要分辨合乎义务的行为是出于义务还是出于某种自私的目的是很容易的。而在第三种情况下，行为既合乎义务，而且主体还有一种直接的偏好去从事这一行为，要看出这种区别就难得多了。例如，卖主不应该向没有经验的购买者要价过高，这当然是合乎义务的，在商业发达的地方，精明的商人也不会多收钱，而是对每个人都保持一个固定的价格，让孩子也可以和其他人一样从他那里买东西。顾客由此得到了诚实的服务，但这还不足以让我们相信，商人这样做是出于义务和诚实的原则：他自己的利益要求他这样做。除此之外，我们不能假定他还（像第三种情况）对他的买主存在直接的偏好，使他出于爱心在价格方面对所有人一视同仁。因此，这种行为的发生既不是出于义务，也不是出于直接的偏好，而只是出于自私的目的。

与此同时，保存自己的生命是一种义务。此外，每个人对这么做也有一种直接的偏好。但因为这一缘故，大多数人经常产生的焦虑担忧并没有内在价值，他们的行动准则也没有任何道德内容。可以肯定的是，他们保存自己的生命是合乎义务的，但不是出于义务的。与此相反，如果逆境和无望的悲伤完全夺走了生命的滋味，如果一个不幸的人灵魂强大，对命运的愤慨多于绝望或沮丧，他希望死去，不爱惜生命却仍然保有生命——不是出于偏好或恐惧，而是出于义务——那么他的准则确实具有一种道德的内容。

在力所能及的情况下行善是一种义务。除此以外，还有许多人是如此富有同情心，即使没有任何进一步的虚荣心或自我利益的动机，他们也在向周围播撒欢乐的过程中发现了一种内在的喜悦，并视他人的满意为自己的成就，为之感到高兴。但我认为，在这种情况下，这种行为无论多么合乎义务、多么友善，都不具备真正的道德价值。它与其他偏好（比如对荣誉的偏好）引发的行动处于同一层面，如果幸运地指向事实上有益的、合乎义务的行动，也会是可敬的，值得赞扬和鼓励，然而不值得尊崇，因为它的准则缺乏"不是出于偏好而是出于义务"这一行为的道德内容……

因此，一项行动的道德价值并不在于它的预期效果，也不在于任何需要从这种预期效果中找到其动机的行动原则。因为这一切效果（一个人状态的舒适性，甚至促进其他人的幸福）也可以出于其他原因被实现，不需要一个理性人的意愿，而唯有在这样的意愿中才能找到最高的和无条件的善。因此，被称为道德的卓越的善除了体现法则自身之外不可能还包含别的内容，而世人公认这种表征只有在理性人身上才能找到，是这种表征而非某种预期效果才是这一意愿的决定性基础。这种善早已存在于按照这种表征行事的人身上，而无须从行为的效果中期待它。

但是，是什么样的法则才能成为那种必然能决定意愿而无须考虑任何预期后果的思想，从而使意愿可以无条件地被称为绝对的善？既然我已经排除了意愿可能因服从任何特定法则而产生的每一种冲动，那么，除了它的行动与普遍法则的一致性之外，就没有什么东西可以充当意愿的原则了。也就是说，除非我也希望我的准则成为一种普遍法则，否则永远不应该采取行动。如果义务不是一个虚妄的想法和捏造的概念，那么在这里，仅仅是意愿符合普遍法则本身（没有任何决定特定行动的法则作为其基础）就可以充当也必须像这样充当意愿的原则。人类正常的理性在其实践的判断中完全同意这一点，并始终考虑到上述原则。

试举这个问题为例：当我身处困境时，是否可以做出一项我不打算履行的承诺？我在这里很容易区分这个问题可能具有的两种含义：做出虚假承诺是否符合明智原则，或者是否符合义务原则？毫无疑问，情况常常是前者。事实上，我清楚地看到，想用这样的承诺来逃避当前的困难是不够的。此外我还必须仔细考虑，这个谎言往后可能会给我带来比我现在试图逃避的更大的麻烦。再者，即便用尽我所谓的精明狡诈，我的虚假承诺的后果仍是不容易预见的，信誉的丧失可能最终带来比我现在试图避免的祸患要不利得多的结果。更加明智的做法可能是遵照一个普遍的准则行事，将不打算履行就不许诺作为一种习惯。尽管如此，这样的准则总是建立在对后果的恐惧之上，这一点对我来说一目了然。然而，从义务出发的诚实与从对不利后果的恐惧出发的诚实是完全不同的。在前一种情况下，行动的概念本身就包含了一种约束我的法则；而在后一种情况下，我必须首先环顾四周，看看这个行动可能会给我带来什么结果。因为偏离义务的原则肯定不是善的。但放弃明智的原则往往对我相当有利，尽管遵守它肯定更为安全。然而，要回答虚假的承诺是否合乎义务的问题，最直接、最可靠的方法是问自己，如果我的准则（通过虚假的承诺使自己摆脱困境）成为自己和他人普遍遵循的法则，我是否真的会感到满意，是否真的可以对自己说"每个人发现自己身陷困境又找不到其他方法摆脱时都可以做出虚假的承诺"？那么我马上就会意识到，我确实愿意说谎，但根本不可能愿意有一个普遍的说谎法则。因为根据这样的法则，我将徒劳地向他人宣布未来行动的意愿而他们不相信我所宣称的，或者他们过于轻率地相信，然后用同样的方式来回报我，那么就绝不会有什么承诺了。因此，我的准则一旦成为普遍法则，就必然会自我摧毁。

因此，我不需要高瞻远瞩的洞察力来辨别我必须做什么才能使我的意愿在道德上是善的。我对世事的进程没有经验，也没有能力为其所有的偶然性做好准备，我只需问自己：是否希望我的准则也成为一项普遍的法则。如果不能，那么这条准则就必须被摈弃，不是因为它对我甚至对其他人有任何不利，而是因为它不能作为一项原则适用于可能的普遍立法，而理性要求我对这种立法给予直接的尊重。

存在主义是一种人道主义

让-保罗·萨特

举一个例子，你可以更好地理解……（人类的责任），我要讲我一个学生的案例，他是因为下述情况来找我的。他的父亲和他的母亲争吵不休，而且有成为"合作者"[159]的倾向；他的哥哥在1940年的德军攻势中被杀，这个年轻人怀着一种有点儿天真但慷慨激昂的情绪，渴望为哥哥复仇。他的母亲单独和他住在一起，被他父亲的半叛国行径和长子的死深深折磨着，而她唯一的安慰就是这个年轻人。但在这个时候，他面临一个抉择：是去英国加入自由法国军，还是留在母亲身边，帮助她活下去。他完全意识到，这个女人只为他而活，而他的失踪——或许是他的死亡——将使她陷入绝望。他还意识到，具体来说——而实情也是如此——他为母亲所做的每一个行动多少都会起到帮助她活下去的效果，而他为出走和从军所做的任何事情都将是一个前途不明的行动，没准儿像水一样消失在沙子里，起不到任何作用。比如说，为了前往英国他必须先取道西班牙，还得在西班牙的一处营地里无限期地等待；或者，在抵达英国或阿尔及尔后，他说不定会被安排到一个办公室里填写表格。因此，他发现自己面临着两种形态截然不同的行动：一个行动很具体，很直接，但只针对一个人；另一个行动是为了极其远大的目标，为了全国人民，但正因如此，它前途不明——没准儿会在途中受挫。与此同时，他也在两种道德之间犹豫不决。一边是同情，是对个人的忠诚；另一边的道德范围更广，但正当性更值得商榷。他必须在这两者之间做出抉择。有什么能帮助他选择呢？基督教的教义可以吗？不行。基督教教义说：以仁爱之心行事，爱你的邻居，克己为人，选择最难走的道路，如此等等。但哪条路更难走呢？爱国者和母亲，谁应该得到更多亲切的爱呢？哪一个目标更有益呢？是加入整个共同体并为之奋斗的一般目标，还是帮助某个特定的人活下去的确切目标？谁能给出一个先验的答案呢？没有人。任何伦理文献都没有给出答案。康德的伦理学告诉我们，永远不要把别人当作手段，而要当作目的。很好，如果我留下和母亲待在一起，就是把她当作目的而不是手段，但同样地，我就有把那些为我而战的人当作手段的危险；反过来也是如此，如果我去援助那些战斗人员，就是把他们当作目的，而冒着把我的母亲当作手段的风险。

如果价值是不确定的，如果它们仍然太抽象，以至于我们无法确定自己所考虑的特定的具体情况，那就只能相信我们的本能了。这就是这个年轻人试图做的事情。当我看到他时，他说："到最后，重要的是情感；看它真正把我往哪里推，那就是我应该选择的方向。如果我觉得我爱母亲爱到足以为她牺牲其他一切——我的复仇意愿，我对行动和冒险的所有渴望——那么我就留在她身边。如果相反，我觉得我对她的爱还不够，我就离开。"但一个人要怎样估计一种感情的强度呢？他对母亲的感情的价值正是由他站在母亲这一边的事实决定的。我可以说我爱某个朋友爱到了为他做出牺牲或者为他付出一笔钱的程度，但我不能证明这点，除非我已经这么做了。我可以说"我爱我的母亲，足以让我留在她身边"——如果我确实一直留在她身边的话。只有当我付诸行动，使这种感情得到界定和认可，我才能估量这种感情的强度。但是，如果我再以这种感情来证明我的行动正当，就会发现自己陷入了一个恶性循环。

再者，纪德说得好，一种伪装的情感和一种真挚的情感，两者几乎无法区别。通过留在我母亲身边来确定我爱她，以及演一场喜剧，其结果是留在她身边——这几乎是同一件事。换句话说，情感是由人的行为形成的，因此我不能用它来指导行动。这就是说，我既不能在自己的内心深处寻求一种真实的行动冲动，也不能指望从某种伦理学中找到能使我行动的公式。你可能会说，这个年轻人至少去找了一个教授来寻求建议。但如果你寻求建议——比如说，从一位神父那里——你已经选定那位神父了，而且从根本上说，你或多或少已经知道他将给你什么忠告。换句话说，选择了一个建议者，就已经通过这个选择做出了决定。如果你是一名基督徒，你会说，去请教一位神父。但神父里有合作者，有抵抗分子，还有看风向的，你会选择哪个？如果这个年轻人选择了一名抵抗派的神父，或者一名合作派的神父，他就已经事先决定了他要接受什么样的建议。同样地，他来找我时，就已经知道我会给他什么忠告，而我只有一个回答。你是自由的，所以选择吧——也就是说，去创造吧。没有任何普遍的道德规则可以告诉你应该怎么做：在这个世界上没有任何征兆能给你指明方向。天主教徒会回答："哦，但它们在那里！"很好，就算有，在任何情形下，都得自己去解释这些征兆。我在被监禁期间认识了一个有点儿了不起的人，一位耶稣会士，他是这样加入耶稣会的。在他的一生中，他曾遭受过一连串相当严重的打击。他幼年丧父，从此陷入贫困，一个宗教机构给了他奖学金，但在那里，他不断感到自己是出于慈善目的而被收容的，也因此与奖励孩子们的荣誉和称号无缘。后来，大约在18岁的时候，他情场失意。最后，在22岁时——此事本来无足轻重，却是压垮他的最后一根稻草——他报考军事学院落榜。于是，这个年轻人把自己看作一个完全失败的人。这是一个征兆，但它意味着什么？他可能会陷入痛苦或绝望。但他却把这个征兆理解为——他是很聪明的——他注定无法取得世俗的成功，只有宗教上的成就，那些属于圣洁和虔诚的成就，才有他的份儿。他把自己的经历解释为来自上帝的旨意，并成为该修道会的成员。对征兆含义的解读是他的，也仅仅是他个人的决定，对此谁又能质疑呢？人们本可以从这样一系列的厄运中得出完全不同的结论——例如，他最好去当一个木匠或者革命者。然而对于征兆的解读，他要承担全部责任。这就是"被离弃"的含义，由我们自己决定我们的存在。随着这种被离弃而来的就是痛苦。

至于"绝望"，这一表达的含义极其简单。它仅仅意味着我们把自己限制在我们所能依靠的范围，或者使我们的行动行得通的或然性总和之内。无论一个人的意愿是什么，这些或然性的因素总是存在的。如果我的一个朋友来访，他可能乘火车来，也可能乘电车来，我会预先假定火车会准点到达，或者电车不会脱轨。像我这样就是处于可能性的范围内。但除了与自己行动密切相关的那些可能性之外，人们并不依赖别的可能性。当所考虑的可能性不再能影响我的行动时，我就应当对其不感兴趣。因为没有上帝，也没有预先的规划，可以使世界和它的所有可能性适应我的意愿。当笛卡尔说"征服自己而不是征服世界"时，他的意思从根本上说也是一样的，那就是我们应该行动，而非希冀。

思考题

1. 康德主张唯一本身是善的东西是善的意愿，你对此会感到惊讶吗？为什么会或为什么不会？
2. 说什么东西本身是好的，这是什么意思？
3. 你如何解释康德提出的"出于义务的行为"与"合乎义务的行为"之间的区别？
4. 萨特为什么拒绝给他以前的学生提供建议？
5. 萨特认为，人被赋予了痛苦和绝望。你能从这种人类境况中看到光明的一面吗？请解释。
6. 你认为康德做了哪些道德假设？你认为萨特做了哪些道德假设？

康德

你们刚刚读到的康德文摘是以伦理思想史上最著名的主张之一开头的,即"除了*善的意愿*,根本不可能想象还有任何东西可以被无条件地视为善"。虽然不是每个人都同意这个说法,但它仍然是一个非常有力的主张,因为它被大胆地提了出来,也因为作为人类,当听到某样东西是无条件的善时,我们会竖起耳朵。我们希望拥有或成为,或者至少被人认为拥有或成为这种善。康德所说的"善的意愿"可能是指什么呢?

正如阅读材料中表明的,康德对"善的意愿"有非常具体的理解。按照康德的说法,如果一个意愿是*出于*义务而不仅仅是*合乎*义务,那么它就是善的。我们开始看到,康德所谈论的那种善是道德上的善,而不是其他的好处,如令人愉快的环境、对朋友的爱或个人的满足感。康德说,所有这些其他的"好处"都值得拥有,但作为理性人,我们不得不承认,即使一个人拥有所有这些其他的好处,如果没有善的意愿,也会缺少一些东西。一个聪明、勇敢、富有的杀人犯只是一个更可怕的杀人犯而已,我们不会,也不能给予他最高的敬意。

而且事实上,这种情况对我们所有人来说都很熟悉。我们都知道有些人似乎"拥有一切",但我们不愿称他们为好人,因为他们缺乏道德上的善。同样地,可能我们所有人都曾在某人为我们做了一件好事后问过自己:"他是真心的,还是想要从中得到什么?"不知何故,如果这个人做出某种行为,达到了想要的目标,然而却是出于个人利益做的,对我们来说,其价值就是比不上做这个行为仅仅因为这样做是正确的,再没有别的动机。因为是正确的事情而做出的行为,就是康德所说的出于义务的行为。康德相信他阐明了我们所有人的意图,关于我们在何种情况下会说一个行为是善的或一个人是善的。也就是说,我们的意思是这个行为是出于义务而做的,或者这个人是出于义务而行动的。

你可能猜到了康德推理的下一步。如果出于义务而行动是善的,那么我们就需要知道什么是出于义务而行动。康德说,出于义务行动,就意味着不是出于偏好或自私。有时,偏好(或欲望)和自私可能会导致我们做出义务要求我们做的同样的行为

（我们的行为合乎义务）——但并非总是如此，所以它们不可能成为道德行动的指南。道德行动太重要了，不能付诸偶然。一个善的意愿选择它所选择的，主要是因为相信这个行为是善的。

康德认为，这意味着意愿必须由一个表达了任何理性存在者的义务的规则或"法则"来确定。最普遍的法则——作为义务的基本原则是，"除非我也希望我的准则成为一种普遍法则，否则永远不应该采取行动"。这就是康德著名的"定言律令"。康德所说的"准则"是指适用于当前情况的具体规则，例如"我应该保存我的生命"或"我不应该做出我不打算履行的承诺"。

康德的意思是，道德行为是出于义务的行为，而出于义务的行为是在理性人愿意将其作为普遍法则的准则基础上实施的行为。对于一个理性人来说，如果他想让自己做一些他不愿意让其他任何理性存在者做的事情，那就是不自洽的。比方说，他不可能希望每个人都撒谎或都做出虚假的承诺。设想一下，如果每个人都撒谎，与他人交谈或以某种方式就未来的行为达成协议的整个社会机制会发生什么样的变化！康德的观点并不是说他撒谎会导致破坏承诺机制这样的后果（康德认为一个行为的道德性不应该基于行为的后果），而是说他的意愿自相矛盾。也就是说，他既愿意承诺成为普遍的法则，又不愿意承诺在当前情况下成为普遍的法则。这种自相矛盾与他作为人类的理性本质是不一致的。

让我们回顾一下康德的推理。一个好人是做出某种行为主要因为相信该行为是他的义务的人。他的义务来自人类作为理性生物的本质，意味着他应该按照一个可以普遍适用于所有其他理性生物的准则行事而不存在矛盾。这一绝对律令就像一个数学公式，可以用来确定一个人在特定情况下的义务。康德并没有简单地宣称某些行为是正确的，另一些是错误的，而是为我们提供了周密清晰的论证来支持他关于善的意愿之本质的论点。

尽管对于康德这一道德推理有很多的解读，但这个简短的摘要足以让我们看出，康德可以被认为是一个道德客观主义者，尽管可能是其中不寻常的一个——他将道德建立在他认为的世界的一个客观特征之上。他认为有一个程序可以发现在某种有关道德的情况下应该怎么做的正确答案，而这个程序是理性存在者居住的世界的一个客观特征。然而，这并不意味着我们不会犯道德上的错误，也不意味着我们不会对如何应用这个程序或公式产生误解和分歧。即使存在正确的答案，我们也未必能发现它们，道德和数学再一次出现了相似之处。仅仅因为我们有一个数学公式来解决一个特定的难题，并不意味着我们不会犯错或者不会对如何正确使用这个公式产生分歧。

那么，关于一个行为如何在道德上是善的，康德的解释给了我们一个方法，让我们可以共同推理哪些行为在道德上是善的。这样的推理可以用来说服陀思妥耶夫斯基笔下的富有地主不杀冒犯他的农奴男孩吗？当然可以。它能成功地说服他吗？也许会，也许不会。

康德在《道德形而上学奠基》一书中继续推理："人，以及一般而言，每一个理性存在者，都作为自身的目的存在的，而不仅仅作为这个或者那个意愿随意使用的手段。"康德的理由是，既然我们每个人都把自己当作目的，那么如果我们不承认所有其他理性的人也应该同样被当作目的，就会让我们的意愿自相矛盾。在康德看来，当我们把自己作为例外时，显然会发生恶的行为。那样的话，我们就是在基于毫无道理的双重标准行事。

我们可以运用这个推理及其结论来说服将军，这个男孩本身就是一个目的，他具有"绝对的价值"（康德术语），因此他不应该作为达到某种目的——比如给别人树立榜样或发泄（将军的）怒火——的手段而被杀。我们可以猜测，将军可能会回答说，这个男孩只是一个农奴，算不上一个理性存在者。人们可能会试图与将军进一步推理，向他表明他的做法是前后不一致的，一方面认为男孩对他的行为负有道德责任，因此是一个理性存在者；另一方面又认为男孩不是一个理性存在者，因此可以被用作达到目的的手段。当然，将军是否能被这一论证说服，取决于许多因素。最重要的是，它取决于他是否愿意听取任何道德论证。有些人不愿听，他们被称为"教条主义者"。关于教条主义者，我们在下一章会有更多论述。我们在这里主要想说一点，有一些好的理由可以用来支持道德观点。推理——良好的推理——可以用来支持我们的道德信念。我们对待道德上的分歧，应该像对待谁将赢得下一届总统选举或莎士比亚是否为一首诗的作者的分歧一样。我们从我们的经验中收集证据，并以尽可能有说服力的形式提出。

有时我们在道德争论中无法说服他人，是因为他们从截然不同的假设开始推理，他们的世界观与我们的天差地别。例如，你自己可能会也可能不会服膺于康德的论点，即道德行为是那些主要因为一个人相信这样做是正确的而做出的行为。康德确实有一个特定的世界观，这让他在推演他的伦理理论时做出了某些假设，你可能不同意这种世界观。让我们来看看其中一些假设。

康德的一个重要假设是关于什么是人。我们已经看到，根据康德的观点，人是理性的存在者（排除不正常的情况），并且有选择行动方案的意愿。我们的理性是我们的本质特征。它是使我们有别于世界上其他事物的原因。我们的理性给了我们特殊的价值和尊严（作为目的），也给了我们自由，让我们从理性而不是从偏好或欲望出发来行动。请注意，如果我们的意愿只能从偏好出发行事，我们就不可能出于义务——也就是理性给出的普遍法则——行动。尽管这些观点对我们来说可能有些熟悉，但肯定不是每个人都赞同康德的世界观，即人类因为理性而具有特殊的性质，而且其意愿可以仅根据由理性给出的法则来安排其自身。

这并不是要贬低康德对其道德观点的有力论证，只是要指出，对具体道德问题的分歧可能源于个人更宏大的世界观以及作为该世界观一部分的假设。这种情况与我们之前谈到背景知识的差异以及这些差异如何影响我们的经验时涉及的情况并不相同。我们的世界观包括我们的背景知识，但它也包括大多数人不认为是知识的各种假设。这些假设有时是如此基本，以至于我们甚至想不到要提供证据来支持它们。例如，是将人类看作有个体灵魂的生物（一种传统的西方观点），还是一个共同的世界灵魂的一部分（一种传统的东方观点），还是没有灵魂的机器（一种现代的西方观点），这是一个人世界观中很重要的假设。与之相反，背景知识要具体得多，一般都有证据和论证提供支持。西方心理学的各个流派（弗洛伊德派、斯金纳派[160]、格式塔派[161]等）可能是一个人背景知识的组成部分。

大多数人会假定，我们与对话的人的世界观基本一致。如果对方是我们的朋友和邻居，这样的假设没多大问题。如果朋友的背景知识与我们的不同，这和世界观的差异相比更不容易让我们感到惊讶。我们明白，朋友不会与我们拥有完全一样的经历，他们可能学过经济学，而我们学过化学，凡此种种。当我们与某人意见不一时，需要找出差异所在。这样做了，我们就有更大的机会解决分歧并达成共识。不过，区分世界观和背景知识并不总是那么重要。重要的是，你要意识到它们之间有区别，也要意识到它们在我们的道德观和非正式言论中都扮演了重要角色。

康德作为一位哲学家是非常有帮助的，因为他将他的世界观对我们倾囊相授。这让我们更容易决定是否赞同他的观点。可能很多人都同意他的观点：人类有一个基本的性质，就是他们的理性。对此的认同使康德关于从义务出发行动的主张非常有说服力。然而，正如你在阅读中已经注意到的，我们的下一位哲学家具有相当不同的世界观。

萨特

按照萨特的说法，大多数道德决定都像你读到的这一段中那位学生所面临的那样。道德选择很少出现在明显的善和明显的恶之间。事实上，经常发生的情况是，我们选择一种善，由此失去做其他善行的机会。我们被迫在两种善或两种恶之间做出选择。这个学生想做一个爱母亲的儿子，也想成为一个爱国者，为他死去的兄长复仇。如何选择——这就是问题！

你肯定也面临过类似的情况，即使不像这样对人生有决定性的意义。例如，爷爷喜欢吃巧克力皮的扭结饼，要你给他带一些。你知道这些东西对他的高血压不好。你是会不管不顾地给他带一些，让他高兴但不那么健康，还是不带，让他不开心但更健康？生活中充满了这样的选择，有些选择比其他选择更令人痛苦，但所有的选择对我们作为个体来说都是决定性的。

尽管萨特和康德一样，关注的是对行动方案的选择和选择的自由，但与康德不同的是，他否认有任何法则能告诉我们在特定情境下如何选择才是正确的。萨特说，法则和指南之所以成为"为我们的"法则和指南，是因为我们选择遵循或接受它们的指导，我们选择如何解读它们。同样地，我们选择向某人征求建议，已经决定了接受该建议者的指导。我们每个人都可以自由地选择一个行动方案，因此对该行为承担全部责任。没有任何公式、任何伦理、任何其他人可以从我们身上拿走这个责任。正如萨特所说，"……我们自己决定我们的存在"。

那么，很显然，自由对萨特的意义与它对康德的意义是完全不同的。对康德来说，自由意味着我们可以自由地不按偏好行事，因此，可以遵循理性给出的规则，它告诉我们在特定处境下应该如何行动。而在另一边，对萨特来说，我们的人类自由意味着我们必须自己做出选择——没有规则附带的益处，没有任何方式来分担我们道德（和无关道德）的选择的责任。个人，而且唯有个人，才能做出经过思考的判断，这才是真正的道德选择。不可能还有其他方式，所以人们必须接受它，并为选择承担责任。这种选择没有外部的指引。

那么，我们应该如何选择呢？萨特说，你选择，而在选择的过程中你赋予这个选择以价值——而非相反！当选择时，你通过你的选择说"这是善的"！因此，你必须选择你可以赞同的东西，你的选择说明你认为这种选择很有价值。当你做出选择时，你在选择你的身份、你想要成为的人。再回到那个年轻人的故事，在选择时，他是在决定自己是以一个人（他母亲）的需求为导向的人，还是为社会大众的需求服务的人。在这一选择中，他也选择了他将成为哪个人。

对于萨特，关键的道德问题是接受责任。我们要对自己的选择负责，没有任何借口。这个年轻人不能把自己决定的责任推给他的母亲和她的需求，如果他和她待在一起，那是因为他已经决定成为这种儿子。如果他加入了自由法国军，那就是因为他已经决定为他的同胞服务，而不能说自己是被为哥哥报仇的愿望冲昏了头脑。如果他按这种愿望行动，就要为选择按这种愿望行动而负责。

萨特说，既然你是做出选择的人，你就等于你的行为。不存在任何程度上与在世界中行动的行为主体不同的"自我"，如果你以自私的方式行动，你就是一个自私的人。许多人摆出的姿态是，他们"其实"并不像他们行为表现的那样自私，根据萨特的说法，这只是一种相当常见的逃避自己行为责任的方式。例如，你可能听过有人说："我不知道为什么说了那么刻薄的话。它就这么脱口而出了。我不是那种人。"萨特会说那个人在自欺。当然，他就是那种会说刻薄话的人，他就那么说出来了，这样的人是自欺欺人。苏的情况也是如此，她声称自己慷慨有爱心，但似乎从来没有时间表现出慷慨和爱心。还有银行劫匪戴夫，他相信他选择打劫银行完全是因为严峻的财务困境，真正的戴夫根本不是一个银行劫匪。

萨特说，当我们认识到我们对自己行为的责任时，会感到*被离弃*、*痛苦和绝望*。我们感到被离弃（"孤立无援"也许是一个更好的翻译），因为我们感到如此孤独。我们无法将自己的过失和软弱归咎于任何人、任何团体。我们感到痛苦，因为只有我们可以选择，而选择是如此困难——往往是在两种善或两种恶之间。没有什么正确的选择方法能让我们避免在一块石头和一片硬地之间做出选择。我们感到绝望，因为在我们自身之外没有道德秩序，我们被迫通过自己的选择来为自己的人生赋予意义。

然而，并非一切都是消极的。因为我们有选择的自由，我们今天的选择可以与昨天的选择不同。我们不断用我们的选择重塑自己的身份。我们的身份不是一成不变的东西。若非通过自己的选择——下一次的选择，一个人无法成为赢家或输家、英雄或懦夫，如此等等。比如说，过去表现得很害羞的人，不需要在未来也选择表现得很害羞。萨特还说，某个人不能用他是一个害羞的人或天性害羞等说法来为他未来的害羞表现找借口，他总是可以选择以其他方式行事。萨特在这篇阅读材料中举了一个例子，说明这种为将来做选择的自由。他讲了一个在事业和军事领域都失败的年轻人的案例：年轻人没有把自己看成一个失败者，而是看到未来对他来说有其他的可能性，选择做了一名神父。因此，虽然有绝望，但也有希望。人可以成为自己选择成为的样子。[162]

萨特的道德观是一种主观主义的观点。显然，对萨特来说，世界上没有任何客观特征可以用来发现某种道德处境下的正确选择。不仅每个人必须自己决定做什么，而且不存在做决定要遵循的规则或程序。只存在选择和做选择的人，他们通过选择为这个世界附加价值。萨特的道德观对陀思妥耶夫斯基笔下的富有地主有什么可说的吗？同样，答案既是肯定的也是否定的。

当然，在这样一个主观主义的立场上，人们不能与地主争论，说他杀死农奴男孩违反了某种法则或规则。然而，这并不意味着人们完全不能与他争论。不过他是否选择受这种论证的影响，只有他自己能够决定。人们可以尝试向他表明，他对选择杀死这个男孩的行为负全部责任，来说服他选择不同的做法。他不能主张是因为男孩的行为或他作为地主的地位而被迫这样做的。这些都是借口，是不承认他有选择行动方案的自由。

如果你与这个地主争论，却未能说服他选择另一种行动方案，那么你将成为面临选择的一方。你可以袖手旁观，看着农奴男孩遭遇他的厄运；你也可以尝试干预惩罚。当然，你的干预可能是徒劳的（甚至可能使你付出生命的代价），但你确实可以选择！而且，不选择也是一种选择。

和康德一样，萨特也有一种世界观来指导他对道德的信念。由于他的道德理论与康德的大异其趣，可以想象他的世界观也会有所不同，而且确实如此。首先，萨特是一个存在主义者。这是一个大多数人都熟悉的术语，但令人惊讶的是，最常被称为"存在主义者"的那些哲学家对这个术语和它可能的含义感到相当不舒服。在节选的这篇文章（《存在主义是一种人道主义》）的完整版中，萨特本人在前面部分将存在主义概括为"*存在先于本质*"（原文就用了斜体字）的信念。尽管这句话和他在文章中对它的阐释并没有充分体现出存在主义丰富的哲学内涵，但确实给了我们一个理解存在主义世界观的起点。

萨特说："我们必须从主体开始。"这句话的意思是，我们从我们对世界及其客体的主体性经验开始。我们首先将自己作为世界上的存在来体验，然后才通过我们的行为来定义自己。我们并不拥有所谓"真正"的人类或人的本质。"人只不过是……人不是别的，而是他创造的自己。"这对萨特（和其他存在主义者）来说，意味着不存在什么人类本性。一个人是他的意愿，因此也是他的行为。没有什么"人类本性"能为一个人应该抱有何种意愿提供标准或指导。康德和其他哲学家认为"人"的本质是理性，这种本质可以被看作衡量一个人作为人而言成功或失败的标准，或据此建立一个道德法则，而萨特不同意这点。这种不存在人类本性的世界观，构成了萨特关于人类自由的观点的基础，它与康德的世界观有很大差别，并导致萨特对人类选择和道德决策的看法全然不同。

小结

康德和萨特的世界观以及他们对人类本性的不同看法都有很多值得推荐的地方。他们都对我们的人类经验提出了有理有据的陈述。然而，他们却得出了截然不同的伦理学观点。康德的伦理学理论是一种客观主义观点，尽管是一种相当不寻常的观点：他认为如果人们遵循正确的程序，就可以发现道德问题的正确答案，而且这种程序是理性人居住的世界的一个客观特征。

萨特的道德观点则是强烈的主观主义。但他的主观主义要求很高：我们不能简单地跟着感觉和欲望走；我们每一次行动都会为世界附加价值，因此，我们每个人都肩负着这个世界的道德重担。

我们自己对道德决策的常识性看法可能包含了康德和萨特所强调的一些道德特征。例如，正如康德所言，道德某种程度上意味着一致性，要成为一个道德上的好人，就要在自己的道德行为中表现得前后一致，仅仅一个慷慨的行为并不能使人成为一个慷慨的人。普遍性似乎也是我们普通人的道德思维的特点。对一个人来说，期望其他人都遵守承诺，而自己却不遵守承诺，这似乎并不公平。同样地，萨特强调个人担当和我们对自身选择的责任，这非常符合我们普通人关于道德的信念。例如，社会不接纳纳粹战犯的说法：他们"只是服从命令"，因此对他们犯下的暴行不负责任。

正如我们所见，这两种道德观点中哪一种对你有说服力，取决于你对世界和人类本性的其他信念。这不意味着道德只是"因人而异"——它并不比我们大多数无关道德的信念更因人而异。这两种观点确实表明，我们的道德判断能够得到良好推理的支持，如果我们愿意倾听，推理就是有意义的。它们还表明，就像现代科学的理论建立在假设而未被证明的基本主张上一样，道德信念和理论也是更宏大的世界观的一部分，其中包含了没有提供证明的基本假设。当出现道德分歧时，记住我们面对的可能是根源于世界观或背景知识的差异，而不是价值观的差异，这对我们将很有帮助。

下一章将会对如何解决道德分歧做出更多的论述。

练习题

13-I

1. "自由"对康德意味着什么？"自由"对萨特又意味着什么？

2. 康德说，所有理性的人都应该被当作"自身的目的"，这是什么意思？

3. 康德和萨特在道德上的结论是如此不同，康德是一个坚定的客观主义者，而萨特则是强烈的主观主义者。然而在许多方面，他们的伦理观的相似多于差异。请描述一下你发现的康德和萨特的伦理观之间的相似之处。

4. 由于现代医学的发展，"除了自卫之外不应该杀人"这一道德事实已开始受到质疑。描述一下当前正在受到质疑的其他同类道德事实。

5. 解释萨特在伦理学中的主观主义是如何从他认为不存在人类本性的信念推演出来的。

6. 举一个你曾经认为是道德事实但现在不再这样认为的道德信念。你的信念是如何发生改变的？

13-II

1. 你认为道德上的分歧是否比科学上的分歧更常见？如果是的话，为什么？如果不是，为什么？

2. 康德把一个好人描述为一个出于义务而行动的人。康德的好人和通常所说的"好人"之间有什么区别吗？为什么？

3. 你的世界观有哪些最重要的特征？它们是从哪里来的？面对不认同你的世界观的人，你会如何为它们辩护？

4. 萨特或赞同萨特自由观和个人责任观的人会如何回应 O.J. 辛普森这封信的摘录？（据称，他被指控谋杀妻子之后不久自杀未遂，然后写了这封信。）你认为在这种情况下，萨特一派的回应是否增加了道德上的洞察力？请解释。

敬启者：

首先，每个人都明白，我与妮可的被谋杀没有任何关系。我爱她，过去一直爱，未来也会永远爱。如果我们有问题，那是因为我太爱她了。

最近我们达成共识，现在我们不适合彼此，至少现在是这样。尽管我们相爱，但我们有很多不同，这就是为什么我们双方同意分道扬镳。

第二次分手很艰难，但我们都知道这是最好的选择。我内心毫不怀疑，在未来我们会成为亲密的朋友。与媒体所写的不同，妮可和我在一起生活的大部分时间里关系良好。像所有的长期关系一样，我们之间的关系也有起起伏伏。

1989年[163]新年那会儿我压力很大，那是理所当然的。我当时没认罪不是因为别的：一是为了保护我们的隐私；二是有人建议我，说这样做就能终止媒体的炒作。

我不想没完没了地抱怨媒体，但那些传言让我难以置信。大部分内容完全是编造的。我知道你们有工作要做，但作为最后的愿望，请还我的孩子们安宁。他们的生活将会足够艰难。

…………

我想到我的生活，觉得我做的大部分事情都是正确的。那么为什么我最后会落到这个下场？我无法继续下去。无论结果如何，人们都会看着我，指指点点。我无法忍受。我不能让我的孩子们承受这些。这样，他们可以迈步前行，继续他们的人生。

求求你们——如果我这辈子做过什么有价值的事情——请让我的孩子们摆脱你们这些媒体，能够平静地生活。

我有一个美好的人生。我为我的生活方式感到骄傲。我妈妈教我，己所不欲勿施于人。我待人如己。我一直努力向上，乐于助人，那么为什么会发生这些事呢？

我为戈德曼家族难过。我知道这对他们的伤害有多大。

妮可和我在一起过得很好。所有那些关于我们关系磕磕绊绊的媒体言论，不过是每段长期关系都要经历的。她的所有朋友都会证实，我对她经历的一切一直给予完全的爱护和理解。

有时我觉得自己像一个被虐待的丈夫或男友，但我爱她，我可以向所有人表明这一点。为此我不惜一切代价。

不要为我感到遗憾。我有了不起的人生，了不起的朋友。请想想真正的O.J.，而不是这个迷失的人。

谢谢大家让我的人生变得特别。我希望我也帮到了你。

和平与爱，O.J.

——摘自美联社 1994 年 6 月 18 日的一篇报道

第十四章 道德对话

教条主义和相对主义

道德上的分歧往往是痛苦的，有时完全是一团糟，甚至可能给一些或所有参与者带来可怕的后果。我们试图避开它们。我们远离它们，我们"承认存在分歧"。然而道德上的分歧太过重要，无法视而不见。它们关乎我们应该如何生活。对一个人来说，没有什么比回答"我应该如何生活"这个问题更重要的了。虽然我们不能为你回答这个问题，但我们可以对道德分歧多加审视，发掘一些对作为个人（有时作为团体或国家成员）的我们更有好处的解决方法。

道德分歧的问题之一是，它们似乎往往被两种类型的辩论者主导：一方面是那些对行动方案有绝对把握的人，因此他们希望其他人都赞同；另一方面是那些认为道德问题上没有确定性的人，因此只要一个人认为什么是正确的，不管别人怎么想，那对他来说就是正确的。那些深信自己正确的人被称为教条主义者。那些坚持认为道德内容因人而异，道德上的意见分歧是各随己意、不能用理性来弥合的人被称为相对主义者。有一种倾向认为人们要么是教条主义者，要么是相对主义者。如果你不是教条主义者，你一定是相对主义者，反之亦然。这种"非此即彼"的思维让人们感到困惑，甚至让人更想要远离道德争论。在这一章中，我们将说明教条主义和相对主义都不是道德争论的恰当立场，在道德推理的这两极之间还存在一个中间地带。

我们都认识很教条地固执于自己信念的人。我们所有人都对自己持有的一些信念持教条主义态度，或者至少有时会进行教条主义的辩论。我们对一些我们认定是事实的东西感到如此兴奋，以至于希望其他人也认为它们是事实，我们无法想象有人会对它们提出疑问。我们也都认识一些人，他们在信念上是相对主义者。他们不关心其他人相信什么，只想独自面对自己的信念。他们通常怯于为自己的信念辩护，除非事关"信念属于个人，每个人都有'权利'坚持己见"这一信念。你很可能也曾这样争论过——或许是在你认为某个信念是有根据的但又觉得无从辩护的时候。

教条主义者和相对主义者都不愿意参加关于道德分歧的对话，因为他们都认为这种对话徒劳无功。教条主义者不想讨论道德，因为他认为大多数道德问题已经解决，没有必要再讨论。相对主义者不想讨论道德问题，因为他认为道德信念是各随己意的，无法找到理性的依据。在这种观点下，道德对话只是一种表面合理化的交流，因此毫无意义。

这种教条主义者和相对主义者的二分法忽略了它们之间还有一大批道德立场的替代选项。它建立在对于确定性以及什么问题能找到依据、什么问题不能的误解上。在我们考察道德立场的替代选项之前，探讨一下这种误解的部分原因将有所帮助，这种误解导致许多人把教条主义者/相对主义者的立场当作道德论证的模式。

虽然在科学[164]和其他领域中肯定存在教条主义者和相对主义者，但教条主义和相对主义与科学论述的联系不如与道德论述的联系那么密切。一个可能的解释是，我们在使用科学词汇时，比使用道德词汇时有更深程度的共识。我们使用科学词汇的标准是相当明确的，这意味着更容易让其他人（科学家）接受有根据的主张，不太需要采取教条主义的立场，也不太需要表露这种立场。

那么问题又变成了：为什么人们使用科学论述的词汇比使用道德论述的词汇明显有更多的共识？对这种明显共识的一个解释是，科学共同体的范围远没有道德共同体那么大。一个人要加入科学家共同体，必须学会讲物理、化学、生物等学科的语言。这些语言很有难度，不是每个人都能学会，也不是每个人都需要学会。而且，这些困难通常会阻止科学家以外的人参与科学对话，只有专家能进行这种对话。

相反，我们所有人都必须做出道德决定。我们没有也不可能像把科学决策留给科学家那样，把道德决策留给专家。我们都必须讲道德的语言。此外，由于我们都有过道德方面的经验，我们倾向于相信自己有一些专业知识。在道德问题上，我们不像对待科学问题那样乐意听取别人的意见，或者允许别人充当"专家"。结果就是，我们使用道德词汇时不如使用科学词汇时有那么多共识，我们在道德论述中的共识也更少。

鉴于我们都是道德方面的"专家"，在道德问题上竟然能有现在这么多的共识，实在令人惊讶。我们能有这些共识，是因为我们都是某个道德共同体的成员，同时也是某个讲道德语言的共同体的成员。作为该共同体的成员，我们分享其传统、法律和习俗——它们是我们背景知识的组成部分，影响了我们的道德信念。因此，我们在道德生活的许多方面确实达成了一致。我们已经看到，有一些关于道德问题的事实陈述，也就是说，这种有道德内容的陈述很少受到质疑，而且被认为是有根据的，就像某些内容无关道德的陈述一样。当然，有时共同体中不存在共识，有时共识很"软"，比如说旧的共识很薄弱，新的共识还未出现。"除非出于自卫，杀死另一个人是错误的"，这可能是一个共识偏软的道德信念的例子。然而对于安乐死是对是错，至今还未形成新的共识。

这种共识虽然不如科学领域的共识，但它意味着我们可以讨论道德问题。道德讨论不需要恶化成教条主义者和相对主义者两派之间的斗争。我们使用道德词汇方式的差别并没有大到无法互相理解的程度，只是我们并不总能达成一致，我们中很多人都身处分歧之中。

然而，教条主义和相对主义的基础都是对共识和确定性的错误理解。教条主义者笃信自己的信念，认为他的坚定使他有资格放弃任何进一步的对话，无论是和自己（如思考）还是和他人。他只想让别人也如他这般确信。为了达成共识，他教条式地展示自己的观点，几乎没有进一步思考或讨论的空间。相反，相对主义者认为，由于任何道德论证都不是结论性的（意味着建立在完全不需要假设的前提下），所以道德结论总是随心所欲的，缺乏合理的依据。达成共识是不可能的，所以，相对主义者认为道德对话毫无意义，因为最终只能在表面上合理化——对道德信念的理性支持只是徒有其表而已。教条主义者错误地认为我们人类对此可以极有把握，以至于不需要进一步的对话；而相对主义者错误地要求达到同种类型的确定性，并因为不可能而放弃讨论。双方都不愿意进行能够导向共识的对话。

教条主义者认为自己拥有而相对主义者认为不可能的这种确定性，并不是我们对事实问题的推理的特征。因此，我们做道德论述也不需要具备这种特征。在这里请回顾科学是一个故事的观点，看看科学故事和道德论述的故事之间的相似性，这对我们理解这一点会有帮助。科学家讲述一个故事，把我们在经验中注意到的痕迹编织成一个模式，帮助我们解释过去和预测未来。道德论述与此相似。我们从我们的经验中编织出一个故事，帮助我们评估过去，并对未来做出选择。每种论述都有适合它的风格。科学论述的风格通常是定量的。道德论述的风格一般是定性的。因此，这两类故事看起来很不一样，往往显得有本质上的差别。然而，如果我们回顾一下基本结构，就会发现它们的相似性远远大于差异性。

比如，我们已经看到，科学论述建立在无法证明的假设之上，而这些假设被人们视为基础。我们还看到，科学在一定程度上依赖于一些不言而喻的价值，特别是像简洁和美这样的美学价值。另外，科学论述还是开放的。科学家不断地测试他的假设，看它们是否有效运作，经常调整他的故事以符合他得到的结果。道德论述也是如此。就像科学一样，它也建立在假设之上——通常是关于人类本性的假设——这些假设是基础性的，也是未经证明的。道德论述也包含价值假设，包括道德上的和美学上的。而且，它也是开放的。它可以根据新的见解和背景知识的变化进行修正。当然，道德论述不是定量的（除了采用科学定量方法的功利主义版本），但定量论述只是一种不同的说话方式。它只是一种讲故事的不同方法。

在很多地方，科学中的确定性少于道德话语中的确定性。过去的两千年里，科学家讲述的故事比道德论述的故事发生了更多的变化。亚里士多德《尼各马可伦理学》讲述的如何过好人生的故事到今天仍然有用。而另一边，亚里士多德的《物理学》描述物理世界的方式在我们看来已经严重过时，根本没有任何帮助。即使在今天，《科学》课本更新换代也很快，一本旧的《伦理学》教科书有相当大的可能性比同年代的旧《科学》教科书更有用。前者讲述的故事往往比后者讲述的故事演变得更缓慢。[165]

在本书中，你已经遇到过一个道德教条主义者。欧悌甫戎就是这样一个人。记得吗，欧悌甫戎是在去法院起诉自己的父亲犯有谋杀罪的路上，而苏格拉底去那里是因为他被指控用他的教导败坏了雅典年轻人的道德？所以道德是这篇对话的主题。柏拉图式对话有一个令人惊讶的特点，每次你读它，都会发掘出以前没有注意到的新见解，《欧悌甫戎篇》也不例外。当你重读这篇对话的以下段落时，已经掌握的批判性思维技巧将会对你有所帮助。

第二篇阅读材料是道德相对主义的一个例子。它是根据发生在大学课堂上的真实对话改编的。这种道德相对主义在大学生的道德讨论中十分常见，听上去可能相当耳熟。

教条主义者欧悌甫戎[166]
柏拉图

苏格拉底	那么你是打什么官司，欧悌甫戎？是你告别人，还是别人告你？
欧悌甫戎	我告别人。
苏格拉底	谁呀？
欧悌甫戎	某个世人认为我发了疯才会去起诉的男人。
苏格拉底	啥？他长了翅膀能飞走吗？
欧悌甫戎	他飞不动了，他已经是个老头啦。
苏格拉底	他是谁？
欧悌甫戎	我父亲。
苏格拉底	你父亲？好家伙！
欧悌甫戎	是他，没错。
苏格拉底	你告他什么事？什么罪名？
欧悌甫戎	杀人罪，苏格拉底。
苏格拉底	我的天哪，欧悌甫戎！大多数人显然是不懂是非黑白的。依我看，并不是

每个人都能像你这样行得正站得直，唯有智慧很高的人才能做到。

欧悌甫戎 确实如此，苏格拉底。

苏格拉底 你父亲杀的是你家的亲人吗？哦，一定是这样。你总不见得为一个外人去控告你父亲吧？

欧悌甫戎 你在逗我吗，苏格拉底？被杀的是亲戚还是陌生人有什么区别？你唯一要问的问题是，杀人的行为是否正当。如果是，那就不必管他；如果否，那就必须控告他谋杀，哪怕他是你同食同宿的家人。如果你与之共处，明知他的所作所为，却没有将他绳之以法，以此涤除自己和他的罪孽，那你们就是同罪。本案被害人是我家一名贫穷的帮工，在纳克索斯的农场为我们干活。他喝醉了酒，跟我家一名奴隶发火，把人给杀了。于是我父亲将他手脚捆绑扔进了沟渠，派人去雅典请教祭司该怎么处置。信使一走，他就把那人丢在脑后，以为既然是个杀人犯，死了也没什么大不了。果不其然，使者还没回来，那人已毙命于冻饿和绑缚。现在我父亲和别的家人都对我大为光火，因为我为了这名凶手控告父亲谋杀。他们说他根本没杀人；他们还说，就算他杀了那人无数次，那家伙本身就是凶手，我何苦为这种人费心，儿子控告父亲杀人，此事大不虔敬。苏格拉底啊，他们哪里懂神律中何为虔敬、何为不虔敬呢。

苏格拉底 你的意思是，欧悌甫戎，你自觉对神明的事一清二楚，对虔敬与不虔敬的理解准确无误，所以在你所说的这种情况下，你可以将父亲绳之以法而不用担心自己悖逆神意吗？

欧悌甫戎 我要是不懂这些事，那我还有多大价值呢——欧悌甫戎就泯然众人了。

苏格拉底 那好，我亲爱的欧悌甫戎，我最好在审判开始前成为你的学生，就这一点向弥利图斯提出疑问。我就说，我一向认为关于神祇的知识非常重要，既然现在他指控我言语不敬、妄图变乱宗教而得罪了众神，我就来做你的学生。我要这么说，"弥利图斯，如果你承认欧悌甫戎在这些事情上态度明智、信念正确，那么请对我一视同仁，不要让我受审；如果你不承认这点，非要起诉，那也不能告我，应该告我的老师，告他毒害了长辈——用教导害了我，用训诫和惩罚害了他爹"。要是我没能劝服他撤诉或者转而告你，我在法庭上也要重复这番申辩。

欧悌甫戎　宙斯在上，是这样！苏格拉底，他要是企图告我，我敢说我准能逮到他的弱点。在我自辩之前，我会让他有很大的麻烦。

苏格拉底　没错，欧悌甫戎，我迫切想拜你为师就是因为这个。我注意到弥利图斯和其他人似乎根本没注意到你，可把我轻而易举地看透了，一来就要告我不虔敬。因此我拜托你，跟我讲讲你刚才蛮有把握的那些事。不管是关于杀人还是别的什么事，告诉我怎样才是圣洁的，怎样又是亵渎的。我想任何行为中，虔敬的总是虔敬的，不虔敬总是虔敬的反面，保持其本性不变，凡是不虔敬者总有相同的特征，可以在所有不虔敬的事里看到。

欧悌甫戎　那当然，苏格拉底，我想是这样。

苏格拉底　那么告诉我，什么是虔敬，什么是不虔敬？

欧悌甫戎　唔，这样的话，我要说虔敬意味着告发犯有谋杀罪、渎神罪以及其他此类罪行的不义之人，就像我正在做的，无论那人是你的父亲、母亲还是别的什么人。我还要说，不去告发就是不虔敬。注意听了，苏格拉底，我要给你一个确凿的证据，我也给过其他人，说明正道就是不让渎神之人逃脱法网不受惩罚，无论其身份为何，这就是天经地义。人们都认为宙斯是众神中最神圣、最公正的，他们也承认宙斯为其父克洛诺斯戴上镣铐，因为他不义地吞噬了自己的孩子；出于类似的理由，克洛诺斯也阉割了他的父亲。然而同样一群人却对我火冒三丈，因为我反对父亲做的坏事。所以你看，他们对神是一个态度，对我是另一副嘴脸。

苏格拉底　这不就是我被起诉的原因吗，欧悌甫戎？我是说，因为我发现这些口口相传的神话很难让人接受。我想人们会认定我有错，因为我怀疑这些故事。现在，既然你精通这类事情，认可所有这些故事的真实性，那么我想我必须信服你的权威。我承认自己对他们一无所知，此外还能说什么呢？但是看在交情的分儿上，请告诉我，你真相信这些事情发生过吗？

欧悌甫戎　真的，神奇的事还多着呢，苏格拉底，那是大多数人都不知道的。

苏格拉底　那么你真的相信众神之间有战争、有仇恨、有争斗，就像诗人所讲述的，伟大的画家在我们的神庙中所描绘，特别是泛雅典赛会上那件送到卫城的法衣上绣满的图画所表现的一样？我们能说那些事情是真的吗，欧悌甫戎？

欧悌甫戎　是的，苏格拉底，还不止那些呢。我说了，只要你愿意听，神的故事我还能跟你讲好多，准保你听了大吃一惊。

苏格拉底　我想也是。你下次有空再跟我讲吧。目前请你试着对我刚才的问题给一个更明确的答案。我的朋友，我问你的是，什么是虔敬？你的解释尚不能令我满意。你只告诉我你现在做的，即以谋杀罪控告你父亲，是一种虔敬的行为。

欧悌甫戎　是，正是如此，苏格拉底。

苏格拉底　大概是吧。可是其他很多行为也是虔敬的呀，对吧，欧悌甫戎？

欧悌甫戎　那当然。

苏格拉底　那么请记住，我并没有要求你在许多虔敬的行为中举出一两个；我想知道虔敬的特性为何，才让虔敬的行为是虔敬的。我想你说过，存在一个特性让所有虔敬的行为都是虔敬的，而另一个特性让所有不虔敬的行为都是不虔敬的，你不记得了吗？

欧悌甫戎　我记得。

苏格拉底　那么好，请向我解释一下这个特性是什么，我好把它当作标准来判断你和其他人的行为，这才能够说任何类似的行为都是虔敬的，凡是不符合的都是不虔敬的。

欧悌甫戎　行，你想要知道我就告诉你，苏格拉底。

苏格拉底　我当然想。

欧悌甫戎　好，凡是众神喜爱的就是虔敬的，众神不喜爱的就是不虔敬的。

苏格拉底　妙啊，欧悌甫戎。你给了我一个我想要的答案。你说得对不对，我也不知道。但想必你会论证下去的。

欧悌甫戎　当然。

苏格拉底　来，让我们验证一下我们的陈述。取悦众神的事物和人是虔敬的，令众神不悦的事物和人是不虔敬的，而虔敬和不虔敬不一样。它们截然相反——我们是这么说的，对吧？

欧悌甫戎 没错。

苏格拉底 这显然是一种恰当的说法？

欧悌甫戎 是的，苏格拉底，没问题。

苏格拉底 我们是不是还说过，欧悌甫戎，众神之间存在争吵、分歧和仇恨？

欧悌甫戎 说过。

苏格拉底 但是，我的朋友，什么样的分歧才会引起仇恨和愤怒呢？我们从这个角度分析一下。如果你和我在一个数字是否大于另一个数字上意见不一，这会让我们怒火冲天、反目成仇吗？我们不应该借助计算立即解决争端吗？

欧悌甫戎 那是当然的。

苏格拉底 又比如，我们对两个物体哪个大哪个小存在分歧，把它们都量一下纠纷就解决了，不是吗？

欧悌甫戎 是的。

苏格拉底 两件物体比轻重的问题可以用称重的方式解决，对吧？

欧悌甫戎 没错。

苏格拉底 那么是什么样的问题才会让我们一旦出现意见分歧、不能达成共识就会变得愤怒敌对呢？也许你还没有想好答案，但听听我的。那不就是正义与非正义、光荣与耻辱、好与坏之类的问题吗？让你我他吵得不可开交、一旦各执己见就不能达成满意的共识的，不就是这一类问题吗？

欧悌甫戎 正是，苏格拉底，就是关于这种问题的争议。

苏格拉底 那好，欧悌甫戎，如果众神会吵架，他们也会为这些事情发生争执的，对吧？

欧悌甫戎 那肯定。

苏格拉底 那么，我亲爱的欧悌甫戎啊，照你这么说，有些神认为某事是正义的，其他的神认为不是；有些神认定的光荣或良善，在另一些神看来却是耻辱或邪恶。要不是他们在这些问题上产生分歧，本来不会发生争执的，对吧？

欧悌甫戎 你说得对。

课堂场景

一群学生正在研究性别关系的课堂上讨论：是否有一些事情，女性比男性做得更好，或者男性比女性做得更好。讨论的重点是，女性做管理者是否比男性表现得更好。

学生1（女生）：我们课本上的研究表明，女性比男性更适合做管理者。还记得吗，他们谈到好的管理者有三个重要特征：合作精神、同时处理多项任务的能力以及与他人分享功劳的意愿？接受调查的男性和女性都回答说，他们认为女性在这三个方面的表现都比男性好。有趣的是，当男性和女性被问及更喜欢男上司还是女上司时，男性和女性都说更喜欢男上司而不是女上司。

教授：你认为为什么会出现这种情况？

学生1：我不知道。

学生2（男生）：因为男人是更好的领导者！

学生3（女生）：不，他们不是。看看我们教科书引用的研究报告就知道了。

学生4（男生）：等一下！这是他的看法。所以它对他来说是正确就行了。

思考题

1. 为什么被称为"教条主义者"会让人感到不快？
2. 许多人感受到了相对主义的威胁。为什么在道德领域提倡相对主义的人会让持普通人道德立场的大众感到不安？
3. 人们普遍认为苏格拉底是柏拉图笔下的英雄。为什么有人会认为苏格拉底是个英雄？是什么使他成为英雄？是什么让他没那么英雄？
4. 欧悌甫戎将自己的父亲以谋杀罪送上法庭，而那起谋杀充其量是疏忽大意造成的过失。什么样的人会做出控告自己父亲的事情？你是否认识像欧悌甫戎这样的人？

5. 学生3应该怎样回答学生2？
6. 教科书上的数据表明，男性和女性都认为女性拥有成为优秀管理者所需的技能，但男性和女性都说相对于女上司更喜欢男上司，其中的差异可能是什么原因造成的？

中庸适度是关键

教条主义和相对主义与我们前文讨论过的客观主义和主观主义的道德观点有关联，但不完全相同。如我们在第十二章中看到的，道德客观主义者是相信存在客观标准的人，亦即这个世界有一些特征可以作为道德论述的证据。人们会预期一个教条主义者也是一个客观主义者。事实上，大多数教条主义者确实是客观主义者。他们相信，他们拥有来自经验的证据，可以证明他们在道德问题上的确定性主张是正确的。例如，一个边沁主义者——使用边沁的快乐计算法来确定一个行为与另一个行为相比所产生的幸福总量的人——对于应该采取哪种行动很有把握，很可能不希望进一步讨论这个问题。我们可以说，教条主义者是确信无疑的客观主义者，他相信存在道德陈述的客观标准，而且他知道这些标准。

然而，并非每个客观主义者都一定是教条主义者。比如说，一个人可以相信存在正确使用道德话语的客观标准，同时也认为自己不确定这些话语具体如何应用。这种温和的客观主义允许道德对话和讨论，承认证据即使被认为是世界的客观特征，也有一个如何判断的问题，因此，道德论述必须是开放的，就像科学论述是开放的一样。有些人可能会认为康德是一个温和的客观主义者，也就是说，他认为道德事实是可知的，但并不声称自己全都知道。

相对主义者是主观主义者。你应该记得，主观主义观点认为世界上不存在作为道德判断标准的客观特征，因此，道德判断是每个独立主体或者说个人的产物。相对主义者在此基础上增加了一个信念，即这个产物是各随己意的，任何审慎思考都不足以实现道德的确定性。因此，不能说一个道德结论比另一个更合理。

我们可以说，相对主义者是一个愤世嫉俗的主观主义者，一个将主观主义推到极限的人，他认为道德决定如此主观，思考讨论都没有用。然而我们可以想象，也有人是审慎的主观主义者。审慎的主观主义者认为，虽然道德判断没有客观标准，但不排除道德判断是有意识的审慎思考的产物，它是理性和公正的。对审慎的主观主义者来说，道德判断是主观的，但也可以是有根据的。

那么，我们可以把这些道德观点看作一个连续统一体，一端是作为"确信无疑的客观主义者"的教条主义者，另一端是作为"愤世嫉俗的主观主义者"的相对主义者。介于两者之间的是温和的客观主义者和审慎的主观主义者。道德论述中的教条主义和相对主义不是什么有吸引力的立场，我们已经看到，它们建立在对确定性的错误理解上。因此，位于这个连续统一体两端的道德观点并不怎么有趣。确信无疑的客观主义和愤世嫉俗的主观主义与我们普通人的道德情感和道德论述相抵触，也不符合我们对事实和有根据的信念的理解。我们已经看到，我们最好的思考来自公开对话——与我们自己、与他人的对话——而教条主义和相对主义都完全排斥对话。幸运的是，还有其他的道德立场可以选择。

康德的以及别的一些道德观点位于连续统一体中温和的客观主义和审慎的主观主义范围之内，从理性和良好的推理技巧的角度来看，这些道德观点具有潜在的吸引力。它们允许甚至鼓励对话。它们承认道德事实的存在，但不主张或要求绝对的确定性。它们鼓励道德共同体的成员之间形成共识。它们允许一种道德判断可能比另一种更好或更差，并提出了判断优劣的方法。它们是鼓励在道德问题上不走极端的道德观点。

道德争论中的中庸适度意味着尽可能久地保持道德对话，既不跳到拳脚相加，也不避而远之——"承认存在分歧"。正如我们从一开始就说过的，愿意保持对话开放是理性人的标志。在道德问题上，这一点尤其重要。举个例子，看看你阅读的那幕对话之后不久发生在苏格拉底身上的事吧。他和雅典的群众在道德问题上有分歧，雅典人就像欧悌甫戎一样厌倦了继续进行道德对话，于是处决了他。继续对话的替代选项通常会对某人有害，即使是"承认存在分歧"也可能是有害的，因为分歧仍然在那儿，还能继续发酵，变得暴力。它还会导致一种愤世嫉俗的观点：道德分歧无关紧要，没有什么值得争取，即使是口头上的争取。人们在互相交谈的时候不可能互相伤害（注意：对某人大喊大叫不是对话）。

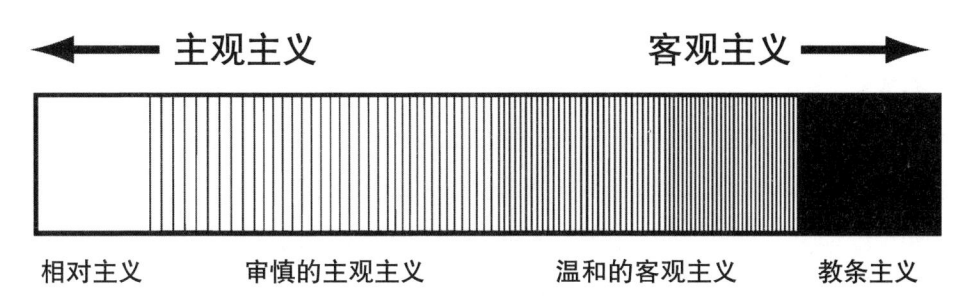

←——— 主观主义　　　　　　　客观主义 ———→

相对主义　　　审慎的主观主义　　　温和的客观主义　　　教条主义

虽然不存在非黑即白的分界线将一个人划分为教条主义者或相对主义者，但这两者的极端形式都很明显，并逐渐淡化为连续统一体中间位置的更温和的观点。

　　当然，道德必然包括道德对话之外的内容。道德对话并不总是以形成共识结束，人们会拒绝倾听，有时候没有时间对话，比如婴儿溺水了，或者房子着火了。而我们在上一章中的确说过，不作为就是一种作为！我们怎么知道什么时候应该停止空谈，开始行动？在容忍我们认为错误的道德观点和干涉某人的行为以阻止他做我们认为不道德的事情之间，应该如何划出界限？这些问题确实很棘手，我们都担心过，也应该担心。

　　当然有那么一些时刻，我们必须采取行动，甚至不惜违背他人的意愿和道德信念。有些时候对话必须停止，因为继续对话会让不道德的行为继续下去造成伤害。这些都不是容易的决定。如果能有一条规则，我们将其施用于具体的情况，就可以确定是否应该采取行动，这会让人如释重负，然而这样的规则是世所罕见的。毕竟，在无关道德的问题上做决定，也不存在这样的规则。然而，在我们生活无关道德的方面缺乏规则，并不妨碍我们做出决定和采取行动。我们在无关道德的方面具备有根据的信念。我们用这些信念做出理性决策，然后按照决策的指示采取行动。

　　让我们通过一个例子来回顾一下无关道德的领域中的决策。你即将登上一架飞机前往一个遥远的城市。当你登机时，你相信会在航程结束后安全抵达目的地。这个信念当然是有根据的，你基于这个信念的行为也是合理的。你绝对确定你和你的飞机会安全到达吗？不，当然不是。我们都知道飞行是有风险的，有占比极其小的航空旅行的乘客不能安全到达。然而，没有人会认为你对旅行方式的选择是不合理、不理性或者愚蠢的。事实上，我们看不起拒绝乘飞机的人（如已故的约翰·麦登[167]），认为他们有"非理性"的恐惧。乘飞机的决定是合理的，因为有理由相信飞行是一种安全的旅行方式。你的行为是基于良好的归纳推理。

道德推理的情况与此相仿。我们永远无法绝对确定我们的决策在道德上是正确的。然而，我们可以根据我们在无关道德的情况下使用的同类证据，运用与无关道德的决策相类似的理性决策指导原则，来保证我们道德行动的正当性。正如在无关道德的决策中总是存在一定的不确定性和风险，只要我们遵循指导原则，在没有绝对确定性的情况下进行决策并非不理性或不道德的。

小结

综上所述，良好的道德推理与无关道德的事务中的良好推理差不多。我们手上有道德事实和有根据的道德信念。我们认识到，我们的道德行动基于道德信念，这些信念是有根据的但并非绝对确定，而且行动不是毫无风险。教条主义者认为自己拥有的那种确定性，不管是在无关道德的领域还是在道德领域中都不是我们决策的特征。但这并不意味着相对主义是我们唯一的替代选择。教条主义和相对主义通过声称或要求一种确定性来获得可信度，而在对我们的经验世界进行推理时，这种确定性是不可能存在的。因此，我们的决策不需要它们。

道德决策的指导原则与归纳推理的相似：

1. 我们应当以宽容适度而非轻率任性的方式行事，因为我们知道我们的道德共同体是庞大而多元化的。

2. 我们的道德决策应当是公开对话的结果——与自己或他人的对话——因为公开对话最能保证我们的决策是理性思考的产物。

3. 我们引入决策过程的背景知识储备应当尽可能丰富，以避免局限的、信息不足的判断以及未来可能的失望和遗憾。

4. 在发生道德冲突、结论未定的时候，我们需要知道什么东西对我们的判断和我们的利益来说是最重要的。这意味着我们必须知道我们的哪些信念尤其是道德信念是最根深蒂固的，并找到与那些牢固信念更契合的决策。

5. 和所有关于经验的推理一样，当我们做出道德决策时，总是有犯错的可能。因此，我们必须始终用未来的道德经验来检验我们的道德推理，并准备好根据检验结果来修正我们的背景知识、调整未来的决策。

如果我们的目标是维持和改善我们与周围人的关系，使我们有更多的朋友、更少的敌人，去爱和被爱，有愉快而非不愉快的经历并尽可能享受我们的生活，那么这些理性道德思考的指导原则就会增加成功实现这些目标的可能性。然而，没有任何规则或原则能够保证成功。良好的推理能够也确实让人际关系变得更好。它需要付出努力，不过回报是巨大的。

练习题

14-I

1. 教条主义和相对主义之间有什么区别？

2. 为什么教条主义和相对主义在存在道德分歧的情况下不是有用的立场？

3. 我们谈到了道德错误。教条主义者会如何描述一个道德错误？温和的客观主义者呢？审慎的主观主义者呢？相对主义者呢？哪种说法对你来说最有意义，为什么？

4. 为什么用保险杠贴纸表达道德观的做法有潜在的害处？

14-II

1. 解释一个人怎样才能既不做相对主义者又不做教条主义者。

2. 为什么暴力会产生暴力？请举出一些历史和文学中的例子来支持你的立场。

3. 我们生活在一个文化多样性的世界。研究这种文化多样性的人（例如人类学学者）往往认为，鉴于这种多样性，相对主义是唯一可能的道德立场。你会如何向他们解释，尊重其他文化并不意味着一个人必须是道德相对主义者？

第十五章　理性与担当

开放的理性对话

　　这本书讲述了什么是理性思考者。我们的理性思考者的模板一直是苏格拉底，长久以来，苏格拉底一直被尊为理性人的典范。他总结自己的个人道德规范是"不为害"。理性思考和避免为害之间的联系你可能还不清楚，但它们是密切相关的。这本书最后一篇阅读材料有助于阐明这种联系。它选自普利策奖获得者简·斯迈利在一次毕业典礼上的演讲。她演讲的时间是 1996 年，但在"9·11"事件、美国卷入两场战争和华盛顿特区政治版图分裂之后的今天，似乎显得更有意义。我们相信，关于在公开的理性对话中共同进行推理与解决引发争议的政治和道德难题，她的讲话直指这两件事之间联系的核心。在今天，这些问题让人们分化对立，并常常导致他们相互伤害。我们希望你能记住以下这些话语。

1996年5月18日在辛普森学院毕业典礼上的主题演讲[168]
简·斯迈利

在我们自己的国家，我们看到现实中的暴力达到了前所未有的程度，语言暴力同样如此。在一些地方和很多人当中，公民对话似乎已经结束，剩下的是赌咒发誓、坚持己见和武器库，以及对任何看起来不同或可怕的人的谩骂。

但是你知道吗，不知何故，我不再害怕这种不够安宁的状况。

美国人争论的许多事情是值得争论的，比方说，环境问题。第二次世界大战之后，美国人对科技的热爱为我们带来了许多所谓的创新，但最终却发现它们是有害的。让我们以 DDT[169] 为例。

对于 DDT 这样一个重大问题，在它代表的利益和投资与它造成的危险之间权衡利弊，相关讨论不可能不产生重大影响，甚至会引发激烈的论战。类似情形也出现在各种各样的环境议题上：从人口过剩到过度砍伐，从使用石油到栖息地被破坏。

如果我们不为这些事情吵架，我们就会变成傻瓜。如果我们坚持下去，通过我们的争吵，可能出现一个更清洁、更健康和更美丽的世界供我们居住。那么教育、社会服务、医疗保健方面的议题呢？种族、民族、宗教呢？

…………

……争端与暴力是不同的。我曾经认为争端会导致暴力，就像粉红色会变成红色一样，就好像"一个是另一个的升级版"。现在我认为，暴力的发生是为了阻止争端，是想让不同意见和不同价值观消音的一种尝试。

在争论的过程中，可能会出现一方或另一方实在忍受不下去的情况，他或她会离开房间或者大发脾气。面对争端，既不离开房间也不大发脾气，而是继续辩论，也接受对方有辩论的权利，这需要很大的勇气。

人们需要勇气来认识到，一些东西、一些妥协将会被敲定，随之而来的是一段时间的和平。人们也需要勇气来接受，你的愿望只能部分而非全部实现。换句话说，在一个多元化的社会中生活需要勇气——在这样的社会中，人们会大声说话，而非缄口不言。

思考题

1. 你是否同意斯迈利描述的当前世界的特征？你认为造成当前争端的主要因素是什么？
2. 斯迈利说的"勇气"这个概念指的是什么？
3. 斯迈利声称道德对话需要勇气，这与《欧悌甫戎篇》对话中的苏格拉底有何关系？

致谢

我们向书中所有思想家致谢，无论其思维方式有无批判性，他们的思辨模式启发我们继往开来，为未来的读者服务。我们特别感谢以本·戈尔曼和安德鲁·贝克曼为代表的曾使用本书教学并对当前版本提出具体建议的教师。我们已尽量采纳他们的建议。同时我们也感谢那些通过电话和电子邮件向我们提问的学生。他们的问题提醒了我们，哪个部分需要写得更清楚明白！

我们还要向帮助本书统稿的各位编辑致谢。他们是负责当前版本的玛吉·巴比埃里、妮可·康福蒂、凯特·费尔南德斯、泰德·奈特和玛丽安·彼得斯·里奥丹。我们要把最深的谢意送给第一任编辑泰德·伯伦，是他发现了我们独特的方法在开拓大学生批判性思维方面的潜力。他的深刻见解对本书第三版贡献良多。

尾注

1. **译注**：在美国，这种贴纸通常贴在汽车后保险杠上，印着政治、宗教口号或幽默玩笑。
2. **译注**：美国科幻电视剧《星际迷航》主角之一，半人类半瓦肯人，以有别于地球人的理性冷静为性格特征。
3. **原注**：两种广为人知的观点来自柏拉图和托马斯·阿奎那。柏拉图主张世界上存在一种"逻各斯"或称自然逻辑秩序，与人类的理性或批判性思维的逻辑秩序相匹配。托马斯·阿奎那声称世界是由一个本身是理性的第一因或第一推动者即上帝创造的。根据这两种观点，理性思维和批判性思维比非理性思维更有用，是因为它们和这个世界匹配得更好。我们的苏格拉底式方法避免对世界的本质下定义，认为理性和批判性思维成功的最可能解释是，坚持听取话题的所有方面并保持对话继续进行。在《欧悌甫戎篇》的结尾，当欧悌甫戎厌倦了对虔敬做出合理而充分的解释时，苏格拉底几乎在恳请他不要放弃这项任务。我们更认同苏格拉底而不是柏拉图和托马斯·阿奎那。不管理性有什么缺点，它都是城里最好的把戏。
4. **原注**：理查德·费曼，《你干吗在乎别人怎么想？》（纽约：W.W. 诺顿有限公司，1988年）。
5. **原注**：然而柏拉图的记述表明，苏格拉底的失败部分是因为他不愿意提供通常对雅典陪审团具有说服力的那种"理由"，诸如带妻子和孩子出庭等博取陪审团同情的做法。
6. **原注**：选自柏拉图《欧悌甫戎篇》，F.J. 切尔奇译，©1957。经新泽西州上鞍河普林帝斯·霍尔有限责任公司许可转载。
7. **原注**："王"的头衔看似时代错乱，实际指有权管辖涉及城邦信仰犯罪案件的执政官。（**译注**：当时雅典九位执政官中每年有一位分管司法，办理重大案件，称为"王"，并非古老王政时代的国王。）
8. **译注**：吕各苑，雅典东郊一座体育场，与太阳神阿波罗祀庙为邻，也是亚里士多德建立其学派的地点。
9. **译注**：雅典将司法案件分为一般诉讼和重大案件，后者须提起公诉。苏格拉底被控不敬神祇、毒害青年，属于重大案件。

10　**译注**：希腊原文中"控诉"一词亦有"追赶"之意，所以苏格拉底在这里开双关的玩笑。

11　**译注**：纳克索斯是爱琴海基克拉泽斯群岛中最大的岛屿。

12　**译注**：克洛诺斯是希腊神话中的第二代神王，初代神王乌拉诺斯和地神盖亚的儿子，也是泰坦十二神中最年轻的一个。克洛诺斯推翻了其父乌拉诺斯的统治之后，为避免自己遭遇同样被推翻的命运，将子女吞吃入腹。

13　**译注**：泛雅典赛会（Panathenaea），又译为泛雅典娜节，是古希腊纪念雅典守护神智慧女神雅典娜的宗教节日。起初每年举办一次，后来改为四年举办一次，雅典所有属地的代表都要到雅典城参加，庆典内容包括宗教、体育和文化活动。庆典期间，雅典人向卫城的雅典娜神像奉献一件崭新的长袍，由城中妇女合力缝制，上面绣着很多神话故事。

14　**原注**：代达洛斯制作的雕像栩栩如生、活灵活现。**译注**：代达洛斯是希腊神话中最聪明、最伟大的工匠、艺术家、建筑师和发明家。他的著名作品包括为克里特国王米诺斯修建的迷宫、他和儿子伊卡洛斯飞行逃离克里特岛的翅膀。苏格拉底早年曾学习雕塑，所以在此自称为代达洛斯的后代。

15　**原注**：指斯塔西诺斯（Stasinus）。

16　**译注**：艾萨克·巴什维斯·辛格（Isaac Bashevis Singer，1904—1991），出生于波兰的美国犹太作家，被誉为20世纪"短篇小说大师"，于1978年获诺贝尔文学奖。

17　**原注**：《死鹅会叫之谜》摘自艾萨克·巴什维斯·辛格的《愉悦之日》一书。

18　**原注**：阿兰·莱丁：《巫师与垂死的科学家：一个巴西童话》，摘自《纽约时报》1986年2月4日海外版 ©1986纽约时报公司。经许可转载。保留所有权利。

19　**原注**：从柏拉图到弗洛伊德，将人类关切的问题分为这几类有悠久而光荣的历史。

20　**译注**：伊迪斯·华顿（Edith Wharton），美国著名女作家，代表作有《纯真年代》《欢乐之家》等。《回头一瞥》是她的自传。

21　**译注**：图中"培乐多"（Play-Doh）是美国孩之宝玩具公司生产的塑形彩泥系列产品。在英语中，与"柏拉图"发音相似。

22　**原注**：《眼角》，版权所有：©1981刘易斯·托马斯，摘自刘易斯·托马斯的《深夜聆听马勒第九交响曲的思绪》。经企鹅集团（美国）有限公司旗下的维京企鹅许可使用。

23　**译注**：赋格是盛行于巴洛克时期的一种复调音乐创作形式，也是复调音乐最复杂严谨的形式。"赋格"一词来源于拉丁文"fuga"，原意为"遁走""追逐"，乐曲中各声部相继进入，互相模仿，通过对位法组织在一起，形成问答追逐的效果。赋格音乐在18世纪巴赫的时代达到顶峰。

24　**原注**：《八只小猪》，摘自斯蒂芬·杰伊·古尔德《自然史的反思》，版权所有©1993。经W.W.诺顿有限公司许可使用。

25　**译注**：图尔卡纳是肯尼亚的一个地区，有大量化石遗迹。

26　**译注**：指威拉德·范奥曼·奎因（Willard Van Orman Quine），20世纪最有影响的美国哲学家、逻辑学家之一。

27　**译注**：英文中的"ostensive"（实指）由拉丁文单词"ostensivus"演变而来。

28　原注：有时我们会说，"某事是真的"或"当我那样说的时候，我说的是实话"。当我们使用这些表达方式时，通常的意思是我们相信我们所说的，我们没有说谎或试图欺骗。有时我们的意思可能是，我们对刚刚说出或即将说出的信念坚信不疑。这些用法是有效的，不会令人费解。我们要避免的是，认为可以用某种方式将我们的语言表达与一些非语言实体（如"世界"或"事实"）进行比较的想法。

29　译注：格特鲁德·斯泰因 (Gertrude Stein)，美国作家与诗人，长期在法国生活。

30　原注：摘自《美国人的形成：赫斯兰德一家》，格特鲁德·斯泰因著，版权所有：1934年哈考特有限公司，并于1962年由爱丽丝·B.托克拉斯更新，经出版商许可转载。

31　原注：当人们想要提及那些被广泛接受以至于毋庸置疑的陈述时，他们通常用"事实"一词替代"事实陈述"。或者他们说"这是事实"，表明他们认为某条陈述的根据如此扎实，别人不应该质疑它。我们更喜欢使用"事实陈述"这一短语，以避免暗示这个世界上有能被称为"事实"的东西。存在的仅仅是我们经验中的世界——这个世界有天空、有小猫、有书籍，没有"事实"。

32　原注：迈克尔·斯莱克曼，《演变为普遍观点的"9·11"谣言》，《纽约时报》海外版，2008年9月9日。版权所有：纽约时报公司©2008。经许可转载，保留所有权利。

33　原注：摘自《可疑的鲑鱼》，作者：道格拉斯·亚当斯，版权©2002完全出乎意料产品有限公司。经兰登书屋有限公司旗下的"和谐书籍"许可使用。

34　原注：这种对陈述提供依据的解释让一些哲学家（伯特兰·罗素等人）声称"真理"被混淆为特定情况下有用或"有效"的东西。我们的观点是，相信世界以某种特定的方式存在（例如天空是蓝色的）是有意义的，只要它确实有效；换句话说，只要它得到我们和其他人描述的经验支持——他人的经验是在公开的理性对话中与我们分享的。再补充一句，说经过如此论证的陈述也是"真实"的，其含义无非等于"……我们相信是这样"。

35　译注：一套用彩图制造肉眼3D错觉的娱乐图书。

36　原注：奎因和乌利安所著的《信念网络》与此处很多观点所见略同。

37　原注：对我们说我们"知道"某事而非仅仅说我们"相信"某事，著名奥地利哲学家路德维希·维特根斯坦给出了类似的解释。参见他的《论确定性》#355。

38　原注：关于这个主题，前文提到的奥地利哲学家路德维希·维特根斯坦讲了以下的有趣逸事："一位法国政治家曾经写道，法语有个特点是单词按照人们想到它们的顺序出现。"（《哲学调查》，#336）当这位政治家注意到思想和法语之间这种相似的巧合时，难道是用法语以外的其他东西来思考的吗？

39　原注：这一点在第二章对事实陈述和弗雷德毛发微观分析的讨论中也有所体现。

40　原注：摘自笛卡尔《第一哲学沉思集》，第三版，唐纳德·A.克雷斯译。版权所有©1993。经哈克特出版有限公司许可转载。保留所有权利。

41　译注：起源于古希腊的体液学说认为人体有四种体液：血液、黏液、黄胆汁和黑胆汁。四种体液不同比例的结合构成人的不同体质，如果体液失去平衡就会造成疾病。四种体液对应四种元素、四种气质，其中黑胆汁对应抑郁质，这种类型的人神经质且多愁善感。文艺复兴时期体液学说被质疑，但在笛卡尔时代仍有很大影响。

42　译注：塞壬（Siren）是希腊神话中的女性海妖。

43　译注：萨蒂尔（Satyr）是希腊及罗马神话中半人半兽的森林之神。

44　译注：也称广延物，笛卡尔使用的哲学术语，拉丁文为"res extensa"。笛卡尔认为广延即物质的长宽高，凡是物质必然占据空间，因此空间属性是物质的基本属性。广延实体是笛卡尔哲学中的三种实体之一，另外两种是思维实体（res cogitans）和上帝。

45　原注："偏见"是一种预先判断，即在没有首先审查相应证据的情况下对问题的判定。

46　原注：引自《时间简史》，斯蒂芬·W. 霍金著，版权所有 ©1988,1996 斯蒂芬·W. 霍金。经兰登书屋有限公司旗下品牌"矮脚鸡书籍"许可使用。

47　原注：马修·L. 沃尔德《想法与倾向：对于空难调查，眼见未必为实》，《纽约时报》回顾周刊，2002 年 6 月 23 日，版权所有 ©2002 纽约时报公司。经许可转载。保留所有权利。

48　原注：吉尔·莱波雷《汤姆总统的小屋》。版权所有 ©2008 吉尔·莱波雷。最初发表于《纽约客》。经作者许可转载。

49　译注：蒙蒂塞洛（Monticello），美国第三任总统托马斯·杰斐逊的住所，位于美国弗吉尼亚州夏洛茨维尔。

50　译注：美国和英国的法律都属于普通法系，以不成文法为主，内容来自判例积累而非立法机关的制定。后来的案件判决须遵循或参考在先的判例。

51　译注：在 1776 年《独立宣言》发布后，1787 年美国宪法制定前，第二届大陆会议起草并通过的《邦联条例》充当了临时宪法。《邦联条例》对独立十三州共同体的定位是"同盟"（the Union）。

52　原注：选自《带注释的爱丽丝》（布拉莫尔会堂，1960）第 275、276 页，由马丁·加德纳引用和批注。

53　译注：有效论证（valid argument）也被译为对确论证。

54　译注：肯定前件，拉丁文为 modus ponens，是演绎推理的基本规则之一，缩写为 MP，指如果一个命题蕴含第二个命题，而第一个命题为真，则第二个命题也为真。

55　译注：有力论证（strong argument）也被译为盖确论证、强证证等。

56　原注：使用类比论证来阐明一个非常敏感的话题，朱迪斯·贾维斯·托马森的文章《为堕胎权辩护》是一个很好的例子，见《哲学与公共事务》1971 年秋季第 1 期第 1 卷，第 47—66 页。她将怀孕类比为被音乐爱好者团体绑架，后者想在 9 个月内使用你的身体来挽救一位失去知觉的著名小提琴家的生命。她对这个类比的检视带来了对某人拥有"生命权"这一说法的更深入理解。如果您对类比或堕胎的话题感兴趣，这篇文章值得一读。

57　原注：其中一些常见的假象有特定名称，通常归类在"不相关的谬误"标题下，将在第九章中予以讨论。

58　译注：或然性推理亦称"盖然性推理""概然性推理"，指从真前提只能或然地（并非必然地）推出真结论的推理，在本书中等同于归纳推理。

59　原注：摘自《十日谈》，薄伽丘著，G.H. 麦克威廉译本（企鹅经典 1972 年，1995 年第二版）。版权所有 ©G.H. 麦克威廉，1972，1995。

60　译注：潘菲洛、福莱塞均为《十日谈》中其他篇章出现的人物。

61 原注：摘自《十日谈》，薄伽丘著，G.H. 麦克威廉译本（企鹅经典 1972 年，1995 年第二版）。版权所有 ©G.H. 麦克威廉，1972，1995。

62 原注：关于令人满意的解释，最有趣的例子之一发生在第一章提到的政府对"挑战者号"灾难的调查中。尽管调查小组所有其他成员都已感到满意，物理学家理查德·费曼仍拒绝接受 NASA 科学家关于"挑战者号"及其火箭技术安全性的判断。费曼对 NASA 解释的持续质疑终于带来了对"挑战者号"航天安全性的重新审查，并最终保障了航天任务的安全。如果你想看他对自己这段经历的幽默叙述，可以阅读他的著作《你干吗在乎别人怎么想？》。

63 原注：摘自《托儿所里的死亡：未解之谜》。版权所有 ©1984，琳达·赫斯科维茨。经琳达·赫斯科维茨许可转载。

64 译注：英文名为 Clue 或 Cluedo，是一款有逻辑推理成分的桌面游戏，最初于 1948 年推出，在欧美国家长盛不衰。

65 译注：逻辑蕴涵（Logical Implication），逻辑学用语，又称为语义蕴涵。

66 原注：节选，瑟古德·马歇尔，《格雷格诉佐治亚州案反对意见》，428U.S.153。

67 译注：美国最高法院大法官之间互称兄弟姐妹。

68 译注：破坏性二难，英文为 Destructive Dilemma，二难推理的形式之一。

69 译注：选言论证（Disjunctive Argument）也常被译为析取论证。

70 译注：排中律（the Law of the Excluded Middle），形式逻辑的基本规律之一，指在同一思维过程中，对于不能同假的命题（矛盾关系、反对关系）不能同时加以否定。

71 译注：条件论证（Conditional Argument）有时也称为假言论证。

72 译注：直言论证（Categorical Argument）又被译为定言论证。

73 译注：否定后件，拉丁文为 modus tollens，常缩写为 MT。

74 译注：肯定后件谬误，英文为 Fallacy of Affirming the Consequent，缩写为 FAC。

75 译注：否定前件谬误，英文为 Fallacy of Denying the Antecedent，缩写为 FDA。

76 译注：老鹰队和红雀队都是美国职业橄榄球大联盟（NFL）的球队。超级碗是橄榄球大联盟的年度冠军赛。

77 译注：韦恩图（Venn Diagrams）又被译为文氏图、维恩图、温氏图、Venn 图，发明它的是 19 世纪英国哲学家和数学家约翰·韦恩。

78 译注：构造性二难，英文为 Constructive Dilemma。

79 原注：摘自诺曼·马尔科姆，《安瑟伦的本体论论证》，《哲学评论》，第 49—50 页。

80 译注：按照安瑟伦的论证，如果上帝的定义是"无法想象比其更伟大者的存在者"，那么认为上帝并不实际存在就与该定义相冲突，因为人们可以想象一个既在想象中存在又实际存在的更伟大者。

81 译注：原文此处否定前件式、肯定后件式、选言谬误的命题变量为 A、B，为保持和前文一致，改为 P、Q。

82 原注：詹姆斯·巴伦和艾莉森·利·考恩，《耶鲁谋杀案锁定嫌犯的报道》，《纽约时报》，纽约地区版块，2009 年 11 月 13 日，版权所有 ©2009《纽约时报》。经许可转载。保留所有权利。

83　**译注**：宣誓书（Affidavit）是美国等国家刑事诉讼程序中，司法机关初步指控某人实施了犯罪行为的文件，据此签发对被控告人的逮捕令，其作用相当于控告书（Complaint）或预备性告发（Preliminary Information）。

84　**原注**：《以火决狱》©2002，大卫·格兰。本节摘自《纽约客》杂志最初发表的文章《以火决狱》。更新版的《以火决狱》在大卫·格兰的合集《魔鬼与夏洛克·福尔摩斯》中也可以找到。经作者许可转载。

85　**译注**：吸入油漆、汽油、胶水等挥发性有机溶剂可致成瘾。

86　**译注**：1865年创立于英国的国际性教会及慈善组织，以街头布道和慈善活动、社会服务著称。

87　**译注**：美国刑事诉讼中有辩诉交易制度，指在法院开庭之前，检察官和代表被告的辩护律师进行协商，以检察官撤销指控、降格指控或要求法官从轻判刑为条件，换取被告人认罪。若控辩双方达成协议，且得到法官认可，则无须再开庭审理，法官按双方协议内容判决。

88　**译注**：美国的一些州规定，出于慎重适用死刑的目的，对可能被判死刑的被告的审判分成两个阶段：首先由陪审团裁决其是否有罪；如果罪名成立，接下来再进入量刑阶段，考虑可能加重或减轻的各种情节，最后裁决是否宣判死刑。

89　**译注**：在美国，被判死刑的人有多重上诉程序，还可以请求总统或州长行政干预，宣布暂停执行、减刑或大赦等等。

90　**译注**：美国历史最长的监狱黑帮，有新纳粹倾向。

91　**译注**：大萧条是指第二次世界大战前的全球经济大衰退，也是20世纪持续时间最长、影响最广、强度最大的经济衰退，时间依国家的不同而不同，通常认为从1929年开始，持续到20世纪30年代末，甚至是20世纪40年代末。

92　**译注**：热冲击（Thermal Shock）指一种快速的温度变化，导致物质内部产生张力，时常造成物质破裂。

93　**译注**："清白计划"（The Innocence Project）是美国的一家非营利性法律机构，创立于1992年，致力于通过使用DNA测试等科学手段为被错误定罪的个人洗清冤屈，并推动刑事司法系统改革以防止未来出现不公正现象。

94　**译注**：巴里·舍克（Barry Scheck），美国著名律师，"清白计划"的负责人。

95　**原注**：麦克·马洛，《威廉·布拉德菲尔德案：主线谋杀案》，《费城杂志》。版权©1981经许可转载。

96　**译注**：指三哩岛核电站事故，事件中发生部分堆芯熔毁，是美国商业核电历史上最严重的一次事故。

97　**译注**：福吉谷位于美国宾夕法尼亚州切斯特县，是美国独立战争期间大陆军的宿营根据地，现为美国国家历史公园。

98　**译注**：指看似轻松享乐却具有欺骗性的生活方式或行动路线，会使人误入歧途或陷入危险。

99　**译注**：在英文中，威廉的昵称是比尔。

100　**译注**：苏珊的昵称。

101 **译注**："一罪不二审"（Double Jeopardy）是普通法系术语，也常被译为"（禁止）双重危险"，相当于大陆法系的"一事不再理"，通常是指一个人不能因同一罪名受到两次或两次以上的审判或处罚。

102 **原注**：经 YGS 集团许可转载。

103 **译注**：在当时的典型电动打字机中有一个表面有凸起字母的"打字球"，打字时球会旋转并撞击色带和纸张。

104 **译注**：与前一篇报道矛盾，但原文如此。

105 **原注**：经 YGS 集团许可转载。

106 **译注**："排除合理怀疑"是美国刑事诉讼中重要的举证标准，要求控诉方提出的证据对被告有罪的证明须达到无合理怀疑的确定性程度，这样陪审团才能裁决被告有罪。

107 **原注**：经 YGS 集团许可转载。

108 **原注**：经 YGS 集团许可转载。

109 **译注**：1991 年 3 月 3 日，黑人青年罗德尼·金因醉驾超速被洛杉矶警方追逐，被截停后拒捕，4 名白人警察用警棍将其殴打后制服。附近的目击者拍摄下这一过程，引发对警方是否滥用暴力的质疑。1992 年 4 月 29 日，法院判决逮捕罗德尼·金的 4 名警察行为符合执法程序，因此无罪。洛杉矶的黑人和拉丁裔社区对判决结果不满，随即爆发大规模种族骚乱。

110 **译注**：O. J. 辛普森是美国著名橄榄球运动员、解说员和演员。1994 年 6 月 12 日，辛普森的前妻被利器杀死在家中，同时遇害的还有一名友人。辛普森因有重大作案嫌疑而被逮捕，受到两项一级谋杀罪的指控。有相当多的美国民众相信辛普森有罪，但由于警方的一些重大失误导致有力证据失效，无法排除合理怀疑，庭审的结果是辛普森无罪开释。其后被害人家属提起民事诉讼，辛普森被判定为对被害人的死亡负有责任，支付了巨额赔偿金。

111 **译注**：全名希拉里·怀特哈尔·普特南（1926—2016），美国哲学家、数学家与计算机科学家。

112 **原注**：大卫·休谟发现了这一点。他是对我们理解归纳推理影响最大的哲学家。请参看他的《人性论》第一册第三部分第八节。

113 **原注**：《兰登会赢》（系列文章）。摘自《文学文摘》第 122 卷，第 9 期，1936 年 8 月 29 日；第 11 期，1936 年 9 月 12 日；第 14 期，1936 年 10 月 3 日；第 18 期，1936 年 10 月 31 日；第 20 期，1936 年 11 月 14 日。

114 **译注**：指赫伯特·胡佛，共和党籍候选人，1928 年当选第 31 任美国总统。

115 **原注**：《兰登会赢》（系列文章）。摘自《文学文摘》第 122 卷，第 9 期，1936 年 8 月 29 日；第 11 期，1936 年 9 月 12 日；第 14 期，1936 年 10 月 3 日；第 18 期，1936 年 10 月 31 日；第 20 期，1936 年 11 月 14 日。

116 **译注**：吉姆是詹姆斯的昵称。

117 **译注**：代指当时支持共和党的选民。

118 **译注**：那届大选双方最后获得的选举人票数是 523∶8。

119 **原注**：关于宇宙和手表之间类比的另一种观点，请见哲学家大卫·休谟（前面提过他）对佩利的答复。这可以在他的《自然宗教对话录》第二、第五和第七部分中找到。

120 原注：关于这点有一个著名的争议案例。某项研究表明，暴露于大量代糖甜味剂的实验室大鼠患癌概率会明显增加。一些人认为大鼠摄入代糖甜味剂的量非常大，因此实验结果与人类的关系不大，因为人类只在无糖饮料等食物中摄入少量糖精。换言之，他们认为，由于人类只在无糖饮料中摄入少量的代糖，这两种情况的相似程度不够高，因此人类不用把该实验结果当回事。

121 原注：《麻烦制造者：关于偏见，比特犬能教我们什么》选自《狗看见的事》，作者马尔科姆·格拉德威尔。版权所有©2009马尔科姆·格拉德威尔。经小布朗公司许可。

122 原注：这种情况类似于做梦和醒着的区别。这两种状态当然有不同，但在你做梦时，梦境本身并没有告诉你"你只是在做梦"。你仿佛清醒地经历了一切。一般来说，你只有在事后才知道你在做梦——当你醒来之后。

123 译注：纳尔逊·古德曼（1906—1998），美国20世纪哲学家。

124 原注：《事实、虚构和预测》，1955年。

125 译注：原文为拉丁文"post hoc,ergo propter hoc"，简写为"Post hoc fallacy"，即"后此谬误"。

126 原注：《所以，吸烟导致癌症：这是新闻吗？》，作者：丹尼斯·格雷迪，《纽约时报》，1996年10月27日。版权©1996纽约时报公司。经许可转载。保留所有权利。

127 译注："优势证据"又称为盖然性占优势的证明规则，指证据显示待证事实存在的可能性明显大于不存在的可能性，是英美法系国家对一般民事案件的证明要求。

128 原注：经出版商许可，节选自《重建哲学》，作者：希拉里·普特南，第12—14页，马萨诸塞州剑桥市：哈佛大学出版社，版权©1992，哈佛学院院长和董事会所有。

129 译注：原文为法语déjà vu，也常被译为既视感。

130 原注：虽然我们对这组谬误使用了"不相关的谬误"这个常用的名称，或许更好的叫法应该是"不成立的隐含前提谬误"。仔细研究这些论证可以发现，前提中的信息并非与结论无关，而是通过一个隐含的前提与结论联系起来，如果这个前提被明确表达出来，大多数人都不会承认它是真实的。

131 原注：如果一个人真的在某件事情上有强迫症，那么从心理学的角度来看，不把他暴露在这种强迫症的危险中可能是一件好事。然而，许多人只是将"强迫症人格"作为借口为自己做的事情辩护：那些事是他们想做而理性告诉他们不该做的。

132 译注：直译为"红鲱鱼"（Red Herring）谬误，这个典故源自西方人过去在训练猎犬时，使用红色的烟熏鲱鱼的强烈气味遮盖追踪目标的气味，考验猎犬在干扰下的搜寻能力。

133 译注：窃取论题（Begging the Question），又常被译为乞题、乞求/窃取论点等。

134 原注：《失落的天才》来自《纽约时报》杂志栏目，1982年1月17日，版权所有©1982，纽约时报公司。经许可重印。保留所有权利。

135 译注：《巴赫曼利用HPV争议做文章》，作者：特里普·加布里埃尔，《纽约时报》，2011年9月13日。版权所有©2011《纽约时报》。经许可转载。

136 译注：美国大学中由男生组成的联谊会。

137 译注：指美国在二战结束到20世纪60年代中期的生育高峰时期出生的人。

138 译注：本轮（Epicycle）是托勒密天文体系中一种假想的圆形轨迹，最早由古希腊天文学家阿波罗尼奥斯提出。

139 原注：由克里克在《疯狂的追求：科学发现的个人之见》（1988）中引用。

140 原注：引自 R. 科比·霍维斯和赫尔格·克拉格的《P.A.M. 狄拉克和物理学之美》，《科学美国人》，1993 年 5 月。

141 原注：《鞭尾蜥的性生活》，选自《有生命的假人：你应该知道的科学知识》，哈里·柯林斯和特雷弗·平奇（编辑），版权所有 ©1998 剑桥大学出版社。经许可转载。

142 译注："跳跃的蜥蜴"（leapin' lizards）是一句英文俗语，用来表达震惊或沮丧的情绪。

143 译注：超心理学（Parapsychology）又称为通灵学、心灵学等，采用科学方法对预感、透视、灵媒等超常心理现象进行研究。

144 原注：马丁·加德纳，《弗里斯、弗洛伊德和生物节律》，载于马丁·加德纳的《数学嘉年华》。版权 ©1975。经许可重印。

145 译注：此处原文表述有混淆。此 x、y 非彼 x、y，答案写成 ab-a-b 似更妥当。

146 译注：阿诺德·帕尔默（1929—2016），美国职业高尔夫球手，有"高球皇帝"之称。

147 译注：本尼·帕雷特（1937—1962），古巴拳击手。

148 译注：也常被译为卡尔良照相、体光摄影等。1939 年，苏联电气技师西米安·基尔良与妻子于无意中发现了一种摄影现象，在高压电源的影响下，相机可以拍摄到物体和人出现各种颜色的光晕。基尔良及其追随者认为这是肉眼无法看到的能量场的体现，但批评者认为只是一种电晕放电现象。

149 译注：新纪元运动也常被译为新时代运动，指西方社会二战后兴起的去中心化的神秘主义思潮及实践，内容庞杂，涉及范围很广。

150 原注：第三卷第一章第一节。

151 原注：关于理性在伦理学中的作用，有一种古典伦理学与我们持类似观点，就是亚里士多德的实践理性概念，那也是亚里士多德学说与我们主张的批判性思维的近似之处。

152 原注：摘自杰里米·边沁的《道德与立法原理导论》。

153 原注：还记得第二章里引用的两段对纽约的描写吗？

154 原注：摘自《卡拉马佐夫兄弟》，费奥多尔·陀思妥耶夫斯基著，诺顿批评版，由拉尔夫·E. 马特劳编辑，康斯坦丝·加内特翻译，拉尔夫·马特劳修订。版权 ©1976，W.W. 诺顿有限公司。经 W.W. 诺顿有限公司许可使用。

155 译注：在英语中，"贫血"一词亦有无活力无生气、萎靡不振之意，因此带有价值判断。

156 原注：这个精彩的例子来自萨米尔·格洛维兹（《医生的两难》，麦克米伦出版社，1982 年）。

157 原注：同样来自萨米尔·格洛维兹的好例子！

158 原注：选自伊曼努尔·康德，《道德形而上学奠基》（翻译版），詹姆斯·W. 艾灵顿译，版权 ©1993 经哈克特出版公司许可转载。保留所有权利。

159 译注：指二战时法国被德国占领期间与德国侵略者合作的法国人。

160 译注：被称为行为主义心理学，美国心理学家斯金纳是其代表人物。

161 译注：格式塔心理学也被称为完形心理学，兴起于 20 世纪的德国，格式塔是德语"Gestalt"

的音译，意为"完形""动态的整体"。

162 原注：我们的选择很明显存在一些限制。我们的肉体在某些方面限制了我们。我们出生的时间和地点也限制了我们的选择。萨特将其称为我们的"真实处境"，忽视它就等于欺骗自己。但是，一般来说，萨特说，我们倾向于看到实际不存在的限制。身高 1.8 米是一个人真实处境的一部分，而害羞或懦弱则不是。

163 译注：当时辛普森的前妻曾指控他有家庭暴力行为，辛普森辩称没有此事。

164 原注：例如，保罗·费耶拉本德，《反对方法》，纽约：封底出版社，1988 年；或对托马斯·库恩《科学革命的结构》，芝加哥：芝加哥大学出版社，1962 年的一些批评；伊姆雷·拉卡托斯，《弄虚作假以及科学研究计划的方法论》，来自 I. 拉卡托斯、A. 马斯格雷夫主编的《批评与知识的增长》，剑桥：剑桥大学出版社，1970 年。

165 原注：值得注意的是，尽管存在这种不确定性和科学日新月异的进步，科学的教学过程以及《科学》教科书往往具有教条主义的特点。它们都把自己的主题当作不容置疑、极有根据的。

166 原注：选自柏拉图《欧悌甫戎篇》，F.J. 切尔奇译，©1957。经新泽西州上鞍河普林帝斯·霍尔有限责任公司许可转载。

167 原注：前职业橄榄球教练和电视橄榄球评论员约翰·麦登拒绝乘坐飞机旅行。

168 原注：选自简·斯迈利，主题演讲，1996 年 5 月 18 日，辛普森学院毕业典礼。

169 译注：一种杀虫剂，化学名为双对氯苯基三氯乙烷，曾在全世界广泛使用。但后来发现它严重污染环境，造成许多鸟类濒临灭绝，同时对人类健康与生殖有潜在危害，20 世纪 70 年代之后逐渐被各国禁止生产和使用。

全书完

思考的方法

作者 _ [美] 莎朗·施瓦兹　哈维·莱佩　译者 _ 刘洋

编辑 _ 秦　思　　装帧设计 _@broussaille 私制　　主管 _ 韩栋娟
技术编辑 _ 丁占旭　　执行印制 _ 刘世乐　　策划人 _ 李　静

果麦
www.goldmye.com

以 微 小 的 力 量 推 动 文 明

图书在版编目（CIP）数据

思考的方法 /（美）莎朗·施瓦兹,（美）哈维·莱佩著；刘洋译. -- 杭州：浙江文艺出版社，2025.4.
ISBN 978-7-5339-7933-1

Ⅰ.B80

中国国家版本馆 CIP 数据核字第 2025WX3593 号

书名原文：Thinking Socratically — Third Edition

Authorized translation from the English language edition, entitled Thinking Socratically 3e by Sharon Schwarze/Harvey Lape, published by Pearson Education, Inc, Copyright © 2012 Pearson Education, Inc., publishing as Prentice Hall, 1 Lake Street, Upper Saddle River, NJ 07458.

All rights reserved. No part of this book may be reproduced or transmitted in any form or by any means, electronic or mechanical, including photocopying, recording or by any informations storage retrieval system, without permission from Pearson Education, Inc.

CHINESE SIMPLIFIED language edition published by GUOMAI CULTURE & MEDIA CO., LTD. Copyright © 2025.
AUTHORIZED FOR SALE AND DISTRIBUTION IN THE PEOPLE'S REPUBLIC OF CHINA ONLY (EXCLUDES TAIWAN, HONG KONG, AND MACAU SAR).

此版本经授权仅限在中华人民共和国境内（不包括香港特别行政区、澳门特别行政区和台湾地区）销售。

本书封底贴有 Pearson Education（培生教育出版集团）激光防伪标签，无标签者不得销售。

版权合同登记号：图字 11-2025-029

责任编辑：金荣良
特约编辑：秦　思
装帧设计：@broussaille 私制

思考的方法

[美] 莎朗·施瓦兹　[美] 哈维·莱佩　著　刘洋　译

出版发行　浙江文艺出版社
地　　址　杭州市环城北路 177 号　邮编 310003
经　　销　浙江省新华书店集团有限公司
　　　　　果麦文化传媒股份有限公司
印　　刷　嘉业印刷（天津）有限公司
开　　本　710 毫米 ×1000 毫米　1/16
字　　数　435 千字
印　　张　26.25
印　　数　1—5,000
版　　次　2025 年 4 月第 1 版
印　　次　2025 年 4 月第 1 次印刷
书　　号　ISBN 978-7-5339-7933-1
定　　价　85.00 元

版权所有　侵权必究

如发现印装质量问题，影响阅读，请联系 021-64386496 调换。